훈장의 법사회학

이철호 지음

21세기사

머리말

우리 사회에는 훈장(勳章)에 얽힌 사연들이 많다. 훈장이 인사청문회에서 논란이 되자 그토록 자랑스러워했던 훈장을 반납하겠다는 소동이 일기도 하고, 모든 사람들이 받고 싶어 하는 훈장을 정부가 준다고 해도 거부하기도 하고, 자신의 직역(職域)에서 정부와 이해가 대립될 때에는 정부에서 받은 훈장을 반납하기도 한다.

훈장은 아무나 받는 것이 아니다. 받고 싶어도 일정 요건을 갖추어야만 받을 수 있기에 개인의 영광이고, 집안의 영광이다. 그러기에 더욱 더 훈장의 추천과 수여가 일관된 기준에 따라 엄격하게 이루어져야 한다.

우리 사회 내부에서 진보와 보수진영 사이에 이념대립이 격화되다 보니, 일제강점기 사회주의계열 독립운동가에 대한 서훈 추서를 두고서도 논란과 대립이 있다. 또한 민주화 운동에 기여한 인사들의 훈장 추서를 두고서도 진영간 대립이 있다.

필자가 훈장에 관심을 가지게 된 계기는 전두환 신군부에 대한 처벌과 훈장 치탈 과정을 지켜보면서 시작되었고, 훈장을 거부한 대학 은사님의 행적에서 본격적으로 자료를 수집했다.

저자의 스승은 40년 이상 대학에서 봉직하여 정년퇴임을 하였다. 퇴직교원에게 수여되는 훈장을 거부했다. 사람의 행적이나 학문적 업적을 평가해서 훈장이 수여되어야지 단순히 훈장 연한을 채웠다고 해서 훈장을 주는 것은 이치에 맞지 않다는 것에서 훈장을 거부했다. 훈장에 얽힌 다양한 사연들을 접하면서 훈장이 우리사회를 조망하는 열쇠 말(key word)이 될 수 있겠다는 생각을 하게 되었고, 훈장을 연구하기에 이르렀다.

훈장을 통하여 일제강점기 친일인사들의 행적과 정부수립 후의 우리 사회의 과거청산 문제를 볼 수 있다. 또한 훈장이 권위주의 정권 아래서 어떻게 활용되었는지도 엿 볼 수 있다. 어떤 대통령 어떤 정부가 집권하느냐에 따라 훈장이 남발되기도 했다.

우리 사회에 파면화되어 있는 훈장 문제를 '누비장'의 자세로 쓰고 엮어보려고 했다. 훈장 수여는 헌법 제80조 영전제도에 근거하고, 그를 뒷받침하는 법률이 상훈법이다. 이를 토대로 하여, 제2장 친일청산과 친일인사 서훈취소에서는 일제강점기 친일행적을 한 인물들의 훈장 취소 과정을 조망해 보고, 제3장 전두환 신군부와 훈장에서는 광주민주화 운동을 무력으로 진압하고 인권유린을 한 군사반란 세력들인 전두환 신군부(新軍部)가 전리품인 양 나누어 가진

훈장잔치와 민주화 이후 훈장 박탈 과정을 살펴 보았다. 제5장 4대강사업과 훈장에서는 이명박 정부가 한반도대운하사업이 국민들 저항에 부딪히자 선회한 '4대강 사업'을 추진하는 과정에서 토건세력들과 나누어 가진 훈장의 실태를 서술하였다. 제4장과 제6장에서 다룬 간첩조작사건과 형제복지원 사건은 우리 사회에서 가장 힘없는 사람들을 대상으로 한 인권유린 행위였다. 우리가 항상 기억해야 할 사안임에도 무관심과 잊혀지는 것에 대한 기억투쟁(struggle of the memories)으로서 기술하였다. 다시는 이러한 불행한 역사가 되풀이 되지 않도록 하는 출발은 사법부의 반성과 개혁임을 강조하였다. 제7장 인사청문회와 훈장 반납 소동에서는 고위공직자들이 그토록 자랑스러워했을 훈장을 왜 인사청문회 과정에서 반납하려 했는지, 훈장이 어떤 모습으로 국민들에게 비쳐졌는지를 기록으로 남기고자 했다. 제8장 외국인과 훈장에서는 일제강점기 외국인으로서 독립운동에 공헌한 인물이 기억되어야 한다고 하는 관점에서 포함시켰다. 끝으로 제9장에서는 훈장을 거부한 대표적인 인물들의 행적과 그들이 어떤 이유에서 훈장을 거부했는지를 통하여 훈장의 참모습이 어떤 것인지를 보고자 했다.

훈장에 대한 저술은 오래 전에 계획했지만, 게으름을 피우다 보니 시간만 허송세월하고 계획한 대로 작성하지 못했다. 원고를 마무리하고 보니 그리다만 그림 같고, 다루지 못한 주제들이 많아 아쉬움이 많다. 기회가 되는 대로 증보 개정할 것을 다짐해 본다.

이러한 작업이 우리 사회를 보다 더 나은 사회로 나아가게 하는 마중물 역할을 한다면 더 없는 영광이겠다.

항상 저술 작업에 응원을 보내는 아내와 딸에게 감사한다. 또한 시골 서생(書生)의 보잘 것 없는 저술에 격려를 아끼지 않으시는 장인어른께 머리 숙여 감사드린다.

2021년 12월
문향재(文香齋)에서
이철호 합장

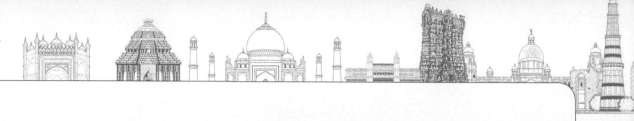

목차

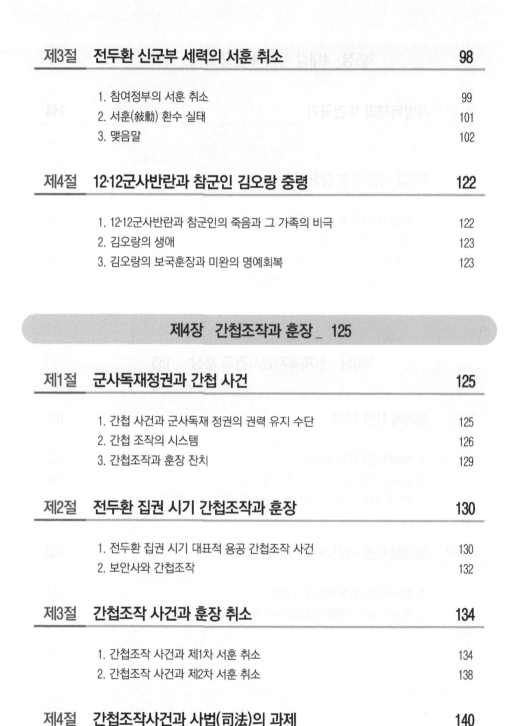

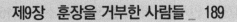

제9장 훈장을 거부한 사람들 _ 189

부 록 _ 205

참고문헌 _ 307

훈장 남발국가 대한민국, '셀프훈장' 수여까지

정부에서 수여하는 훈장에 관한 언론 보도가 하루도 거르지 않고 활자화되고 있다. 거칠게 표현하면 홍수처럼 남발되는 것이 훈장 아닌가 하는 생각이 들 정도다. 그러나 여전히 훈장의 가치는 존재한다. 훈장이 제대로 된 가치를 발휘하기 위해서는 훈장을 꼭 받아야 할 사람이 받아야 한다. 남발되어서는 안 된다는 것이다.

우리나라에서는 1900년에 「훈장조례」가 처음 제정되었고, 훈장을 관장하는 '표훈원(表勳院)'도 설치되었다. 현재는 「상훈법」에 따라 무궁화대훈장을 비롯하여 12종, 55등급의 훈장이 운영되고 있다. 훈장은 전 세계적으로 명예의 상징이다. 또한 훈장의 생명은 희소성에 있다.

세계적으로 유명한 훈장으로는 독일의 십자 대훈장과 영국의 가터 훈장 등을 들 수 있다. 영국 가터 훈장은 1348년 제정된 뒤 665년 동안 받은 사람이 1,005명에 불과하다고 한다. 이런 희소성이 있어야만 훈장을 받은 사람도 자랑스럽고, 이를 지켜보는 사람들에게 귀감을 줄 수 있는 것이다.

대한민국은 훈장 남발 국가이다. 정부수립 이후 2013년까지 포상된 훈·포장 등이 무려 1,057,468개에 이른다. 더욱이 퇴임하는 대통령 부부가 1억 원 예산을 들여 '무궁화대훈장'이라는 셀프 훈장을 수여하기까지 하는 나라다. 우리 사회에서 훈장이 극단적으로 희화화(戱畫化)된 것은 1999년 씨랜드 청소년수련원 화재 참사 당시 아이를 잃은 김순덕(전 국가대표 필드하키 선수, 아시안게임 금메달리스트)씨가 당국의 무성의한 진상 규명과 사회 부조리를 비판하며, 선수 시절 받은 '체육훈장'과 메달을 모두 반납하고 "한국에선 살고 싶지 않다"고 밝힌 뒤 뉴질랜드로 이민을 떠난 사건이었다.

'절명시(絶命詩)'로 유명한 황현 선생은 『매천야록(梅泉野錄)』에서 "세상에서 매국자라고 불리는 자들이 모두 훈장을 받았으며, 1년 뒤에는 병졸과 하인들조차 훈장을 달지 않은 자가 없어 훈장을 단 자들이 서로 바라보며 웃을 지경이었다. 간혹 훈장을 외국에 보냈지만 거절을 당하기도 하였고, 왜인은 훈장을 받으면 며칠 동안 차고는 바로 녹여서 팔기도 하였다. 사람들에게 멸시를 받는 것이 이런 지경이었으나 여전히 깨닫지 못하고 있었다."며 대한제국 당시의 훈장 지급의 난맥상을 기록으로 남기기도 했다.

우리 사회에서 '훈장 잔치'는 몇 십 년 전의 일로 그치는 것만이 아니다. 전두환 신군부의 훈장잔치, 민주화 된 정부 아래서도 정권 말에 훈장잔치가 벌어졌다. 노무현 정부에서도, 이명박 정부에서도 정권 말에 자기들끼리 훈장잔치를 벌였다. 심지어 '셀프 훈장' 수여로 국민의 비난을 넘어 조롱거리를 제공하기도 했다.

두 전직대통령 '무궁화대훈장' 서훈 취소해야

특히 12·12 군사반란에 성공하여 군의 지휘권을 장악한 전두환, 노태우 등 신군부 세력들은 「상훈법」을 무시한 채 12·12군사반란에 공이 있는 인물들에게 무공훈장을 수여했다. 또한 5·18 광주민주화운동 진압 작전명인 '충정작전'에 참여하여 무공을 세웠다는 이유로 5·18 후 한 달만인 1980년 6월 20일 훈장잔치를 벌였다.

이러한 신군부 세력의 훈장잔치는 김영삼 정부 들어서 비록 법적 한계로 일부만 취소되었으나, '역사 바로 세우기' 차원에서 환수작업이 시작되었고, 2006년 노무현 정부 시절에서야 비로소 「상훈법」 개정을 통해 모든 훈장을 취소·박탈할 수 있었다.

그러나 2006년 당시 훈장이 취소되고 환수 절차가 진행되었음에도 전직 대통령 전두환은 그후 7년간이나 계속 훈장의 반납을 거부해오다, 지난 2013년 6월, 국회에서 이른바 '전두환 추징법'이 통과되는 등 전두환 일가에 대한 추징금 문제로 여론이 악화되고 검찰의 소환 조사가 본격화되자, 비로소 9개의 모든 훈장을 국가에 반납했다. 하지만 노태우는 여전히 취소된 훈장을 반납치 않고 묵묵부답으로 일관하고 있다.[1]

---

1) 대한민국 제13대 대통령을 지낸 노태우 전 대통령이 2021년 10월 26일 지병으로 생을 마감했다. 문재인 정부는 시민사회와 광주시민들의 반대에도 불구하고 노태우의 장례를 국가장(國家葬)으로 결정했고, 국가장 거행장소는 그가 대통령 전 유치에 관여하고 재임 중에 개최된 서울올림픽 공원에서 진행되었다. 전직대통령이었기에 국가장으로 추모해야 한다는 것은 옳지 않다. 그가 퇴임 후 외부활동을 삼가며, 법원이 선고한 추징금을 완납했고, 대통령 재임 중 성과와 국민통합을 내세워 '국가장'을 정당화 하고 있다. 또한 그의 장남이 2019년 이후 여러 차례 광주 국립5·18민주묘지를 찾아 아버지를 대신하여 피해자들과 유족들에게 사죄했음도 거론되고 있다. 노태우 전 대통령의 장남은 "5·18희생자에 대한 가슴 아픈 부분, 그 이후 재임 시절 일어났던 일에 대해 본인의 책임과 과오가 있었다면 너그럽게 용서해 주기 바란다"는 유언 내용을 전했다. 고인이 된 노태우 전 대통령은 살아생전 대한민국 정부에 의해 취소된 훈장을 반납치 않고 묵묵부답으로 일관했다. 노태우 전 대통령의 유가족이 광주민주화운동의 피해자와 유족에

음유시인(吟遊詩人)이자 가객(歌客)인 정태춘은 노래〈5·18〉에서, "어디에도 붉은 꽃을 심지 마라/ 거리에도 산비탈에도 너희 집 마당가에도/ 살아남은 자들의 가슴엔 아직도/ 칸나보다 봉숭아보다 더욱 붉은 저 꽃들/ 어디에도 붉은 꽃을 심지 마라/ 그 꽃들 베어진 날에 아 빛나던 별들/ 송정리 기지촌 너머 스러지던 햇살에/ 떠오르는 헬리콥터 날개 노을도 찢고 붉게/ 무엇을 보았니 아들아/ 나는 깃발 없이 진압군을 보았소/ 무엇을 들었니 딸들아/ 나는 탱크들의 행진 소릴 들었소/ 아 우리들의 오월은 아직 끝나지 않았고/ 그날 장군들의 금빛 훈장은 하나도 회수 되지 않았네/ 어디에도 붉은 꽃을 심지 마라/ 소년들의 무덤 앞에 그 훈장을 묻기 전까지/ 오.../ 무엇을 보았니 아들아/ 나는 옥상 위의 저격수들을 보았소/ 무엇을 들었니 딸들아/ 나는 난사 하는 기관총 소릴 들었소/ 어디에도 붉은 꽃을 심지마라/ 여기 망월동 언덕배기의 노여움으로 말하네/ 잊지마라 잊지마 꽃잎 같은 주검과 훈장/ 누이들의 무덤 앞에 그 훈장을 묻기 전까지/ 무엇을 보았니 아들아/ 나는 태극기 아래 시신들을 보았소/ 무엇을 들었니 딸들아/ 나는 절규 하는 통곡 소릴 들었소/ 잊지마라 잊지마, 꽃잎 같은 주검과 훈장/ 소년들의 무덤 앞에 그 훈장을 묻기 전까지/ 오..."(정태춘 글, 정태춘·박은옥 노래 - "5·18")라며 5·18광주민주화운동의 아픔을 피울음으로 써서 아내인 가수 박은옥과 함께 노래로 전두환 신군부세력들의 훈장잔치를 질책(叱責)하고 있다.

2013년 한국조폐공사 제작 단가로 따지면 '건국훈장 대한민국장'의 현재 가치는 126만 원 정도로 전두환·노태우 등이 받은 훈장들은 대부분 수십만 원 대에서 100여만 원 정도다. 그러나 이들 훈장은 단순한 금액의 문제가 아니다. '5·18 광주민주화운동'이 '폭동'으로까지 매도됐던 현대사 왜곡이 이들의 훈장에 상징적으로 담겨있는 만큼 서훈 취소에 이어 환수까지 이루어져야만 전도된 역사를 바로잡을 수 있는 것이다.

「상훈법」은 서훈 박탈자에 대해 훈장을 환수토록 규정하고 있지만, 이에 응하지 않을 경우 훈장 반환을 강제할 수 있는 법적 규정이 없었다. 이로 인해 관련부처가 환수 조치에 적극적이지 못한 것 또한 사실이다. 2019년 「상훈법」을 개정하여 서훈이 취소된 사람이 기한 내에 수여 받은 훈장 및 포장 등을 반환하지 아니한 경우에는 해당자의 이름을 서훈 미반환자 명부에 등

게 진정으로 참회하고 온전한 용서를 구하는 참모습의 첫걸음은 2006년 정부에 의해 취소된 을지무공훈장 등 11개의 훈장을 정부에 즉시 반납하는 것이다. 노태우 전 대통령 생전에 취소된 훈장을 사후에도 반납하지 않는다는 것은 고인의 유언이 허언(虛言)임을 증명하는 것이 되며, 고인의 장남이 국립5·18민주묘지를 찾아 여러 차례 한 '대리 사죄'는 사후 국가장 등을 고려한 사전 행보로 밖에 보여 지지 않게 된다.

재하고, 이를 관보 및 행정안전부 인터넷 홈페이지에 공개할 수 있도록 했다(제8조의2 제2항). 그러나 서훈이 취소되었음에도 기한 내 반환하지 않을 경우에도 법적 처벌을 할 수 있도록 「상훈법」을 개정해야 한다.

우리 사회는 이미 「5·18민주화운동 등에 관한 특별법」의 제정과 대법원에서의 처벌을 통해 '12·12 군사쿠데타'와 '5·18 광주민주화운동'을 무력으로 탄압하고 불법적으로 성립한 전두환·노태우 두 정권의 역사적 정당성을 부인하였다. 이러함에도 지난 2006년 신군부세력의 서훈 취소 대상에서 전두환·노태우의 '무궁화대훈장'의 경우는 대통령 재임 자체를 부정하게 되는 문제가 있다며 제외했다. 하지만 무궁화대훈장을 취소한다고 해서 재임 자체가 부정되는 것은 아니며, 다른 훈장들은 취소하면서 두 사람의 무궁화대훈장을 남겨둔 것은 그 자체가 이들의 헌정질서를 유린한 불법적 행동을 용인(容認)하는 것이다. 늦었지만 이제라도 전두환·노태우에 대한 '무궁화대훈장' 서훈 취소를 추진해야 한다. 또한 노태우 등의 취소된 훈장 반납이 완료돼야 그들로 인해 왜곡된 역사도 바로 세워진다(이철호, 권두언 "한국사회 '훈장잔치'와 역사 바로 세우기", 월간 「법무사」 제562호, 4~5면).

제1장 헌법상 영전제도와 상훈법

제1절 헌법상 영전제도

헌법 제80조는 "대통령은 법률이 정하는 바에 의하여 훈장 기타의 영전을 수여한다."고 규정하고 있고, 이에 따라 상훈법 및 같은 법 시행령은 훈장, 포장의 종류와 서훈의 기준, 절차 등에 관하여 규정하고 있다.

영전을 수여한다는 것은 신분제사회에서 귀족작위의 부여 등과 달리 특권이나 신분을 창설하기 위한 것이 아니며 국민평등원칙에 의하여 어떠한 특권부여도 인정되지 않는다. 영전은 이를 받은 자에게만 효력이 있다(헌법 제11조 제3항). 다만 부상(副賞)은 같이 줄 수 있다(상훈법 제32조).[1]

1. 대통령의 영전수여권

헌법이 대통령에게 영전수여권(榮典授與權)을 부여한 것은 행정부수반으로서의 권한인 동시에 국가원수로서의 권한이라 하겠다.[2] 대통령이 외국인에 대하여 훈장이나 기타 영전을 수여하는 경우에는 국가원수의 지위에서 대한민국을 대표하여 행하는 것이다.[3]

영전의 수여는 기본적으로 대통령의 재량에 달려 있는 사항이며, 헌법은 국민에게 영전을 수여할 것을 요구할 권리를 부여하고 있지 않다. 따라서 대통령에게 특정인에 대한 영전수여를 하여야 할 헌법상 작위의무가 있는 것은 아니다.[4] 따라서 당사자가 서훈추천 신청을 했다

---

1) 법제처, 『헌법주석서(Ⅲ)』, 582면.
2) 대통령의 영전수여권(榮典授與權) 권한에 대하여, 대통령이 국가원수의 지위를 갖기 때문이라 보는 견해(김철수 외, 『주석헌법』, 법원사, 1992, 433면; 문광삼, 한국헌법학, 삼영사, 2010, 982면)와 대통령은 국가원수 내지 국정의 최고책임자인 동시에 행정부의 수반으로서 갖는 권한(남궁승태 · 이철호, 『헌법강의』, 21세기사, 2019, 547면; 허영, 『한국헌법론』, 박영사, 2013, 1001면; 이승우, 헌법학, 두남, 2009, 1039면)으로 보는 견해가 있다.
3) 정종섭, 『헌법학원론』, 박영사(2006), 1006면.

고 해서 자동적으로 서훈추천이 이루어지는 것은 아니다.

2. 헌법상 영전수여의 원칙

대통령은 영전을 수여함에 있어 '영전일대의 원칙'[5])과 영전에 따른 '특권불인정 원칙'(헌법 제11조 제3항)을 지켜야 한다.

헌법상 국민평등의 원칙에 의거 영전수여를 통해 사회적 특수계급의 제도를 설정하거나, 영전을 받은 자에게 어떠한 특권을 부여하는 법률을 제정할 수 없고, 또한 영전수여의 효과를 이를 받지 않은 자에게까지 확대하는 것도 헌법위반이 된다.[6]) 다만 국가는 국가사회발전에 공헌한 사람 및 이 과정에서 희생한 사람의 생활안정을 위하여 노력하여야 하며, 특히 이들에 대한 고용보호는 헌법에 명시적으로 보장되어 있다. 이러한 헌법적 요청은 국가유공자 등 예우에 관한 법률, 그리고 독립유공자 예우에 관한 법률 등에 의하여 실현되고 있다.[7])

3. 서훈 수여 절차

서훈은 대한민국 국민이나 우방국민으로서 대한민국에 뚜렷한 공적을 세운 자에게 수여하는 바(상훈법 제2조), 각 중앙행정기관의 장 등 서훈 추천권자가 각 부처 공적심사위원회의 심사를 거쳐 행정안전부에 서훈을 추천하면(상훈법 제5조), 국무회의의 심의를 거쳐(헌법 제89조 제8호) 대통령이 서훈대상자를 결정하게 된다(상훈법 제7조).

대통령이 훈장과 영전을 수여하는 데는 국무총리와 관계국무위원의 부서(副署)가 있어야 한다(헌법 제82조). 또한 서훈을 취소하고, 훈장 또는 포장 등을 환수하거나 외국 훈장 또는 포장의 패용을 금지하려는 경우에는 국무회의의 심의를 거쳐야 한다(상훈법 제8조 제2항). 서훈된 자에게 서훈취소사유가 발생한 때에는 행정안전부장관은 그 서훈의 취소에 관한 의안을 국무회의에 제출하여야 한다. 이 경우 당해 서훈을 추천한 중앙행정기관의 장 등도 행정안전부장관에게 그 서훈의 취소에 관한 의안을 국무회의에 제출할 것을 요청할 수 있다.[8])

---

4) 헌재 2005.6.30. 2004헌마859
5) '영전일대의 원칙'이라는 표현과 관련하여, "영전은 서훈을 받은 당사자에게 한정되는 것이므로 영전 '일대'라는 표현도 정확한 것은 아니다."(송기춘, 헌법 제80조, 법제처, 『헌법주석서(Ⅲ)』, 581면 각주2) 참조)라는 의견도 있다.
6) 김철수 외, 『주석헌법』, 법원사(1992), 437면.
7) 전광석, 『한국헌법론』, 법문사(2004), 474면.

4. 대통령과 무궁화대훈장

상훈법은 우리나라 최고 훈장으로 '무궁화대훈장'을 규정하고 있다(동법 제10조). 무궁화대훈장은 대통령에게 수여하며, 대통령의 배우자, 우방원수 및 그 배우자 또는 우리나라의 발전과 안전보장에 이바지한 공적이 뚜렷한 전직(前職) 우방원수 및 그 배우자에게도 수여할 수 있다(상훈법 제10조).

서훈은 서훈대상자의 공적(功績)내용, 그 공적이 국가사회에 미친 효과의 정도 및 지위 기타 사항을 참작하여 결정하며(상훈법 제3조), 대한민국에 대한 공로에 따라 수여하는 것이 원칙이다. 그런데 공적에 상관없이 대통령만을 대상으로 수여하고 대통령이 아닌 국민은 공적에 무관하게 무궁화대훈장 대상이 될 수 없도록 하는 것은 상훈법의 기본원칙에 어긋난다고 할 수 있다. 대통령만이 대상이 되는 훈장을 최고훈장으로 하는 것은 대통령 역시 공무원의 하나로서 국민전체에 봉사하는 것(헌법 제7조 제1항)[9]이라고 하는 점을 고려하면 정당화의 근거가 마땅치 않다고 생각한다.[10] 또한 대통령 당선자에게 무궁화대훈장 수여를 결정하고, 취임 후 바로 무궁화대훈장을 수여하는 것은 상훈법 규정에도 반한다. 대통령이 퇴임 직전 자신에 대한 서훈을 결정하는 것은 공적의 심사가 객관적으로 이뤄지기 힘들다는 점에서 서훈대상에서 배제된다고 해석하여야 할 것이다.[11]

대통령의 배우자라는 이유만으로 무궁화대훈장이라는 최고훈장을 수여하는 것도 문제가 있다. 대통령선거에서 선출된 공무원은 대통령이지, 그 배우자를 선출한 것이 아니다. 국가의 원수가 왕조시대의 유산처럼 부부동반으로 의전(儀典)을 행하는 경우가 많다고 해도 대통령의 배우자에 대한 상훈의 수여도 그 공적에 따르는 것이어야 하며 대통령의 배우자라는 지위에서만 비롯되는 것이어서는 안 된다.[12]

우리 사회에 대통령은 하늘이 낸다고 하는 속신(俗信)은 아직도 의외로 뿌리가 깊다. 민주주의 국가라고 하면서 여전히 부지불식간에 대통령을 「최고통치권자(最高統治權者)」라고 해서 법에도 없는 말을 써서 그 권위를 절대화하고 있다.[13] 봉건의식(封建意識)에 물든 사람들은 종

---

8) 법제처, 『헌법주석서(Ⅲ)』, 583면.
9) 헌법 제7조 ①공무원은 국민전체에 대한 봉사자이며, 국민에 대하여 책임을 진다.
10) 송기춘, 헌법 제80조, 법제처, 『헌법주석서(Ⅲ)』, 584면.
11) 송기춘, 헌법 제80조, 582면.
12) 송기춘, 헌법 제80조, 585면.
13) 한상범, "한국의 입헌주의와 유교통치문화", 『現代公法의 諸問題』(서주실 박사 화갑기념논문집), 1992,

종 권력을 신비로운 것으로 여겨 하늘의 뜻이 있어야 권력을 얻을 수 있다고 생각했고, 지금도 그러한 사고(思考)는 통용되고 있다. 수천 년간 이어진 군주의 권력은 하늘이 내렸다는 사상이 사람들의 인식에 뿌리박혀 사람과 세상을 살피는데 알게 모르게 쓰였다. 공화국 체제를 선택하고 헌법에 의하여 헌정이 운영되고 있음에도 지금도 우리들의 의식 속에는 대통령을 왕조시대 상왕처럼 예우하는 봉건의식이 자리 잡고 있다. 올바른 헌정운영이 되기 위해서는 권위주의와 관료주의를 배제해야 한다. '최고통치권자'라는 단어 속에 감추어진 상징조작의 의식을 청산해야 한다. 그러한 내용으로 지적될 수 있는 사안이 전직대통령에 대한 과도한 예우[14]와 대통령에 대한 무궁화대훈장 수여 문제라 하겠다.

대통령을 동료 국민으로서가 아니라 입헌군주제의 군주처럼 간주하려는 상훈법의 태도는 대통령제 정부형태의 대통령 지위를 과대 해석하여 대통령직을 국민전체에 대한 봉사자의 지위가 아니라 통치자의 지위로 인식하는 '독재적' 대통령제의 유산일 수 있다.[15] 상훈법 제10조가 규정하고 있는 무궁화대훈장에 대한 근본적인 입법적 개정 검토가 필요하다.

제2절 상훈법의 제정과 개정

1. 상훈법의 제정

1963년 12월 14일 법률 제1519호로 상훈법을 제정하여 1964년 3월 1일부터 시행하였다. 당시 상훈관계 제(諸)법령은 정부수립이래 수시 각령으로 규정하여 적용하여 왔으나 각 훈장령간의 조문이 중복되고 제식균형이 맞지 않아 불합리하며 불비한 점이 많으므로 이를 보완하기 위하여 신헌법 제78조에 의하여 이를 법률로 제정하려는 것이었다.

상훈법 제정당시의 주요 내용을 보면, ① 건국공로훈장은 다른 훈장의 제식과 균형을 맞추기 위하여 복장, 단장의 소수폭을 넓히고 부장과 약장을 두도록 하였다. ② 무공훈장은 전투공적에 한하여 서훈하도록 하고 태극, 을지, 충무, 화랑, 인헌등 5등급으로 하였다. ③ 태극무공훈장은 대수로 하며 을지무공훈장은 중수로 하여 각각 부장을 두도록 규정하였다. ④ 무공훈

401면.

14) 이철호, 『전직대통령 예우와 법』, 21세기사(2021), 143면.

15) 김종철, 국가장과 대통령의 헌법상 지위, 「경향신문」 2021년 10월 29일, 27면.

장은 전투가 치열할 때에 한하여 국방부장관 또는 군참모총장과 해병대사령관에게 대리수여할 수 있도록 규정하였다. ⑤ 소성훈장은 5등급으로 하고 청조소성훈장은 대수로 하며 황조소성훈장은 중수로 하고 각각 부장을 두도록 규정하였고, ⑥ 근무공로훈장도 5등급으로 한정하고 3등근무공로훈장을 소수로 하는 것을 규정하였다. ⑦ 수교훈장도 5등급으로 한정하며 3등급수교훈장은 외교관의 의례적 장식을 고려하여 중수로 규정하였다. ⑧ 문화훈장은 제1등급인 대한민국장을 소수로 하되 나비형으로 하고 제2등급인 대통령장은 3각형으로 하였다. ⑨ 특별한 사유가 있으면 서훈된 자의 영예수여를 취소하고 훈장을 치탈할 수 있도록 규정하였다. ⑩ 훈장 및 약장의 패용에 있어 체격을 감안하여 패용개수와 위치를 재조정하였다. ⑪ 훈장은 무궁화대훈장만 금은제로 하고 기타 훈장은 동제로 하며 금은도금과 칠보를 하도록 하였다. ⑫ 훈장은 불법패용과 불법제작판매에 대하여 처벌할 수 있도록 규정하였다. ⑬ 훈장을 분실하였거나 파손하여 교환하고자 하거나 축소한 훈장이 필요한 자에게는 정부에서 정한 실비가격을 납입하여 교부받도록 규정하였다.

2. 상훈법 개정

(1) 상훈법 제1차 개정

1967년 1월 16일 법률 제1885호로 전부 개정하여 1967년 4월 17일부터 시행하였다. 상훈법상 일부훈장의 수여대상자의 범위가 너무 좁게 책정되어 있고, 훈장의 제식이 법률에 직접 규정됨으로써 많은 불합리한 점이 있어 이를 개선하려는 것이었다.

금장제도의 신설, 등급조정 및 명칭이 변경, 훈장의 등급별 명칭을 대통령령으로 정하도록 하였다. 또한 수여대상자의 범위확대, 훈장의 제식에 관한 사항은 대통령령으로 정하도록 규정하였다.

(2) 상훈법 제2차 개정

1971년 1월 14일 법률 제2282호로 일부개정하여 1971년 1월 14일 시행하였다. 예비군 포장을 신설하여 예비군으로서 그 수임된 직무를 성실히 수행함으로써 예비군의 육성발전에 기여하고 국가안전보장에 현저하게 공헌한 예비군에 대하여 표창하려는 것이었다.

(3) 상훈법 제3차 개정

1973년 1월 25일 법률 제2447호로 일부 개정하여, 1973년 11월 1일부터 시행하였다.

그 제3차 개정은 새마을정신의 구현에 기여한 공적이 있는 자에 대하여 새마을훈장 또는 새마을포장을, 예술 및 체육의 진흥으로 국가사회발전에 기여한 공적이 뚜렷한 자에 대하여 문화훈장 또는 문화포장, 체육훈장 또는 체육포장을 수여할 수 있도록 이들 훈·포장을 추가하고, 우리나라의 발전과 안전보장에 기여한 공적이 뚜렷한 전직우방원수 및 그 배우자에게 무궁화대훈장을 수여할 수 있도록 하며 우리나라의 국기(國基)를 공고히 함에 기여한 공적이 뚜렷한 자에게 건국훈장 또는 건국포장을 수여할 수 있도록 하려는 것을 내용으로 하고 있다.

(4) 상훈법 제4차 개정

1990년 1월 13일 법률 제4222호로 일부개정하여, 1990년 4월 14일부터 시행하였다.

상훈법 제4차 개정은 대한민국의 건국이나 국기를 공고히 하기 위하여 헌신한 애국지사와 그 후손의 명예를 드높이고 민족정기를 고양하기 위하여 현행 3등급으로 되어 있는 건국훈장을 다른 훈장과 같이 5등급으로 하여 4·5등급을 신설하고, 건국훈장이나 독립유공으로 대통령표창을 받은 자의 공적을 재심사하여 신설된 건국포장 4등급 또는 5등급을 수여할 수 있도록 하려는 것을 내용으로 하고 있다.

(5) 상훈법 제5차 개정

1999년 1월 29일 법률 제5713호로 일부 개정하여 2000년 1월 30일부터 시행하였다.

상훈법 제5차 개정이유는 외국훈장의 패용허가제도와 훈장제작허가제도를 폐지하는 등 규제를 정비하며, 기타 현행제도의 운영상 나타난 일부 미비점을 개선·보완하려는 것이었다. 그 개정 내용을 보면, ① 정부조직개편으로 인하여 신설·폐지된 기관들을 반영하여 서훈추천 기관을 합리적으로 정비하고, 청의 장이 서훈추천을 할 경우 소속장관을 거치도록 한 제도를 폐지하였다(제5조 제1항). ② 정부조직관리지침에 의하여 정비대상위원회로 분류된 상훈심의회를 폐지하였다(당시 제6조 삭제). ③ 종전에는 사립학교교원에 대하여는 국민훈장 또는 국민포장을 수여하여 왔으나, 앞으로는 근정훈장 또는 근정포장을 수여할 수 있도록 하였다(제14조 및 제23조). ④ 훈장을 제작하고자 하는 경우 대통령령이 정하는 바에 의하여 허가를 받도록 되어 있으나, 규제정비계획에 따라 이를 폐지함(당시 제28조 삭제). ⑤ 외국훈장을 패용할 경우 대통령의 허가를 받도록 되어 있으나, 규제정비계획에 따라 이를 폐지함(당시 제35조 삭제). ⑥ 훈장을 받지 아니한 자가 훈장을 패용할 경우의 벌금을 1만원이하에서 500만원이하로 상향조정하는 등 훈장관련 벌칙규정을 현실에 맞게 조정하였다(제39조 및 제40조).

(6) 상훈법 제6차 개정

2001년 1월 8일 법률 제6342호로 일부 개정하여 2001년 4월 1일부터 시행하였다. 상훈법 제6차 일부 개정은 새천년 과학기술의 시대적 중요성에 대한 정부의 의지를 표명하고, 과학기술자들의 사기앙양을 통하여 우리나라 과학기술의 진흥을 촉진시키고자 과학기술훈장 및 과학기술포장을 신설하려는 것이었다.

그 내용을 보면 ① 과학기술훈장은 과학기술발전에 기여한 공적이 뚜렷한 자에게 수여하며, 과학기술포장은 과학기술의 연구개발활동 등을 통하여 과학기술발전에 기여한 공적이 뚜렷한 자 및 과학기술의 연구 개발활동 등을 통하여 국위를 선양한 자에게 수여하도록 신설 규정하였다(법 제17조의5 및 제26조의5 신설). ② 과학기술의 특성을 훈장에 반영하기 위하여 과학기술훈장 및 포장의 제식과 규격은 대통령령으로 따로 정할 수 있도록 규정하였다(법 제27조 제8항 신설).

(7) 상훈법 제7차 개정

2005년 8월 4일 법률 제7657호로 일부개정하여 2005년 11월 5일 시행하였다. 상훈법 제7차 개정이유 및 주요내용은 「형법」 및 「조세범처벌법」 등에 규정된 죄를 범하여 사형·무기 또는 3년 이상의 징역이나 금고형을 받은 경우를 서훈 취소 사유로 명시하는 한편, 서훈을 취소하거나 훈장 등을 환수하고자 하는 등의 경우에는 국무회의의 심의를 거치도록 하고, 서훈취소 및 훈장 환수 등의 사유가 발생한 경우에는 상당한 기간 이내에 행정자치부장관이 국무회의에 의안을 제출하도록 하려는 것이었다.

(8) 상훈법 제8차 개정

2011년 8월 4일 법률 제10985호로 일부개정하여 동년 11월 5일 시행하였다.

상훈법 제8차 개정 내용은 국가서훈의 위상을 확립하고, 선정의 투명성 및 서훈대상자의 명예를 높이기 위하여 서훈이 확정되거나 취소된 경우에는 그 대상자와 사유를 관보에 게재하도록 하고, 남북분단 상황에서 고도의 긴장과 위험에 상시 노출되어 있는 접적(接敵)지역에서 전투에 준하는 직무수행을 무공훈장의 서훈 요건에 포함시켜 유공자들의 공적을 기리고 애국정신 함양을 도모하는 것을 내용으로 하고 있다. 한편 법 문장을 원칙적으로 한글로 적고, 어려운 용어를 쉬운 용어로 바꾸며, 길고 복잡한 문장은 체계 등을 정비하여 간결하게 하는 등 국민이 법 문장을 이해하기 쉽게 정비하려는 것이었다.

(9) 상훈법 제9차 개정

2012년 3월 21일 법률 제11393호로 일부 개정하여 2012년 3월 21일 시행하였다. 상훈법 제9차 개정은 근정훈장과 근정포장의 수여대상에 「평생교육법」에 따른 학력인정 평생교육시설의 교원 및 「별정우체국법」에 따른 직원을 포함시킴으로써 해당 직역 근무자들의 사기를 북돋으려는 것을 내용으로 하고 있다.

(10) 상훈법 제10차 개정

2019년 12월 10일 법률 제16765호로 일부 개정하여, 2020년 3월 11일 시행하였다.

상훈법 제10차 개정은 훈장 또는 포장을 받은 후 범죄를 저질러 서훈 유지가 적절하지 아니한 사람에 대한 서훈 취소 기준을 강화하고, 서훈 취소 후 훈장 또는 포장 등을 반환하지 아니한 사람의 명단을 공개하는 등 엄격한 사후관리를 통하여 정부포상의 영예성(榮譽性)을 높이는 한편, 훈장 또는 포장을 받을 목적으로 부정한 행위를 한 사람에 대한 벌칙을 신설하는 등 현행 제도의 운영상 나타난 일부 미비점을 개선·보완하려는 것을 내용으로 하고 있다.

개정된 상훈법의 주요 내용을 보면, (1) 서훈의 취소사유를 「형법」, 「관세법」 및 「조세범 처벌법」에 규정된 죄를 범하여 사형, 무기 또는 3년 이상의 징역이나 금고의 형을 받은 경우로 하던 것을, 앞으로는 모든 범죄에 대하여 사형, 무기 또는 1년 이상의 징역이나 금고의 형을 선고 받고 그 형이 확정된 경우로 확대하였다(제8조 제1항 제3호). (2) 행정안전부장관은 서훈이 취소된 사람이 기한 내에 수여받은 훈장 또는 포장 등을 반환하지 아니한 경우에는 해당자의 이름을 서훈 미반환자 명부에 등재하고, 이를 관보 및 인터넷 홈페이지에 공개할 수 있도록 개정하였다(제8조의2 제2항 신설). (3) 서훈을 받거나 받지 못하게 할 목적으로 공적 내용의 확인을 위하여 필요한 기록이나 서류를 거짓으로 작성하여 제출하거나 제출된 기록이나 서류를 공적 심사 자료에 거짓으로 기재·입력한 자는 5년 이하의 징역 또는 5천만원 이하의 벌금에 처하도록 규정하였다(제38조 신설).

Ⅰ. 상훈법의 목적과 서훈의 기준

1. 상훈법의 목적

상훈법은 대한민국 국민이나 외국인으로서 대한민국에 공로(功勞)가 뚜렷한 사람에 대한 서훈(敍勳)에 관한 사항을 규정함을 목적으로 한다(상훈법 제1조).[16]

2. 서훈의 원칙

대한민국 훈장(勳章) 및 포장(褒章)은 대한민국 국민이나 우방국 국민으로서 대한민국에 뚜렷한 공적(功績)을 세운 사람에게 수여한다(상훈법 제2조).[17]

---

16) 상훈법에 의하면 서훈대상자의 결정은 대통령이 대한민국국민이나 외국인으로서 대한민국에 뚜렷한 공로가 있다고 인정되는 자에 대하여 중앙행정기관의 장 등의 추천을 받고 국무회의의 심의를 거쳐 행하도록 규정되어 있는 바, 서훈제도는 국민 개개인이 서훈을 받고 싶다고 하여 서훈을 수여하여 줄 것을 신청하거나 요청할 수 있는 것이 아니라 서훈대상자의 공적내용 및 그 공적이 국가사회에 미친 효과의 정도 등을 참작하여 대상자를 결정하는 것으로서 국민이나 외국인 개개인에게 서훈수여에 대한 신청권이 인정된다고 할 수 없을 것이므로, 이 사건에서 청구인에게 훈장을 수여해 줄 것을 요구할 수 있는 권리가 있는 것이 아니고, 이러한 청구인의 요구에 대하여 피청구인이 법률상 상당한 기간 내에 일정한 처분을 하여야 할 법률상 의무가 있는 것도 아니므로, 청구인에게 근정훈장을 수여하라는 이 건 청구는 행정청의 처분이나 부작위를 대상으로 한 것이 아니어서 심판제기요건을 결한 부적법한 심판청구라 할 것이다(훈장수여이행청구 - 국민권익위원회 2001-06687, 2001.9.3., 각하).

17) 대한민국 훈장 및 포장은 서훈의 원칙을 정한 구 상훈법(2011.8.4. 법률 제10985호로 개정되기 전의 것, 이하 같다) 제2조에 따라 대한민국 국민이나 우방국 국민으로서 대한민국에 뚜렷한 공적을 세운 사람에게 수여하는 것으로서, 서훈은 단순히 서훈대상자 본인에 대한 수혜적 행위로서의 성격만을 가지는 것이 아니라 국가에 뚜렷한 공적을 세운 사람에게 명예를 부여함으로써 국민 일반에 대하여 국가와 민족에 대한 자긍심을 높이고 국가적 가치를 통합·제시하는 행위의 성격도 가지고 있다. 그리고 서훈의 수여 사유인 '대한민국에 대한 뚜렷한 공적'에 관한 판단은 서훈추천권자가 제출한 공적조서에 기재된 개개의 사실뿐만 아니라 일정한 공적기간 동안 서훈대상자의 행적을 전체적으로 평가하여 이루어진다. 한편 구 상훈법 제8조 제1항 제1호는 '서훈공적이 거짓임이 판명된 경우'에는 그 서훈을 취소하도록 정하고 있는데, 이러한 서훈취소 제도는 수여된 서훈을 그대로 유지한다면 서훈의 영예성을 수호할 수 없는 사유가 발생한 경우에 서훈제도의 본질과 기능을 보호하기 위하여 마련된 것으로 보인다. 이와 같은 서훈의

3. 서훈의 기준

서훈의 기준은 서훈 대상자의 공적 내용, 그 공적이 국가와 사회에 미친 효과의 정도, 그 밖의 사항을 고려하여 결정한다(상훈법 제3조).[18]

4. 중복 수여의 금지

동일한 공적에 대하여는 훈장 또는 포장을 거듭 수여하지 아니한다(상훈법 제4조).

II. 서훈의 추천

1. 서훈의 추천

서훈의 추천은 중앙행정기관의 장(대통령 직속기관 및 국무총리 직속기관의 장을 포함한다), 국회사무총장, 법원행정처장, 헌법재판소사무처장 및 중앙선거관리위원회사무총장이 한다(상훈법 제5조 제1항). 추천권자의 소관에 속하지 아니하는 서훈의 추천은 행정안전부장관이 한다(상훈법 제5조 제2항).[19] 서훈의 추천은 대통령령으로 정하는 바에 따라 공적심사를

원칙 및 취소에 관한 규정들과 아울러 그 취지와 입법 목적 등을 종합하여 보면, 구 상훈법 제8조 제1항 제1호에서 정한 서훈취소사유인 '서훈공적이 거짓임이 판명된 경우'에는 서훈 수여 당시 조사된 공적사실 자체가 진실에 반하는 경우뿐만 아니라, 서훈 수여 당시 드러나지 않은 사실이 새로 밝혀졌고 만일 그 사실이 서훈 심사 당시 밝혀졌더라면 당초 조사된 공적사실과 새로 밝혀진 사실을 전체적으로 평가하였을 때 서훈대상자의 행적을 서훈에 관한 공적으로 인정할 수 없음이 객관적으로 뚜렷한 경우도 포함된다(대법원 2015.4.23., 선고, 2012두26920, 판결).

18) 2007년 정부포상업무지침은 행정안전부가 훈장수여대상자의 추천을 위한 업무처리지침으로서 마련한 내부기준에 불과할 뿐, 법령보충적 행정규칙으로 보거나 평등 및 신뢰보호원칙을 매개로 하여 대외적 구속력을 인정할 만한 사정이 엿보이지 않는다. 또한 정부포상업무지침이 정한 자격요건에 해당한다는 이유로 국민에게 훈장을 요구할 수 있는 권리가 인정되지도 않는다. 따라서 이 사건 지침은 국민의 권리·의무에 직접 영향을 미치지 않으므로 헌법소원의 대상이 되는 공권력의 행사에 해당되지 않는다(헌재 2009.7.30, 2008헌마367, 전원재판부).

19) 독립유공자의 구체적 인정절차는 입법자가 헌법의 취지에 반하지 않는 한 입법재량으로 정할 수 있다. 독립유공자 인정의 전 단계로서 상훈법에 따른 서훈추천은 해당 후보자에 대한 공적심사를 거쳐서 이루어지며, 그러한 공적심사의 통과 여부는 해당 후보자가 독립유공자로서 인정될만한 사정이 있는지에 달

거쳐야 한다(상훈법 제5조 제3항).

　서훈 추천권자는 서훈을 추천하려는 경우에는 서훈의 필요성, 서훈의 규모 및 시기 등을 미리 행정안전부장관과 협의하여야 한다(상훈법 시행령 제3조 제1항). 서훈 추천권자가 서훈을 추천할 때에는 공적심사위원회의 심사를 거쳐 서훈 예정일 30일 전까지 공적조서(전자문서로 된 공적조서를 포함한다)를 행정안전부장관에게 제출하여야 한다. 다만, 서훈 대상자가 외국인인 경우에는 같은 서식의 영문 공적조서를 함께 첨부하여야 한다(상훈법 시행령 제3조 제2항).

　서훈 추천권자는 서훈 추천권자 소속이 아닌 공무원의 서훈을 추천할 때에는 해당 공무원 소속 기관장의 동의를 받아야 한다. 다만, 추천 대상자가 외국 군인인 경우에는 국방부장관과 미리 협의하여야 하며, 그 밖의 외국인인 경우에는 외교부장관과 미리 협의하여야 한다(상훈법 시행령 제3조 제3항).

　서훈 추천권자는 서훈 대상자의 공적심사를 위하여 필요한 경우에는 서훈 대상자 본인의 동의를 받아 관계 법령에서 정하는 바에 따라 서훈 대상자의 범죄경력과 그 밖에 필요한 정보를 제공하여 줄 것을 그 정보를 보유한 기관의 장에게 요청할 수 있다(상훈법 시행령 제3조 제4항).

Ⅲ. 상훈법과 공적심사위원회

1. 공적심사위원회의 설치

　서훈 추천 대상자의 공적 및 서훈 추천의 적정성, 서훈을 받은 자의 서훈 취소 사유 해당 여부를 심사하기 위하여 서훈의 추천 권한이 있는 자와 「서울특별시 행정특례에 관한 법률」 제4조 제7항[20]에 따른 서울특별시장 소속으로 공적심사위원회를 둔다(상훈법 시행령 제2조 제1항).

　려 있다. 이에 관한 판단에 있어서 국가는 나름대로의 재량을 지닌다. 따라서 국가보훈처장이 서훈추천 신청자에 대한 서훈추천을 하여 주어야 할 헌법적 작위의무가 있다고 할 수는 없으므로, 서훈추천을 거부한 것에 대하여 행정권력의 부작위에 대한 헌법소원으로서 다툴 수 없다(2005.6.30, 2004헌마859).

20) 서울특별시 행정특례에 관한 법률 제4조(일반행정 운영상의 특례) ⑦ 서울특별시 소속 공무원 등에 대한 서훈(敍勳)의 추천은 「상훈법」 제5조 제1항에도 불구하고 서울특별시장이 한다.

2. 공적심사위원회의 구성

공적심사위원회는 위원장 1명을 포함하여 6명 이상 11명 이하의 위원으로 구성하고, 위원은 다음 각 호의 사람 중에서 서훈 추천권자가 성별을 고려하여 임명하거나 위촉한다. 이 경우 서훈 추천권자는 위원의 2분의 1 이상을 「국가공무원법」 또는 「지방공무원법」에 따른 공무원이 아닌 사람으로 위촉하되, 국가안전보장이나 직무상 비밀 보호 등을 위하여 행정안전부장관이 필요하다고 인정하는 경우에는 공무원이 아닌 사람의 위촉 비율을 다르게 정할 수 있다(상훈법 시행령 제2조 제2항).

> 1. 고위공무원단에 속하는 공무원 또는 3급 이상의 공무원
> 2. 법관, 검사 또는 변호사로 10년 이상 근무한 사람
> 3. 대학에서 조교수 이상으로 10년 이상 근무한 사람
> 4. 서훈 추천권자 소관 업무에 대한 전문지식이 있거나 관련 분야에서 10년 이상 근무한 경험이 있는 사람

3. 공적심사위원이 될 수 없는 사람

대한민국 국민이 아닌 사람, 국가공무원법(제33조)[21]상 공무원으로 임용될 수 없는 사람, 상훈법(제8조)에 따라 서훈이 취소된 사람은 공적심사위원회 위원이 될 수 없다(상훈법 시행령 제2조 제3항).

---

21) 국가공무원법 제33조(결격사유) 다음 각 호의 어느 하나에 해당하는 자는 공무원으로 임용될 수 없다.
    1. 피성년후견인 또는 피한정후견인
    2. 파산선고를 받고 복권되지 아니한 자
    3. 금고 이상의 실형을 선고받고 그 집행이 종료되거나 집행을 받지 아니하기로 확정된 후 5년이 지나지 아니한 자
    4. 금고 이상의 형을 선고받고 그 집행유예 기간이 끝난 날부터 2년이 지나지 아니한 자
    5. 금고 이상의 형의 선고유예를 받은 경우에 그 선고유예 기간 중에 있는 자
    6. 법원의 판결 또는 다른 법률에 따라 자격이 상실되거나 정지된 자
    6의2. 공무원으로 재직기간 중 직무와 관련하여 「형법」 제355조 및 제356조에 규정된 죄를 범한 자로서 300만원 이상의 벌금형을 선고받고 그 형이 확정된 후 2년이 지나지 아니한 자
    6의3. 「형법」 제303조 또는 「성폭력범죄의 처벌 등에 관한 특례법」 제10조에 규정된 죄를 범한 사람으로서 300만원 이상의 벌금형을 선고받고 그 형이 확정된 후 2년이 지나지 아니한 사람
    7. 징계로 파면처분을 받은 때부터 5년이 지나지 아니한 자
    8. 징계로 해임처분을 받은 때부터 3년이 지나지 아니한 자

4. 공적심사위원의 해임과 해촉

서훈 추천권자는 위원이 다음 각 호의 어느 하나에 해당하는 경우에는 해당 위원을 해임 또는 해촉(解囑)할 수 있다(상훈법 시행령 제2조 제4항).

1. 심신장애로 인하여 직무를 수행할 수 없게 된 경우
2. 직무와 관련된 비위사실이 있는 경우
3. 직무태만, 품위손상이나 그 밖의 사유로 인하여 위원으로 적합하지 아니하다고 인정되는 경우
4. 상훈법시행령 제5항 각 호의 어느 하나에 해당하는 데에도 불구하고 회피하지 아니한 경우
5. 위원 스스로 직무를 수행하는 것이 곤란하다고 의사를 밝힌 경우

5. 공적심사위원의 제척과 회피

공적심사위원은 다음 각 호의 어느 하나에 해당하는 경우에는 공적심사위원회의 심사에서 제척된다(상훈법 시행령 제2조 제5항).

1. 위원이 해당 안건의 심사 대상자인 경우
2. 위원이 해당 안건의 심사 대상자와 친족(「민법」제777조에 따른 친족을 말한다)22) 관계에 있거나 있었던 경우
3. 위원이 해당 안건의 심사 대상 공적 또는 서훈 취소 요건이 되는 사실에 관여한 경우. 다만, 공무원이 직무수행을 위하여 해당 공적 또는 서훈 취소 요건이 되는 사실에 관여한 경우는 제외한다.

공적심사위원은 제척 사유에 해당하거나 본인에게 심사의 공정성을 기대하기 어려운 사정이 있다고 판단되는 경우에는 스스로 해당 안건의 심사에서 회피(回避)하여야 한다(상훈법 시행령 제2조 제6항).

---

22) 민법 제777조(친족의 범위) 친족관계로 인한 법률상 효력은 이 법 또는 다른 법률에 특별한 규정이 없는 한 다음 각호에 해당하는 자에 미친다.
 1. 8촌 이내의 혈족
 2. 4촌 이내의 인척
 3. 배우자

Ⅳ. 서훈의 확정과 공표 및 취소

1. 서훈의 확정

행정안전부장관은 서훈이 추천된 경우에는 서훈에 관한 의안을 국무회의에 제출하여야 한다(상훈법 제7조 제1항). 서훈 대상자는 국무회의의 심의를 거쳐 대통령이 결정한다(상훈법 제7조 제2항).[23][24][25]

2. 서훈의 공표

서훈이 확정 또는 취소된 경우에는 그 대상자와 사유를 서훈이 확정 또는 취소된 날부터 60일 이내에 관보에 게재하여야 한다(상훈법 제8조의2 제1항).

행정안전부장관은 서훈이 취소된 사람이 기한 내에 수여받은 훈장 및 포장 등을 반환하지 아니한 경우에는 해당자의 이름을 서훈 미반환자 명부에 등재하고, 이를 관보 및 행정안전부 인터넷 홈페이지에 공개할 수 있다(상훈법 제8조의2 제2항). 관보 및 행정안전부 인터넷 홈페

---

23) 훈장수여에 관하여 헌법 제80조는 "대통령은 법률이 정하는 바에 의하여 훈장 기타의 영전을 수여한다."고 규정하고 있고, 이에 따라 상훈법 및 그 시행령은 훈장및 포장의 종류와 서훈의 기준, 절차 등에 관하여 규정하고 있는바, 위 규정에 의하면 서훈은 대통령의 권한으로서 서훈 여부는 대통령이 그 재량에 의하여 독자적으로 결정하는 것이므로, 훈장을 수여하여 줄 것을 요구할 수 있는 법규상 또는 조리상 권리는 없다(헌재 2005. 6. 30. 2004헌마859, 판례집 17-1, 1021-1022).

24) 구 상훈법(2011.8.4. 법률 제10985호로 개정되기 전의 것) 제8조는 서훈취소의 요건을 구체적으로 명시하고 있고 절차에 관하여 상세하게 규정하고 있다. 그리고 서훈취소는 서훈수여의 경우와는 달리 이미 발생된 서훈대상자 등의 권리 등에 영향을 미치는 행위로서 관련 당사자에게 미치는 불이익의 내용과 정도 등을 고려하면 사법심사의 필요성이 크다. 따라서 기본권의 보장 및 법치주의의 이념에 비추어 보면, 비록 서훈취소가 대통령이 국가원수로서 행하는 행위라고 하더라도 법원이 사법심사를 자제하여야 할 고도의 정치성을 띤 행위라고 볼 수는 없다(대법원 2015.4.23, 2012두26920).

25) 헌법 제80조 및 상훈법령에 따른 서훈은 대통령의 권한으로서 행정자치부장관은 서훈에 관한 추천의 권한만을 가질 뿐이고, 나아가 대통령이 위와 같은 헌법과 상훈법의 규정에 따라 서훈대상자에게 훈장 기타의 영전을 수여하는 것은 국가원수의 지위에서 행하는 고도의 정치성을 지닌 국가작용으로서 그 서훈 여부는 대통령이 그 재량에 의하여 국무회의 심의를 거쳐 독자적으로 결정하는 것이어서, 관련 법령에서 정한 자격기준이나 위 정부포상업무지침이 정한 자격요건에 해당한다는 이유로 행정자치부장관에게 훈장을 요구할 수 있는 법규상 또는 조리상 권리를 갖는다고 볼 수 없으므로, 훈장수여신청에 대한 거부통지는 항고소송의 대상이 되는 처분으로 볼 수 없다(서울고법 2005.4.27, 2004누8790 판결: 확정).

이지에 공개하는 사항이 「공공기관의 정보공개에 관한 법률」 제9조 제1항26) 각 호의 어느 하나에 해당하는 경우에는 공개하지 아니할 수 있다(상훈법 제8조의2 제3항).

---

26) 공공기관의 정보공개에 관한 법률 제9조(비공개 대상 정보) ① 공공기관이 보유·관리하는 정보는 공개 대상이 된다. 다만, 다음 각 호의 어느 하나에 해당하는 정보는 공개하지 아니할 수 있다.
  1. 다른 법률 또는 법률에서 위임한 명령(국회규칙·대법원규칙·헌법재판소규칙·중앙선거관리위원회규칙·대통령령 및 조례로 한정한다)에 따라 비밀이나 비공개 사항으로 규정된 정보
  2. 국가안전보장·국방·통일·외교관계 등에 관한 사항으로서 공개될 경우 국가의 중대한 이익을 현저히 해칠 우려가 있다고 인정되는 정보
  3. 공개될 경우 국민의 생명·신체 및 재산의 보호에 현저한 지장을 초래할 우려가 있다고 인정되는 정보
  4. 진행 중인 재판에 관련된 정보와 범죄의 예방, 수사, 공소의 제기 및 유지, 형의 집행, 교정(矯正), 보안처분에 관한 사항으로서 공개될 경우 그 직무수행을 현저히 곤란하게 하거나 형사피고인의 공정한 재판을 받을 권리를 침해한다고 인정할 만한 상당한 이유가 있는 정보
  5. 감사·감독·검사·시험·규제·입찰계약·기술개발·인사관리에 관한 사항이나 의사결정 과정 또는 내부검토 과정에 있는 사항 등으로서 공개될 경우 업무의 공정한 수행이나 연구·개발에 현저한 지장을 초래한다고 인정할 만한 상당한 이유가 있는 정보. 다만, 의사결정 과정 또는 내부검토 과정을 이유로 비공개할 경우에는 의사결정 과정 및 내부검토 과정이 종료되면 제10조에 따른 청구인에게 이를 통지하여야 한다.
  6. 해당 정보에 포함되어 있는 성명·주민등록번호 등 개인에 관한 사항으로서 공개될 경우 사생활의 비밀 또는 자유를 침해할 우려가 있다고 인정되는 정보. 다만, 다음 각 목에 열거한 개인에 관한 정보는 제외한다.
    가. 법령에서 정하는 바에 따라 열람할 수 있는 정보
    나. 공공기관이 공표를 목적으로 작성하거나 취득한 정보로서 사생활의 비밀 또는 자유를 부당하게 침해하지 아니하는 정보
    다. 공공기관이 작성하거나 취득한 정보로서 공개하는 것이 공익이나 개인의 권리 구제를 위하여 필요하다고 인정되는 정보
    라. 직무를 수행한 공무원의 성명·직위
    마. 공개하는 것이 공익을 위하여 필요한 경우로서 법령에 따라 국가 또는 지방자치단체가 업무의 일부를 위탁 또는 위촉한 개인의 성명·직업
  7. 법인·단체 또는 개인(이하 "법인등"이라 한다)의 경영상·영업상 비밀에 관한 사항으로서 공개될 경우 법인등의 정당한 이익을 현저히 해칠 우려가 있다고 인정되는 정보. 다만, 다음 각 목에 열거한 정보는 제외한다.
    가. 사업활동에 의하여 발생하는 위해(危害)로부터 사람의 생명·신체 또는 건강을 보호하기 위하여 공개할 필요가 있는 정보
    나. 위법·부당한 사업활동으로부터 국민의 재산 또는 생활을 보호하기 위하여 공개할 필요가 있는 정보
  8. 공개될 경우 부동산 투기, 매점매석 등으로 특정인에게 이익 또는 불이익을 줄 우려가 있다고 인정되는 정보

3. 서훈의 취소

훈장 또는 포장을 받은 사람이 다음 각 호의 어느 하나에 해당될 때에는 그 서훈을 취소하고, 훈장 또는 포장과 이와 관련하여 수여한 물건 및 금전을 환수한다(상훈법 제8조 제1항).

> 1. 서훈 공적이 거짓으로 밝혀진 경우[27]
> 2. 국가안전에 관한 죄를 범한 사람으로서 형을 받았거나 적대지역(敵對地域)으로 도피한 경우
> 3. 사형, 무기 또는 1년 이상의 징역이나 금고의 형을 선고 받고 그 형이 확정된 경우

서훈을 취소하고, 훈장 또는 포장 등을 환수하려는 경우에는 국무회의의 심의를 거쳐야 한다(상훈법 제8조 제2항).

서훈 추천권자는 훈장 또는 포장을 받은 사람에게 서훈 취소사유가 발생하였을 때에는 그 서훈의 취소에 관한 의안을 국무회의에 제출할 것을 행정안전부장관에게 요청하여야 하며, 행정안전부장관은 특별한 사유가 없으면 그 서훈의 취소에 관한 의안을 국무회의에 제출하여야 한다. 다만, 행정안전부장관은 서훈 추천권자의 요청이 없는 경우에도 대통령령으로 정하는 바에 따라 훈장 또는 포장을 받은 사람에게 서훈 취소사유가 있는지 심의한 결과 이를 확인한 경우에는 해당자에 대한 서훈의 취소에 관한 의안을 국무회의에 제출할 수 있다(상훈법 제8조 제3항).

---

27) 대한민국 훈장 및 포장은 서훈의 원칙을 정한 구 상훈법(2011.8.4. 법률 제10985호로 개정되기 전의 것, 이하 같다) 제2조에 따라 대한민국 국민이나 우방국 국민으로서 대한민국에 뚜렷한 공적을 세운 사람에게 수여하는 것으로서, 서훈은 단순히 서훈대상자 본인에 대한 수혜적 행위로서의 성격만을 가지는 것이 아니라 국가에 뚜렷한 공적을 세운 사람에게 명예를 부여함으로써 국민 일반에 대하여 국가와 민족에 대한 자긍심을 높이고 국가적 가치를 통합·제시하는 행위의 성격도 가지고 있다. 그리고 서훈의 수여 사유인 '대한민국에 대한 뚜렷한 공적'에 관한 판단은 서훈추천권자가 제출한 공적조서에 기재된 개개의 사실뿐만 아니라 일정한 공적기간 동안 서훈대상자의 행적을 전체적으로 평가하여 이루어진다. 한편 구 상훈법 제8조 제1항 제1호는 '서훈공적이 거짓임이 판명된 경우'에는 그 서훈을 취소하도록 정하고 있는데, 이러한 서훈취소 제도는 수여된 서훈을 그대로 유지한다면 서훈의 영예성을 수호할 수 없는 사유가 발생한 경우에 서훈제도의 본질과 기능을 보호하기 위하여 마련된 것으로 보인다. 이와 같은 서훈의 원칙 및 취소에 관한 규정들과 아울러 그 취지와 입법 목적 등을 종합하여 보면, 구 상훈법 제8조 제1항 제1호에서 정한 서훈취소사유인 '서훈공적이 거짓임이 판명된 경우'에는 서훈 수여 당시 조사된 공적사실 자체가 진실에 반하는 경우뿐만 아니라, 서훈 수여 당시 드러나지 않은 사실이 새로 밝혀졌고 만일 그 사실이 서훈 심사 당시 밝혀졌더라면 당초 조사된 공적사실과 새로 밝혀진 사실을 전체적으로 평가하였을 때 서훈대상자의 행적을 서훈에 관한 공적으로 인정할 수 없음이 객관적으로 뚜렷한 경우도 포함된다(대법원 2015.4.23, 2012두26920).

4. 서훈기록부 등의 관리

행정안전부장관은 서훈자에 대한 기록부를 작성·관리하여야 한다(상훈법 시행령 제32조 제1항). 기록부는 특별한 사유가 없으면 전자적 처리가 가능한 방법으로 작성·관리하여야 한다(상훈법 시행령 제32조 제2항).

서훈 추천권자는 서훈의 추천, 공적심사 등에 관한 기록을 작성·관리해야 한다(상훈법 시행령 제32조 제3항). 서훈 기록부 및 서훈의 추천, 공적심사 등에 관한 기록 등의 보존기간은 아래와 같다(상훈법 시행령 제32조 제4항).

1. 기록부: 영구
2. 공적조서 및 공적심사위원회 심사의결서: 준영구
3. 서훈 추천서 및 동의서: 5년
4. 그 밖의 증명서류: 1년

V. 훈장의 종류

상훈법상 훈장의 종류는 12종이며, 그 종류를 나열하면 무궁화대훈장. 건국훈장, 국민훈장, 무공훈장, 근정훈장, 보국훈장, 수교훈장, 산업훈장, 새마을훈장, 문화훈장, 체육훈장, 과학기술훈장이다(상훈법 제9조). 훈장의 등급별 명칭은 대통령령으로 정한다(상훈법 제18조).

1. 무궁화대훈장

무궁화대훈장은 우리나라의 최고 훈장으로서 대통령에게 수여하며, 대통령의 배우자, 우방 원수 및 그 배우자 또는 우리나라의 발전과 안전보장에 이바지한 공적이 뚜렷한 전직(前職) 우방원수 및 그 배우자에게도 수여할 수 있다(상훈법 제10조).

2. 건국훈장

건국훈장은 대한민국의 건국에 공로가 뚜렷하거나, 국가의 기초를 공고히 하는 데에 이바지한 공적이 뚜렷한 사람에게 수여하며, 이를 5등급으로 한다(상훈법 제11조 및 동법 시행령 제11조).28)29)

훈장의 종류	등급별 명칭
건국훈장	1등급: 건국훈장 대한민국장 2등급: 건국훈장 대통령장 3등급: 건국훈장 독립장 4등급: 건국훈장 애국장 5등급: 건국훈장 애족장

---

28) "독립유공자법은 위와 같은 헌법적 취지에서 독립유공자와 그 유족 또는 가족에 대한 예우를 정하고 있는바, 같은 법은 순국선열이나 애국지사로 인정받기 위해서는 독립운동을 한 공로로 '건국훈장 등을 받은 자'일 것을 요구한다(제4조). 한편 상훈법은 훈장이나 포장의 수여는 공적심사를 거친 후 국가보훈처장 등의 서훈추천에 따라 국무회의의 심의를 거쳐 대통령이 결정하도록 하고(제5조 제1항, 제7조), 대통령 표창을 받기 위해서도 중앙행정기관의 장 등의 추천이 필요하다(정부표창규정 제14조). 앞에서 보았듯이 국가는 독립유공자를 제대로 가려내어 마땅히 그 공헌도에 상응하는 예우를 하여야 할 의무가 있으나, 독립유공자의 구체적 인정절차는 입법자가 헌법의 취지에 반하지 않는 한 입법재량을 가지는 영역에 해당된다. 그런데 앞의 '독립유공자 포상절차' 항목에서 설시한 바와 같이 그 구체적 인정절차는 독립유공자 선정에 있어서 나름대로 합리적 절차를 마련하고 있다. 또한 일제의 국권침탈 전후로부터 1945년 8월 14일까지 국내외에서 국권침탈을 반대하거나 독립운동을 위하여 일제에 항거한 사실은 오래된 과거의 사실로서 그 객관적인 사실확인도 어려울 뿐더러 일제의 국권침탈이 오랜 기간 전면적으로 이루어졌으므로 위 기간동안의 객관적 행위사실을 어떻게 평가할 것인가의 가치판단의 문제가 불가피하게 남게 된다. 그러므로 독립운동에 참가했던 사람들 중 사실인정과 가치판단을 거쳐 공로에 따라 상훈을 받은 자에 대해서만 순국선열 또는 애국지사로 등록하게 하는 것은 나름대로 합리성이 있다 할 것이다. 그렇다면 이 사건 심판대상조항이 독립유공자의 등록요건으로 건국훈장 등을 수여받을 것을 요구하고 있는 것이 독립유공자 선정에 있어서 입법형성권의 범위를 벗어나 최소한의 합리적 내용마저 보장하지 아니하였다거나 현저히 자의적으로 행함으로써 독립유공자와 그 유족의 사회보장수급권을 침해하였다고 볼 수 없다."(헌재 2010.6.24, 2009헌바111).

29) "독립유공자의 구체적 인정절차는 입법자가 헌법의 취지에 반하지 않는 한 입법재량으로 정할 수 있다. 독립유공자 인정의 전 단계로서 상훈법에 따른 서훈추천은 해당 후보자에 대한 공적심사를 거쳐서 이루어지며, 그러한 공적심사의 통과 여부는 해당 후보자가 독립유공자로서 인정될만한 사정이 있는지에 달려 있다. 이에 관한 판단에 있어서 국가는 나름대로의 재량을 지닌다. 따라서 국가보훈처장이 서훈추천 신청자에 대한 서훈추천을 하여 주어야 할 헌법적 작위의무가 있다고 할 수는 없으므로, 서훈추천을 거부한 것에 대하여 행정권력의 부작위에 대한 헌법소원으로서 다툴 수 없다. 영전수여에 앞서 법률상 요구되는 서훈추천이 거부됨에 따라 대통령이 영전수여신청자에 대하여 영전을 수여하지 않은 것은 그 전제가 되는 법적 절차의 미개시에 따른 것일 뿐 대통령이 공권력의 행사를 하여야 함에도 하지 않고 방치하고 있는 것이라 할 수 없다. 그러므로 대통령의 영전 미수여를 다투는 심판청구 역시 행정부작위를 다투는 헌법소원으로서 부적법하다."(헌재 2005.6.30, 2004헌마859).

3. 국민훈장

국민훈장은 정치·경제·사회·교육·학술 분야에 공을 세워 국민의 복지 향상과 국가 발전에 이바지한 공적이 뚜렷한 사람에게 수여하며, 이를 5등급으로 한다(상훈법 제12조 및 동법 시행령 제11조).

훈장의 종류	등급별 명칭
국민훈장	1등급: 국민훈장 무궁화장 2등급: 국민훈장 모란장 3등급: 국민훈장 동백장 4등급: 국민훈장 목련장 5등급: 국민훈장 석류장

4. 무공훈장

무공훈장은 전시(戰時) 또는 이에 준하는 비상사태에서 전투에 참가하거나 접적(接敵)지역에서 적의 공격에 대응하는 등 전투에 준하는 직무수행으로 뚜렷한 무공을 세운 사람에게 수여하며, 이를 5등급으로 한다(상훈법 제13조 및 동법 시행령 제11조).

훈장의 종류	등급별 명칭
무공훈장	1등급: 태극 무공훈장 2등급: 을지 무공훈장 3등급: 충무 무공훈장 4등급: 화랑 무공훈장 5등급: 인헌 무공훈장

5. 근정훈장

근정훈장은 공무원(군인·군무원은 제외한다), 사립학교 교원(「평생교육법」제31조 제3항에 따라 국·공립학교의 교원에 관한 규정이 준용되는 학력인정 평생교육시설의 교원을 포함한다) 또는 「별정우체국법」제2조에 따른 별정우체국 직원으로서 그 직무에 부지런히 힘써 공적이 뚜렷한 사람에게 수여하며, 이를 5등급으로 한다(상훈법 제14조).[30]

훈장의 종류	등급별 명칭
근정훈장	1등급: 청조 근정훈장 2등급: 황조 근정훈정 3등급: 홍조 근정훈장 4등급: 녹조 근정훈장 5등급: 옥조 근정훈장

---

30) "정부포상업무지침은 상훈법 및 같은 법 시행령에 의한 훈장 및 포장 등 개인이나 단체에 대하여 행하는 정부포상의 운용준칙을 정한 것으로서(이 사건 정보포상업무지침의 I. 목적), 행정안전부가 훈장수여대상자의 추천이라는 업무처리 지침으로서 마련한 내부기준이다. 그런데 정부포상업무지침은 통보의 형식으로 각 부처에 전달되어 행정조직 내부에서만 효력이 있을 뿐이며, 공포나 고시를 통하여 일반 국민에게 발표되지 않는다. 또한, 이 사건 정부포상업무지침은 상훈법 등 상위법령의 직접적인 위임 없이 제정된 것으로서 법령의 규정에 의하여 행정관청에 법령의 구체적 내용을 보충할 권한을 부여한 경우라고 할 수 없으므로, 예외적으로 대외적인 구속력이 인정되는 경우로 보기도 어렵다. 한편, 행정안전부가 매년 제도·운영상의 개선방안을 반영한 새로운 정부포상업무지침을 게시하고 통보한다는 점 및 각 부에 통보할 때에도 정부포상업무지침을 '참고'하여 포상의 영예성 제고 및 운영의 적정을 기할 것을 주문할 뿐, 서훈추천권자로 하여금 이를 준수할 명시적인 의무를 부과하는 것으로 보기 어렵다는 점에서, 서훈추천권자가 평등 및 신뢰의 원칙상 행정관행을 반복할 수밖에 없는 사정이 있다고 보기 어렵다. 더구나 이 사건 정부포상업무지침은 다음에서 보는 바와 같이 청구인(서훈을 받고자 하는 국민)의 기본권 기타 법률상 지위를 변동시키거나 청구인의 법적 지위에 영향을 주는 것으로 볼 수 없다. 헌법 제80조 및 상훈 법령에 따른 서훈은 대통령의 권한으로서, 이 사건 정부포상업무지침의 적용을 받는 각부 장관은 서훈에 관한 추천의 권한만을 가질 뿐이다(상훈법 제5조). 나아가 영전의 수여는 기본적으로 대통령이 국가원수의 지위에서 행하는 고도의 정치성을 지닌 국가작용이며, 서훈 여부는 대통령이 그 재량에 의하여 국무회의의 심의를 거쳐 독자적으로 결정하는 것이다. 따라서 관련 법령에서 정한 자격기준이나 정부포상업무지침이 정한 자격요건에 해당한다는 이유로 개인 혹은 단체에게 훈장을 요구할 수 있는 법규상 또는 조리상 권리가 있는 것으로 볼 수 없다. 달리 헌법은 국민에게 영전을 수여할 것을 요구할 권리를 부여하고 있지 않다(헌재 2005. 6. 30. 2004헌마859, 판례집 17-1, 1016, 1021 참조). 따라서 이 사건 정부포상업무지침은 행정기관 내부의 업무처리지침 내지 사무처리준칙에 해당할 뿐, 국민이나 법원을 구속하는 법규적 효력을 가진 것이 아니다(헌재 2000. 6. 29. 2000헌마325, 판례집 12-1, 963, 970 ; 헌재 2006. 3. 30. 2003헌마806, 판례집 18-1상 참조). 그렇다면, 이 사건 정부포상업무지침은 국민의 권리·의무에 직접 영향을 미치는 것이 아니므로 헌법소원의 대상이 되는 '공권력의 행사'에 해당하지 아니한다고 할 것이다."(헌재 2009.7.30, 2008헌마367).

6. 보국훈장

보국훈장은 국가안전보장에 뚜렷한 공을 세운 사람에게 수여하며, 이를 5등급으로 한다(상훈법 제15조 및 동법 시행령 제11조).

훈장의 종류	등급별 명칭
보국훈장	1등급: 보국훈장 통일장 2등급: 보국훈장 국선장 3등급: 보국훈장 천수장 4등급: 보국훈장 삼일장 5등급: 보국훈장 광복장

7. 수교훈장

수교훈장은 국권의 신장 및 우방과의 친선에 공헌(貢獻)이 뚜렷한 사람에게 수여하며, 이를 5등급으로 한다(상훈법 제16조 제1항 및 동법 시행령 제11조).

훈장의 종류	등급별 명칭
수교훈장	1등급: 수교훈장 광화대장 　　　　수교훈장 광화장 2등급: 수교훈장 흥인장 3등급: 수교훈장 숭례장 4등급: 수교훈장 창의장 5등급: 수교훈장 숙정장

새로 임명되어 임지로 부임하는 외교관과 정부대표, 특별사절 및 정부에서 필요하다고 인정하는 수행원에게는 외교행사 시 품위유지를 위한 의례적 장식용으로 수교훈장을 패용(佩用)하게 한다(상훈법 제16조 제2항). 의례적 장식용으로 패용하는 훈장의 등급별 기준은 대통령령으로 정한다(상훈법 제16조 제3항).

의례적 장식용으로 패용하는 수교훈장의 등급별 기준은 다음 각 호와 같다(상훈법 시행령 제12조 제1항).

1. 대사급 이상: 1등급

2. 공사급: 2등급

3. 참사관급: 3등급

4. 1등 및 2등 서기관급: 4등급

5. 3등 서기관급: 5등급

정부대표, 특별사절 및 그 밖의 수행원에 대하여는 그 지위에 따라 제1항의 기준을 준용한다(상훈법 시행령 제12조 제2항).

8. 산업훈장

산업훈장은 국가 산업 발전에 이바지한 공적이 뚜렷한 사람에게 수여하며, 이를 5등급으로 한다(상훈법 제17조 및 동법 시행령 제11조).

훈장의 종류	등급별 명칭
산업훈장	1등급: 금탑 산업훈장 2등급: 은탑 산업훈장 3등급: 동탑 산업훈장 4등급: 철탑 산업훈장 5등급: 석탑 산업훈장

9. 새마을훈장

새마을훈장은 새마을운동을 통하여 국가 및 사회 발전에 이바지한 공적이 뚜렷한 사람에게 수여하며, 이를 5등급으로 한다(상훈법 제17조의2 및 동법 시행령 제11조).

훈장의 종류	등급별 명칭
새마을훈장	1등급: 새마을훈장 자립장 2등급: 새마을훈장 자조장 3등급: 새마을훈장 협동장 4등급: 새마을훈장 근면장 5등급: 새마을훈장 노력장

10. 문화훈장

문화훈장은 문화예술 발전에 공을 세워 국민문화 향상과 국가 발전에 이바지한 공적이 뚜렷한 사람에게 수여하며, 이를 5등급으로 한다(상훈법 제17조의3 및 동법 시행령 제11조).

훈장의 종류	등급별 명칭
문화훈장	1등급: 금관 문화훈장 2등급: 은관 문화훈장 3등급: 보관 문화훈장 4등급: 옥관 문화훈장 5등급: 화관 문화훈장

11. 체육훈장

체육훈장은 체육 발전에 공을 세워 국민체육의 위상을 높이고 국가 발전에 이바지한 공적이 뚜렷한 사람에게 수여하며, 이를 5등급으로 한다(상훈법 제17조의4 및 동법 시행령 제11조).

훈장의 종류	등급별 명칭
체육훈장	1등급: 체육훈장 청룡장 2등급: 체육훈장 맹호장 3등급: 체육훈장 거상장 4등급: 체육훈장 백마장 5등급: 체육훈장 기린장

12. 과학기술훈장

과학기술훈장은 과학기술 발전에 이바지한 공적이 뚜렷한 사람에게 수여하며, 이를 5등급으로 한다(상훈법 제17조의5 및 동법 시행령 제11조).

훈장의 종류	등급별 명칭
과학기술훈장	1등급: 과학기술훈장 창조장 2등급: 과학기술훈장 혁신장 3등급: 과학기술훈장 웅비장 4등급: 과학기술훈장 도약장 5등급: 과학기술훈장 진보장

VI. 포장의 종류

포장은 훈장에 다음가는 훈격(勳格)으로서 그 종류를 나열하면 건국포장, 국민포장, 무공포장, 근정포장, 보국포장, 예비군포장, 수교포장, 산업포장, 새마을포장, 문화포장, 체육포장, 과학기술포장으로 12종이다(상훈법 제19조).

1. 건국포장

건국포장은 대한민국의 건국과 국가의 기초를 공고히 하는 데에 헌신·진력(盡力)하여 그 공적이 뚜렷한 사람에게 수여한다(상훈법 제20조).

2. 국민포장

국민포장은 정치·경제·사회·교육·학술 분야의 발전에 이바지한 공적이 뚜렷한 사람 또는 공익시설에 많은 금액의 재산을 기부하였거나 이를 경영한 사람, 그 밖에 공익사업에 종사하여 국민의 복리 증진에 이바지한 공적이 뚜렷한 사람에게 수여한다(상훈법 제21조).

3. 무공포장

무공포장은 국토방위에 헌신·노력하여 그 공적이 뚜렷한 사람에게 수여한다(상훈법 제22조).

4. 근정포장

근정포장은 공무원, 사립학교 교원 또는 「별정우체국법」 제2조에 따른 별정우체국 직원으로서 직무에 부지런히 힘써 국가의 이익과 국민의 행복에 이바지한 공적이 뚜렷한 사람에게 수여한다(상훈법 제23조).

5. 보국포장·예비군포장

보국포장은 국가안전보장 및 사회의 안녕과 질서유지에 공적이 뚜렷한 사람에게 수여한다

(상훈법 제24조 제1항). 예비군포장은 예비군의 육성·발전에 이바지한 공적이 뚜렷한 사람과 예비군으로서 직무에 부지런히 힘쓴 사람에게 수여한다(상훈법 제24조 제2항).

6. 수교포장

수교포장은 국권(國權)의 신장 및 우방과의 친선에 뚜렷한 공을 세운 사람 또는 국위 선양(宣揚)에 크게 이바지한 사람에게 수여한다(상훈법 제25조).

7. 산업포장

산업포장은 산업의 개발 또는 발전에 이바지하거나 실업(實業)에 부지런히 힘써 그 공적이 뚜렷한 사람 또는 공장, 사업장, 그 밖의 직장에 근무하는 근로자로서 그 직무에 부지런히 힘써 국가 발전에 이바지한 공적이 뚜렷한 사람에게 수여한다(상훈법 제26조).

8. 새마을포장

새마을포장은 새마을운동을 통하여 새마을정신을 구현함으로써 지역사회 개발과 주민복리 증진에 이바지한 공적이 뚜렷한 사람에게 수여한다(상훈법 제26조의 2).

9. 문화포장

문화포장은 문화예술활동을 통하여 문화 발전에 이바지한 공적이 뚜렷한 사람 및 문화예술 활동을 통하여 국위를 선양한 사람에게 수여한다(상훈법 제26조의3).

10. 체육포장

체육포장은 체육활동을 통하여 국민체육 발전에 이바지한 공적이 뚜렷한 사람 및 체육활동을 통하여 국위를 선양한 사람에게 수여한다(상훈법 제26조의4).

11. 과학기술포장

과학기술포장은 과학기술의 연구개발활동 등을 통하여 과학기술 발전에 이바지한 공적이 뚜렷한 사람 또는 과학기술의 연구개발활동 등을 통하여 국위를 선양한 사람에게 수여한다(상훈법 제26조의5).

Ⅶ. 제식과 규격

무궁화대훈장은 경식훈장(頸飾勳章)과 대수(大綬)로 된 정장(正章) 및 부장(副章)으로 하되, 필요에 따라 약장(略章) 및 금장(襟章)을 둘 수 있다(상훈법 제27조 제1항).

1등급의 훈장은 대수로 한다(상훈법 제27조 제2항). 2등급 및 3등급의 훈장은 중수(中綬)로 한다. 다만, 2등급의 건국훈장 및 수교훈장은 대수로 한다(상훈법 제27조 제3항). 4등급 및 5등급의 훈장은 소수(小綬)로 한다(상훈법 제27조 제4항). 훈장은 정장·부장·약장 및 금장으로 한다. 다만, 3등급(건국훈장은 제외한다)·4등급 및 5등급의 훈장은 부장을 두지 아니한다(상훈법 제27조 제5항).

포장은 소수로 하되, 정장·약장 및 금장으로 한다(상훈법 제27조 제6항). 정장·부장·약장·금장 및 경식(頸飾)과 수(綬)의 형태·치수·색채·재료에 관한 사항은 대통령령으로 정한다(상훈법 제27조 제7항).

과학기술훈장 및 과학기술포장의 제식(制式)과 규격은 대통령령으로 따로 정할 수 있다(상훈법 제27조 제8항).

Ⅷ. 훈장 및 포장의 수여

훈장 및 포장은 대통령이 직접 수여하는 것을 원칙으로 하되, 특별한 사유로 직접 수여하지 못할 때에는 대통령령으로 정하는 바에 따라 전수(傳授)할 수 있다(상훈법 제29조).

1. 훈장 및 포장의 전수

훈장 및 포장의 전수(傳授)는 국회의장, 대법원장, 헌법재판소장, 국무총리, 중앙선거관리위원회위원장, 중앙행정기관의 장, 대통령 직속기관의 장, 국무총리 직속기관의 장, 재외공관의 장, 특별시장, 광역시장, 특별자치시장, 도지사, 특별자치도지사, 시장·군수·구청장(자치구의 구청장을 말한다), 교육감, 국립대학교 총장, 합동참모의장, 각 군 참모총장, 군사령관, 군단장 또는 사단장(이에 준하는 군의 지휘관을 포함한다)이 한다(상훈법 시행령 제18조).

2. 대리 수여

국방부장관은 전시 또는 이에 준하는 비상사태에서 부득이한 경우에는 대통령을 대리하여 2등급 이하의 무공훈장과 무공포장을 수여할 수 있다. 다만, 2등급 무공훈장의 대리 수여는 전시에만 할 수 있다(상훈법 제30조 제1항). 국방부장관은 대리 수여를 스스로 할 수 없을 때에는 각 군 참모총장, 해병대사령관, 군사령관, 군단장 또는 사단장에게 위임할 수 있다(상훈법 제30조 제2항).

국방부장관이 훈장 또는 포장을 대리 수여하려면 수여 예정일 3일 전에 행정안전부장관에게 이를 요청하여야 한다(상훈법 시행령 제19조).

3. 대리 수여에 대한 사후 승인

국방부장관이 무공훈장 또는 무공포장을 대리 수여한 경우에는 지체 없이 해당 공적 사항을 상세히 기록하여 국무회의의 심의를 거쳐 대통령의 승인을 받아야 한다(상훈법 제31조).

4. 같은 종류의 같은 등급 훈장 또는 포장의 수여 금지 등

훈장 또는 포장을 받은 사람에게 ①전투(대간첩작전을 포함한다)에 참가하여 뚜렷한 무공을 세운 경우나, ②간첩수사로 국가안전보장에 뚜렷한 공을 세운 경우에 해당하는 경우를 제외하고는 이미 받은 훈장과 같은 종류의 같은 등급 또는 하위 등급의 훈장을 다시 수여하지 못하고, 이미 받은 포장과 같은 종류의 포장을 다시 수여하지 못한다(상훈법 시행령 제17조의2).

5. 훈 · 포장의 수여와 부상

훈장 또는 포장을 받은 사람에게는 부상(副賞)을 함께 수여할 수 있다(상훈법 제32조).

6. 유족 또는 대리인의 수령

훈장 또는 포장을 받을 사람이 사망하였거나 사고로 인하여 직접 수령할 수 없는 경우에는 그 유족 또는 대리인이 본인을 갈음하여 훈장 또는 포장을 받을 수 있다(상훈법 제33조).

훈장 또는 포장을 유족이나 대리인에게 수여할 때에는 필요에 따라 시장 · 군수 또는 구청장이 발행하는 유족증명이나 위임장을 제시하게 할 수 있다(상훈법 시행령 제20조 제1항).

유족에게 훈장 또는 포장을 대리 수여하는 경우에는 배우자, 직계비속 중 연장자 순, 부모, 형제자매 중 연장자 순, 상훈법에 따른 추천권자가 행정안전부장관과 협의하여 지정한 사람의 순위에 따른다(상훈법 시행령 제20조 제2항). 유족이 없는 경우 행정안전부장관은 훈장 또는 포장의 수여 사실을 기록부에 기록하고 훈장 또는 포장을 교부하지 아니할 수 있다(상훈법 시행령 제20조 제3항).

유족이나 대리인에게 훈장 또는 포장을 수여하는 경우에는 특별시장, 광역시장, 특별자치시장, 도지사, 특별자치도지사, 시장 · 군수 · 구청장(자치구의 구청장을 말한다), 재외공관의 장 또는 부대장을 통하여 전달할 수 있다(상훈법 시행령 제20조 제4항).

IX. 패용

1. 본인 패용만 가능

훈장 및 포장은 본인만 패용하며, 사후(死後)에는 그 유족이 보존하되, 이를 패용하지 못한다(상훈법 제34조 제1항).

2. 패용의 시기

훈장 및 포장은 국경일, 법령에서 정한 기념일, 열병식(閱兵式), 사열식(查閱式) 등의 의식

(儀式)에 참석할 때에 패용하는 것을 원칙으로 하되, 축일(祝日)과 제일(祭日), 시무식 · 종무식, 학교의 입학식 · 졸업식 · 개교기념일, 그 밖의 공식행사에 참석할 때에도 패용할 수 있다. 다만, 금장(襟章)은 평일에도 패용할 수 있다(상훈법 시행령 제21조).

3. 패용 순서

훈장 및 포장을 함께 패용할 때에는 훈장을 선순위로 한다(상훈법 시행령 제24조 제1항). 훈장의 패용 순위는 같은 등급의 훈장인 경우 상훈법의 순위(동법 제9조)에 따르고, 다른 등급의 경우에는 높은 것을 선순위로 하는 것을 원칙으로 한다(상훈법 시행령 제24조 제2항). 포장의 패용은 상훈법의 순위(제19조)에 따르는 것을 원칙으로 한다(상훈법 시행령 제24조 제3항). 우리나라 훈장 및 포장은 외국 훈장의 선순위로 한다. 다만, 의전상 필요한 경우에는 예외로 할 수 있다(상훈법 시행령 제24조 제4항).

4. 훈장 및 포장의 패용방법

훈장 및 포장의 종류별 패용 위치는 별표 5와 같다(상훈법 시행령 제25조 제1항). 2개 이상의 대수 또는 중수로 된 훈장을 함께 패용하는 경우에는 그 중 하나의 정장 및 부장만을 패용하고 그 밖의 경우에는 왼쪽 가슴에 차례로 부장만을 패용한다(상훈법 시행령 제25조 제2항).

2개 이상의 3등급 훈장(건국훈장 3등급은 제외한다)을 동시에 패용할 때에는 그 수(綬)를 삼각형으로 축소하여 왼쪽 가슴에 차례로 패용한다(상훈법 시행령 제25조 제3항).

소수(小綬)로 된 훈장 및 포장은 순위에 따라 왼쪽 가슴에 차례로 패용한다(상훈법 시행령 제25조 제4항).

훈장과 포장의 패용 위치(제25조 제1항 관련)

1. 훈장과 포장의 패용 위치

복장 구분	복장의 색상	넥타이
예복 약식 예복		회색 또는 검은색(검은색 계통에 흰색 사선 포함한다)
야회복 약식 야회복		흰색 나비넥타이
정복	복제령에 따른 색	복제령에 따른 것
남자 양복(평복)	검은색이나 감색 중 한 가지 색으로 상의 · 하의 단일색	검은색, 감색 또는 회색
여자 양복(평복)	한 가지 색으로 상의 · 하의 단일색	
남자 한복(두루마기)	흰색, 검은색 또는 회색	
여자 한복	한 가지 색으로 상의 · 하의 단일색	
전투복	복제령에 의한 색	

가. 무궁화대훈장

경식훈장(頸飾勳章)은 목에 걸고, 대수로 된 정장은 왼쪽 어깨에서 오른쪽 가슴 아래에 두르며 부장은 오른쪽 가슴에 단다.

(예 복) (야회복)

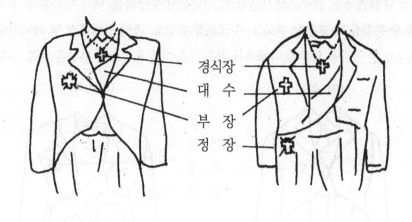

경식장
대　수
부　장
정　장

(남자 양복) (평　복) (여자 양복)

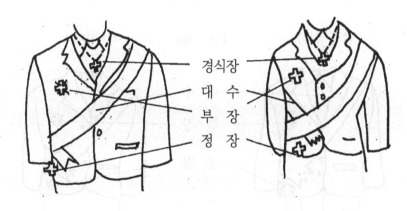

경식장
대　수
부　장
정　장

(남자 한복) (한　복) (여자 한복)

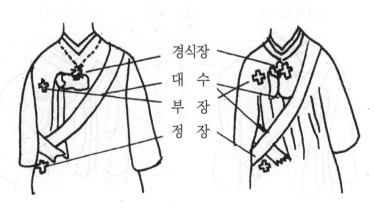

경식장
대　수
부　장
정　장

나. 대수

건국훈장 대한민국장, 건국훈장 대통령장, 국민훈장 무궁화장, 태극 무공훈장, 청조 근정훈장, 보국훈장 통일장, 수교훈장 평화장, 수교훈장 흥인장, 금탑 산업훈장 및 과학기술훈장 창조장은 대수로 된 정장을 오른쪽 어깨에서 왼쪽 가슴 아래에 두르며 부장은 왼쪽 가슴에 단다.

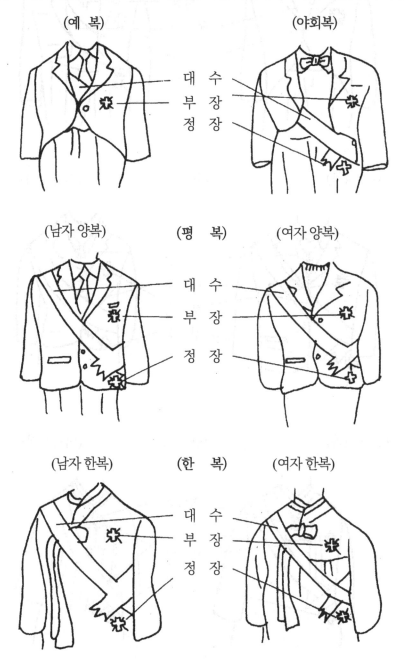

(예 복)   (야회복)

대수장
부장
정장

(남자 양복)   (평 복)   (여자 양복)

대수장
부장
정장

(남자 한복)   (한 복)   (여자 한복)

대수장
부장
정장

※ 정복과 전투복에 대수를 다는 경우의 다는 위치는 평복의 경우와 같다.

다. 중수(부장이 있는 경우)

건국훈장 국민장, 국민훈장 모란장, 을지 무공훈장, 황조 근정훈장, 보국훈장 국선장, 은탑 산업훈장 및 과학기술훈장 혁신장은 정장을 가슴 중앙에 오도록 중수를 목에 걸고 부장은 왼쪽 가슴에 단다.

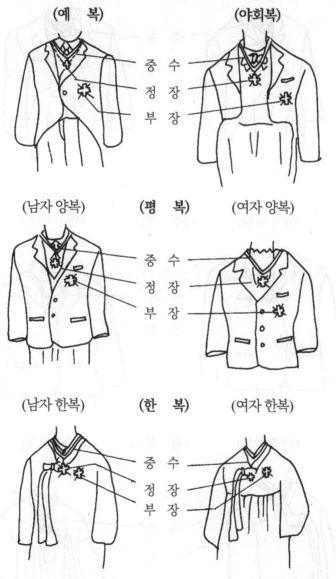

(예　복)　　　　　　(야회복)

(남자 양복)　(평　복)　(여자 양복)

(남자 한복)　(한　복)　(여자 한복)

※ 정복과 전투복에 중수를 다는 경우의 다는 위치는 평복의 경우와 같다.

라. 중수(부장이 없는 경우)

국민훈장 동백장, 충무 무공훈장, 홍조 근정훈장, 보국훈장 천수장, 수교훈장 승례장, 동탑 산업훈장 및 과학기술훈장 응비장은 정장을 가슴 중앙에 오도록 중수를 목에 건다.

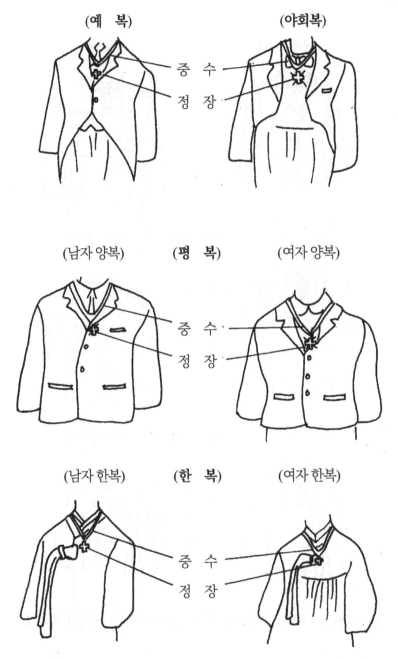

(예 복)   (야회복)
중 수
정 장

(남자 양복)   (평 복)   (여자 양복)
중 수
정 장

(남자 한복)   (한 복)   (여자 한복)
중 수
정 장

※ 정복과 전투복에 중수를 다는 경우의 다는 위치는 평복의 경우와 같다.

마. 소수

국민훈장 목련장 및 국민훈장 석류장, 화랑 무공훈장 및 인헌 무공훈장, 녹조 근정훈장 및 옥조 근정훈장, 보국훈장 삼일장 및 보국훈장 광복장, 수교훈장 창의장 및 수교훈장 숙정장, 철탑 산업훈장 및 석탑 산업훈장, 과학기술훈장 도약장 및 과학기술훈장 진보장, 각종 포장은 그 정장을 왼쪽 가슴에 단다.

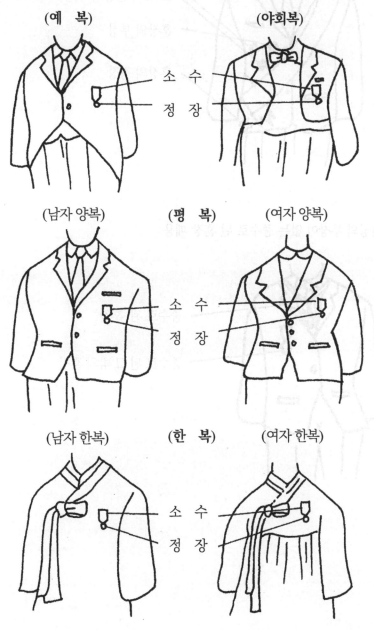

※ 정복과 전투복에 소수를 다는 경우의 다는 위치는 평복의 경우와 같다.

2. 여러 개의 훈장과 포장을 동시에 다는 경우

가. 2개 이상의 대수 또는 부장이 있는 중수로 된 훈장 패용

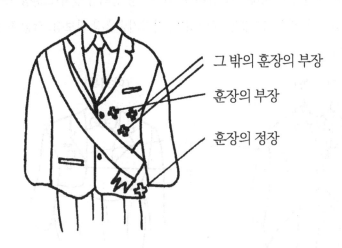

그 밖의 훈장의 부장

훈장의 부장

훈장의 정장

나. 2개 이상의 부장이 없는 중수로 된 훈장 패용

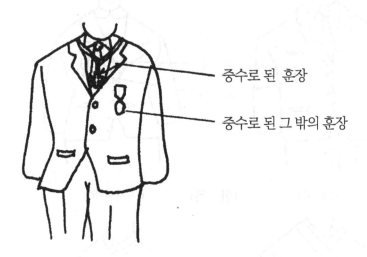

중수로 된 훈장

중수로 된 그 밖의 훈장

다. 소수로 된 훈장과 포장 패용

 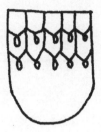

5. 포장의 패용방법

포장은 왼쪽 가슴에 차례로 패용한다(상훈법 시행령 제26조).

6. 약장의 패용방법

약장은 순위에 따라 왼쪽 가슴 위에 패용하며, 15개 이상을 패용할 때에는 축소한 약장을 패용할 수 있다(상훈법 시행령 제27조 제1항). 약장의 개수에 따른 패용 위치는 별표 6과 같다(상훈법 시행령 제27조 제2항).

약장의 개수에 따른 패용 위치(제27조제2항 관련)

1. 위치 및 순위

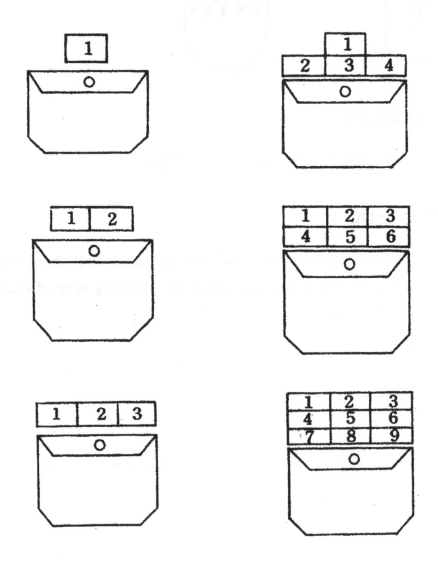

2. 같은 등급의 무공훈장과 보국훈장의 약장을 여러 개 달 경우에는 별표2의 단수약장만을 여러 개 달거나 이에 상응하는 복수약장만을 달거나 단수약장과 복수약장을 함께 달 수 있다. 다만, 단수약장과 복수약장을 함께 달 경우에는 복수약장을 먼저 단다.

7. 금장의 패용방법

금장은 왼쪽 옷깃에 패용하되, 2개 이상의 금장을 받았을 때에는 그 중 하나만을 패용한다(상훈법 시행령 제28조 제1항). 금장의 패용 위치는 별표 7과 같다(상훈법 시행령 제28조 제2항).

금 장

8. 훈장 및 포장의 축소

훈장 및 포장은 필요에 따라 원형의 2분의 1로 축소할 수 있다. 다만, 대수 또는 중수(中綬)로 된 1등급·2등급 훈장(건국훈장 3등급을 포함한다)의 정장(正章)은 축소할 수 없다(상훈법 시행령 제14조 제1항). 3등급 훈장(건국훈장 3등급은 제외한다)을 축소할 때에는 상훈법 시행령 제25조 제3항31)에 따른다(상훈법 시행령 제14조 제2항). 약장(略章)을 축소할 때에는 원형의 2분의 1로 한다(상훈법 시행령 제14조 제3항).

---

31) 상훈법 시행령 제25조(훈장 및 포장의 패용방법) ③ 2개 이상의 3등급 훈장(건국훈장 3등급은 제외한다)을 동시에 패용할 때에는 그 수(綬)를 삼각형으로 축소하여 왼쪽 가슴에 차례로 패용한다.

(1) 축소훈장 및 축소포장의 패용

축소훈장 및 축소포장은 왼쪽 가슴에 차례로 패용하며 그 위치는 별표 8과 같다(상훈법 시행령 제29조).

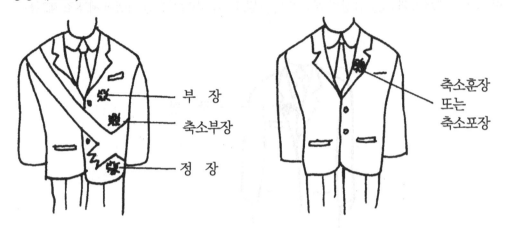

X. 훈장 및 포장의 재교부

훈장 또는 포장을 받은 사람이 이를 분실하였거나 파손하였을 때에는 대통령령으로 정하는 바에 따라 유상(有償)으로 다시 교부받을 수 있다(상훈법 제36조 제1항). 훈장 및 포장의 재교부에 필요한 사항은 대통령령으로 정한다(상훈법 제36조 제2항).

(1) 훈장 또는 포장의 재교부 및 수여증명서 발급

상훈법에 따라 훈장 또는 포장을 다시 교부받으려는 사람은 신청서(전자문서로 된 신청서를 포함한다)에 다음 각 호의 구분에 따른 서류를 첨부하여 행정안전부장관에게 제출하여야 한다(상훈법 시행령 제31조 제1항).

1. 훈장 또는 포장을 받은 본인이 신청하는 경우: 본인의 신분증 사본 1부
2. 훈장 또는 포장을 받은 사람의 유족이 신청하는 경우
   가. 신청인의 신분증 사본 1부
   나. 훈장 또는 포장을 받은 사람의 제적등본 1부
3. 훈장 또는 포장을 받은 사람의 대리인이 신청하는 경우
   가. 위임장 1부
   나. 훈장 또는 포장을 받은 사람의 신분증 사본 1부
   다. 대리인의 신분증 사본 1부

(2) 축소훈장의 교부 신청

축소훈장 또는 축소포장을 받으려는 사람은 신청서(전자문서로 된 신청서를 포함한다)에 따른 서류를 첨부하여 행정안전부장관에게 제출하여야 한다(상훈법 시행령 제31조 제2항).

(3) 재교부 훈장의 제작비

훈장 또는 포장의 제작비는 신청인이 부담하며, 행정안전부장관이 지정하는 제작업자에게 직접 내야 한다. 다만, 대통령, 외국 원수(元首) 및 배우자와 외국인인 경우 또는 행정안전부장관이 필요하다고 인정하는 경우에는 제작비를 국고에서 부담할 수 있다(상훈법 시행령 제31조 제3항).

(4) 훈장증과 포장증의 재발급 금지

훈장증 또는 포장증은 다시 발급하지 아니한다. 다만, 행정안전부장관은 필요한 경우 본인, 유족 또는 대리인의 신청에 의하여 훈장 또는 포장의 수여증명서를 발급할 수 있다(상훈법 시행령 제31조 제4항).

훈장 또는 포장의 수여증명서를 발급받으려는 사람은 수여증명서 신청서(전자문서로 된 신청서를 포함한다)에 그에 따른 서류를 첨부하여 행정안전부장관에게 제출하여야 한다(상훈법 시행령 제31조 제5항). 수여증명서 신청을 받은 행정안전부장관은 훈장 또는 포장의 수여 사실을 확인한 후 신청일부터 7일 이내에 신청인에게 수여증명서를 발급하여야 한다(상훈법 시행령 제31조 제6항).

(5) 진열용 훈장·포장의 교부

박물관·도서관·교육기관에 진열하여 교육용이나 전시용으로 사용할 훈장 및 포장은 정부가 따로 제작하여 교부할 수 있다(상훈법 제37조).

(6) 서훈을 받은 사실의 표시

훈장 또는 포장을 받은 사람(법 제8조에 따라 서훈이 취소된 사람은 제외한다)은 명함·인쇄물 등에 본인이 훈장 또는 포장을 받은 사실을 표시할 수 있다(상훈법 시행령 제30조).

XI. 훈장 및 포장과 복장

훈장 및 포장은 예복·약식예복 및 정복[「군인복제령」등 복제에 관한 규정에 따른 정복을 말한다]에는 정장 및 부장(副章)을, 야회복·약식야회복·평복 및 한복에는 정장 및 부장이나 축소된 훈장 또는 축소된 포장을 패용한다. 다만, 특별한 경우에는 전투복(군인·군무원·경찰공무원 또는 예비군이 착용하는 경우만 해당한다)에도 훈장 및 포장을 패용할 수 있다(상훈법 시행령 제22조 제1항). 복제령에 따른 예복·정복 및 전투복에는 약장을 패용할 수 있다(상훈법 시행령 제22조 제2항).

훈장 및 포장은 정장·축소훈장(축소포장)·약장 및 금장을 함께 패용할 수 없다. 다만, 제22조 제1항 단서의 경우에는 예외로 한다(상훈법 시행령 제23조).

XII. 상훈법과 벌칙

(1) 서훈 추천권자는 서훈 대상자에게 공적 내용의 확인을 위하여 필요한 기록이나 서류의 제출을 요구할 수 있다(상훈법 제38조 제1항). 서훈을 받거나 받지 못하게 할 목적으로 기록이나 서류를 거짓으로 작성하여 제출하거나, 제출된 기록이나 서류를 공적심사 자료에 거짓으로 기재·입력한 자는 5년 이하의 징역 또는 5천만원 이하의 벌금에 처한다(상훈법 제38조 제2항).

(2) 훈장 및 포장은 본인만 패용가능한데, 훈장 또는 포장을 받지 아니한 사람(유족을 포함한다)이 훈장 또는 포장을 패용한 때에는 6개월 이하의 징역 또는 500만원 이하의 벌금에 처한다(상훈법 제39조).

(3) 정부와의 계약에 의하지 아니하고 훈장 또는 포장을 제작하거나 매매한 자는 1년 이하의 징역 또는 1천만원 이하의 벌금에 처한다(상훈법 제40조).

제2장 친일청산과 친일인사 서훈취소

제1절 친일청산과 독립유공자 예우

1. 친일청산과 훈장

친일파와 그 후손들은 해방 후에 조국창설자라는 그럴싸한 옷으로 갈아입었고, 그들은 친일의 과거행적과 정체를 감추고 반공주의와 민주주의 수호자라는 그럴싸한 가면과 의복으로 우리 사회에서 원로·유지 또는 실력자로 군림해 왔다. 한편 국권을 되찾기 위해 풍찬노숙(風餐露宿)을 마다하지 않으며 자기희생을 무릅쓴 독립운동가의 후손들은 생활고에 허덕이며 하루하루 어렵게 생활해왔지만, 친일파의 후손들은 친일대가의 재산을 행사하고 떵떵거리면서 후안무치(厚顔無恥)한 얼굴로 유지행세를 하며 '조상 땅'을 찾는다는 명분으로 소송을 하였던 게 우리사회의 현실이었다.[1]

1993년만 하더라도 이완용, 송병준 등 친일파 후손들의 친일조상땅찾기 소송은 활화산 같은 국민들의 분노와 국회에서 '이완용 명의 토지재산 국고 환수 추진을 위한 공청회'와 시민단체들의 입법청원 등이 전개됨으로써 꼬리를 내렸지만, 일회성 국민여론으로 인해 친일파 후손들의 친일조상땅찾기 소송을 계속하였다.

시민단체와 국회의 노력으로 친일잔재 청산작업은 「친일반민족행위진상규명법」 제정으로 이어졌다. 이 법에 근거하여 법적 정부기구로 「친일반민족행위진상규명위원회」가 구성되었으며, 이 위원회는 2009년까지 1005명의 친일 반민족행위자 명단을 확정했다.

역사상 식민지배를 겪었던 많은 나라들은 식민지배 상태를 극복하고 해방을 쟁취한 후 새롭게 건설한 국가공동체의 정당성을 회복하고 사회정의를 세우기 위하여 기존 식민지배에 복무했던 세력들을 강력히 단죄하는 작업을 해 왔다. 이에 반해, 우리의 경우에는 반민법에 의해 재판을 받은 사건의 수도 미미할 뿐 아니라 이미 선고된 판결들의 효력도 모두 상실되는 등 일제

---

1) 이철호, 일제잔재 청산에는 시효 없다, 「동대신문」 1997년 8월 25일, 3면 참조.

과거사 청산 작업들이 실효적으로 이루어지지 못한 측면들이 있었다. 종래의 일제 과거사 청산의 작업들이 그 역사적 소임을 충분히 달성하지 못하였다는 사회적인 공감대가 형성됨에 따라 친일재산귀속법의 제정 필요성이 제기되었다. 그 결과 제17대 국회에서 169명의 여·야 의원이 2005. 2. 24. 일본 제국주의 식민통치에 적극적으로 협력하고 우리 민족을 탄압한 반민족행위자의 재산을 국가의 소유로 함으로써 정의를 구현하고 민족정기를 바로 세우기 위하여 친일재산귀속법의 초안을 발의하였고, 2005. 4. 19. 법제사법위원회의 심사 및 2005. 6. 17. 공청회 개최 등의 절차를 거쳐 2005. 12. 8. 친일재산귀속법이 재석의원 155명의 찬성으로 통과되었다. 그 후 친일재산귀속법은 2005. 12. 29. 공포되고 시행되었다.[2][3]

정부는 1962년부터 일제강점에 저항하거나 독립운동 경력이 있는 이들에게 건국훈장(대한민국장, 대통령장, 독립장, 애국장, 애족장), 건국포장, 대통령 표창 등을 수여해왔다. 포상을 받은 이들은 보훈급여금, 교육·취업·의료 지원 등의 예우를 받는다. 대한민국 정부 수립 이후 대한민국 정부 수립 이후 2013년까지 독립유공자로 포상을 받은 분은 대한민국장 30, 대통령장 93명, 독립장 806명, 애국장 3,845명, 애족장 4,852명, 건국포장 1,036명, 대통령표창 2,507명 등 총 13,374명에 이른다.

국가보훈처가 2010년 장지연 <황성신문> 주필과 윤치영 초대 내무부 장관, 이종욱 전 동국대 이사장 등 <친일인명사전>에 등재된 19명의 독립유공자에 대한 서훈 취소를 결정한 것으로 확인됐다. 유족들이 '친일반민족행위 진상규명위원회'의 친일행위 결정에 대해 행정소송을 진행 중인 김성수 <동아일보> 창업주는 일단 제외됐다.[4] 국가보훈처가 서훈 취소 결정을

---

2) 법률 제7769호로 2005년 12월 29일 제정된 「친일반민족행위자 재산의 국가귀속에 관한 특별법」은 일본 제국주의 식민통치에 협력하고 우리 민족을 탄압한 반민족행위자가 축재한 재산을 국가에 귀속시키고 선의의 제3자를 보호하여 거래의 안전을 도모함으로써 정의를 구현하고 민족의 정기를 바로 세우며 일본제국주의에 저항한 3. 1운동의 헌법이념을 구현하려는 것을 목적으로 하고 있다. 동법이 제정된 이후 두 차례 개정되었다(2006.9.22 / 2011.5.19).

3) 친일재산의 성립과 친일재산 국가귀속 등에 관한 자세한 사항은 친일반민족행위자재산조사위원회 편, 『친일재산에서 역사를 배우다』, 리북(2010) 참조.

4) 우편향 논란을 빚고 있는 뉴라이트 성향의 고교 한국사 교과서(교학사)가 친일 반민족 행위자로 평가받는 <동아일보> 설립자 인촌 김성수를 항일 인사인 것처럼 미화한 것으로 드러났다. 또 대표적인 친일 문학가인 육당 최남선을 다루면서도 '잘한 점이 있다'는 '공과론'을 들고 나왔다. 이는 역사학계는 물론 친일반민족행위 진상규명위원회 및 법원의 판단과도 어긋나는 것으로, 심각한 역사 왜곡이라는 지적이 인다. 친일인물로 판결난 동아일보 설립자 김성수를 항일인사로 미화하는 교학사판(版) 한국사 교과서는 우리사회가 그동안 친일잔재 청산을 위한 국가적·사회적 노력을 통해 규명된 사실관계와 전혀 부합하

한 친일인사 19명은 대부분 1920년대 독립운동을 했다가 중일전쟁이 시작된 1930년대 말부터 친일로 전향한 이들이다. 보훈처는 2010년 11월 23일 행정안전부에 '독립유공자 서훈 취소 요청'이란 제목의 공문을 보냈다. 공문은 <친일인명사전>에 등재된 19명의 서훈을 취소해 달라는 내용으로, 보훈처는 2010년 11월 11일과 15일 두 차례 독립유공자 서훈취소 심사위원회를 열어 이런 내용을 의결했다. 취소 결정이 난 19명 가운데는 친일규명위가 친일행위를 했다고 결정한 김응순 장로교 목사 등 5명도 포함됐다. 보훈처의 서훈 취소 결정은 국무회의 의결과 대통령 재가를 거쳐 확정된다. 보훈처는 1996년에도 친일행위가 드러난 박연서 목사, 서춘 <매일신보> 주필 등의 서훈을 박탈한 바 있으며, 이번 결정이 두 번째다.5)

정부는 2010년 4월 5일 김황식 국무총리 주재로 열린 국무회의에서 장지연의 서훈취소를 의결했다. 이는 국가보훈처가 친일행적이 드러난 장지연 등 19명의 서훈 취소를 요청한 데 따른 후속 조처다. 이날 서훈이 취소된 사람은 장지연 외에 정부 수립 이후 초대 내무장관을 지낸 윤치영을 비롯해 김응순, 강영석, 김우현, 김홍량, 남천우, 박성행, 박영희, 유재기, 윤익선, 이동락, 이종욱, 이항발, 임용길, 차상명, 최준모, 최지화, 허영호 등이다.6)7)

2010년 국가보훈처가 친일행적이 확인된 독립유공자 19명의 서훈을 취소하자, 그 중 7명의 후손이 2011년 행정법원에 서훈취소처분 취소·무효소송을 냈다. 일제강점기 친일행적이 발견돼 서훈이 취소된 독립유공자의 유족들이 낸 소송에서 하급심의 판단이 엇갈려 대법원의 최종 판단이 주목된다. 1심은 유족들 모두에게 승소판결했으나, 2심에서는 청구를 각하해 사실상 패소판결을 내렸다.

지 않는다. 법적 기구인 '친일반민족행위 진상규명위원회'는 2009년 김성수를 친일 반민족 행위자로 지목했다. 이에 김성수의 후손들이 진상규명위 결정을 취소해 달라며 제기한 소송에서 서울행정법원은 2011년 10월 진상규명위가 제시한 사실관계를 대부분 인정했다. 우선, 김성수의 친일 행위는 언론 기고만이 아니라 일제 고위직 역임 등에 걸쳐 폭넓게 이뤄졌다. 김성수는 1938년부터 1944년까지 일제에 의해 만들어진 '국민정신총동원조선연맹'과 '국민총력조선연맹'의 발기인·이사·참사·평의원 등으로 활동했다. 이 부분에 대해 법원은 "일본 제국주의의 강압으로 각 연맹에 이름만 등재했다고 보기는 어렵고, 활동 내역도 일본 제국주의의 식민통치 및 침략전쟁에 적극 협력한 것으로 봄이 상당하다"고 판단했다. 또 1943년 '대의에 죽을 때 황민됨의 책무는 크다'(<매일신보>) 등 법원이 인정한 김성수의 전쟁 참여 독려 기고와 강연만 해도 22건에 이른다. 법원은 "학병·지원병 또는 징병을 전국적 차원에서 주도적으로 선전 또는 선동한 것으로 봄이 상당하다"고 판단했다. 매일신보 대필설을 두고도 "인촌은 김병규에게 대필을 허락하고, 직접 글을 검토하는 과정을 거쳤기 때문에 인촌의 글로 봄이 상당하다"며 받아들이지 않았다. 해당 사건은 서울고법에 계류중이다(「한겨레신문」 2013년 9월 2일, 1~2면 참조).
5) 「한겨레신문」 2010년 12월 10일, 1면.
6) 「한겨레신문」 2011년 4월 6일, 14면.
7) 서훈 취소가 결정된 주요 독립유공자들의 포상과 친일행위

2. 헌법상의 영전제도와 독립유공자 예우

(1) 헌법상의 영전제도

1) 헌법상 영전수여의 원칙과 상훈법

헌법 제80조는 "대통령은 법률이 정하는 바에 의하여 훈장 기타의 영전을 수여한다."고 규정하고 있고, 이에 따라 상훈법 및 같은 법 시행령은 훈장, 포장의 종류와 서훈의 기준, 절차 등에 관하여 규정하고 있다.

헌법이 대통령에 영전수여권(榮典授與權)을 부여한 것은 대통령이 국가원수의 지위를 갖기 때문인 것이라 하겠다.[8]

영전을 수여한다는 것은 신분제사회에서 귀족작위의 부여 등과 달리 특권이나 신분을 창설하기 위한 것이 아니며 국민평등원칙에 의하여 어떠한 특권부여도 인정되지 않는다. 영전은 이를 받은 자에게만 효력이 있다(헌법 제11조 제3항). 다만 부상은 같이 줄 수 있다(상훈법 제3조).[9]

서훈은 대한민국국민이나 우방국민으로서 대한민국에 뚜렷한 공적을 세운 자에게 수여하는 바(상훈법 제2조), 각 중앙행정기관의 장 등 서훈 추천권자가 각 부처 공적심사위원회의 심사를 거쳐 행정안전부에 서훈을 추천하면(상훈법 제5조), 국무회의의 심의를 거쳐 대통령이 서훈대상자를 결정하게 된다(상훈법 제7조).

이 름	대표경력	독립유공자 포상(년)	친일행위
장지연	<황성신문>주필	건국훈장 독립장(1962)	식민통치 미화·옹호 글
윤치영	초대 내무부 장관	건국포장(1982)	전쟁찬양 글 기고, 조선임전보국단 평의원
이종욱	동국대 이사장, 조선불교 조계종 총무원장	건국훈장 독립장(1977)	전쟁헌금, 징병 적극 권유
김응순	장로교 목사	건국훈장 애국장(1993)	국민총력 조선예수교장로회 총회연맹 이사장
김홍량	일제강점기 황해도 도회의원	건국훈장 독립장(1962)	국방금품 헌납, 국민동원총진회 이사
윤익선	보성전문학교 교장	건국훈장 독립장(1962)	대동일진회 동학원 교장

* 출처 : 친일인명사전 및 「한겨레신문」 2012년 12월 10일 8면.

8) 김철수 외, 『주석헌법』, 법원사(1992), 433면.
9) 법제처, 『헌법주석서(III)』, 582면.

2) 서훈의 원칙과 기준

대한민국 훈장(勳章) 및 포장(褒章)은 대한민국 국민이나 우방국 국민으로서 대한민국에 뚜렷한 공적(功績)을 세운 사람에게 수여한다(상훈법 제2조).

서훈의 기준은 서훈 대상자의 공적 내용, 그 공적이 국가와 사회에 미친 효과의 정도 및 지위, 그 밖의 사항을 고려하여 결정한다(상훈법 제3조). 동일한 공적에 대하여는 훈장 또는 포장을 거듭 수여하지 아니한다(상훈법 제4조).

3) 서훈의 추천과 확정

서훈의 추천은 중앙행정기관의 장(대통령 직속기관 및 국무총리 직속기관의 장을 포함한다)[10], 국회사무총장, 법원행정처장, 헌법재판소사무처장 및 중앙선거관리위원회사무총장이

---

10) 「상훈법」 제5조 제1항에 따른 "대통령직속기관"의 의미가 무엇인지를 판단하기 위하여 관련 법령의 규정을 살펴보면, 「정부조직법」 제4조에서는 행정기관에는 그 소관사무의 범위에서 필요한 때에는 대통령령으로 정하는 바에 따라 시험연구기관·교육훈련기관·문화기관·의료기관·제조기관 및 "자문기관" 등의 "부속기관"을 둘 수 있도록 하고 있고, 「행정기관의 조직과 정원에 관한 통칙」 제2조 제3호부터 제5호에서는 "부속기관"이란 행정권을 직접적인 행사를 임무로 하는 기관에 부속하여 그 기관을 지원하는 행정기관을, "자문기관"이란 부속기관 중 행정기관의 자문에 응하여 행정기관에 전문적인 의견을 제공하거나, 자문을 구하는 사항에 관하여 심의·조정·협의하는 등 행정기관의 의사결정에 도움을 주는 행정기관을, "소속기관"이란 중앙행정기관에 소속된 기관으로서, 특별지방행정기관과 부속기관을 각각 말한다고 하고 있습니다. 한편, 「지방자치법」 제113조에 따르면, 지방자치단체는 그 소관 사무의 범위 안에서 필요하면 자치경찰기관, 소방기관, 교육훈련기관, 보건진료기관 및 시험연구기관 등을 "직속기관"으로 설치할 수 있도록 하고 있고, 같은 법 제116조의2에 따르면, 지방자치단체는 그 소관 사무의 범위에서 심의회·위원회 등의 "자문기관"을 설치·운영할 수 있도록 하고 있으며, 「지방자치단체의 행정기구와 정원기준 등에 관한 규정」 제2조 제4호 및 제5호에서는 "소속기관"이란 "직속기관·사업소와 출장소"를 말한다고 하고 있고, "직속기관"이란 「지방자치법」 제113조에 따른 직속기관으로 지방농촌진흥기구, 지방공무원교육훈련기관, 보건환경연구원, 보건소, 지방소방학교, 소방서와 공립의 대학·전문대학을 말한다고 하고 있습니다. 위 관련 규정에 따르면, 국가행정조직에 관한 법인 「정부조직법」과 관련 시행령에서는 "자문기관"은 부속기관의 하나로서 "소속기관"에 포함되는 것으로 규정하고 있을 뿐, "직속기관"의 정의나 범위에 대한 명시적인 규정은 두지 않고 있고, 지방행정조직에 관한 법인 「지방자치법」과 관련 시행령에서는 "자문기관"은 "소속기관"에는 포함되나, 소속기관 중의 하나인 "직속기관"에는 포함되지 않으며, 해당 "직속기관"은 자문기관을 제외한 집행권한이 있는 부속기관만을 포함하는 것으로 규정하고 있는바, 이러한 규정을 종합하면, "직속기관"이란 부속기관 중에서 집행권한이 있는 행정기관을 말하는 것으로서, "자문기관"은 원칙적으로 제외되는 것으로 보는 것이 타당하다 할 것입니다. 특히, 「상훈법」 제5조제1항에서는 서훈의 추천을 중앙행정기관의 장(대통령직속기관 및 국무총리직속기관의 장을 포함한다), 국회사무총장, 법원행정처장, 헌법재판소사무처장 및 중앙선거관리위원회사무총장이 행하도록 함으로써, 해당 규정상의 서훈의 추천권은 「헌법」상의 조직구분에 따라 정부, 국회, 법원,

한다(상훈법 제5조 제1항). ② 제1항에 규정된 추천권자의 소관에 속하지 아니하는 서훈의 추천은 행정안전부장관이 한다(상훈법 제5조 제2항). 서훈의 추천은 대통령령으로 정하는 바에 따라 공적심사를 거쳐야 한다(상훈법 제5조 제3항).[11] 서훈 대상자는 국무회의의 심의를 거쳐 대통령이 결정한다(상훈법 제7조).[12]

헌법재판소 및 선거관리위원회를 각각 대표할 수 있는 행정기관을 대별하여 인정하고 있는바, 해당 규정상의 대통령직속기관이란 대통령에 소속된 모든 부속기관의 각각을 말하는 것이 아니라, 중앙행정기관 또는 다른 대통령직속기관으로부터 독립된 기관으로서, 중앙행정기관에 준하는 정도의 성격을 가진 행정기관을 말하는 것으로 한정해서 보아야 할 것입니다. 이에 따라 「국가균형발전 특별법」, 「국가경쟁력강화위원회 규정」 및 「미래기획위원회 규정」 등을 살펴보면, 지역발전위원회, 국가경쟁력강화위원회, 미래기획위원회 등 위원회는 각 중앙행정기관의 장이 해당 위원회의 당연직 위원으로 참석하고, 각 부처에서 파견된 공무원 등으로 추진단 등을 구성함으로써 행정기관간 협의기구의 성격이 있는 조직으로서, 대통령실 소속 비서관이 해당 위원회의 간사위원이나 추진단의 단장으로 임명되어 실질적인 운영업무를 담당하고 있고, 해당 위원회의 운영경비가 법령 소관 중앙행정기관(지식경제부, 기획재정부 등)의 예산에서 대부분 집행되고 있습니다. 이러한 점에 비추어 볼 때, 위 위원회는 해당 법령 및 예산 소관 중앙행정기관이나 대통령직속기관 중의 하나인 대통령실로부터의 완전한 독립성이 인정된다고 보기 어렵고, 해당 위원회는 대통령의 자문에 응하기 위한 자문위원회로서, 직접적인 의사결정권한과 장기적인 정책집행권한이 있는 중앙행정기관에 준하는 정도의 성격을 가진 행정기관으로 보기도 어렵다 할 것입니다. 따라서 지역발전위원회, 국가경쟁력강화위원회, 미래기획위원회 등의 위원회는 법령 소관 중앙행정기관이나 대통령실을 통하거나 「상훈법」제5조 제2항에 따라 행정안전부장관을 통하여 서훈을 추천하는 것은 별론으로 하더라도, 「상훈법」제5조 제1항에 따른 대통령직속기관에는 해당되지 않아 직접적인 서훈 추천권은 인정되지 않는다 할 것입니다(지역발전위원회 등 대통령 소속 자문기관이 「상훈법」제5조 제1항의 대통령직속기관에 해당하는지 여부(「상훈법」제5조 제1항 등 관련)[법제처 09-0367, 2009.12.4, 행정안전부 상훈담당관]).

11) 상훈법 시행령 제2조(공적심사위원회 및 서훈의 추천) 서훈대상자의 추천을 심사하게 하기 위하여 법 제5조의 규정에 의한 추천권자의 소속하에 서훈공적심사위원회를 둔다(상훈법 시행령 제2조 제1항). 서훈공적심사위원회는 당해 기관의 장이 위촉하는 위원장 1인 및 5인이상 10인이내의 위원으로 구성한다(상훈법 시행령 제2조 제2항). 서훈의 추천은 공적심사위원회의 심사를 거쳐 서훈예정일 30일전에 공적조서를 첨부하여 행정안전부장관에게 제출(전자문서에 의한 제출을 포함한다)하여야 한다. 다만, 서훈대상자가 외국인인 경우에는 동서식에 의한 영문공적조서를 함께 첨부하여야한다(상훈법 시행령 제2조 제3항). ④법 제5조의 규정에 의한 다른 추천권자가 소속공무원이 아닌 자의 서훈을 추천함에는 그 공무원의 소속기관장의 동의를 얻어야 한다. 다만, 군인이 외국인인 경우에는 국방부장관 기타의 외국인은 외교통상부장관과 협의하여야 한다(상훈법 시행령 제2조 제4항). 서훈 추천권자 및 행정안전부장관은 서훈대상자의 공적심사를 위하여 필요한 경우에는 관계 법령에서 정하는 바에 따라 서훈대상자의 범죄경력, 그 밖에 필요한 정보의 제공을 해당 정보를 보유하는 기관의 장에게 요청할 수 있다(상훈법 시행령 제2조 제5항).

12) 헌법 제80조 및 상훈법령에 따른 서훈은 대통령의 권한으로서 행정자치부장관은 서훈에 관한 추천의 권한만을 가질 뿐이고, 나아가 대통령이 위와 같은 헌법과 상훈법의 규정에 따라 서훈대상자에게 훈장 기

4) 서훈 수여의 절차와 취소

가) 서훈수여의 절차

훈장수여에 관하여 헌법 제80조는 "대통령은 법률이 정하는 바에 의하여 훈장 기타의 영전을 수여한다."고 규정하고 있고, 이에 따라 상훈법 및 그 시행령은 훈장 및 포장의 종류와 서훈의 기준, 절차 등에 관하여 규정하고 있는바, 위 규정에 의하면 서훈은 대통령의 권한으로서 서훈 여부는 대통령이 그 재량에 의하여 독자적으로 결정하는 것이므로, 훈장을 수여하여 줄 것을 요구할 수 있는 법규상 또는 조리상 권리는 없다.[13] 따라서 각 중앙행정기관의 장 등 서훈 추천권자가 각 부처 공적심사위원회의 심사를 거쳐 안전행정부에 서훈을 추천하면(상훈법 제5조) 국무회의의 심의를 거쳐 대통령이 서훈대상자를 결정하게 된다(제7조).[14]

나) 서훈의 취소

훈장 또는 포장을 받은 사람이 ① 서훈 공적이 거짓으로 밝혀진 경우, ② 국가안전에 관한 죄를 범한 사람으로서 형을 받았거나 적대지역(敵對地域)으로 도피한 경우, ③ 사형, 무기 또는 1년 이상의 징역이나 금고의 형을 선고 받고 그 형이 확정된 경우에는 그 서훈을 취소하고, 훈장 또는 포장과 이와 관련하여 수여한 물건 및 금전을 환수하며, 외국 훈장 또는 포장의 패용(佩用)을 금지한다(상훈법 제8조 제1항). 서훈을 취소하고, 훈장 또는 포장 등을 환수하거나 외국

타의 영전을 수여하는 것은 국가원수의 지위에서 행하는 고도의 정치성을 지닌 국가작용으로서 그 서훈 여부는 대통령이 그 재량에 의하여 국무회의 심의를 거쳐 독자적으로 결정하는 것이어서, 관련 법령에서 정한 자격기준이나 위 정부포상업무지침이 정한 자격요건에 해당한다는 이유로 행정자치부장관에게 훈장을 요구할 수 있는 법규상 또는 조리상 권리를 갖는다고 볼 수 없으므로, 훈장수여신청에 대한 거부통지는 항고소송의 대상이 되는 처분으로 볼 수 없다(서울고법 2005.4.27, 선고, 2004누8790, 판결: 확정).

13) 헌재 2005. 6. 30. 2004헌마859, 판례집 17-1, 1021-1022.

14) 상훈 가운데 최고훈장이라고 규정된 무궁화대훈장의 성격과 대상의 문제이다. 특히 대통령당선자에 대한 무궁화훈장의 수여 결정이나 재직중에 자신에 대한 상훈을 수여하는 것은 공적평가가 공정하게 이뤄진 결과라고 보기 어렵다. 대통령으로서 직무를 수행한 것은 그것만으로도 명예로운 일이므로 스스로 또는 후임대통령에 의하여 영전을 수여하거나 받는다고 하여 그 명예가 더 높아지는 건 아니다. 따라서 대통령 스스로 자신에게 영전을 수여하는 것은 상훈법의 취지에 반하는 것이라고 생각된다. 대통령당선자에게 수여를 결정하는 것은 실제 수여하는 시기가 대통령에 취임한 이후라고 하더라도 대통령이 아닌 자에게 수여한다는 점에서 법률위반임은 두말할 나위가 없다. 또한 훈장이 아무리 현실적인 이익을 수반하지 않는 것이라 할지라도 대통령의 배우자에게 수여하는 것은 재고를 요한다. 국가의 원수가 왕조시대의 유산처럼 부부동반하여 의전을 행하는 경우가 많다고는 해도, 선출된 공무원은 대통령이며 공직을 수행하는 것도 대통령이라면 대통령의 배우자에 대한 상훈의 수여는 그 공적에 따르는 것이어야 하며 대통령의 배우자라는 지위에서만 비롯되는 것이어서는 안 된다(법제처, 앞의 책, 584면).

훈장 또는 포장의 패용을 금지하려는 경우에는 국무회의의 심의를 거쳐야 한다(상훈법 제8조 제2항).

안전행정부장관은 훈장 또는 포장을 받은 사람에게 서훈 취소사유가 발생하였을 때에는 그 서훈의 취소에 관한 의안을 국무회의에 제출하여야 한다. 이 경우 해당 서훈을 추천한 중앙행정기관의 장 등도 안전행정부장관에게 그 서훈의 취소에 관한 의안을 국무회의에 제출할 것을 요청할 수 있다(상훈법 제8조 제3항).

5) 서훈의 대리 수여와 사후 승인

국방부장관은 전시 또는 이에 준하는 비상사태에서 부득이한 경우에는 대통령을 대리하여 2등급 이하의 무공훈장과 무공포장을 수여할 수 있다. 다만, 2등급 무공훈장의 대리 수여는 전시에만 할 수 있다(상훈법 제30조 제1항). 국방부장관은 대리 수여를 스스로 할 수 없을 때에는 각 군 참모총장, 해병대사령관, 군사령관, 군단장 또는 사단장에게 위임할 수 있다(상훈법 제30조 제2항). 국방부장관이 상훈법의 규정에 따라 무공훈장 또는 무공포장을 대리 수여한 경우에는 지체 없이 해당 공적 사항을 상세히 기록하여 국무회의의 심의를 거쳐 대통령의 승인을 받아야 한다(상훈법 제31조).

(2) 독립유공자의 종류와 예우

1) 독립유공자의 종류

독립유공자는 「독립유공자예우에 관한 법률」에 따라 순국선열과 애국지사로 구분할 수 있다. 순국선열(殉國先烈)은 일제의 국권침탈(1895년)전후로부터 1945년 8월 14일까지 국내외에서 일제의 국권침탈을 반대하거나 독립운동을 하기 위하여 항거하다가 그 항거로 인하여 순국한 분으로서 그 공로로 건국훈장ㆍ건국포장 또는 대통령표창을 받은 분을 말하며, 애국지사(愛國志士)는 일제의 국권침탈 전후로부터 1945년 8월 14일까지 국내외에서 일제의 국권침탈을 반대하거나 독립운동을 하기 위하여 항거한 사실이 있는 분으로서 그 공로로 건국훈장ㆍ건국포장 또는 대통령표창을 받은 사람을 말한다.

독립유공자로의 포상여부와 훈격은 독립유공자공적심사위원회에서 독립운동에의 참여 정도와 조직에서의 위치 그리고 독립운동사에 미친 영향 등을 평가하여 결정한다. 위원회의 일반적인 포상추천기준은 ㉠ 건국훈장 독립장(3등급)이상은 8년 이상 활동 또는 8년 이상 옥고, ㉡ 건국훈장 애국장(4등급)은 5년 이상 활동 또는 4년 이상 옥고, ㉢ 건국훈장 애족장 (5등급)

은 2년 이상 활동 또는 1년 이상 옥고, ㉣ 건국포장은 1년 이상 활동 또는 10개월 이상 옥고, ㉤ 대통령표창은 6개월 이상 활동 또는 3개월 이상 옥고 등이다.[15]

2) 독립유공자 예우지원

독립유공자와 유가족의 생활안정과 복지향상을 도모하기 위한 방안으로 그에 합당하는 급여를 지급하고 있는데, 현금급여,[16] 현물급여[17]가 있다. 현금급여는 일반예산에서 지출되는 보훈급여금과 순국선열·애국지사 사업기금에서 지급되는 특별예우·가계지원금 등으로 대별할 수 있으며, 전자는 국가유공자 차원에서 지급하는 것으로 연금형식의 보상금, 사망일시금, 생활조정수당 등으로 세분되고, 후자는 유공자, 유족 등을 특별예우 차원에서 지급하고 있다. 독립유공자 및 유족들의 예우를 위한 현물지원은 교육, 취업, 생업, 의료, 대부, 양로, 양육, 수용시설, 고궁 등의 이용 및 주택 우선 분양 등의 다양한 지원이 이루어지고 있다.[18]

---

15) 국가보훈처는 독립유공자 포상 여부를 심사한 회의록 내용을 포상 신청자에게 공개해야 한다는 판결이 나왔다. 서울행정법원 행정2부(재판장 윤인성 부장판사)는 2013년 3월 28일 이모씨가 국가보훈처를 상대로 낸 행정정보공개청구 거부처분 취소소송(2012구합32420)에서 원고일부승소 판결했다. 판결문에서 "포상 적용 대상자로 인정된 사람은 서훈, 금전 등 혜택을 받을 수 있기 때문에 독립유공자 관련 신청을 한 당사자에게는 어떤 과정을 거쳐 독립운동 공적이 인정됐는지가 중대한 관심사"라며 "회의록을 비공개해 보호하는 업무수행의 공정성보다 국민의 알권리 보장과 국정운영의 투명성 확보 등 공개로 인해 얻는 이익이 크기 때문에 회의록을 비공개 정보로 보기 어렵다"고 밝혔다. 그러나 의결에 참여한 위원의 명단과 발언자의 이름, 주민등록번호 등의 정보도 공개해야 한다는 이씨의 주장에 대해서는 "자유롭고 활발한 심의가 보장되기 위해서는 심의 회의가 종료된 이후에도 누가 어떤 발언을 했는지 공개되지 않도록 보장해야 한다"며 받아들이지 않았다(「법률신문」 2013년 4월 5일 참조).
16) 현금급여는 일반예산에서 지출되는 보훈급여금과 순애기금에서 지급되는 특별예우·가계지원금 등으로 대별할 수 있으며, 전자는 국가유공자 차원에서 지급하는 것으로 연금형식의 보상금, 사망일시금, 생활조정수당 등으로 세분되고, 후자는 유공자, 유족 등을 특별예우 차원에서 지급하고 있다.
17) 독립유공자 및 유족들의 예우를 위한 현물급여(지원)는 교육, 취업, 생업, 의료, 대부, 양로, 양육, 수용시설·고궁 등의 이용 및 주택 우선 분양 등의 다양한 지원이 이루어지고 있다.
18) 국가보훈처, 『친일재산귀속 활용방안연구』, 2009, 18~23면 참조.

제2절 친일인사 서훈 취소소송의 동향과 판례의 검토

2010년 국가보훈처는 <친일인명사전>에 수록된 독립유공자 20명 중 19명(행정소송 중이던 김성수는 제외)에 대해 서훈 취소 결정을 행정안전부에 요청했다. 친일행적이 확인된 독립유공자 19명의 서훈을 취소하자, 그 중 이항발, 김우현을 비롯해 장지연, 김응순, 윤치영, 김홍량, 이종욱 등 7명의 후손들은 국가보훈처의 결정에 반발해 "서훈 취소 처분이 부당하다"며 2011년 행정법원에 서훈취소처분 취소·무효소송을 냈다.

1심은 유족들 모두에게 승소판결했으나, 2심에서는 서울행정법원 담당 재판부에 따라 판결이 엇갈리고 있다. 일제시대 친일행적이 발견돼 서훈이 취소된 독립유공자의 유족들이 낸 소송에서 하급심(고등법원)이 엇갈려 대법원의 최종 판단이 주목되고 있다.

1. 친일인사 서훈 취소소송 판례의 동향

(1) 2010년 국가보훈처가 친일행적이 확인된 독립유공자 19명의 서훈을 취소하자 그 중 7명의 후손이 지난해 행정법원에 서훈취소처분 취소·무효소송을 냈다.[19]

1심 재판부는 "서훈취소 처분은 국가보훈처장이 했지만, 국가보훈처는 서훈취소 권한이 없다"며 원고승소 판결했다. "헌법 제80조는 대통령이 법률이 정하는 바에 의해 훈장 기타 영전을 수여한다고 규정하고 있고, 구 상훈법 제7조도 서훈대상자는 국무회의의 '심의'를 거쳐 대통령이 '결정'한다고 규정하고 있으므로 서훈의 취소권자는 대통령의 권한"이라는 것이다. 또 "대통령의 서훈취소 권한이 헌법과 법률에 맞게 보훈처에 위임됐다고 볼 수 없고 대통령이 서훈취소의 권한을 위임할 수 있다는 법적 근거도 없다"며 "서훈취소 권한 없는 보훈처장에 의해 이뤄졌으므로 처분은 위법하다"고 설명했다.

(2) 보훈처는 1심에서 패소하자 곧바로 항소했고, 7건의 사건은 서울고등법원의 4개 행정부에 배당됐다. 이 중 2건을 심리한 서울고등법원 행정4부(재판장 성백현 부장판사)는 2012년 11월 6일 1심 판결을 뒤집고 청구를 각하했다.

---

19) 「법률신문」 2012년 11월 23일 참조.

재판부는 김우현씨의 유족이 낸 소송에서 "서훈취소는 헌법과 상훈법에 의하면 대통령이 법률이 정하는 바에 의해 훈장 기타 영전을 수여하고, 서훈 대상자는 국무회의의 심의를 거쳐 대통령이 결정한다"며 "이 같은 규정에 따라 대통령은 국무회의 의결을 거쳐 김우현 선생에 대한 서훈취소 서류에 결재하고 국무총리 및 행정안전부 장관이 부서하는 방식으로 서훈취소를 결정해 서훈취소는 적법하다. 보훈처는 대통령이 확정한 서훈취소 대상자의 관계인에게 사실을 통보하고 실무적인 후속조치를 할 권한만 위임받은 것이다."이라고 밝혔다. 이어 "보훈처장이 서훈을 취소한 행정청이라고 할 수 없어 피고 적격이 없는 자를 상대로 해 부적법하다"고 각하판결 했다(2012누3257). 재판부는 또 대통령을 상대로 소송을 냈더라도 서훈취소는 대통령의 통치행위(統治行爲)에 해당해 사법심사(司法審査)의 대상이 아니라는 이유를 덧붙였다.

　재판부는 이항발씨의 유족이 낸 사건에서 "서훈대상자를 결정하는 행위는 국가에 공로가 있는 자를 표창할 목적으로 일정한 상훈을 부여하는 행위로, 대통령의 국가원수로서 행하는 국가적 차원의 정치적 결단과 정치적 형성을 내용으로 하는 통치행위"라고 밝혔다. 이어 "대통령이 서훈취소대상자 여부를 결정하는 고도의 정치적 형성에 관한 판단 부분은, 법원이 사법심사의 대상에서 제외해야 할 영역이므로 이 부분을 다투는 소는 부적법하다"고 설명했다.[20]

　(3) 2012년 12월 27일 서울고법 행정9부(재판장 조인호 부장판사)는 구한말 언론인 장지연씨의 유족이 국가보훈처장을 상대로 낸 독립유공자 서훈취소결정 무효소송 항소심(2012누5369)에서 1심과 마찬가지로 원고승소 판결했다.

　재판부는 판결문에서 "헌법 제80조는 대통령이 법률이 정하는 바에 의해 훈장 기타 영전을 수여한다고 규정하고 있고, 구 상훈법 제7조도 서훈대상자는 국무회의의 '심의'를 거쳐 대통령이 '결정'한다고 규정하고 있으므로 서훈의 취소권자는 대통령의 권한"이라고 밝혔다. 이어 "서훈취소의 근거법인 상훈법이나 시행령은 대통령이 서훈취소에 관한 권한을 국가보훈처에 위임하고 있지 않으므로 보훈처장이 한 서훈취소 통지는 권한 없는 기관에 의한 행정처분으로 하자가 중대 명백해 당연무효"라고 설명했다. 재판부는 서훈취소는 대통령의 통치행위로 사법심사의 대상이 아니라는 국가보훈처의 주장에 대해 "기본권을 보장하고 법치주의 이념을

---

20) 「법률신문」 2012년 11월 9일 참조.

구현해야 할 법원의 책무를 포기하면서까지 사법심사를 자제해야 할 고도의 정치성을 띤 행위로 볼 수 없다"며 받아들이지 않았다.[21]

(4) 2012년 12월 6일 서울고법 행정11부(재판장 김의환 부장판사)는 독립 유공자 박성행 선생의 후손이 서훈을 취소한 것은 부당하다며 국가보훈처를 상대로 낸 소송에서 "친일행적이 나중에 발견됐다고 해서 서훈을 취소한 것은 위법이다. 서훈 취소를 대통령의 통치행위로 보더라도 국가보훈처가 서훈 취소 결정 통보서를 작성하면서 행정행위가 이뤄졌다며 국가보훈처의 결정이 소송 대상이 된다."고 판결했다.[22][23]

2. 친일인사 서훈 취소소송 판례의 검토

상훈법 제8조는 공적이 거짓이거나, 국가안전에 관한 죄나 사형, 무기 또는 1년 이상의 징역이나 금고 이상의 형을 선고 받고 그 형이 확정된 사람은 국무회의 의결을 거쳐 서훈을 취소하도록 규정하고 있다.

국가보훈처가 친일행적이 드러난 장지연 등 19명의 서훈 취소를 요청한 데 따른 후속조치로, 정부는 2010년 4월 5일 김황식 국무총리 주재로 열린 국무회의에서 장지연 등의 서훈을 취소했다. 친일인사 서훈 취소소송 판례의 쟁점인 ① 국가보훈처의 서훈취소 결정 처분이 소송 대상이 되는지 여부 문제, ② 친일인사의 서훈을 취소한 국무총리 주재 「국무회의」의 효력 문제 등을 검토하기로 한다.

---

21) 「법률신문」2012년 12월 27일 참조.
22) 「동아일보」2012년 12월 7일, A12면; 「조선일보」2012년 12월 7일, A10면 참조.
23) 서울고법 행정11부(재판장 김의환 부장판사)는 "서훈을 받은 독립유공자의 친일 행적이 뒤늦게 발견됐더라도, 이를 관련법상 공적이 거짓으로 판명된 경우로 보고 서훈을 취소할 수 없는 일"이라며 "박성행 선생의 경우 과오보다 공적이 더 많은 것으로 보이는데, 친일 행적을 이유로 서훈을 박탈한다면 후손에게 불명예와 불이익을 주게 된다"고 밝혔다("親日행위만으로 서훈박탈 안돼, 독립운동 공과 따져야" 첫 판결 「조선일보」2012년 12월 7일, A10면 참조). "서훈을 받은 독립유공자의 친일 행적이 뒤늦게 발견됐더라도, 이를 관련법상 공적이 거짓으로 판명된 경우로 보고 서훈을 취소할 수 없는 일이라"는 논리를 전개하는 재판부의 입장을 이해할 수 없다. 작위든 부작위든 간에 친일 행적을 감추고 독립유공자로 서훈을 받은 것은 「상훈법」 제8조 제1항의 '공적이 거짓으로 판명된 경우'에 해당하는 그 이상 아닌가? 독립유공자들의 과거 행적을 따져서 이들의 친일행적이 공적보다 크다고 판명될 경우 서훈을 박탈하는 것은 지극히 당연한 일이다.

(1) 국가보훈처의 서훈취소 결정 처분이 소송 대상이 되는지 여부 문제

국가보훈처의 처분이 소송 대상이 되는지에 대해 서훈취소결정 무효소송 항소심(2012누5369)에서 "서훈취소라는 행정행위의 외부적 성립은 보훈처가 서훈취소 결정 통보서를 작성함으로써 이뤄졌기 때문에 보훈처의 행위는 행정처분에 해당돼 소송 대상이 된다."고 판단한 반면, 서울고법 행정4부(부장판사 성백현)는 "대법원 판례에 따르면 소송의 대상이 되는 행정처분은 국민의 권리의무에 직접적인 변동을 초래하는 행위인데, 국가보훈처의 통보는 단지 대통령의 취소결정과 이에 따른 훈장과 훈장증의 환수를 알리는 것이어서 소송의 대상이 될 수 없다."고 판단했다.

헌법과 상훈법에 의하면 대통령이 법률이 정하는 바에 의해 훈장 기타 영전을 수여하고, 서훈 대상자는 국무회의의 심의를 거쳐 대통령이 결정한다. 서훈의 취소 또한 이 같은 규정에 따라 대통령은 국무회의 의결을 거쳐 서훈취소 서류에 결재하고 국무총리 및 행정안전부 장관이 부서하는 방식으로 서훈취소를 결정해 행한 서훈취소는 적법하다고 본다.

보훈처는 대통령이 확정한 서훈취소 대상자의 관계인에게 사실을 통보하고 실무적인 후속조치를 할 권한만 위임받은 행정청이다. 헌법과 상훈법상 서훈의 취소권자는 대통령이므로, 보훈처장이 서훈을 취소한 행정청이라고 할 수 없다. 따라서 보훈처장은 피고 적격이 없다고 봄이 타당하다고 본다.

(2) 친일인사의 서훈을 취소한 국무총리 주재 「국무회의」의 효력 문제

친일인사의 서훈취소를 대통령이 아닌 국무총리가 주재한 것이고, 행정안전부 장관은 상훈에 관한 사무를 관장할 뿐 대통령이 서훈 취소 권한을 위임했다는 법적 근거가 없기에 권한 없는 국가보훈처장이 서훈을 취소한 것은 그 하자가 중대하고 명백해 당연무효라는 판단을 하고 있다.

친일인사의 서훈취소를 국무회의에서 안건으로 다루었는데, 대통령이 아닌 국무총리가 주재한 것이므로 당연무효의 하나로 보는 논리라면, 대통령이 외국순방 중 국무총리 주재로 진행된 「국무회의」의 안건은 모두 효력을 부인해야 된다. 이는 타당한 논리가 아니다.

대통령은 국무회의의 의장이 되고, 국무총리는 대통령을 보좌하고 국무회의의 부의장이 된다(헌법 제88조 제3항). 대통령은 국무회의의 의장으로서 회의를 소집하고 이를 주재한다(정부조직법 제12조 제1항). 의장이 사고(事故)[24]로 인하여 직무를 수행할 수 없을 때에는 부의장인 국무총리가 그 직무를 대행한다(정부조직법 제12조 제2항). 국무회의의 의장인 대통령이 외국순방 등 국무회의에 참석할 수 없는 정당한 사유가 발생한 경우 국무총리가 대통령을 대행하여 국무회의를 주재할 수 있다. 따라서 국무총리가 정당한 사유로 적법하게 주재한「국무회의」에서 서훈취소를 의결했고, 당시 헌법과 법률에 따라 대통령이 문서로 유공자에 대한 서훈 취소를 결정한 것은 법리적으로 타당하다.

(3) 상훈법 개정을 통한 서훈취소 강제의 명문화

친일파 후손들이 조상들의 친일대가로 취득한 재산을 지키기 위해 헌법상의 재산권과 소급입법 금지원칙 등을 자신들의 방패막이로 악용하여 왔다. 서훈취소는 대통령의 권한인데, 친일인사들의 서훈 취소에는 국가보훈처장에게 그 권한을 위임하거나 대리권을 수여했다는 근거가 없다는 법리 등을 내세워 친일 행적을 감추고자 하고 있다.

서훈의 취소(상훈법 제8조)가 임의적인 것으로 해석되기도 하므로, 헌정질서파괴나 인륜에 반하는 범죄와 일정한 형벌 이상을 선고받은 경우 그 취소가 강제적인 것으로 개정할 필요가 있다.25) 특히, 친일인사들의 서훈취소도 반드시 강제적인 것으로 개정하여 친일기득권세력들이 형식적인 법리들 앞세워 친일행적을 없애고 감추려는 역사조작을 못하도록 막아야 한다.

3. 결론

헌법전문(Preamble)은 헌법의 본문 앞에 쓰여진 문장으로서, 헌법의 지도이념 등이 구체화된 헌법전의 일부를 구성하고 있는 헌법서문을 말한다. 이 전문에는 대체로 헌법제정의 역사적 과정 및 목적, 헌법의 기본원리 내지 근본사상 등을 명시하고 있다. 또한 헌법전문은 인간의 자유와 권리와 같은 사회조직의 기본원리를 엄숙하게 선언하고 있는 인권선언과 같은 기능도 행하고 있다.26)

현행헌법 전문은 "유구한 역사와 전통에 빛나는 우리 대한국민은 3·1운동으로 건립된 대한민국임시정부의 법통과 불의에 항거한 4·19민주이념을 계승하고, …후략…"라고 규정하여 대한민국임시정부의 법통(法統)을 계승하고 있음을 명문으로 기술하고 있다.

---

24) 사고(事故)란 대통령이 재위하지만 신병·해외순방 또는 탄핵소추의 의결로 권한행사가 정지된 경우 등을 의미한다(남궁승태·이철호, 헌법강의, 452면).

25) 법제처, 헌법주석서(Ⅲ), 585면.

26) 남궁승태·이철호, 헌법강의, 63면 참조.

현행헌법이 대한민국 임시정부 법통을 계승하고 있으니 만치 임시정부가 공포한 1941년의 건국강령과 1948년에 제정된 헌법전문과 부칙 101조에 정한 바대로 친일 반민족행위는 범죄이다. 특히 친일파가 매국(賣國)의 대가로 취득한 재산은 범죄로 인해 취득한 '장물'이다. 또한 작위든 부작위든 친일행적을 감추고 대한민국 정부로부터 받은 서훈(敍勳)도 사기(詐欺)로 '훔친 물건(盜品)'이나 다름없다.

일제패망 후에도 '친일파'라 불리는 인사들은 기득권을 고수하기 위하여 미군정(美軍政)에 편승 야합하고 이승만의 실세가 되고 군사독재의 하수인이 되었다. 특히 일제패망 후 8월 15일부터 9월초에 미군이 상륙해 일본제국지배를 종결시키기 전까지 공백기에 일제 총독부와 군부는 기밀문서를 소각하였다. 그리고 한국의 친일파는 일본인 재산의 은익 보관을 도왔고, 그 일부 자금이 이승만 등의 정치자금이 되었을 것이라는 추측을 할 수 있다. 일제 재산 중에 토지 건물 등 부동산은 미군정에서 관리하다가 정부수립(1948) 후에는 "귀속재산"이라 하여 정부가 인수해 관리하면서 개인에게 불하여 일부 착복하기도 하여서 친일관료와 야합한 부류가 축재했다.

친일인사들의 서훈취소에 대한 보도행태도 양극화되어 있다. 친일인사들과 관련된 언론사들은 친일인사들에 대한 서훈취소 판결이 위법하다는 1심판결이 나오자 "보훈처, 위암 장지연 서훈 취소는 무효"[27], "보훈처에 서훈 취소 권한 없다"[28] · "법 절차도 안 지키고 장지연 훈장

---

27) 「동아일보」 2012년 1월 21일, 12면.
28) 서울행정법원은 1990년 건국훈장 애족장을 받았으나 올해 4월 서훈을 취소당한 독립유공자 강영석 김우현 씨의 후손이 제기한 소송에서 "헌법과 상훈법에 훈장은 대통령이 수여하는 것으로 명시돼 있으므로 서훈 취소도 대통령만이 할 수 있다"고 판시했다. 국가보훈처가 지난해 12월 이들을 포함한 독립유공자 19명에 대해 서훈 취소를 결정하고 올해 4월 국무회의가 확정한 조치가 근본적으로 잘못됐다는 판결이다. 당시 서훈 취소는 내용 면에서도 공정성과 역사적 형평성을 상실했다. 서훈 취소를 결정한 심사위원들은 해당 인사들의 친일행위가 밝혀졌다는 것을 취소 이유로 내세웠다. 그러나 취소 대상에 포함된 장지연 황성신문 주필은 1905년 을사늑약이 체결되자 '아 원통한지고. 이천만 동포여 살았는가. 죽었는가'라며 민족의 항거를 촉구한 '시일야방성대곡(是日也放聲大哭)'을 쓴 대표적인 항일 언론인이다. 노무현 정권 때 '과거사 청산'을 목적으로 조직된 대통령직속 친일반민족행위진상규명위원회도 '친일 혐의를 엄격히 적용하기에는 다소 미흡하다'며 대상에서 제외했다. 보훈처는 심사위원들의 명단을 공개하라는 요구를 '사생활 보호'라는 이유로 거부했다. 독립유공자를 하루아침에 '친일 인사'로 격하시킨 이들의 결정은 분명히 공적(公的) 활동인데도 왜 명단을 못 밝히는 것인지 납득할 수 없다. 심사위원 가운데 '친일인명사전' 편찬 등에 참여한 좌(左)편향 인사가 여럿 포함돼 공개를 꺼리는 것은 아닌가. 이들의 잣대는 이중적이다. 좌파 진영에서 떠받드는 인물 중 하나인 여운형은 태평양전쟁 때인 1943년 11월 '청년은 세계를 향해 총을 들고 나가지 않으면 안 된다'라며 일본군 입대를 미화하고 권유하는 글을 썼다. 하지만 노무현 정부는 2005년 그에게 건국훈장 대통령장을 추서한 뒤 좌파 진영에서 미흡하다는 불만의

박탈한 정부"[29]라는 사설을 싣기도 했다. 반면에 한겨레신문 등은 친일인사들의 서훈취소과정을 자세히 기사화 했다.

한편, 국가보훈처가 2012년 1월 국가유공자의 서훈 수여여부와 등급을 결정하는 공적심사위원회에서 친일인명사전 편찬에 참여한 진보적 성향의 역사학자들을 교체했다.[30] 국가보훈

소리가 나오자 2008년 2월 노 대통령의 퇴임 직전에 최고 등급인 건국훈장 대한민국장을 다시 추서했다. 자신들과 노선이 다른 인물에 대해서는 '흠집 내기'에 열을 올리는 일부 민간단체의 정치적 의도에 보훈처가 놀아났다는 비판을 받을 만하다. 정부는 억울하게 서훈을 취소당한 인사들의 명예를 원상회복해야 한다. 광복 이후 오랜 기간에 걸쳐 역사가 축적된 서훈을 일개 정권이나 각료가 멋대로 좌지우지해서는 안 된다(「동아일보」 2011년 12월 27일, A35면 사설 "보훈처에 서훈 취소 권한 없다").

29) 국가보훈처가 구한말 황성신문 주필을 지낸 위암 장지연에 대한 서훈을 취소한 것은 잘못됐다는 판결이 나왔다. 서울행정법원은 어제 장지연의 후손이 제기한 소송에서 '헌법 제80조와 상훈법 제7조에 훈장 수여는 대통령이 결정하는 것으로 명시돼 있으므로 서훈 취소 역시 대통령에게 권한이 있다. 대통령이 아닌 보훈처가 서훈 취소를 결정한 것은 무효'라며 원고 승소 판결을 내렸다. 장지연은 1962년 건국훈장 독립장을 받았으나 2010년 12월 보훈처가 장지연 등 독립유공자 19명의 서훈 취소를 결정한 데 이어 지난해 4월 국무회의가 서훈 박탈을 최종 의결했다. 정부가 독립유공자에게 법 절차를 무시한 채 훈장을 줬다 빼앗았다는 것은 국가 민족에 대한 이들의 헌신과 기여를 모욕하는 처사다. 장지연은 구한말 항일 언론인으로서 뚜렷한 족적을 남겼다. 그가 1905년 을사늑약 직후 쓴 '시일야방성대곡(是日也放聲大哭)'은 민족의 항일 의지를 북돋웠던 명(名)논설로 아직도 널리 인용되고 있다. 그가 사장과 주필로 일했던 황성신문은 민족의식을 고취했던 대표적인 신문으로 일제의 극심한 탄압을 받았다. 그는 1921년 세상을 떠났으나 당대 조선인은 그를 독립투사로 추모했고 일제는 그를 경계했다. 독립운동가 오세창 선생은 친필로 그의 비명을 썼으며 1935년 조선사회에서 장지연의 글을 출판하려 하자 조선총독부는 불허했다. 노무현 정부가 과거사를 청산하겠다며 발족한 대통령 직속 친일반민족행위진상규명위원회도 2009년 6월 장지연에 대해 "구한말 애국계몽운동에 주도적 활동을 했다"고 인정했다. 이 위원회는 "친일 행위를 엄격히 적용하기에는 다소 미흡하다"는 결론을 내리고 친일 명단에서 제외했다. 2000년대 들어 제기된 그의 말년을 둘러싼 일부 친일 논란도 대부분 일부 학자의 추론(推論) 수준에 머물고 있다. 그럼에도 보훈처는 심사위원회를 앞세워 서훈 취소를 강행했다. 심사위원회에 좌편향적 시각을 지닌 인사들이 참여했다는 비판이 지속적으로 제기됐으나 보훈처는 무슨 이유인지 서훈 취소를 밀어붙인 심사위원의 명단 공개조차 거부했다. 보훈처는 서훈 취소가 '잘못된 결정'이라는 판결이 나온 이상 지금이라도 자세한 경위를 국민 앞에 공개할 필요가 있다. 국무회의가 제동을 걸지 못한 것도 납득할 수 없다. 이명박 정부의 역사인식 자체에 회의를 갖지 않을 수 없다. 서울행정법원은 지난해 12월 장지연과 함께 서훈을 취소당한 독립유공자 강영석 김우현의 후손이 제기한 소송에서도 같은 취지의 판결을 내렸다. 이 대통령은 국가보훈처의 취소 결정을 바로잡고 애국선열의 명예를 회복시키는 조치를 취해야 한다(「동아일보」 2012년 1월 21일, A23면 사설 제목 "법 절차도 안 지키고 장지연 훈장 박탈한 정부").

30) 국가보훈처가 올해 독립유공자 서훈 공적심사위원회에서 진보 성향의 역사학계 원로 인사들을 제외한 것은 보수언론들의 공적심사위 때리기와 연결지어 보는 시각이 많다. 또 그 배경에는 보수우익 색깔이 짙은 군 출신 박승춘 보훈처장이 자리하고 있다는 분석도 나온다. …중략…서훈 취소 결정 뒤 <조선일보> 등 보수언론은 정부를 맹비난했다. 보훈처 공적심사위도 집중적인 공격 대상이 됐다. 공교롭게도 이

처가 독립유공자 공적심사위원회에서 이만열 숙명여대 명예교수(전 국사편찬위원장) 등 원로 사학자들을 대거 교체한 사실이 뒤늦게 알려졌다. 보훈처가 독립운동 분야에서 탁월한 연구성과를 인정받는 학자들을 갑작스레 교체한 것은 박승춘 보훈처장의 이념성향 및 행태와 따로 떼놓고 판단하기 어렵다. 맹목적 보수우익 색채의 박승춘 처장이 이념을 잣대로 양식 있는 학자들을 솎아낸 것으로 해석할 수밖에 없다. 이만열 명예교수 등은 <친일인명사전> 발간을 주도하고, 만주국 장교로 항일세력을 탄압한 고 박정희 대통령을 사전에 올렸다. 또 2010년에는 국방부가 추진한 백선엽 예비역 대장의 명예원수 서훈에 반대해 없던 일로 되돌리기도 했다. 만주국 중위였던 백선엽 대장의 친일행적이 문제였기 때문이다. 육군 중장 출신으로 전시작전통제권 환수 반대운동을 이끄는 등 보수 성향이 뚜렷한 박승춘 처장에겐 이만열 명예교수 등이 '눈엣가시'였을 소지가 크다. 2011년 보훈처가 위암 장지연, 윤치영 초대 내무부 장관 등 19명의 서훈을 취소한 뒤 보수언론의 맹비난[31]을 받은 것도 심사위원 교체에 영향을 끼쳤을 것으로 보인다.[32]

　헌법재판소는 "일제로부터 작위를 받았다고 하더라도 '한일합병의 공으로' 작위를 받지 아니한 자는 종전의 친일재산귀속법에 의하여 그 재산이 국가 귀속의 대상이 되지 아니할 것이

번 위원 재위촉에서 제외된 학자들은 공적심사위에서 중추적인 역할을 맡고 있었다. 이만열 교수가 서훈 등급을 최종 결정하는 2심 위원장을, 윤 전 총장과 서중석 교수는 2심 위원으로 일해왔다. 이준식 교수는 1심 2분과 위원장을 맡아왔다. 공적심사위원회는 1심(33명)과 2심(17명)으로 구성돼 있는데, 1심은 1분과(3 · 1운동 이전), 2분과(국내 항일), 3분과(해외 항일)로 나뉜다. 공적심사위에 몸담았던 한 관계자는 "서훈 취소 뒤 보수언론이 끈질기게 물고 늘어져 보훈처로서도 부담이 컸을 것"이라고 말했다. 이번 사학계 원로들 배제는 김성수 서훈 취소를 앞둔 사전 정지작업 아니겠냐는 시각도 있다. 10년가량씩 공적심사위원으로 일해 온 원로 학자들이 갑작스레 교체되자, 의혹의 눈길은 박승춘 보훈처장을 향한다. 노무현 정부 시절 국방정보본부장(육군 중장)을 끝으로 전역한 뒤 전시작전통제권 환수 반대 운동을 주도하는 등 강한 정치색을 보여왔기 때문이다. 올해 초 보훈처 관료 출신인 장대섭 보훈심사위원장(1급)은 사직과 함께 자신의 블로그에 "일방적으로 독립유공자들의 독립정신과 민주정신은 배제하고 안보교육에만 치중하고 있다"며 박 처장을 비판하는 글을 올렸다. 보훈처 관계자는 "공적심사위원회를 운영해오다가 변화를 줄 필요가 있다고 판단돼 위원들 일부를 교체한 것일 뿐 처장과는 관련이 없다"고 말했다(「한겨레신문」 2012년 2월 13일, 6면).

31)　월간 조선(月刊 朝鮮) 2011년 10월호는 「'항일 언론인' 장지연 서훈취소 전말, 확인된 보훈처 심사위원 6명 中 5명이 좌파 성향의 민족문제硏《친일人名사전》 편찬위원 보훈처, 심사위원 명단 공개 거부…고양이에게 생선가게 맡긴 꼴」이라는 제하로 서훈 취소의 내용을 광고 한 바 있다. 김정우, "위암 장지연 서훈 취소의 전말 : 확인된 보훈처 심사위원 6명 中 5명이 민족문제硏《친일人名사전》편찬위원", 月刊朝鮮. 통권 제379호(2011년 10월), 62-77면 참조.

32)　「한겨레신문」 사설 "보훈처의 유공자 심사위원 교체 몰상식이다", 한겨레신문, 2012년 2월 13일, 31면.

라고 믿은 제청신청인의 신뢰는 친일재산귀속법의 제정경위 및 입법목적 등에 비추어 확고한 것이라거나 보호가치가 크다고 할 수 없는 반면, 이 사건 법률조항에 의하여 달성되는 공익은 매우 중대하므로 이 사건 법률조항은 신뢰보호원칙에 위반되지 아니한다. '일제로부터 작위를 받거나 계승한 자'의 경우, 일본제국주의의 식민통치에 협력하고 우리 민족을 탄압하는 행위를 하였다고 볼 수 있고, 작위를 거부·반납하거나 후에 독립운동에 적극 참여한 자와 같이 친일 정도가 상대적으로 경미한 자는 제외되는 점에서 친일 정도가 중대한 경우에 한정되고 있으며, 이 사건 법률조항은 정의를 구현하고 민족의 정기를 바로 세우며 일본제국주의에 저항한 3·1운동의 헌법이념을 구현하기 위한 것인 점 등을 고려할 때, 이 사건 법률조항이 과잉금지원칙에 위반하여 제청신청인의 재산권을 침해한다고 할 수 없다."33)는 결정을 하였다. 이는 일제로부터 작위를 받은 자는 친일세력의 상징적 존재로, 친일세력의 형성·확대에 기여하고 일제 강점의 유지·강화에 협력해 다른 친일반민족 행위자와 질적으로 다르다고 할 수 없다고 판단한 것이다.

친일파 후손들이 제기한 친일인사 서훈취소 소송에서 1심 재판부는 친일인사 후손들의 손을 들어주었다. 1심 재판부는 "권한이 없는 국가보훈차장이 서훈을 취소한 것은 하자가 중대하고 명백해 무효"라고 판결했다. 친일인사의 서훈 취소는 대통령만이 할 수 있는 일이라는 논리로 절차상의 문제를 지적한 판결이었다. 그러나 2심 재판부는 1심과 다른 판결을 내렸다. "국가보훈처의 통보는 단지 대통령의 취소 결정과 이에 따를 훈장과 훈장증의 환수를 알리는 것이어서 소송 대상이 될 수 없다"며 원고의 청구를 각하한 것이다.

헌법과 법률에 따라 대통령이 문서로 유공자에 대한 서훈 취소를 결정했고, 통보 권한을 위임받은 국가보훈처는 이를 유족에게 통지했을 뿐이라는 것이다. 또한 "관련 절차는 권한이 있는 자에 의해 적법하게 이뤄졌고, 서훈 취소를 대통령이 결정했으므로 국가보훈처장은 피고가 될 수도 없다"고 밝혔다. 이렇게 서울고등법원 행정4부가 1심 재판부의 판결을 뒤집음에 따라, 2심이 진행 중인 다른 5건의 소송 결과에도 관심이 집중되고 있다.34)

일본 제국시대의 민족반역자나 독재정권하의 반민주행위자나 부정축재자가 그대로 자기의 기득권을 법률의 이름으로 고수하면서 사회적 지배층으로 행세하는 부조리가 시정되지 않으면 민족정기를 바로 세우고 민주주의를 관철할 수 없다.35)

---

33) 헌재 2013. 7. 25. 2012헌가1, 공보 제202호, 898 [합헌, 각하]
34) 민족문제연구소, 월간「민족사랑」2012년 10월호, 2면.
35) 한상범, "日帝殘滓의 淸算을 위한 法理上의 諸問題-친일파·민족반역자에 대한 처리에 있어서 재산몰수

친일인사들에 대한 서훈 박탈은 과거 잘못에 대한 단순한 앙갚음이 아니다. 그것은 역사의 시시비비(是是非非)를 올바로 가려 민족정기를 바로잡고 후세에 경종을 울리는 엄숙한 작업이다.[36]

친일인사에 대한 서훈 취소 조치는 민족정기를 회복하고, 우리 후손들에게 정의(正義)가 무엇인지 가르치는 출발이다. 또한 모든 것을 버리고 풍찬노숙(風餐露宿)을 하며 조국의 국권회복을 위한 일념으로 자기희생을 무릅쓴 순국선열(殉國先烈)과 애국지사(愛國志士)에 대한 '최소한의 예의'라고 본다.

친일인사에 대한 잘못된 서훈을 박탈하는 작업이 지속적으로 이루어져야 하는 동시에 반민족행위자(친일인물)들의 행적의 오기(誤記)나 그들의 작품이 제거되고 그와 동일한 조치가 유적 비석 등 전시물에도 취해져야 한다.[37]

등에서 제기되는 법률상의 문제에 대하여", 남송한봉희교수화갑기념논문집 『現代民法의 課題와 展望』, 밀알(1994), 1404면.
36) 「한겨레신문」 사설 "친일인사 서훈 박탈, 이번에도 시늉에 그칠 건가", 2010년 10월 9일, 27면.
37) 한상범, 『일제 잔재, 무엇이 문제인가』, 법률행정연구원(1996), 224면.

제3장 전두환 신군부와 훈장

I. 서 론

훈장은 11세기 십자군 원정 때 종교기사단의 표장(標章)에서 유래한 것으로 여겨진다. 종교기사단을 뜻하는 영어의 'order'가 그대로 훈장이라는 단어로도 쓰인다. 그 후 영국은 카터 훈장, 영국제국 훈장, 로열 빅토리아 훈장 등을 만들어 세계 제국을 유지하는 수단으로 유효적절하게 사용했다. 훈장은 개인이나 가문의 영예는 물론 다른 사람으로 하여금 본을 뜨게 하는 교육효과까지 있기 때문이다.[1]

우리나라에선 1900년(고종 37년)에 훈장조례가 처음 제정됐으며, 현재 상훈법에 따라 12가지로 무궁화대훈장[2]을 비롯하여 55등급의 훈장이 운영되고 있다. 우리나라 훈장은 멋대로 남

---

[1] 경향신문사, 『餘滴』, 경향신문(2012), 157면.

[2] 정부는 2013년 2월 12일 김황식 국무총리 주재로 국무회의를 열어 대통령의 무궁화대훈장을 포함하는 영예수여안을 심의 의결했다. 1948년 제정된 상훈법(제10조)은 "무궁화대훈장은 우리나라의 최고 훈장으로서 대통령에게 수여하고, 대통령의 배우자와 (전현직) 우방 원수 및 배우자에게도 수여할 수 있다"고 규정해, 현직 대통령은 법적으로 이 훈장을 받게 돼 있다. 김영삼, 김대중, 노무현 대통령 등 역대 대통령들은 모두 이 훈장을 받았다. 대통령 부인이 받는 건, 선택사항이다. 그러나 이명박 대통령이 임기 말 국가 최고 등급 훈장을 자신에게 준다는 점에서 여론의 시선은 곱지 않다. 특히 부인 김윤옥씨와 함께 받는 것도 여론의 화살을 자초했다. 무궁화대훈장은 사용되는 금만 190돈으로 은 110돈과 자수정·루비 등 보석까지 들어간다. 1인당 금값만 4100만원(한 돈, 21만원 기준)이 넘는다. 특히, 1월 29일 여론의 반대를 무시하고 최시중 전 위원장 등 최측근 비리 인사들을 무더기로 풀어준 뒤에 이어진 일이라 비난의 강도는 더욱 강하다. 노무현 전 대통령 부부는 다른 전직 대통령이 임기 초 이 훈장을 받은 것과 달리 임기 말인 2008년 1월 이 훈장을 받았고, 당시 야당인 한나라당은 "집안 잔치를 벌이는 것 같다"면서 비난한 바 있다. 이번 기회에 무궁화대훈장 수여 제도를 바꿔야 한다는 지적도 나왔다. 국가 최고 등급 훈장임에도 대통령으로 대상자가 한정돼 있고 자동으로 수여되다 보니 훈장의 권위가 별로 없다. 사실상 대통령 전용 훈장인 셈이다. 프랑스의 최고 영예 훈장인 레지옹 도뇌르 훈장은 최고의 군사적·문화적 공

발되어 빛이 바랬다. 단적인 예로 1980년 신군부 주역들은 '광주사태' 진압 공로를 내세워 제 손으로 훈장을 나눠 가졌다가, 뒷날 김영삼 정부의 '역사 바로 세우기'로 취소당했다. 전두환 정부 때인 1984년에는 한 해 4,035명(하루 평균 11명)이 훈장을 받기도 했다.[3]

훈장(勳章)이 가장 난처할 때가 있다. 국가에 대한 서운함과 실망을 훈장 반납으로 표현하는 경우다. 1999년 씨랜드 화재참사[4]로 아이를 잃은 김순덕(전 국가대표 필드하키 선수, 아시안게임 금메달리스트)씨는 당국의 무성의한 진상규명과 사회부조리를 비판하며 운동선수 시절에 받은 체육훈장과 메달을 모두 반납하고 "한국에선 살고 싶지 않다."고 밝힌 뒤 뉴질랜드로 이민을 떠났다.[5] 다시는 반복돼선 안 될 우리 사회의 우울한 자화상이다.[6]

우리사회에서 훈장은 어떤 의미이며, 어떠한 모습으로 국민들 눈에 비쳐지고 있는가?

12·12군사반란[7]에 성공하여 군의 지휘권을 장악한 전두환·노태우 등 신군부세력은 자신들에 반대했던 인사들을 구속하거나 강제 연행시켰으며, 전두환 보안사령관 등 신군부세력들은 군인사법 등을 무시하고 진급을 했다. 상훈법(賞勳法)을 무시한 채 12·12군사반란에 공이 있는 인물들에게는 무공훈장을 수여했다. 또한 5·18광주민주항쟁 진압작전명인 '충정작전'에 참여하여 무공을 세웠다는 이유로 5·18후 한 달만인 1980년 6월 20일 훈장잔치를 벌였다.

한편, 전두환은 뇌물수수와 군 형법상 반란 등 혐의로 기소돼 무기징역과 함께 2,205억원의 추징금을 선고받았지만, 1997년 대법원이 최종 선고를 내린 지 17년 동안 추징된 금액은 전체 추징금의 24%인 533억원에 불과했다. 미납 추징금은 1,670억원에 달했다. 2003년엔 자신의 전 재산이 29만원[8] 밖에 없다고 말해 많은 비난과 지탄을 받기도 했다.[9][10] 2010년에는 "강연

적을 남긴 사람한테 준다. 이날 국무회의에선 나로호 개발에 참여한 64명한테도 각종 훈·포장을 주도록 의결했다. 애초 김황식 국무총리와 정부부처 장·차관 등 104명에게 훈장을 수여하는 안건이 함께 상정될 예정이었으나 추가 검토가 필요하다는 이유로 연기됐다(「한겨레신문」2013년 2월 13일, "MB부부가 받는 '셀프 훈장' 금값이 무려"기사 참조).

3) 박창식, "유레카: 훈장 남발", 「한겨레신문」2010년 10월 13일, 34면.

4) 「씨랜드 청소년수련원 화재 사고」는 1999년 6월 30일 경기도 화성군에 위치한 청소년수련원인 씨랜드에서 화재가 발생하여 유치원생 19명과 인솔교사 및 강사 4명 등 23명이 숨진 사고이다.

5) 김순덕씨의 훈장 반납에 대한 자세한 내용은, 이철우, "김순덕씨의 훈장 반납과 이 땅이 싫은 이유", 「인물과 사상」vol.18(1999.10), 139-140면 참조.

6) 「세계일보」2013년 9월 24일, "[설왕설래] 훈장의 명예회복" 참조.

7) 「12.12군사반란」은 1979년 12월 12일 전두환과 노태우 등을 중심으로 한 정치군인들이 당시 대통령이던 최규하 전 대통령의 재가(裁可)없이 무력을 동원하여 정승화 육군참모총장 겸 계엄사령관 등을 체포하고, 권력을 장악한 위압과 협박해 눌린 최규하 대통령이 사후 재가를 한 사건을 말한다.

8) 전두환은 두 번째 추징금 시효 만기였던 2003년 검찰의 재산명시신청에 자신의 예금자산을 29만원이라

으로 소득이 발생했다"며 법률대리인을 통해 300만원을 낸 뒤로 추징금을 내지 않고 있었다. 2013년 6월 27일 국회 본회의에서 '전두환 추징법'(공무원범죄에 관한 몰수 특별법 일부개정안)이 통과[11])되면서 전두환과 그 가족은 검찰의 전방위 압수수색에 직면했고, 결국 백기를 들었다.

전두환은 대통령에서 물러난 후 해외 관광여행시 외교관 여권을 이용해 논란이 됐다.[12] 전

고 명시하고 법정에서 다툼을 벌였다. 법정에서 자신의 재산이 "29만원"이라며 판사와 설전을 벌여 국민들의 공분을 샀다. 이로 인해 "29만원 할아버지"라는 불명예스러운 별칭도 얻었다.

9) 2012년 '5·18 32주년 기념-제8회 서울 청소년대회'에서 서울연희초등학교 5학년 유승민 군은 '29만원 할아버지'라는 글로 우수상(서울지방보훈청장상)을 수상했다. "우리 동네 사시는 / 29만원 할아버지 / 아빠랑 듣는 라디오에서는 맨날 29만원밖에 없다고 하시면서 / 어떻게 그렇게 큰 집에 사세요? / 얼마나 큰 잘못을 저지르셨으면 / 할아버지네 집 앞은 / 허락을 안 받으면 못 지나다녀요? / 해마다 5월 18일이 되면 / 우리 동네 이야기가 나오는데 / 그것도 할아버지 때문인가요?/ 호기심 많은 제가 그냥 있을 수 있나요? / 인터넷을 샅샅이 뒤졌죠. / 너무나 끔찍한 사실들을 알게 되었어요. / 왜 군인들에게 시민을 향해 / 총을 쏘라고 명령하셨어요? / 얼마나 많은 시민들이 죽었는지 아세요? / 할아버지가 벌 받을까 두려워 / 그 많은 경찰아저씨들이 지켜주는 것인가요?/ 29만원 할아버지! / 얼른 잘못을 고백하고 용서를 비세요. / 물론 그런다고 안타깝게 죽은 사람들이 / 되살아나지는 않아요. / 하지만 유족들에게 더 이상 / 마음의 상처를 주면 안 되잖아요. / 제 말이 틀렸나요? / 대답해 보세요! / 29만원 할아버지!". 이 동시는 '29만원 할아버지'라는 동요로도 만들어졌다.

10) 서울시가 2013년 12월 16일 3,000만원 이상 지방세 고액·상습체납자 6,139명을 홈페이지에 공개했는데, 서글프게도 전직대통령을 지냈다는 전두환은 지방세(地方稅)마저도 4,600만원을 체납하고 있는 것으로 드러났다(「경향신문」 2013년 12월 17일, 16면, 전두환 4600만원·최순영37억 … 유명인사들 거액 체납 기사 참조). 이러고도 전직대통령이 어쩌고 억울하다며 너스레를 떨고 설래발 칠 것인가. 후안무치(厚顔無恥)라는 단어조차 모르는 사람이다. 아니 그에게는 이 단어가 먼 옛날의 사어(死語)인지도 모르겠다.

11) '전두환 추징법'(공무원범죄에 관한 몰수 특별법 일부개정안)은 공무원이 불법취득한 재산에 대한 추징 시효를 늘리고 추징 대상을 제3자로까지 확대하는 내용이다. 표결은 재석의원 233명중 찬성 228명, 반대 2표와 기권 4표로 압도적 다수의 찬성으로 통과됐다. 추징시효 연장에 따라 거액의 추징금을 미납 중인 전두환에 대한 환수 시효가 2013년 10월에서 2020년 10월까지로 7년 더 연장됐다.

12) 필자는 전두환의 해외여행의 문제점을 오래전에 지적하였다. "정부의 법집행은 더욱 가관이다. 법무부 업무처리 규칙에는 추징금 미납액이 2천만원 이상일 경우에는 출국금지대상으로 규정되어 있다. 대한민국의 어느 국민도 1,000만원의 추징금만 있어도 해외여행이 금지되어 있다. 1,892억원의 추징금을 미납하고 있는 전직 대통령인 전두환씨는 2000년 2월 14일~2000년 3월 10일 김포공항으로 귀국하기까지 측근 20명을 대동하고 26일간 캄보디아·싱가포르·말레이시아·태국을 다녀왔다. 어찌된 일인가? 1천억원대의 추징금을 미납하고 있는 전직 대통령은 해외여행이 자유롭다.…중략… 이는 '모든 국민은 법 앞에 평등하다'(헌법 제11조 제1항)는 우리 헌법상의 평등권을 부인하는 것이다. 그것도 법을 집행하는 검찰과 법무부의 말이다. 전직 대통령이라 할지라도 퇴임 후에는 평범한 시민에 불과할 따름이다. 하물며 그들은 죄인·범죄자이다. 특별사면되었지만, 특별사면의 법률적 효과는 '이미 형의 선고를 받은 특정인에 대하여 형의 집행이 면제되었다'(사면법 제5조 참조)는 것 이상은 아니다. 그는 전직대통령이

두환이 외교관 여권[13]을 반납한 2013년 6월은 국회에서 이른바 '전두환 추징법'이 통과되는 등 추징금 환수 작업이 본격화 되는 시기와 맞물려 있다. 추징금 문제로 여론이 악화되자 여권을 자진 반납한 것으로 분석된다. 또한 2006년 훈장이 취소되고 환수절차가 진행된 지 지난 7년간 반납을 거부했던 훈장 9개 모두를 전두환 일가에 대한 검찰의 소환조사가 본격화되기 직전에 국가에 자진 반납했다.[14]

현실 정치에서는 단순히 망각을 유도하는 데 그치지 않고 필요한 기억은 만들어내고 불편한 기억은 의도적으로 지워버리려 한다. 이것이 바로 기억의 오염 혹은 기억의 조작이다. 과거의 잘못을 기억하지 못한다면, 그러한 범죄를 저지를 수도 있는 세력에 힘을 보태는 일이 된다. 그래서 모르는 것, 기억하지 못하는 것은 단순히 잘못을 하는 것이 아니라 그러한 세력의 등장을 도와주는 것이고 나아가 죄를 범하는 것이 될 수도 있다.[15]

전두환 신군부 세력의 '훈장 잔치'와 훈장 취소의 실태를 검토하면서, 그 전후사정을 우리 사회의 망각에 맞서는 '기억의 투쟁'(struggle of the memories)으로 살펴본다.

지만, 금고 이상의 형이 확정된 경우이므로 '전직대통령 예우에 관한 법률'의 적용대상에서 제외되어 있는 상태이다. 미납된 추징금을 받아내지 않는 정부도 문제이고, '돈이 없어 못 갚는다'는 그의 태도에 분개하지 않을 수 없다"(한상범 · 이철호, 『전두환 체제의 나팔수들』, 패스앤패스, 2004, 148-149면).

13) 현행 여권법 시행령(제10조)은 전직 대통령에 대해서도 외교관 여권이 발급 가능하다고 규정하고 있다. 국제법상 외교관 여권소지자는 특권 · 면제권을 갖고 출입국 및 세관 수속과정에서 편의를 받을 수 있다. 전두환은 1988년 퇴임 후 유효기간 5년짜리 외교관 여권을 총 4차례 발급 받았고, 이를 이용해 2000년부터 총 7차례 출국했던 것으로 드러났다.

14) 전두환이 내란죄 유죄 판결로 서훈이 취소되고도 반납을 거부해온 훈장 9개를 소장품 기증 과정에서 2013년 4월 뒤늦게 반납한 것으로 드러났다. 국가기록원 대통령기록관실은 2013년 9월 23일 "2013년 4월 전 전 대통령 자택을 방문해 기증받은 소장 '박물' 1000여점 가운데 서훈이 취소된 훈장 9점을 발견해 8월 주무부처인 안전행정부에 통보했다"고 밝혔다. 대통령기록관실은 2011년 모든 전직 대통령들에게 소장품 기증을 요청한 데 이어 2013년 4월 전 전 대통령을 방문해 액자 · 기념품 등 소장품을 기증받는 과정에서 훈장을 돌려받은 것이다(한겨레신문, 2013년 9월 24일 참조).

15) 김동춘, 『전쟁정치-한국정치의 매커니즘과 국가폭력』, 도서출판 길(2013), 297-298면.

II. 전두환 신군부의 집권과 '훈장 잔치'

1. 「10 · 26피살사건」과 전두환의 등장 그리고, 5 · 17비상계엄확대조치

전두환은 1979년 박정희 전 대통령 시해(弑害)사건인 10·26사건[16] 수사를 지휘하던 합동수사본부장의 신분으로 해당 사건수사 및 군 인사를 두고 육군참모총장 겸 계엄사령관이었던 정승화와 갈등을 빚었다.

전두환 · 노태우 등 신군부는 1979년 박정희 전 대통령 서거 후 권력 공백을 틈타 보안사(보안사령부) 조직을 동원해 12·12군사반란[17]을 일으켜 정권을 거머쥐었다.

전두환 보안사령관은 대통령 재가(裁可) 없이 정승화 육군참모총장 연행을 진행했다. 그러나 최규하 대통령이 재가를 하지 않자 서울 한남동 육군참모총장 공관에서 총격전을 벌이면서 정승화 총장을 연행했다. 이 때 체포됐던 이들은 당시 계엄사령관 정승화 육군참모총장, 정병주 특수전사령부 사령관, 장태완 수도경비사령부 사령관 등이다.[18] 장태완 당시 수도경비사

---

16) 金大坤, 『10·26과 金載圭』, 이삭(1985) 참조.

17) 박정희가 1961년 5월 하순경에 그를 강제 예편(豫編)시킬 것이라는 사실을 알게 되자 서둘러 5 · 16쿠데타(coup d'etat)를 결행했듯이, 전두환 또한 정승화 육군참모총장이 전두환 자신을 1979년 12월중에 수도권에서 멀리 떨어진 동해안경비사령관으로 전출시킬 것을 계획하고 그 구상을 국방부장관과 협의한 것으로 알려지자 자신의 동해안 전출 전에 12·12군사반란을 일으켰다(이상우, "12·12사태", 『現代韓國을 뒤흔든 60大事件』, 「신동아」 1988년 1월호 별책부록, 275면 참조).

18) 정부가 1979년 12·12군사반란 당시 신군부 세력에 맞서다가 희생된 고 김오랑 중령에게 보국훈장을 추서하기로 했다. 그러나 애초 김오랑 중령 기념사업회가 요구한 '무공훈장' 추서는 받아들여지지 않았다. 정부는 2014년 1월 14일 정홍원 국무총리의 주재로 정부세종청사에서 열린 국무회의에서 김 중령에게 보국훈장을 추서하는 영예수여안을 심의 · 의결했다. 김오랑 중령은 12·12당시 전두환 소장 등 신군부의 군사반란에 협조하지 않은 정병주 특전사령관의 비서실장이었으며, 정 사령관을 체포하러 온 반란군(제3공수여단)에 맞서 총격전을 벌이다 숨졌다(「한겨레신문」 2014년 1월 15일, 10면). 김오랑 중령은 육사 25기로 졸업(1969년)과 동시에 임관한 후 수색중대를 거쳐 베트남전에 참전했고, 육군보병학교와 육군대학 등 필수적인 교육기관 활동을 제외하면 대부분의 군 생활을 특전사에서 보낸 진정한 군인이었다. 특히 베트남 전쟁 때는 월맹군과의 교전으로 혁혁한 전과를 올려 인헌무공훈장을 받았다. 역사적 재평가를 받은 시기를 생각하면 김오랑 중령에 대한 훈장 추서는 늦은 결정이다. 그나마 다행스러운 것은 군에 대한 국민의 신뢰가 떨어진 최근 상황에서 이번 훈장 추서를 통해 신뢰를 다소 회복하고 후배 군인들에게도 좋은 본보기로 역사에 기록되게 됐다는 점이다. 김오랑 중령은 쿠데타 세력에 의해 35년 전 숨졌지만, 그는 '참군인'으로 국민과 육사 후배들에게 기억되고 있다(「문화일보」 2014년 1월 17일, 38면, 이사람-'12·12'때 사령관 지키다 순직…35년만에 훈장).

령관은 전두환과 노태우 등 하극상(下剋上)의 군사 쿠데타를 막기 위해 전차를 이끌고 맞섰지만, 신군부의 위압과 협박해 눌린 최규하 대통령이 정승화 육군참모총장 연행을 사후 재가(裁可)하면서 신군부에 의해 체포됐다.

당시 보안사령관이던 전두환은 12·12군사반란으로 군부 권력을 장악하고 정치적인 실세로 등장했다. 이후 1980년 5월 전두환을 중심으로 하는 신군부 세력은 5·17 비상계엄을 전국으로 확대하면서,[19] 쿠데타(coup d'etat)를 일으킨 것이다. 이 쿠데타에 반발하는 학생과 시민의 시위가 전국에서 일어났고, 5·18 광주민주화운동을 군사력으로 진압했다.

전두환은 1980년 8월 22일 육군 대장으로 예편했고,[20] 같은 해 9월 체육관 선거를 통해 제11대 대통령에 취임했다. 1980년 9월 전두환이 대한민국 제11대 대통령이 되면서 권력을 완전히 장악했고, 1988년 2월까지 집권했다.

12·12군사반란은 1993년 2월 노태우 전 대통령 임기까지 정당한 행위로 간주됐으나, 김영삼 대통령 문민정부가 출범하여 '역사 바로 세우기' 작업을 통해 '군사반란'으로 규정됐다. 김영삼 전 대통령은 12·12군사반란을 두고 '하극상에 의한 쿠데타적 사건'이라고 말했다.

2. 권력장악 후 신군부 세력의 '훈장 잔치'

'훈장 잔치'는 어제 오늘의 일만은 아닌가 보다. 대한제국 말기에도 매국노(賣國奴)들을 위한 훈장 잔치가 있었다.

경술년 그해의 관보에 드러난 대한제국 마지막 한 달의 풍경 가운데 가장 가관인 것은 아마도 '훈장 수여'와 관련된 대목이 아닌가 싶다. 특히 1910년 8월 26일에는 내각 총리대신 이완

---

19) 1980년 5월 학살의 주범은 1979년 12·12쿠데타 이후 등장한 신군부였다. 1980년 당시 전두환 보안사령관은 보안사 부하들이었던 권정달 정보처장, 허화평 비서실장, 허삼수 인사처장, 이학봉 대공처장 등을 동원해 비상계엄의 전국 확대, 국회 해산 비상대책기구 설치 등으로 '내란'을 강행했다. 전두환 보안사령관은 노태우 수도경비사령관, 황영시 육군 참모차장, 차규헌 육군사관학교장, 정호용 특전사령관 등과 회동해 이를 결정한 뒤 이희성 계엄사령관, 주영복 국방부 장관에게 실행을 압박했다(항쟁 17년만에 학살주범 겨우 구속…1년뒤 사면, 「한겨레신문」 2013년 5월 19일).

20) 작가 송숙영과 강유일은 '전두환 전역식 참관기'를 서울신문과 경향신문에 발표하여 전두환을 찬양했다. 이들의 전두환 찬양기는 송숙영 "장군은 우리의 등불이 돼야합니다 - 전두환 장군 전역식전에서"(「서울신문」 1980년 8월 23일); 강유일, "이제 새모습으로 우리 인도하리라 - 전두환대장 전역하던날…참관기"(「경향신문」 1980년 8월 23일, 3면)이다. 필자(한상범·이철호)는 이들의 글에 대해 '해도 너무 부끄러운 찬양, 개똥 철학의 궤변'으로 야양을 떨었다고 비판한 바 있다(한상범·이철호,『전두환 체제의 나팔수들』, 패스앤패스, 2004, 76-87면 참조).

용과 궁내부대신 민병석에게 최고 훈장인 금척대수장(金尺大綬章)을 수여한 사실이 기록되어 있다. 그들에게 이른바 '병합조약'의 체결에 앞장서서 동조한 사실 이외에 어떠한 공로가 더 있었는지는 참 알 수 없는 노릇이다. 이들 외에 고관대작들의 부인과 궁중 여인들에게도 조약 공표일을 불과 며칠 앞둔 시점에서 무더기로 훈장이 지급되었다. 특히 최후의 관보 발행일인 1910년 8월 29일자에는 기타의 전·현직 대·소 관원들에 대한 이러한 훈장 지급 목록이 제법 길게 덧붙여져 있고, 이것으로도 모자라 날짜를 소급해 여러 번의 호외가 더 발행된 것으로 확인된다. 아무튼 이러한 무더기 훈장 잔치 덕분에 표훈원(表勳院)은 훈장을 제조하기에 너무 바빠 대한제국의 다른 행정 기구와는 달리 이듬해인 1911년 3월에 가서야 사무 처리가 완전히 종결된 것으로 파악된다. 나라는 망했어도 그로 인해 훈장을 담당하는 기구는 그만큼 수명이 더 길어졌으니 참으로 묘한 아이러니가 아닐 수 없었다.[21]

우리 사회에서 '훈장 잔치'는 몇 십 년 전의 일로 그치는 것만이 아니다.[22] 전두환 신군부의 훈장잔치, 민주화 된 정부 아래서도 정권 말에 훈장잔치를 벌였다. 노무현 정부에서도, 이명박 정부[23]에서도 정권 말에 자기들끼리 훈장잔치를 벌였다.[24] 심지어 '셀프 훈장'수여로 국민의

---

21) 이순우, " '매국노'들 위해 훈장 잔치 벌이다-'관보'에서 드러난 대한제국 마지막 한 달간의 어처구니없는 풍경",「시사저널」, 제1085호(2010.8.6) 참조.

22) 절명시(絶命詩)로 유명한 선비 황현 선생은 <매천야록(梅泉野錄)>에서 대한제국 당시의 훈장 지급의 난맥상을 꼬집기도 했다. "以李載純·閔泳煥·權在衡·趙秉式·朴齊純·李允用 均有勞勳並敍勳三等 賜太極章 勳章者 創自西洋 惑君主 相贈遺 臣下有特勳 則賜之 雖外臣以勤勞聞則送之 授者有名 受者有榮 上浮慕外國 亦設表勳院 定章格 世所稱賣 國者皆獲賜 期年之後 卒伍厮役 無人不佩 佩者相視而笑 或送外國而有見却者 倭人得之 佩數日 卽鎔之取直 其取 侮於人如此 而猶不悟 自後賜勳 並不錄. 훈장은 서양에서 시작된 것으로 혹은 군주끼리 서로 주고받거나 신하에게 특별한 공로가 있을 경우 하사한다. 비록 외국의 신하라도 공이 있다는 소문이 들리면 보내주니, 주는 자는 명예가 있고 받는 자는 영광스럽게 여겼다. 임금은 외국을 흠모하여 표훈원(表勳院)을 설치하고 훈장의 격식도 정하였는데, 세상에서 매국자라고 불리는 자들이 모두 훈장을 받았으며, 1년 뒤에는 병졸과 하인들조차 훈장을 달지 않은 자가 없어 훈장을 단 자들이 서로 바라보며 웃을 지경이었다. 간혹 훈장을 외국에 보냈지만 거절을 당하기도 하였고, 왜인은 훈장을 받으면 며칠 동안 차고는 바로 녹여서 팔기도 하였다. 사람들에게 멸시를 받는 것이 이런 지경이었으나 여전히 깨닫지 못하고 있었다. 이후로는 훈장 하사에 관한 것은 기록하지 않는다"(황현, 임형택 옮김,『역주 매천야록(하)』, 문학과지성사, 2005, 49면; 허경진 옮김,『매천야록』, 서해문집, 2006, 275-276면).

23) 이명박 대통령이 2013년 1월 29일 국무회의에서 훈장 잔치까지 베풀었다. 한 손으로는 비리 측근들을 특별사면하고, 다른 한 손으로는 또 다른 측근들에게 상을 내린 것이다. 임기 말에 측근들에게 챙겨줄 것은 다 챙겨주자는 것이다. 129명의 서훈 대상자에는 강만수 산은금융그룹 회장과 전 새누리당 의원인 안경률 녹색환경협력대사, 김인규 전 KBS 사장 등이 포함했다. 강 회장은 기획재정부장관 시절 고졸채용을 활성화한 공로로, 안 대사는 녹색성장정책에 기여했다는 이유로 국민훈장 최고등급인 무궁화장을 받는다. 김 전 사장은 지상파TV의 디지털전환을 성공적으로 완료해 은탑산업훈장을 받는다. 서훈 대상자

비난을 넘어 조롱거리를 제공하기도 했다.

(1) 12 · 12군사반란과 신군부의 훈장잔치

12·12군사반란에 성공하여 군의 지휘권을 장악한 전두환 · 노태우 등 신군부세력은 자신들에 반대하거나 저항했던 인사들을 강제 전역시키고[25) 연행 구속하였다. 또한 전두환 보안사령관 등 신군부세력은 군인사법 등을 무시하며 진급했고, 상훈법(賞勳法)을 무시한 채 12·12군사반란에 공이 있는 인사들에게는 무공훈장을 수여했다.

국방부 과거사위원회에 따르면, 12·12로 서훈된 인물은 대통령경호업무로 화랑무공훈장 8

는 각 부처의 추천과 행정자치부의 상훈심의회와 국무회의 심의를 거쳐 대통령이 결정한다. 대통령의 측근이라도 국가발전과 국민복지향상에 기여한 공로가 인정되면 당연히 받아야 한다. 그러나 이번에 훈장 수여자로 결정된 인물들의 배경, 업적, 형평성 등을 보면 측근 챙기기란 인상을 지울 수 없다. 더구나 한일 군사정보보호협정을 무리하게 추진하다 사퇴한 김태효 전 청와대 대외협력기획관과 대선캠프 출신인 김대식, 이상직 전 민주평통사무처장에게 훈장을 수여해 논란을 부른지 한 달도 안 됐다. 4대강 관련 사업으로 훈장을 받은 사람도 무려 120명이나 됐다. 임기 말 대통령의 훈장 남발은 이명박 정부만이 아니다. 지난 참여정부에서도 논란을 불렀다. 이러다 보니 훈장의 의미와 가치가 떨어지고 서훈 대상자 스스로 공개되는 것을 저어하는 현상까지 벌어지고 있다. 훈장을 받은 사람의 명예와 훈장의 품격을 위해서라도 대상자 선정을 엄격히 할 필요가 있다(「한국일보」 2013년 1월 31일 사설 '국가와 국민의 훈장 명예롭게 주고받아야').

24) "영국 가터 훈장이 정식훈장으로 제정(1348년)된 뒤 665년 동안 가터훈장을 받은 사람은 1,005명에 불과하다. 메이지부터 아키히토까지 일본 국왕 4명이 내리 받은 점이 걸리지만 가장 권위 있는 훈장으로 평가받는 이유 역시 희소성에 있다. 대한민국은 훈장 남발국가로 꼽힌다. 정부수립 이후 지난해까지 포상된 훈 · 포장이 100만개를 넘는다. 무공훈장이 여기에서 4분의1을 차지하니 훈장 남발에는 남과 북이 따로 없다. 퇴임하는 대통령 부부가 1억원 예산을 들여 셀프훈장을 수여하는 나라다. 넘치는 훈장에 한몫했던 전두환 전 대통령이 박탈된 훈장 9개를 뒤늦게 반납했단다. 참 골고루 한다. 관자(管子)가 일찍이 간파했던 나라를 떠받치는 네 기둥인 예의염치(禮義廉恥)는 다 어디로 갔는지…"(「서울경제」 2013년 9월 24일 자, [더블 클릭] 훈장의 품격).

25) 당시 안종훈 군수사령관은 1980년 5월 17일 오전 <전군주요지휘관회의>에서 군의 정치개입에 직접 반대했다가 1980년 8월 20일 전역하게 됐다(『12·12,5·17,5·18사건 조사결과보고서』, 국방부과거사진상규명위원회(2007.7.24), 103면). 전두환 등 일단의 정치군인들은 5월 17일 오전 <전군주요지휘관회의>를 열어 전군이 '시국수습방안'을 지지하는 것처럼 포장하여 최규하 대통령과 국무총리에게 '비상계엄 전국확대', '비상기구 설치' 등을 실시하도록 강요하였다. 1980년 5월 17일 21시 집총한 군인들이 도열하고 외부와의 연락이 끊어진 상황 속에서 국무회의가 열려 특별한 토의 없이 '비상계엄 전국확대'를 선포하였다. 5월 18일 새벽 2시 신군부는 국회를 점령한 뒤 무력으로 봉쇄하여 헌정중단 사태가 발생했다(이철호, "국가폭력과 인권침해-제5공화국 전두환 정권기를 중심으로-", 「公法論叢」 제6호, 한국국가법학회, 2010, 179면).

명과 인헌무공훈장 11명, 국가안전보장 유공자 자격으로 을지무공훈장 6명과 충무무공훈장 33명, 그리고 계엄업무 유공자 자격으로 화랑무공훈장 14명, 인헌무공훈장 15명이다. 서훈자들의 당시 계급은 대장에서 하사까지 다양하다.

전두환[26]등 신군부 세력은 진급뿐만 아니라 상훈법도 무시하고 무더기로 훈·포장을 주고받았다. 상훈법 제13조에 따르면 "무공훈장은 전시 또는 이에 준하는 비상사태하에서 전투에 참가하여 뚜렷한 무공을 세운 자에게 수여"한다고 규정됐다. 또 제22조 무공포장도 같은 이유로 수여된다고 했다. 그러나 '충정 유공' '대통령 경호 유공' 등은 상훈법의 규정에 맞지 않아 담당부서인 육군본부 인사처장 소장 박경석(朴慶錫)이 반대했음에도 불구하고[27] 신군부 인사들은 무공훈장을 수여받았다.[28][29] '12·12'와 '5·18'에 관련된 인물들 중 훈장을 받았던 인물들 중 '5·18' 관련 훈장 수여자 69명은 훈장이 치탈됐다.[30] '5·18' 관련자들은 특별법에 의해 훈·포장이 취소되었으나, '12·12' 관련자들은 실형이 선고된 자만 훈·포장이 취소됐다. <'12·12'와 '5·18' 관련 훈장 수여 명단>(자료 1)은 제3절 말미에 수록하였다.

---

26) 전두환 보안사령관은 1977.2.1. 소장으로 진급했다. 이어 1980.3.1. 중장으로 진급했고, 5개월만인 8.5. 대장으로 진급한 뒤 8.21. 전역했다. 전두환의 중장 진급 심사는 육군참모차장 중장 황영시와 육사 교장 중장 차규헌 등이 담당했다. 최근 공개된 당시 보안사에서 촬영했던 <보안뉴스>에 따르면, 8. 5. 전두환 보안사령관은 청와대에서 최규하 대통령으로부터 대장 계급장을 수여받은 뒤 보안사령부에서 열린 대장 진급 축하 만찬 자리에서 인사법이나 절차상 문제가 있지만 주변의 도움으로 진급했다고 말했다(『12·12,5·17,5·18사건 조사결과보고서』, 국방부과거사진상규명위원회(2007.7.24), 104면).

27) 광주의 소용돌이가 끝난 직후 참모총장 이희성과 참모차장 황영시로부터 "광주에서의 폭동진압작전 유공장병에게 무공훈장을 수여하도록 조치하라"는 지시를 받았다. 필자(박경석)는 그 자리에서 "무공훈장은 적과 교전하여 전공을 세운 장병에게 수여하는 것이므로 무리"라고 건의하자 총장은 "폭도는 적이 아닌가?"라며 단칼로 필자의 건의를 묵살하였다(박경석, "국가와 훈장", 「군사논단」vol.9, 1997, 21면).

28) 무공훈장은 '태극무공훈장, 을지무공훈장, 충무무공훈장, 화랑무공훈장, 인헌무공훈장'으로 구분하여, 태극무공훈장의 경우 "전투에 참가하여 필사의 각오로 비범한 능력을 발휘하여 부대의 승패를 좌우하고 그 공적을 내외적으로 선양할 만한 유공자"가 그 요건이며, 을지무공훈장도 "전투에 참가하여 생명의 위험과 난관을 극복하고 탁월한 능력을 발휘하여 작전을 유리하게 전개 그 공적을 국가적으로 선양할 만한 유공자"가 훈장 수여 요건이다. 즉, 무공훈장은 "전투에 참가"하여 공을 세운 경우에 수여되므로 충정작전이나 경호업무, 계엄업무 등은 무공훈장을 받을 수 없다(『12·12,5·17,5·18사건 조사결과보고서』국방부과거사진상규명위원회(2007.7.24), 104면 각주335).

29) 『12·12, 5·17, 5·18사건 조사결과보고서』국방부과거사진상규명위원회(2007.7.24), 104면.

30) 1980년 6월 20일에 충정작전 서훈으로 사망 및 부상자 포함하여 69명이 훈·포장을 받았다. 그 중 5·18 내란죄로 유죄를 선고받은 정호용, 최세창은 1998년 12월 29일 국무회의에서 서훈이 치탈되었다. 나머지 67명의 서훈은 2006년 3월 21일 국무회의에서 치탈되었다(사망 22명, 부상 27명 포함).

(2) 5 · 18광주민주항쟁 진압과 훈장 잔치

5·18광주민주항쟁 진압작전명인 '충정작전'에 참여하여 무공을 세웠다는 이유로 5·18후 한 달만인 1980년 6월 20일 충무(3등급), 화랑(4등급), 인헌무공훈장(5등급)과 무공포장, 보국훈장삼일장 및 광복장, 보국포장, 대통령표창, 국무총리표창을 받은 장병은 모두 77명이다. 이 가운데는 정규 군인이 아닌 전투병과교육사령부 소속 군속과 광주경찰서 경장도 포함돼 있으며 이들 개인외에 육군특전사령부와 보병20사단이 단체로 대통령표창을 받기도 했다. 77명 중에 각각 정호용(鄭鎬溶) 당시 특전사령관(소장. 이하 1980년 당시 직책과 계급)과 박준병(朴俊炳) 20사단장(소장)및 합참의장을 지낸 최세창(崔世昌)제3특전여단장(준장)은 태극무공훈장, 을지무공훈장에 이어 3등급인 충무무공훈장을 받아 가장 높은 훈장을 달았다. 이들 외에 장성급으로 합참본부장을 지낸 최웅(崔雄) 제11특전여단장(준장)과 신우식 제7특전여단장(준장)은 대통령표창을 받았다. 대대장과 연대장급인 중령이상자로는 임수원(林守元)중령(제3특전여단 제11대대장)이 화랑무공훈장을 받은 것을 비롯, 모두 7명이 훈·포장을 가슴에 달았다. 이 가운데 특히 임수원 중령을 비롯, 1995년 소장으로 육군보병학교장인 이종규(李鐘圭)제20사단 62연대 3대대장(무공포장), 준장으로 국방대학원 연수중인 권승만(權承萬)제7특전여단 33대대장(국무총리표창)등 3명의 중령은 준장 이상 장성급으로 현역으로 복무했다. 이밖에 당시 소령 3명과 대위 9명, 중위 3명이 훈·포장을 받아 77명중 장교는 모두 27명에 이른다.31)

---

31) 「연합뉴스」1995년 11월 24일, <5·18훈·포장자 그날과 오늘> 참조.

〈5·18광주민주항쟁 진압 포상자 명단〉

훈장 종류	이름 및 계급	비고
충무무공훈장(3명)	鄭鎬溶 소장, 朴俊炳 소장, 崔世昌 준장	
화랑무공훈장(13명)	林守元 중령(준장), 고성준 대위(중령), 최영준 대위(〃), 차정환 소령(전사), 변상진 소령(〃), 최연안 중위(〃), 조창구 중령(전역), 박병수 대위(〃), 김태용 대위(〃), 김석찬 대위(〃), 임명진 중위(〃), 이종규 상병(전사), 변광열 상병(〃)	
인헌무공훈장(20명)	편종식 대위(중령), 석회업 대위(〃), 정대덕 대위(〃), 전광수 중위(전역), 김용구 상사(〃), 안희선 상사(〃), 이동국 중사(〃), 조진수 중사(〃), 김성범 병장(〃), 한윤수 상병(〃), 이명규 병장(〃), 윤태정 일병(〃), 임춘수 일병(〃), 강대능 상병(〃), 정관철 상사(전사), 박억순 상사(〃), 이영권 중사(〃), 김용석 중사(〃), 이병택 중사(〃), 최갑규 중사(〃)	
무공포장(17명)	李鍾圭 중령(소장), 김갑규 하사(전역), 장원복 하사(〃), 배현수 하사(〃), 배동환 상병(〃), 이종열 일병(〃), 경기만 일병(〃), 김경용 병장(전사), 이상수 병장(〃), 권석원 병장(〃), 이관형 상병(〃), 권용운 상병(〃), 김인태 상병(〃), 김지호 상병(〃), 강용래 병장(〃), 김명철 상병(〃), 최필양 일병(〃)	
삼일장(1명)	김연균 대령(전역)	
광복장(4명)	이기양 대위(중령), 김용주 병장(전역), 박용근 상병(〃), 배승일 군무원(군무원)	
보국포장(11명)	이영배 중사(이등상사), 김기종 하사(〃), 손광식 일병(전사), 호근철 중사(전역), 이연수 중사(〃), 조용희 하사(〃), 강춘구 하사(〃), 안경상 일병(〃), 서영민 일병(〃), 신재덕 일병(〃), 김관식 일병(〃)	
대통령표창(3명, 2개부대)	崔雄 준장, 申佑湜 준장, 장운태 중령(전역), 특전사령부 보병 제20사단	
국무총리표창(5명)	權承萬 중령(준장), 안부웅 중령(대령), 오의근 대위(중령), 김정수 일병(전역), 추삼득 경장	추삼득(경찰)

* 출처 : 「연합뉴스」1993년 6월 4일 참조.

1. 1988년 여소야대 정국과 1993년 문민정부 출범

전두환은 무소불위의 제왕적 권력을 행사하다 1988년 2월 24일 퇴임했다. 1988년 4월 총선에서 여소야대(與小野大) 정국이 형성되고, 평민당, 민주당, 공화당 야3당이 국회에서 '5·18 광주 민주화 운동 진상 조사 특별 위원회 구성 결의안'과 함께 '제5공화국에 있어서의 정치 권력형 비리 조사 특별 위원회 구성 결의안'을 통과시켰다. 국회에서 '5공화국 비리'에 대한 진상 조사특위가 구성되자 1988년 11월 23일 강원도 인제군 백담사(百潭寺)로 현대판 유배(流配)를 떠나기 전 연희동 자택에서 '국민에게 속죄하는 뜻에서'라는 대국민 사과성명을 발표하였다. 동 성명서에서 연희동 자택과 남은 자금 139억[32]을 포함한 모든 재산을 사회에 헌납(獻納)하겠다고 밝혔다.

> "제가족의 재산은 연희동집 안채(대지3백85평, 건평 1백16.9평)와 두 아들이 결혼해서 살고 있는 바깥채(대지 94평, 건평 78평), 서초동의 땅 2백평, 그밖에 용평에 콘도(34평)하나와 골프회원권 2건 등이며 금융자산은 재산등록제도가 처음 실시된 83년 총무처에 등록한 19억여원과 그 증식이자를 포함해서 모두 23억여원을 갖고 있습니다. 대통령직에 있으면서 축재했다고 단죄를 받는 이 사람이 더 이상 재산에 무슨 미련이 있겠습니까. <u>이 재산은 정부가 국민의 뜻에 따라 처리해 주시기 바랍니다.</u>(필자 강조)".[33][34]

백담사 은둔 중 전두환은 국회의 줄기찬 요구에 의해 1989년 12월 31일 국회 '5공 청산 특별위원회' 연석회의 청문회에 출석해 125개 항목에 걸친 서면질문에 관해 "잘못이 없다"는 증언을 했고 "죄가 없다"며 항변했다.[35] 전두환은 2년 뒤 재산 환원 약속을 지키지 않은 채 서울

---

32) 139억원은 6공세력과 5공세력이 사전에 조절한 액수로서 완벽하게 국민을 우롱한 행위였다.

33) 「동아일보」1988년 11월 23일, 4면 참조.

34) 이후 전두환은 연희동 집과 139억원을 국가에 헌납했는가? 정부는 전두환씨의 대국민성명 이후 국가헌납에 대한 어떤 조치를 취했는가? 광주 민간인 학살·삼청교육대 인권유린 등의 수범인 전두환은 백담사에서 돌아온 이후 줄 곳(서울구치소 및 안양교도소에서 수감된 기간을 제외하고) 지금도 국가에 헌납하겠노라고 했던 대저택에서 살고 있다(한상범·이철호, 『전두환 체제의 나팔수들』, 패스앤패스, 2004, 146면).

35) 전두환은 "그 어떤 군 지휘계통상의 간섭을 할 수 있는 위치에 있지 않은 본인은 군의 배치 이동 등 작전 문제에 대해 관여한 사실이 없다"고 강변했지만, 1980년 당시 전두환이 어떤 직책과 어떤 위치에 있었는

연희동 집으로 복귀했고, 이후 한동안 비교적 편안한 나날을 보냈다.

그러나 1994년 전두환·노태우 두 전직 대통령을 단죄해야 한다는 여론이 다시 불붙기 시작했다. 1993년 김영삼 대통령의 「문민정부(文民政府)」가 출범하고, 5·18 광주민주화운동 당시 전두환의 내란 혐의에 대한 공소시효가 1년 앞으로 다가오자 5·18 관련 단체들은 전두환·노태우 등을 내란죄로 검찰에 고발했다. 12·12군사반란에 대한 고소·고발도 이어졌다.

2. 검찰의 불기소 처분과 박계동 의원의 비자금 폭로

1994년 10월 검찰은 12·12사태를 '군사반란(軍事反亂)'이라고 결론 내렸음에도 불구하고, "국론분열의 우려가 있다"는 이유로 전두환·노태우 등에게 불기소 처분을 내렸다. 또한 검찰은 1995년 7월 18일에 5·18 광주민주화운동 당시 전두환 전 대통령 등의 행위에 대해서도 "성공한 쿠데타는 처벌할 수 없다"는 논리[36]로 내란죄(內亂罪)에 해당되는지 여부를 따지지 않고 '공소권 없음'이라는 불기소 처분 결정[37]을 내렸다.

가 생각해 보라. 그는 정말로 공수부대의 민간인 무차별 살상을 몰랐을까?(이철호, "憲法上 赦免權과 전·노赦免 논의에 대한 管見", 「亞·太公法研究」4('97.12), 119면 각주8) 참조). 1심 재판부는 판결문에서 "보안사령관으로서 계엄사령부 정식 지휘계통을 배후조종해 광주유혈진압을 지시했고 계엄군과 시위대가 격앙돼 있는 상황에서 자위권발동을 배후지시함으로써 실질적으로 발포명령을 내렸다고 볼 수 있다"며 내란목적살인 등 10개 죄목을 유죄로 인정했다.

36) 당시 주임 검사였던 장윤석 부장의 회견담 일부를 보자. "고려에서 조선으로 넘어가는 과정에서 이성계는 위화도 회군을 하였으며 고려의 충신 정몽주를 선죽교에서 죽였다. 하지만 조선 사회에 속한 이상 누가 이를 사법심사의 대상으로 삼을 수 있는가(「동아일보」1995년 7월 19일, 4면)". 이에 대해 헌법학자 한상범(韓相範)은 "군부 집권 세력은 애써서 기존 헌법 질서의 근거를 통해서 정권의 정통성을 확보하려고 헌법개정이란 정치적 연극을 꾸며 국민을 강압해서 그 연출을 진행했다. 바로 그러한 일련의 군사 지배가 내란이고 그것이 민주 헌법에 반한다. 쿠데타가 횡행하는 라틴 아메리카에서도 군사 정변이 불법이란 것은 상식이 되고 있다. 아르헨티나의 검찰이 군부 독재의 수립을 시도한 내란 행위를 새로운 법질서 창출 행위라고 해서 통치행위로 면죄부를 주는 친절을 베푼 적이 없다."라며 검찰의 성공한 쿠데타론의 허구성과 비논리성을 분석했다(한상범, "성공한 쿠데타론의 허구성-內亂을 政權과 새로운 法秩序 창출 행위로 용인하는 無法 是認의 脫說", 한상범 외, 『12·12, 5·18재판과 저항권』, 법률행정연구원, 1997, 64-80면 참조). 또한 형법학자 한인섭은 정치행위에 대한 사법자제론 비판과 '공소권 없음' 주장의 터무니없음 등의 내용으로 검찰의 '성공한 쿠데타론'의 반법치성(反)法治性)을 비판하고 있다(한인섭, "정치 군부의 내란 행위와 '성공한 쿠데타론'의 반법치성-형사법적 검토를 중심으로", 박은정·한인섭, 『5·18, 법적 책임과 역사적 책임』, 이화여자대학교 출판부, 1995, 102-132면).

37) 1995년 검찰의 <5·18 광주민주화운동사건> 불기소 처분에 대한 헌법 및 법철학적 검토를 하고 있는 문헌으로는 허영, "5·18 불기소 처분의 헌법 이론적 문제점", 5·18기념재단 엮음, 『5·18민중항쟁과 법학』,

12·12에 이어 5·18과 관련된 혐의까지 검찰이 전두환 등을 '불기소 처분'하자 대학교수 등 지식인과 일반시민들이 반발하고 연일 성명서를 발표했다. 5·18 관련단체들은 검찰의 불기소 처분에 반발해 항고했으나 모두 기각됐다. 대학가에서는 대학생들이 동맹휴업을 벌이면서 격렬히 저항했고, 대학교수 등 지식인들이 5·18 관련자를 처벌할 수 있게 특별법을 제정하라고 서명운동을 벌였다.

그러다가 1995년 10월 19일 국회에서 민주당 박계동(朴啓東) 국회의원이 전직 대통령 노태우가 비자금 4천억 원을 감추어두었다는 폭로로 전두환·노태우 전 대통령이 수천억대의 비자금을 조성했다는 사실이 알려지기 시작했다. 여론은 더욱 들끓었고, 검찰은 즉각 노태우의 비자금 의혹에 대한 수사를 시작해 1995년 11월 16일 전직 대통령 노태우를 구속하였다.

3. 김영삼 대통령의 '역사 바로 세우기' 천명

노태우가 구속되자 이를 계기로 12·12와 5·18의 진상을 밝히고, 전두환과 노태우를 단죄해야 한다는 여론이 들끓었다. 1995년 11월 김영삼 대통령은 전두환 등을 단죄하기 위해 "역사 바로 세우기"를 천명하고,[38] 「5·18특별법」을 제정하라고 국회에 주문했다. 검찰도 서울지검에 특별수사본부를 설치하고 12·12와 5·18에 대한 재수사에 들어갔다.[39] 검찰은 재수사를 시작한 직후 전 전 대통령을 불러 조사하려고 했지만 그는 응하지 않았다. 검찰의 소환장을 받은 전두환은 소환에 응하는 대신 1995년 12월 2일 연희동 자택 앞에서 검찰의 소환에 불응한다는 '골목성명'[40]을 발표하였다. 측근들을 대동하고서 고개를 꼿꼿이 세운 채 성명서를 읽어

257-274면; 심헌섭, "5·18 불기소처분의 논거에 대한 법철학적 재검토-분석과 비판", 5·18기념재단 엮음, 앞의 책, 275-300면; 오병선, "5·18 불기소 조치의 법리에 대한 법철학적 검토", 박은정·한인섭, 앞의 책, 66-82면 참조.

38) 1995년 11월 당시 김영삼 대통령은 "5·17쿠데타는 국가와 국민의 명예를 국내외에 실추시킴은 물론 민족의 자존심을 한없이 손상시켜 우리 모두를 슬프게 했으며 국가 최후의 보루로서 조국과 민족을 지키기 위해 헌신하고 있는 선량한 군인들의 명예를 더럽혔다. 따라서 쿠데타를 일으켜 국민들에게 수많은 고통과 슬픔을 안겨준 당사자들을 처리하기 위해 나는 반드시 5·18특별법의 제정이 필요하다고 생각한다. 5·18특별법의 제정을 계기로 이 땅에 정의와 진실, 그리고 법이 살아있다는 것을 국민들에게 보여주는 기회가 되도록 하겠다."며 역사 바로 세우기를 천명했다(「경향신문」 1995년 11월 25일, 1면 참조).

39) 검찰의 5·18수사와 기소의 문제점에 대해서는 조용환, "5·18특별법과 전·노재판의 문제점", 5·18기념재단 엮음, 앞의 책, 479-484면 참조.

40) "국민여러분. 저는 …중략… 지난 11월 24일 金대통령은 이 땅에 정의와 진실과 법이 살아있는 것을 국민에게 보여주기 위해 5·18특별법을 만들어 저를 포함한 관련자들을 내란의 주모자로 의법처리하겠다

내려가던 그의 모습은 전국에 생중계되었고, 그의 골목성명은 전두환의 시대착오적인 역사관과 국민과 역사를 두려워하지 않는다는 것을 보여주었다.

전두환은 성명 발표 후 검찰 소환에 불응하고, 고향인 경남 합천으로 내려갔다. 검찰은 곧바로 전두환에게 군형법상 반란수괴 등 6개 죄목을 적용 법원으로부터 사전구속영장을 발부받은 뒤 경남 합천으로 영장집행팀을 급파했다. 호기롭게 '골목길 성명'을 발표한 지 하루만에 전두환은 합천에서 압송돼 안양교도소에 구속 수감되었다. 전두환은 안양교도소에 수감돼 내란 혐의와 수 천억원대의 비자금 은닉에 관련한 수사를 받았다.

4. 「5·18민주화운동 등에 관한 특별법」제정과 전두환 등 신군부세력의 반발

구속된 전두환은 '단식 투쟁'에 돌입한다. 18일 동안 단식을 하던 그는 기소되는 날 쓰러져 병원으로 옮겨졌으나 투약과 식사를 모두 거절하며 9일 동안 단식을 더 이어갔다.[41][42]

고 했습니다. 우리 모두가 잘 기억하고 있는대로 현재의 김영삼 정권은 제5공화국의 집권당이던 민정당과 제3공화국의 공화당을 중심으로 한 신민주공화당, 그리고 야권의 민주당, 3당이 지난 과거사를 모두 포용하는 취지에서 「구국의 일념」이라고까지 표현하며 연합하여 이루어진 것입니다. ……중략……현정부의 통치이념과 관련된 문제입니다. 초대 이승만대통령부터 현정부까지 대한민국의 정통성을 부인하고 타도와 청산의 대상으로 규정한 것은 좌파운동권의 일관된 주장이자 방향입니다. 그런데 현정부는 과거 청산을 무리하게 앞세워 이승만정권을 친일정부로, 3공화국·5공화국·6공화국은 내란에 의한 범죄집단으로 규정하여 과거 모든 정권의 정통성을 부정하고 있습니다. ……중략…… 저는 이미 지난 13대 국회의 청문회와 장기간의 검찰수사과정을 통해 12·12, 5·17, 5·18등의 사건과 관련하여 제가 할 수 있는 최대한의 답변을 한바 있고 검찰도 이에 의거하여 적법절차에 따라 수사를 종결한 바 있습니다. ……중략…… 대한민국의 법질서를 존중하기 위해 사법부가 내릴 조치에는 그것이 어떤 것일지라도 저는 수용하고 따를 것입니다. 끝으로 12·12를 포함한 모든 사건에 대한 책임은 제5공화국을 책임졌던 저에게 모두 물어주시고 이 일을 계기로 여타의 사람들에 대한 정치보복적 행위가 없기를 희망합니다."(전두환의 골목성명 全文은 「중앙일보」 1995년 12월 3일, 3면 참조).

41) 전두환의 단식은 시민들로부터 "자기가 양심수나 독립투사인 줄 안다"는 냉소가 쏟아졌던 것으로 전해진다. 또한 당시 전두환이 입원했던 병원에는 "전두환에게 왜 약과 먹을 것을 주느냐"는 시민들의 항의가 빗발쳤다고 한다.

42) 제11대와 제12대 대통령을 지낸 전두환이 12·12군사반란과 5·18 광주시민 학살 주범으로 1995년 12월 3일 안양교도소에 수감되자마자 항의하는 뜻으로 단식을 시작한 것이다. 전두환의 단식은 전혀 지지를 받지 못했다. 전두환이 창당한 민정당 후신 신한국당도 "학살로 정권을 찬탈한 자가 정당한 법집행을 정치보복으로 주장하는 것은 국민 모욕"이라며 자신들은 무관한 양 비난을 퍼부었다. 단식이 며칠 계속되자 정부는 전두환에게 강제로 급식할 의사를 내비쳤다. "법무부의 한 고위관계자는 12월 7일 '전두환씨의 단식이 계속된다면 재소자를 건강하게 보호해야 할 의무를 규정하고 있는 행형법에 따라 강제 급식이

국회는 우여곡절 끝에 1995년 12월 19일 전두환·노태우 전 대통령의 재임기간 동안 12·12 와 5·18의 내란죄 공소시효(公訴時效)를 정지시켜 처벌할 수 있도록 하는 것을 내용으로 하는 <5·18민주화운동 등에 관한 특별법>과 <헌정질서 파괴범죄의 공소시효 등에 관한 특례법>[43] 을 제정하였다.[44]

전두환·노태우를 비롯한 신군부 세력들은 처벌을 피하기 위해 온갖 방법을 동원하며 반발 했다. 헌법재판소에 검찰의 수사가 위헌이라며 헌법소원(憲法訴願)까지 냈다. 헌법재판소는

불가피할 것으로 보인다'고 말했다. 법무부에 따르면, 전씨에게 강제 급식을 할 땐 교도관 10여명이 전씨 의 팔다리와 머리를 붙잡아 움직이지 못하도록 하고 코를 막아 숨을 쉬지 못하도록 한 뒤 고무호스를 입 에 넣어 미리 준비한 죽을 넣는 통상적인 방식을 적용할 계획이다. 이 관계자는 강제 급식을 할 땐 재소자 의 나이와 건강상태 등을 미리 점검해 탈진상태에 이르렀는지를 먼저 알아보며, 보통 단식 시작 10여일 뒤 강제 급식을 하나 전씨는 고령인 점을 고려하면 더 일러질 수도 있다고 말했다. 그러나 그는 '강제 급 식은 과거 시국사범들에게서 고문의 일종이라는 등으로 거세게 비난받았던 점을 고려해 전씨의 건강이 극도로 나빠지는 경우에만 할 것을 신중히 검토하고 있다'고 말했다(「한겨레」 1995년 12월 8일자)", 「경 향신문」 2014년 2월 8일, 17면, [황상익의 의학 파노라마](6) '인간 자율성' 침해한 강제 급식 재인용).

43) 제177회 정기국회의 최대 쟁점이던 5·18특별법이 표결 끝에 처리됐다. 신한국당 국민회의 민주당 등 여 야(與野)3당의 발의로 상정된 '5·18 민주화운동등에 관한 특별법'은 재석 2백47석 가운데 찬성 2백25, 반대 20, 기권 2표로 무난하게 가 결됐다. 이날 본회의에서 신한국당은 재석 1백66명중 1백51명이 출석, 총 15명이 불참했다고 權海玉수석부총무는 전언. 불참자는 鄭鎬溶 許三守 許和平 琴震鎬 金相球 安武赫 李春九 權翊鉉 姜在涉의원등 5·18특별법에 직·간접적으로 관련된 의원과 黃明秀 金基道 金正男 鄭在文 金瑢泰 李敏燮 李在明의원등으로 나타났다. 그러나 黃明秀의원등은 선약이나 와병 또는 상을 당하는 등 불가피한 사정이 있었다는 것이 신한국당 관계자의 설명이다. 또한 국민회의의 경우 지역구 출신의원 53명중 鄭大哲 金令培 金泳鎭 文喜相 金德圭 林采正 崔洛道 鄭均桓 韓和甲 李敬載 李熙天의원등 11명이 불참했다. 민주당은 국민회의 참여 전국구 11명을 포함한 39명중 33명이 참석, 전원 찬표를 던졌으며 불 참자는 鞠鍾男 趙尹衡(국민회의 참여) 姜昌成 李東根 朴錫武 鄭璣浩의원등이다. 결국 찬성표는 신한국당 1백50, 국민회의 42, 민주당 33명등 모두 2백25명인 것으로 나타났다. 반대 20표는 신한국당 의원중 5共 당시 청와대 대변인을 지냈던 崔在旭의원과 자민련 출석의원 19명 전원으로 집계됐다. 다만 기권 2표는 아직까지 분명히 확인되지 않고 있다. 이날 표결에서 특히 주목을 끈 것은 지난번 신한국당의 5·18특별 법 제출당시 법안서명에 끝까지 반대한 것으로 알려진 의원들 대부분이 본회의장에 아예 출석하지 않았 다는 점이다. 이들의 불참은 자신에게 스스로 족쇄를 채우는 5·18특별법의 처리에 직접 참여하기가 마음 에 걸려 끝내 당론에 위배되는 결정을 내린 게 아니냐는 분석들. 그러나 당초 5·18특별법에 반대키로 의 견을 모았던 대구(大邱)경북(慶北)출신 의원들 중 朴憲基 柳悖佑 李相得 尹榮卓 朴世直 金漢圭 李康斗 金 吉弘 李永昶 黃潤鎭 張永喆 金東權 金燦于 潘亨植의원등은 결국 찬성(<5·18특별법 처리 표분석>, 「연합 뉴스」 1995.12.19 참조).

44) "5·18민주화 운동 등에 관한 특별법" 제정에서 헌법재판소 합헌 결정까지의 경위는 한상범·이철호外, 『12·12, 5·18재판과 저항권』, 법률행정연구원(1997), 105면 이하; 최재천, 『끝나지 않은 5·18』, 향연 (2004), 35면 이하 참조.

헌법소원의 대상이 되지 않는다며 각하처분(却下處分)했다.

12·12사건과 관련해 「5·18민주화운동 등에 관한 특별법」이 적용되어 반란모의참여죄, 반란중요임무종사죄로 기소된 장세동·최세창은 위헌법률 심판을 신청했고[45][46], 황영시 외 5인

---

45) (1) 서울지방검찰청 검사는 1994.10.29. 이른바 12·12군사반란사건(이하 "12·12사건"이라 한다)과 관련된 피의자 38명에 대하여 기소유예의 불기소처분을 하고, 1995.7.18. 이른바 5·18 내란사건(이하 "5·18 사건"이라 한다)과 관련된 피의자 35명에 대하여 공소권 없음의 불기소처분을 하였다. (2) 그런데 5·18 민주화운동 등에 관한 특별법(이하 "특별법"이라한다)이 1995.12.21.자로 제정·공포되자, 서울지방검찰청 검사는 1995.12.29. 위 두 사건과 관련된 피의자들 전원에 대하여 사건을 재기한 다음, 1996.1.17. 96헌가2 사건의 제청신청인들에 대하여는 12·12사건과 관련된 반란중요임무종사 등 혐의로, 96헌바7 사건의 청구인들에 대하여는 같은 반란 및 5·18사건과 관련된 내란중요임무종사 등 혐의로 서울지방법원에 각각 구속영장을 청구하는 한편, 1996.1.30. 96헌바13 사건의 청구인들에 대하여 같은 반란 및 내란중요임무종사 등의 혐의로 서울지방법원에 구속영장을 청구하였다. (3) (제청신청인 장 세 동 외 1인 : 96헌가2 사건의 제청신청인들 및 96헌바7,13 사건의 청구인들은 위 각 영장청구일에 각 그 영장청구사건에 관한 재판의 전제가 되는 특별법 제2조(이하 "이 법률조항"이라 한다)는 공소시효가 이미 완성된 그들의 범죄혐의사실에 대하여 소급하여 그 공소시효 진행의 정지사유를 정한 것으로서 형벌불소급의 원칙을 천명하고 있는 헌법 제13조 제1항에 위반되는 규정이라고 주장하면서 서울지방법원에 이 법률조항에 대한 위헌심판의 제청신청을 하였다(제청신청인 및 96헌바7 사건 청구인들의 제청신청사건번호: 96초178, 96헌바13 사건 청구인들의 제정신청 사건번호: 96초362). (4) 그런데 위 법원은 1996.1.18. 96헌가2 사건 제청신청인들의 위헌제청신청은 이를 받아들여 헌법재판소에 위 법률조항의 위헌여부에 대한 심판을 제청하였으나(96헌가2), 96헌바7 사건의 청구인들의 신청과 96헌바13 사건의 청구인들의 신청은 그들의 5·18사건과 관련한 내란중요임무종사 등의 피의사실이 이 법률조항과 관계없이 아직 공소시효가 완성되지 아니하여 그 혐의사실만으로 구속영장을 발부하는 이상 이 법률조항의 위헌 여부는 재판의 전제가 되지 않는다는 이유로 1996.1.18.과 1996.1.31.에 이를 각 기각하였다. 이에 96헌바7 사건의 청구인들은 1996.1.26.에, 96헌바13 사건의 청구인들은 1996.2.10.에 헌법재판소법 제68조 제2항에 따라 각각 이 사건 헌법소원심판을 청구하였다(헌재 1996.2.16, 96헌가2 참조).

46) 제청법원의 위헌제청이유 요지(96헌가2): (1) 헌법 제12조 제1항은 "모든 국민은 신체의 자유를 가진다. 누구든지 법률에 의하지 아니하고는 체포·구속·압수·수색 또는 심문을 받지 아니하며, 법률과 적법한 절차에 의하지 아니하고는 처벌·보안처분 또는 강제노역을 받지 아니한다."고 규정하고, 헌법 제13조 제1항은 "모든 국민은 행위시의 법률에 의하여 범죄를 구성하지 아니하는 행위로 소추되지 아니하며, 동일한 범죄에 대하여 거듭 처벌받지 아니 한다"고 규정하여 있는바, 이러한 적법절차원리와 법률불소급의 원칙에 비추어 이미 공소시효가 완성된 사람에 대하여 소급해서 그 시효를 정지 내지 배제하는 내용의 법률은 위헌이라 판단된다. (2) 제청신청인들에 대한 반란중요임무종사의 피의사실은 군형법 제5조 제2호에 의하여 사형, 무기 또는 7년 이상의 징역이나 금고에 처할 범죄로서 형사소송법 제250조, 형법 제50조, 형사소송법 제249조 제1항 제1호에 의하여 그 공소시효가 15년인바, 영장이 청구된 1996.1.17.은 범죄행위가 종료한 때로부터 15년이 이미 경과된 날임이 기록상 명백하다. (3) 내란 등이 일단 성공하여 그 주도세력이 정치권력을 장악한 경우에는 그 공소시효가 정당한 국가기관이 그 기능을 회복한 이후부터 비로소 진행된다는 규정은 특별법 제정 이전에는 형사소송법 기타 어떤 법률에도 없었

은 「5·18민주화운동 등에 관한 특별법」 제2조[47]가 위헌이라면서 헌법소원[48]을 냈다.[49]

다. 그렇다면 과연 일반적인 공소시효 규정의 해석을 통하여 군사반란죄의 경우 그 주도세력 등이 집권한 때에는 공소시효가 정지된다고 볼 수 있는지 문제가 될 것인바, 형법상 내란죄는 헌법 또는 법률에 정한 절차에 의하지 아니하고 헌법 또는 법률의 기능을 소멸시키거나 헌법에 의하여 설치된 국가기관을 강압에 의하여 전복 또는 그 권능행사를 불가능하게 할 목적으로 폭동한 경우에 성립되는 범죄로서 제청신청인들의 피의사실에 적용될 군형법상의 반란죄와는 여러 가지 면에서 성격을 달리한다. 즉 내란죄의 보호법익이 국가의 존립과 안전이라고 할 때, 군사반란죄의 보호법익은 군대의 조직과 기율유지, 전투력 유지 등이라고 보여 지고, 그 외에도 위 두 가지 죄는 그 목적과 요건들을 달리한다. 따라서 자유민주적 기본질서를 정면으로 유린하는 내란죄에 있어서는 "국가권력의 장악에 성공한 내란행위자에 대하여는 국민으로부터 정당하게 국가권력을 위탁받은 국가기관이 그 기능을 회복하기까지 사실상 처벌되지 않는 상태가 지속되는 경우에 그 공소시효는 그 기간 동안 정지되는 것으로 보는 견해"가 자유민주적 기본질서의 회복이라는 또 다른 헌법상의 요청에 의하여 가능하다고 보더라도 그 성격을 달리하는 군사반란죄에 대하여서까지 기존의 적법절차원리나 법률불소급원칙과의 부조화를 감수하면서 그 공소시효가 정지된다고 해석하기는 어렵다고 판단된다. 그러므로 이 법률조항은 헌법에 위배될 소지가 있다(헌재 1996.2.16, 96헌가2 참조).

47) 5·18민주화운동등에관한특별법(법률 제5029호, 1995.12.21, 제정) 제2조 (공소시효의 정지) ①1979년 12월 12일과 1980년 5월 18일을 전후하여 발생한 헌정질서파괴범죄의공소시효등에관한특례법 제2조의 헌정질서파괴범죄행위에 대하여 국가의 소추권행사에 장애사유가 존재한 기간은 공소시효의 진행이 정지된 것으로 본다. ②제1항에서 "국가의 소추권행사에 장애사유가 존재한 기간"이라 함은 당해 범죄행위의 종료일부터 1993년 2월 24일까지의 기간을 말한다.

48) 청구인들의 주장요지 : 유학성 외 5인 청구인(96헌바7·13 사건) (1) 헌법 제12조 제1항은 "모든 국민은 신체의 자유를 가진다. 누구든지 법률에 의하지 아니하고는 체포, 구속, 압수, 수색 또는 심문을 받지 아니하며 법률과 적법한 절차에 의하지 아니하고는 처벌, 보안처분 또는 강제노역을 받지 아니한다."라고 규정하고 있고, 헌법 제13조 제1항은 "모든 국민은 행위시의 법률에 의하여 범죄를 구성하지 아니한 행위로 소추되지 아니하며, 동일한 범죄에 대하여 거듭 처벌받지 아니한다."라고 규정하여 법률불소급의 원칙과 일사부재리의 원칙을 천명하고 있으며, 형법 제1조 제1항은 "범죄의 성립과 처벌은 행위시의 법률에 의한다"고 규정하여 법률불소급의 원칙을 다시 명확히 하고 있다. 이러한 법률불소급의 원칙은 비단 형벌법규뿐만 아니라 위 형법규정에서 명백히 한 바와 같이 범죄의 성립 등에 관한 일체의 법률을 함께 포함하는 것이며, 따라서 이러한 적법절차의 원리와 법률불소급의 원칙상 공시시효 기산점의 임의선정, 그 연장 및 그 정지사유의 설정 등을 규정한 이 법률조항은 위헌임이 명백하다. (2) 공소시효제도는 범죄 후 일정기간이 경과하면 공소권을 소멸시키는 제도이다. 그 제도의 목적과 취지는 범죄 후 상당한 기간이 경과하면 이에 대한 응보감정이나 범인의 악성이 소멸하여 가벌성 나아가 형벌권도 소멸하며, 한편 시간의 경과에 따라 증거가 산일하여 오판의 우려가 커진다는 점을 감안하여 그 이후의 소추권행사를 금지하는 데 있고, 이들 사유는 그 모두가 행위자의 이익을 고려하는 것임이 명백하다. 따라서 이와 같은 공소시효제도와 형사법규의 해석의 기본원칙에 비추어 공소시효의 기산과 그 정지는 법률에 정하여진 바에 엄격히 따라야 할 것이다. 현행법상 공소시효는 공소의 제기로 정지되고(형사소송법 제253조) 정지된 시효는 공소기각 또는 관할위반의 재판이 확정된 때로부터 다시 진행하며(형사소송법 제252조), 그 밖의 공소시효 정지사유로는 불기소처분에 대한 재정신청(형사소송법 제262조의 2)이 있을 뿐이다.

전두환과 함께 처벌받을 처지가 된 장세동 전 안기부장 등도 「5·18민주화운동 등에 관한 특별법」이 위헌이라며 헌법소원을 냈지만, 헌법재판소는 합헌[50]이라는 결정을 내렸다.

검찰 수사는 크게 ① 비자금 조성 의혹, ② 12·12관련 혐의, ③ 5·18관련 혐의로 나누어 진행됐다. 검찰은 1995년 12월 22일 "12·12사건 당시 전두환과 노태우 등이 사전 공모나 대통령 재

그러므로 국가권력의 장악에 성공한 내란행위자에 대하여는 국민으로부터 정당하게 국가권력을 위탁받은 국가기관이 그 기능을 회복하기까지 사실상 처벌되지 않는 상태가 지속되는 기간동안 공소시효의 진행이 정지되는 것으로 보는 견해는 공소시효제도의 본질과 의미를 정확히 파악하지 못한 것으로 아무런 근거가 없는 것이다. (3) 공소시효의 완성으로 그 소추나 처벌이 불가능하게 된 사안에 대하여 새로이 공소시효의 정지사유를 설정하고, 임의의 기간동안 그 정지사유가 있었던 것으로 보도록 하여 사후입법으로 형사소추와 처벌이 가능하게 한 특별법은 형벌법규의 이념에 반할 뿐만 아니라 실정법에도 반하는 초법적 억지에 지나지 아니하므로, 이 법률조항은 헌법 제13조 제1항에 위반하는 것임이 명백하다. (4) 이 법률조항 소정의 "1979.12.12.과 1980.5.18.을 전후하여 발생한 헌정질서파괴범죄행위"란 청구인 등이 범하였다는 12·12군사반란행위와 5·18 내란행위를 지칭하고 있는 것이 명백하므로, 이 법률조항은 결국 청구인 등 특정인의 특정사건에 대하여 국가형벌권이 특정기간동안 연장되어 존속하는 것을 규정하고 있는 것이다. 그러므로 이 법률조항은 특정인에 대한 공소시효의 정지를 규정하고 있다는 점에서 "개인대상법률"이며 그 적용대상이 12·12사건과 5·18사건이라는 특정사건이고, 공소시효 정지기간을 노태우 전대통령의 퇴임일인 1993.2.24.로 규정하여 특정인의 신분변동과 관련지움으로써 특정개별사건에 대해서만 적용한다는 취지를 명백히 하고 있는 점에서 "개별사건법률"이므로, 이는 전형적인 처분적 법률로서 헌법상 평등의 원칙에 반하는 위헌의 법률조항이다. (5) 나아가 이 법률조항은 12·12사건과 5·18사건 자체를 헌정질서파괴범죄로 규정함으로써 청구인 등이 헌정질서파괴범죄행위를 범하였다는 전제하에 공소시효의 정지를 규정하고 있다. 그러나 위 두 사건에 관련된 청구인 등의 행위가 헌정질서파괴범죄행위가 되는지의 여부는 법원의 재판을 거쳐야 비로소 확정되는 것이지 입법부가 법률로써 이를 규정할 수는 없는 것이다. 따라서 이 사건 조항은 헌법 제101조 제1항에 의한 법원의 재판권을 침해하고 헌법상 권력분립의 원칙에 위배되며 또한 헌법 제27조 제4항에 의한 무죄추정의 원칙에도 반한다(헌재 1996.2.16, 96헌가2 참조).

49) 「5·18민주화운동 등에 관한 특별법」 제2조에 대한 헌법재판소 결정에 대한 평석으로는 전광석, "불법청산과 헌법문제-5·18민주화운동에 관한 특별법 제2조 위헌제청사건을 중심으로", 5·18기념재단 엮음, 앞의 책, 367면 이하 참조.

50) "개별사건법률은 원칙적으로 평등원칙에 위배되는 자의적 규정이라는 강한 의심을 불러일으키는 것이지만, 개별법률금지의 원칙이 법률제정에 있어서 입법자가 평등원칙을 준수할 것을 요구하는 것이기 때문에 특정규범이 개별사건법률에 해당한다 하여 곧바로 위헌을 뜻하는 것은 아니며, 이러한 차별적 규율이 합리적인 이유로 정당화될 수 있는 경우에는 합헌적일 수 있다. 이른바 12·12및 5·18 사건의 경우 그 이전에 있었던 다른 헌정질서파괴범과 비교해 보면, 공소시효의 완성 여부에 관한 논의가 아직 진행 중이고, 집권과정에서의 불법적 요소나 올바른 헌정사의 정립을 위한 과거청산의 요청에 미루어 볼 때 비록 특별법이 개별사건법률이라고 하더라도 입법을 정당화할 수 있는 공익이 인정될 수 있으므로 위 법률조항은 헌법에 위반되지 않는다"(1996.2.16, 96헌가2).

가 없이 육군참모총장을 불법체포하고 국방부와 육군본부를 무력진압했다"며 두 사람을 군형법상 반란혐의로 재판에 넘겼다. 검찰은 1996년 1월 13일 뇌물을 받아 비자금을 조성한 혐의로 전두환을 추가기소했다. 검찰은 또 같은 해인 1996년 1월 24일 5·18 사건과 관련해서 전두환을 내란목적살인 등 5개 혐의로, 노태우를 내란 중요임무종사 등 4개 혐의로 재차 기소했다.

전두환은 죄수복을 입고 법정에 서는 신세가 되었음에도 오만했다. 재판이 진행되는 동안 계속해서 "모른다, 안 했다"며 혐의를 부인했다. 재판도중 그들은 1980년 광주양민학살 발포명령에 대해서도 "길을 가다 누가 덤벼들면 방어차원에서 어쩔 수 없이 대응하는 것 아니냐"는 식의 해괴한 논리를 펼치고, 증언자의 불리한 증언에 대해서는 "검찰신문에 속거나 텔레비젼 드라마를 보고 그렇게 판단하는 것 아니냐" 라며 이상한 질문을 하기도 하고, 재판지연전술을 펼치기도 했다. 그의 변호인단이 "야간재판에 응할 수 없다", "일주일에 두 번씩 공판을 진행하지 말라"며 재판을 거부하고 퇴정하는 일을 되풀이 했다.51)52)

5. '세기의 재판'과 사면(赦免)

'세기의 재판'이라고 불리는 전직대통령들에 대한 재판은 1996년 3월 11일~1997년 4월 17일까지 1년 3개월 동안 진행되었다. 1심 법원은 전두환에게 헌정질서의 파괴를 주도하는 등 수많은 피해자가 발생한 점을 중시하여 사형을 선고했다. 노태우에게는 군사반란의 2인자였다는 이유로 22년 6월형을 선고했다. 각각 2,000억대의 추징금도 선고했다. 하지만 며칠 후 전두환은 항소했고, 2심 법원은 1심 선고보다 감형해 전두환에게 무기징역을 선고했다. 노태우에게는 징역 17년을 선고했다. 추징액도 각각 54억, 210억원씩 줄였다.

---

51) 재판과정에서 보여준 출정(出廷)거부와 재판거부 및 변호인단 퇴장모습은 진정한 참회와는 더욱더 거리가 멀었다. 전두환·노태우씨 피고인들의 변인호단은 충분한 변론권 보장을 요구하며 걸핏하면 퇴정을 되풀이하고 재판부가 「유죄예단」을 가지고 진행하는 형식적 재판에는 들러리로 임할 수 없다며 20차 공판에서는 집단으로 사임계를 제출하여 '司法府의 不信'을 주장하는 아이러니를 보여주었다. 전·노피고인들도 이를 이유로 하여 재판정 출정(出廷)을 거부하는 촌극을 연출하기도 하였다. <u>그들의 이러한 행동과 처사들은 다분히 의도적이었다. 증인신문과정에서 신군부의 정권탈취의 불법성을 증명하는 유죄의 증거를 사전에 막고 역사법정에서 열리는 역사재판의 의의를 퇴색시키려는 고도의 정치적 책략이었으며, 정치재판으로 이끌어 「사법적 정의와 역사바로세우기」에 흠집을 내고자 한 것이다</u>(이철호, "憲法上 赦免權과 전·노赦免 논의에 대한 管見", 「亞·太公法研究」4(1997.12),122-123면).

52) 전두환을 비롯한 신군부반란세력들이 재판과정에서 보여준 재판파행 및 사법부 불신태도와 1985년 서울미문화원방화사건 공판을 비교한 신문기사는 우리에게 시사하는 바가 많다. 「한국일보」1996년 7월 10일 4면, 「시대의 역설'사법부不信'」기사를 참조하기 바람.

1997년 4월 17일 대법원 상고심에서는 상고기각이 결정됨으로써 2심 법원이 선고한 형량이 그대로 확정되었다.53) 전두환에게는 무기징역형과 추징금 2,205억원이, 노태우에게는 징

---

53) [1] 군사반란과 내란을 통하여 정권을 장악한 경우의 가벌성 여부 : [다수의견] 우리 나라는 제헌헌법의 제정을 통하여 국민주권주의, 자유민주주의, 국민의 기본권보장, 법치주의 등을 국가의 근본이념 및 기본원리로 하는 헌법질서를 수립한 이래 여러 차례에 걸친 헌법개정이 있었으나, 지금까지 한결같이 위 헌법질서를 그대로 유지하여 오고 있는 터이므로, 군사반란과 내란을 통하여 폭력으로 헌법에 의하여 설치된 국가기관의 권능행사를 사실상 불가능하게 하고 정권을 장악한 후 국민투표를 거쳐 헌법을 개정하고 개정된 헌법에 따라 국가를 통치하여 왔다고 하더라도 그 군사반란과 내란을 통하여 새로운 법질서를 수립한 것이라고 할 수는 없으며, 우리나라의 헌법질서 아래에서는 헌법에 정한 민주적 절차에 의하지 아니하고 폭력에 의하여 헌법기관의 권능행사를 불가능하게 하거나 정권을 장악하는 행위는 어떠한 경우에도 용인될 수 없다. 따라서 그 군사반란과 내란행위는 처벌의 대상이 된다. [반대의견] 군사반란 및 내란행위에 의하여 정권을 장악한 후 이를 토대로 헌법상 통치체제의 권력구조를 변혁하고 대통령, 국회 등 통치권의 중추인 국가기관을 새로 구성하거나 선출하는 내용의 헌법개정이 국민투표를 거쳐 이루어지고 그 개정 헌법에 의하여 대통령이 새로 선출되고 국회가 새로 구성되는 등 통치권의 담당자가 교체되었다면, 그 군사반란 및 내란행위는 국가의 헌정질서의 변혁을 가져온 고도의 정치적 행위라고 할 것인바, 그와 같이 헌정질서 변혁의 기초가 된 고도의 정치적 행위에 대하여 법적 책임을 물을 수 있는지 또는 그 정치적 행위가 사후에 정당화되었는지 여부의 문제는 국가사회 내에서 정치적 과정을 거쳐 해결되어야 할 정치적·도덕적 문제를 불러일으키는 것으로서 그 본래의 성격상 정치적 책임을 지지 않는 법원이 사법적으로 심사하기에는 부적합한 것이고, 주권자인 국민의 정치적 의사형성과정을 통하여 해결하는 것이 가장 바람직하다. 따라서 그 군사반란 및 내란행위가 비록 형식적으로는 범죄를 구성한다고 할지라도 그 책임 문제는 국가사회의 평화와 정의의 실현을 위하여 움직이는 국민의 정치적 통합과정을 통하여 해결되어야 하는 고도의 정치문제로서, 이에 대하여는 이미 이를 수용하는 방향으로 여러 번에 걸친 국민의 정치적 판단과 결정이 형성되어 온 마당에 이제 와서 법원이 새삼 사법심사의 일환으로 그 죄책 여부를 가리기에는 적합하지 아니한 문제라 할 것이므로, 법원으로서는 이에 대한 재판권을 행사할 수 없다. [2] 5·18민주화운동등에관한특별법 제2조가 같은 법 시행 당시 공소시효가 완성된 헌정질서파괴범죄행위에 대하여도 적용되는지 여부 : [다수의견] 5·18민주화운동등에관한특별법 제2조는 그 제1항에서 그 적용대상을 '1979년 12월 12일과 1980년 5월 18일을 전후하여 발생한 헌정질서파괴범죄의공소시효등에관한특례법 제2조의 헌정질서파괴범죄행위'라고 특정하고 있으므로, 그에 해당하는 범죄는 5·18민주화운동등에관한특별법의 시행 당시 이미 형사소송법 제249조에 의한 공소시효가 완성되었는지 여부에 관계없이 모두 그 적용대상이 됨이 명백하다고 할 것인데, 위 법률 조항에 대하여는 헌법재판소가 1996. 2. 16. 선고 96헌가2, 96헌마7, 13 사건에서 위 법률 조항이 헌법에 위반되지 아니한다는 합헌결정을 하였으므로, 위 법률 조항의 적용범위에 속하는 범죄에 대하여는 이를 그대로 적용할 수밖에 없다. [반대의견1] 5·18민주화운동등에관한특별법이 적용대상으로 삼는 헌정질서파괴범죄를 처벌하기 위한 공익의 중대성과 그 범죄혐의자들에 대하여 보호해야 할 법적 이익을 교량할 때 5·18민주화운동등에관한특별법 제2조는 그 정당성이 인정된다. 그러나 공소시효가 이미 완성한 다음에 소급적으로 공소시효를 정지시키는 이른바 진정소급효를 갖는 법률규정은 형사소추권이 소멸함으로써 이미 법적·사회적 안정성을 부여받아 국가의 형벌권 행사로부터 자유로워진 범죄혐의자에 대하여 실체적인 죄형의 규

역 17년형과 추징금 2,628억원이 각각 선고됐다. 이로서 전두환과 노태우 등 군사반란 및 쿠데타 세력들은 그들의 집권이 불법적이었다는 사실이 확정되었다.[54] 이들은 형확정 후 교도소에서 복역하다가 1997년 대통령 선거가 끝난 나흘 뒤인 12월 22일 김영삼 대통령은 전두환·노태우에 대한 특별사면 및 복권을 단행했다.[55][56][57] 하지만 전두환·노태우 두 사람에게

정을 소급적으로 신설하여 처벌하는 것과 실질적으로 동일한 결과를 초래하게 되어, 행위시의 법률에 의하지 아니하고는 처벌받지 아니한다는 헌법상의 원칙에 위배되므로, 공소시효에 관한 것이라 하더라도 공소시효가 이미 완성된 경우에 다시 소추할 수 있도록 공소시효를 소급하여 정지하는 내용의 법률은 그 정당성이 인정될 수 없다. 따라서 5·18민주화운동등에관한특별법 제2조는 그 시행 당시 공소시효가 완성하지 않은 범죄에 대하여만 한정하여 적용되고, 이미 공소시효가 완성된 범죄에 대하여까지 적용되는 것은 아니라고 해석하는 것이 옳다. 또한 법원은 헌법재판소의 1996. 2. 16. 선고 96헌가2, 96헌가7, 13 결정에서 공소시효가 이미 완성된 경우에도 위 법률 조항이 합헌이라고 한 결정 이유 중의 판단내용에 기속되지 아니하는 것이며, 합헌으로 선고된 법률조항의 의미·내용과 적용범위가 어떠한 것인지를 정하는 권한 곧 법령의 해석·적용의 권한은 바로 사법권의 본질적 내용을 이루는 것으로서, 전적으로 대법원을 최고법원으로 하는 법원에 전속하는 것이며, 법원이 어떠한 법률 조항을 해석·적용함에 있어서 한 가지 해석방법에 의하면 헌법에 위배되는 결과가 되고 다른 해석방법에 의하면 헌법에 합치하는 것으로 볼 수 있을 때에는 위헌적인 해석을 피하고 헌법에 합치하는 해석방법을 택하여야 하는 것임은 또 하나의 헌법수호기관인 법원의 당연한 책무이기도 한 만큼 헌법재판소의 합헌결정에 불구하고 위 법률 조항을 위와 같이 해석·적용함에 아무런 장애가 없다. [반대의견2] 법원은 법률의 내용이 헌법에 위반되더라도 곧바로 그 적용을 거부할 수 있는 것이 아니라, 그 법률이 헌법에 위반되는 여부가 재판의 전제가 된 경우에 헌법 제107조 제1항에 의하여 헌법재판소에 제청하여 그 심판에 의하여 재판하여야 하는바, 이 경우 헌법재판소의 결정 중 각종 위헌결정은 헌법재판소법 제47조에 의하여 법원을 기속하게 되나, 합헌결정은 그 법률을 재판에 적용할 수 있다는 효력이 있을 뿐이므로, 그 법률을 적용함에 있어서 합헌적으로 해석할 책무는 여전히 법원에 남아 있는 것이다. 그런데 헌법재판소의 위 결정은 5·18민주화운동등에관한특별법 제2조가 합헌이라는 것인 만큼 법원에게는 그 법률 조항을 합헌적으로 해석할 의무가 여전히 있는 것이고, 공소시효에 관한 위 법률 조항은 [반대의견1]에서 밝힌 바와 같이 그 시행 당시 공소시효가 완성되지 아니한 자에 대하여만 적용된다고 해석함이 합헌적이다(대법원 1997.4.17, 선고, 96도3376, 전원합의체 판결).

54) "이 '세기적 판결'은 '성공한 쿠데타'도 처벌된다는 헌정사의 큰 획을 긋는 중요한 판례가 되었다. 그리고 이 판결은 법률적 문제를 넘어 '12·12군사쿠데타'와 광주민중항쟁 탄압을 통해 성립한, 전두환·노태우 두 정권의 역사적 정당성을 부인하는 행위와도 연결되는 것이다"(강만길, 『20세기 우리 역사』, 창작과 비평사, 1999, 356면).

55) 전두환 등 신군부세력에 대한 재판 후 단행된 사면(赦免)의 부당성에 대한 비판으로는 이철호, "憲法上 赦免權과 전·노赦免 논의에 대한 管見", 「亞·太公法研究」 제4집(1997.12), 109-130면 참조.

56) 전두환은 사면으로 석방되어 나오면서 현정부(김영삼 정부)의 경제정책을 비판하면서 은근히 자신의 경제적 치적(?)을 자랑하고 측근들에게 손을 흔들고, 출감 소감을 묻는 기자들의 질문에 "여러분은 교도소에 들어가지 말라"고 농담을 던지며 「양심수」나 「개선장군」인 듯한 태도를 보여주었다. 조계사 법회(1997년 12월 30일)에 참석하여 대중연설을 하면서 자신의 과오에 대해서는 한마디 사죄나 언급도 하지

각각 부과된 2,000억대의 추징금은 사면대상에서 제외됐다.

제3절 전두환 신군부 세력의 서훈 취소

1997년 대법원에서 12·12, 5·18관련자들에 대한 유죄판결이 선고 확정된 이후에도 관련자들의 상훈박탈(치탈)이 이루어지고 있지 않았다. 이에 대해 정일종합법률법인과 강철선(姜喆善)변호사[58]는 대통령이 전두환·노태우에 대한 훈장치탈의무 불이행으로 행복추구권이 침해되었다며 헌법재판소에 훈장치탈의무 불이행 위헌확인청구를 위한 헌법소원을 제기하기도 했다.[59] 헌법재판소는 이른바 12·12사건 등에 관련하여 유죄판결을 받은 전직대통령 전두환, 노태우 등에 대하여 상훈법에 따른 훈장치탈을 하지 않는 것이 청구인의 기본권을 침해하는 것이 되어 헌법재판소법 제68조 제1항에 의한 헌법소원심판 청구사유에 해당하는지 여부에

않고, 자신은 「불행한 일을 당한 사람」이고 자신을 교도소에 보낸 사람은 「나를 해친 사람」이라고 표현했다. 이런 전두환의 행태에서 진정함 참회는 눈꼽만치도 찾아볼 수 없다(이철호, 앞의 논문, 129면).

57) "김영삼 정권은 과거청산에 소극적이었다. 5·18특별법이 제정되기 넉달 전만 해도 검찰은 12·12, 5·18광주민주화운동사건에 대해 각각 '기소유예'처분과 '공소권 없음'의 불기소 결정을 내렸고, 김영삼 대통령도 두 사건을 '역사의 심판'에 맡기자고 했다. 이 때문에 김영삼 정권의 과거청산 작업은 역사를 바로잡는다는 명분에도 불구하고 정치적 돌파구로서 과거청산을 이용한 부분이 많다. 또한 올바른 과거청산은 인적·물적 청산이 동시에 이루어져야 함에도 불구하고, 김영삼 정권의 임기 후반부에 이루어진 과거청산은 '인적 청산'에 치우쳐 권위주의 군사독재정권 아래서 싹튼 잘못된 제도와 기구의 청산에 소홀했다는 지적을 할 수 있다"(이철호, "한국의 과거청산에 관한 특별법 제정과 그 이후 - 독재정권에 의한 국가폭력과 과거청산의 문제", 5·18기념재단 엮음, 앞의 책, 501면).

58) 청구인들의 주장 : 청구외 전○환, 노○우, 황○시, 정○용, 허○평, 이○봉, 허○수, 이○성, 최○창, 주○복, 차○헌, 장○동, 신○희, 박○규 등 14명은 이른바 12·12반란과 5·18내란 및 뇌물수수죄 등의 죄로 기소되어 모두 징역 3년 이상의 형을 선고받고 그 판결이 확정되었다. 그러므로 위 청구외인들은 훈장치탈 사유를 규정한 상훈법 제8조 제1항 제2호 소정의 '국가안전에 관한 죄를 범하여 형을 받은 자' 및 같은 조항 제3호 소정의 '사형·무기 또는 3년 이상의 징역이나 금고의 형을 받은자로서 대통령령으로 정하는 죄를 범한 자'에 해당하므로 훈장치탈권자인 피청구인은 위 청구외인들에게 수여한 일체의 훈장을 치탈하여야 할 것임에도 불구하고 위 청구외인들에 대한 판결이 확정된지 4개월 이상이 지나도록 훈장치탈의무를 불이행하고 있다. 법은 만민에게 평등하고, 모든 국민은 행복을 추구할 권리가 있으며, 국민의 행복추구권은 법의 평등하고 공정한 집행에 의하지 않고서는 보장될 수 없는바, 청구인들은 피청구인이 위 청구외인들에게 특혜를 베푸는 차별적 대우에 대하여 몹시 불쾌한 감정을 느끼고 있으므로 이는 곧 청구인들의 행복추구권을 침해하는 것이다(헌재 1998.9.30, 97헌마263 참조).

59) 「한겨레신문」 1997년 8월 21일, 31면 참조.

대해, "청구외인들에게 수여한 모든 훈장을 치탈하지 아니하고 있는 것만으로는 청구인들의 행복추구권 등 헌법상 보장된 기본권이 침해받을 여지가 없다고 할 것이므로 청구인들로서는 헌법재판소법 제68조 제1항에 의한 헌법소원심판을 청구할 수 없다"(헌재 1998.9.30, 97헌마263)[60]며 각하결정을 하였다.

2005년 개정전의 상훈법이 서훈 취소 주체에 대한 명시적 규정이 없어 문제가 되었다.[61] 정부는 훈장을 박탈하지 못하는 이유로 5·18 민주화운동 특별법에 "오로지 광주 민주화운동을 진압한 것이 공로로 인정돼 받은 상훈"만 치탈할 수 있도록 하고 있는데 다른 공적사항이 섞여 있으며, 주동자인 전두환·노태우를 놔두고 하급자들의 서훈부터 취소하기도 어렵다는 점 등을 내세웠다. 일이 이렇게 된 것은 오히려 국방부와 행정자치부 등 해당 부처가 서로 책임을 떠넘기며 의지를 보이지 않는 데 있었다.[62]

1. 참여정부의 서훈 취소

노무현 참여정부(參與政府)는 2006년 3월 21일 국무회의를 개최하여 그간 유보되어 온 전두환·노태우 두 전직 대통령 등 서훈취소 요건 해당자 176명의 서훈을 취소하고, 훈장 등을 환수하기로 의결하였다.

참여정부의 서훈취소 조치는, 그 동안 서훈취소 추진주체의 불명확 등으로 「상훈법」 제8조 제1항과 「5·18 민주화운동 등에 관한 특별법」 제7조[63]의 서훈취소 관련 규정에도 불구하고 제대로 서훈취소가 이루어지지 않았으나, 2005년 6월 의원입법(議員立法)[64]으로 개정된 상훈

---

60) 헌재 1996. 11. 28. 96헌마207, 공보 19, 106 참조.
61) 제8조(치탈) ① 서훈된 자가 다음 각호의 1에 해당할 때에는 그 서훈을 취소하며, 훈장과 이에 관련하여 수여한 물건과 금전은 이를 치탈하고, 외국훈장은 그 패용을 금지한다. 1. 서훈공적이 허위임이 판명된 때 2. 국가안전에 관한 죄를 범한 자로서 형을 받았거나 적대지역으로 도피한 때 3. 사형·무기 또는 3년 이상의 징역이나 금고의 형을 받은 자로서 대통령령으로 정하는 죄를 범한 자 ②제1항의 규정에 의하여 훈장을 치탈하거나, 패용을 금지하고자 할 때에는 국무회의의 심의를 거쳐야 한다.<개정 2001.1.8>
62) 「한겨레신문」 2005년 5월 18일 사설(5·18 책임자의 훈장 박탈해야)참조.
63) 5·18민주화운동 등에 관한 특별법 제7조(상훈 박탈) 정부는 5·18민주화운동과 관련하여 상훈(賞勳)을 받은 자에 대하여 심사한 결과 오로지 5·18민주화운동을 진압한 것이 공로로 인정되어 받은 상훈은 「상훈법」제8조에 따라 서훈(敍勳)을 취소하고, 훈장 등을 환수한다.
64) 기존 「상훈법」(2005년 8월 4일 개정전)이 서훈 취소 주체에 대한 명시적 규정이 없어 걸림돌이 되자 열린우리당 노현송 의원은 2005년 5월 행정자치부장관이 잘못 수여된 훈장의 치탈을 국무회의에 요청할 수 있도록 하는 내용의 상훈법 개정안을 대표발의했다. 애초에 서훈 추천을 했던 해당 부처(국방부)가 아

법(법률 제7657호, 2005.8.4 일부 개정, 시행 2005.11.5)[65])에 따라 서훈의 영예성(榮譽性)을 확보하기 위하여 관계부처의 취소요청 없이도 행정자치부장관이 서훈취소 안건을 국무회의에 상정할 수 있게 됨에 따른 것이다.[66]

서훈취소 대상자는 ① 12·12 군사 반란사건과 5·18 광주민주화운동 진압과 관련하여 유죄로 확정된 전두환·노태우 두 전직 대통령 등 16명 이외에, ②「5·18민주화운동 등에 관한 특별법」제7조의 규정에 의거 오로지 광주민주화운동 진압 유공 서훈자인 박준병 등 67명이다.[67]

취소대상이 되는 서훈은 ① 서훈취소 대상자가 받은 서훈 중 취소요건에 해당되는 형이 확정된 경우에 형의 확정이전에 받은 모든 서훈(훈장 및 포장)이 이에 해당되며, ② 이에 따라 전두환은 건국훈장 등 9개 훈장, 노태우 는 청조근정훈장 등 11개 훈장이 취소되었다. 다만, 두 전직대통령이 받은 무궁화대훈장의 경우에는 이를 취소할 경우 대통령 재임 자체를 부정하게 되는 문제 등이 있어 취소대상에서 제외하기로 하였다 전해진다.[68]

닝, 행자부가 직접 주체로 나설 수 있도록 길을 열어놓은 것이다. 이후 개정안은 여당인 열린우리당 주도로 2005년 8월 4일 국회를 통과했다.

65) 상훈법(법률 제7657호, 2005.8.4 일부 개정, 시행 2005.11.5) 개정이유 및 주요내용:「형법」및「조세범처벌법」등에 규정된 죄를 범하여 사형·무기 또는 3년 이상의 징역이나 금고형을 받은 경우를 서훈 취소 사유로 명시하는 한편, 서훈을 취소하거나 훈장 등을 환수하고자 하는 등의 경우에는 국무회의의 심의를 거치도록 하고, 서훈취소 및 훈장 환수 등의 사유가 발생한 경우에는 상당한 기간 이내에 행정자치부장관이 국무회의에 의안을 제출하도록 하려는 것임.

66) 서훈취소 관련 관계법령을 살펴보면, (1) 상훈법 제8조(서훈의 취소 등) ① 서훈된 자가 다음 각 호의 어느 하나에 해당될 때에는 그 서훈을 취소하고, 훈장과 이와 관련하여 수여한 물건과 금전은 이를 환수하며 외국훈장은 그 패용을 금지한다. 2. 국가안전에 관한 죄를 범한 자로서 형을 받았거나 적대지역으로 도피한 경우 3.「형법」(제115조·제117조·제171조 및 제268조를 제외한다)·「관세법」및「조세범처벌법」에 규정된 죄를 범하여 사형·무기 또는 3년 이상의 징역이나 금고의 형을 받은 경우 ② 제1항의 규정에 의하여 서훈을 취소하고, 훈장 등을 환수하거나 훈장 패용을 금지하고자 할 경우에는 국무회의의 심의를 거쳐야 한다. ③ 행정자치부장관은 서훈된 자에게 제1항 각 호의 어느 하나의사유가 발생한 때에는 그 서훈의 취소에 관한 의안을 국무회의에 제출하여야 한다. 이 경우 당해 서훈을 추천한 제5조의 중앙행정기관의 장 등도 행정자치부장관에게 서훈취소에 관한 의안을 국무회의에 제출할 것을 요청할 수 있다. (2) 5·18민주화운동등에관한특별법 제7조(상훈치탈) 정부는 5·18민주화운동과 관련하여 상훈을 받은 자에 대하여 심사한 결과 오로지 광주민주화운동을 진압한 것이 공로로 인정되어 받은 상훈은 상훈법제8조의 규정에 의하여 서훈을 취소하고, 훈장 등을 치탈한다.

67) 2006년 3월 21일 서훈 취소대상에는 이외에「국가보안법」등 국가안전에 관한 죄로 형을 받은 고영복 등 6명 그리고,「형법」등에 규정된 죄를 범하여 3년 이상의 형을 선고 받은 강득수 등 87명이다.

68) "정부가 엊그제 12·12군사반란 사건과 5·18 광주민주화운동 진압 관련자·비리 경제인 등 176명의 서훈을 무더기로 박탈했다. 광주민주화운동 진압 과정에서 단순히 명령에 따랐다가 숨진 사병들의 훈장까지

상훈법에 의하면, 정부는 서훈이 취소되면 훈장과 함께 이와 관련해 수여된 물건과 금전을 환수해야 한다(상훈법 제8조). 정부는 취소된 훈장 환수를 위해 두 전직 대통령에게 반납요구 공문을 보내고 자택 방문을 통해 반납을 요구했지만 두 전직 대통령은 7년 넘게 반납을 거부하며 버텨왔다.[69] 서훈취소 대상자 명단(<자료 2>)은 제3절 말미에 수록하였다.

2. 서훈(敍勳) 환수 실태

12·12군사반란과 5·18광주민주화운동을 무력진압을 이유로 지난 2006년 서훈이 취소된 16명중 훈장을 반납한 사람은 단 2명에 불과한 것으로 드러났다. 2013년 10월 14일 김현 민주당 의원이 안전행정부로부터 제출받은 '12·12 및 5·18 민주화운동 강제진압과 관련된 서훈취소자의 훈·포장 반환현황'에 따르면, 서훈 취소자 16명중 훈장 반환자는 전두환과 장세동 등 2명에 그쳤다.[70]

전두환도 서훈취소 결정 이후 7년여를 버티다가 검찰이 추징금 환수를 전방위로 압박하던 2013년 8월 8일에야 마지못해 자진 반납했다.[71] 장세동(전 안기부장)은 서훈이 취소돼 환수조치가 내려진 2006년 4월 보국훈장 통일장과 청조근정훈장 등 6개를 모두 반납했다. 장기오 전 총무처 장관은 청조근정훈장과 충무무공훈장 등 5개를 반납해야 하지만 보국훈장 국선장 1개만 반납했다.[72]

반면 노태우는 취소된 훈장 11개를 아직 반납하지 않고 있다. 이학봉 전 국회의원은 6개, 이

회수한 것에 대해서는 논란이 있을 수 있지만, 나머지는 취소하는 게 마땅하다. 특히 전두환·노태우 전 대통령의 경우 각각 9건과 11건의 서훈을 박탈하면서 최고 훈장인 무궁화대훈장을 남겨둔 것은 이해할 수 없다. 대통령에게 수여되는 이 훈장을 취소하면 재임 자체를 부정하는 문제가 발생한다니 무슨 소리인지 모르겠다."(「국민일보」2006년 3월 23일, [한마당-김윤호] : "서훈 발탈" 참조).

69) 전직대통령의 서훈취소가 확정된 2006년 3월 28일 이후 안전행정부가 조치한 훈장반환 노력은 반환요구 공문 2회 발송 및 자택방문 4차례가 전부인 것으로 나타났다.

70) 「뉴시스」2013년 10월 14일 "12·12, 5·18무력진압 서훈취소자 훈장반납 2명뿐" 참조.

71) 전두환이 반납한 훈장은 건국훈장 대한민국장, 보국훈장 삼일장, 화랑무공훈장, 충무무공훈장, 태극무공훈장 등 9개다. 이 9개의 훈장은 모두 전두환이 자신이 일으킨 12·12군사반란 이후부터 대통령 재임 시절에 받은 것이다. 9개 훈장 모두 전두환이 본인 스스로에게 줬던 '셀프(self)훈장'들이다. 그 동안 대통령 '전두환'이 개인 '전두환'에게 서훈을 내렸다는 비난을 받아왔다. 이중 7개는 군 재직 당시 받은 무공훈장과 보국훈장들이고, 나머지 2개는 대통령 재임 시절 자기 스스로에게 수여한 수교훈장과 건국훈장이다. 태극무공훈장은 대한민국 군인에게 주어지는 최고등급의 무공훈장이다.

72) 「오마이뉴스」2007년 5월 11일 참조.

희성 전 육군 참모총장 10개, 허삼수 전 국회의원 5개, 신윤희 전 육군 헌병감은 3개를 각각 내놓지 않고 있다. 취소된 훈장을 반납하지 않고 있는 14명은 훈장의 분실 및 멸실 등을 이유(환수진행중 5명, 사망 3명, 분실 및 멸실 6명)로 훈장을 반납하지 않고 있는 것으로 드러났다. 분실했다고 주장하는 반납 대상자는 5명이다. 정호용 전 국방부 장관, 황영시 전 감사원장, 허화평 전 국회의원, 박희도 전 육군 참모총장, 최세창 전 국방부 장관 등이다. 사망으로 회수가 불가능한 사람은 3명이다. 주영복 전 국방부장관(2005년 별세) 3개, 차규헌 전 교통부 장관(2011년) 8개, 박종규 전 육군 88사격단장(2011년) 2개 등이다.[73]

안전행정부는 2006년 3월과 5월 두 전직 대통령에게 두 차례 반환 요구 공문을, 2006년 5월과 2010년 12월에는 모두 세 차례 자택 방문을 통해 반환을 요구했다. 반납을 완료한 전두환과 달리 노태우는 2013년 9월 16일 다시 정부 관계자들이 자택을 방문해 반납을 종용했지만 반납하지 않은 것으로 밝혀졌다. 두 전직 대통령 이외에 14명에게는 2006년 3~5월 모두 세 차례, 2013년에는 10월 8일 한 차례 반납 요구 공문을 발송했다.[74] 훈장에 관한 소관부처인 안전행정부는 훈장 환수에 적극적이지 않은 것으로 드러났다.

3. 맺음말

우리 사회에서는 12·12군사반란과 5·18광주민주화운동의 유혈 진압자들이 군인사법(軍人事法)을 무시하면서 진급했고, 상훈법(賞勳法)을 무시한 채 벌인 '훈장 잔치'의 문제점을 인식하고 있었다. 5·18광주민주화운동이 '폭동'으로까지 매도됐던 현대사 왜곡이 이들의 훈장에 상징적으로 담겨있는 만큼 서훈 자체를 취소하지 않을 경우 전도된 역사를 바로 잡을 수 없다는 심각한 문제의식을 갖고 있었다.[75]

전두환 신군부 세력들이 2006년 3월 21일 노무현 참여정부의 국무회의에서 취소된 훈장 반납 불응에 대해, 2007년 소관 부처는 "행자부는 훈장을 반환치 않는 인사에게 반환요구서를 다시 보낼 계획이다. 하지만 훈장을 돌려받아도 재사용이 불가능하고 사실상 폐기처분할 수밖에 없어 억지로 돌려받는 것도 무의미하다는 지적이다."(경향신문, 2006년 5월 1일 참조). "행

---

73) 「경향신문」 2013년 10월 14일, "군사반란 주동자 훈장 반납 버티기" 참조.
74) 「경향신문」 2013년 10월 14일, "군사반란 주동자 훈장 반납 버티기" 참조.
75) 「국민일보」 2006년 3월 21일 참조.

자부는 서훈 취소자들의 경우 훈장의 소유 여부와 관계없이 훈기부상에서 훈장 수여 사실이 삭제되기 때문에 훈장 반납이 큰 의미가 없다는 입장이다."(뉴시스, 2007년 5월 11일 참조)라는 반응이 기사화 되었다. 정부 관료들의 역사의식 부재(不在)의 한 단면을 보는 것 같아 씁쓸하다.

'건국훈장 대한민국장'의 경우 현재 가치는 2013년 한국조폐공사 제작단가로 따지면 126만원 정도로 전두환·노태우 등이 받은 훈장들은 대부분 수십만원대에서 100여만원 정도이다. 그러나 이들의 훈장은 단순한 금액의 문제가 아니다. 건국훈장 대한민국장 등 전두환이 반납한 훈장은 서훈기록부에서 이미 삭제 조치돼 법률적 의미는 없다. 그러나 역사적 의미에서 환수되어야 한다. '5·18 광주민주화 운동'이 '폭동'으로까지 매도됐던 현대사 왜곡이 이들의 훈장에 상징적으로 담겨있는 만큼 서훈 취소에 이어 환수까지 이루어 져야만 전도된 역사를 바로 잡을 수 있다.

상훈법은 서훈 박탈자에 대해 훈장을 환수토록 규정하고 있지만, 이에 응하지 않을 경우 훈장 반환을 강제할 수 있는 법적 규정이 없다. 이로 인해 관련부처인 안전행정부가 환수조치에 적극적이지 못한 것을 고려해, 서훈이 취소되었음에도 반환하지 않을 경우 법적인 처벌을 받을 수 있도록 상훈법을 개정해야한다. 또한 우리가 간과하고 있는 역사적 진실을 지적하고 싶다. 이미 우리 사회에서 「5·18민주화운동 등에 관한 특별법」의 제정과 대법원에서 처벌을 통해 '12·12군사쿠데타'와 5·18광주민주화운동을 무력으로 탄압하고 불법적으로 성립한 전두환·노태우 두 정권의 역사적 정당성을 부인하였다. 이러함에도 전두환·노태우의 '무궁화대훈장'을 취소할 경우 대통령 재임 자체를 부정하게 되는 문제가 있다며 서훈 취소 대상에서 제외한 사실이다. 무궁화대훈장을 취소한다고 해서 재임 자체가 부정되는가? 다른 훈장들은 취소하면서 무궁화대훈장을 남겨둔 것은 그 자체가 이들의 불법적 행동을 용인(容認)하는 것이다. 늦었지만 이제라도 전두환·노태우 이들에 대한 '무궁화대훈장' 서훈 취소를 추진해야 한다.

전두환·노태우 등의 취소된 훈장 반납이 완료돼야 그들로 인해 왜곡된 역사도 바로 세워진다. 노태우 등 신군부 세력들의 훈장 반납을 촉구한다. 아울러 행정안전부의 적극적인 훈장 환수조치를 촉구한다.

〈자료 1〉 〈'12 · 12'와 '5 · 18' 관련 훈장 수여 명단〉

순위	성명	당시계급/소속/ 직책	서훈등급	서훈내용	비고
1	정호용	소장/특전사령관	충무무공훈장 (80.6.20)	충정작전에 참가하여 사태진압에 공헌(광주사태)	06.3.21 치탈
2	박준병	소장/20사단장	충무무공훈장 (80.6.20)	충정작전에 참가하여 사태진압에 공헌(광주사태)	06.3.21 치탈
3	최세창	준장/제3공수여단장	충무무공훈장 (80.6.20)	충정작전에 참가하여 사태진압에 공헌 (광주소요사태)	06.3.21 치탈
4	전두환	중장 /보안사령관	태극무공훈장 (80.8.22)	제3땅굴 발견과 충정작전에 공헌 10.26사태 후 국가안보 및 사회안정질서에 기여	06.3.21 치탈
5	권정달	대령/보안사정보처장	충무무공훈장 (80.10.16)	국가안전보장 유공	
6	오○○	소령/특전사27특공대	화랑무공훈장 (80.12.17)	대통령 경호업무 유공	
7	김정용	/보안사	화랑무공훈장 (80.12.17)	대통령 경호업무 유공	
8	권○○	소령/수경사 55경비부대장	화랑무공훈장 (80.12.17)	대통령 경호업무 유공	
9	강○○	소령/청와대 경호실	화랑무공훈장 (80.12.17)	대통령 경호업무 유공	
10	박이준	중령/보안사 청와대 파견	화랑무공훈장 (80.12.17)	대통령 경호업무 유공	
11	차○○	중위/특전사 606대대 6중대장	화랑무공훈장 (12.17)		
12	임재길	중령/수경사 30단 55경비대장	화랑무공훈장 (80.12.17)	대통령 경호업무 유공	
13	신○○	대위/청와대 경호실	화랑무공훈장 (80.12.17)	대통령 경호업무 유공	
14	손○○	중위/보안사령관 비서실 부관	화랑무공훈장 (80.12.17)	대통령 경호업무 유공	

순위	성명	당시계급/소속/ 직책	서훈등급	서훈내용	비고
15	최○○	준위/수경사 헌병단	인헌무공훈장 (80.12.17)	대통령 경호업무 유공	
16	황○○	대위/수경사 헌병단	인헌무공훈장 (80.12.17)	대통령 경호업무 유공	
17	이○○	소령/수경사 30단 작전주임	인헌무공훈장 (80.12.17)	대통령 경호업무 유공	
18	한○○	대위/수경사	인헌무공훈장 (80.12.17)	대통령 경호업무 유공	
19	한○○	대위/수경사	인헌무공훈장 (80.12.17)	대통령 경호업무 유공	
20	차○○	대위/수경사	인헌무공훈장 (80.12.17)	대통령 경호업무 유공	
21	김○○	소령/특전사 606중대장	인헌무공훈장 (80.12.17)	대통령 경호업무 유공	
22	이○○	상사/보안사 비서실	인헌무공훈장 (80.12.17)	대통령 경호업무 유공	
23	임○○	대위/특전사 606대대 특공6중대장	인헌무공훈장 (80.12.17)	대통령 경호업무 유공	
24	조○○	대위/대통령경호실	인헌무공훈장 (80.12.17)	대통령 경호업무 유공	
25	이○○	중위/수경사	인헌무공훈장 (80.12.17)	대통령 경호업무 유공	
26	주영복	국방부장관	청조근정훈장 (80.12.31)	국가안전보장 유공	06.3.21 치탈
27	김종곤	대장/해군참모총장	을지무공훈장 (80.12.31)	국가안전보장 유공	
28	장세동	대령/30경비단장	을지무공훈장 (80.12.31)	국가안전보장 유공	06.3.21 치탈
30	차규헌	중장/수도군단장	을지무공훈장	국가안전보장 및	06.3.21 치탈

순위	성명	당시계급/소속/ 직책	서훈등급	서훈내용	비고
			(80.12.31)	군발전에 기여	
31	노태우	소장/보안사령관	을지무공훈장 (80.12.31)	국가안전보장 유공	06.3.21 치탈
32	우경윤	대령/육군 범죄수사단장	을지무공훈장 (80.12.31)	국가안전보장 유공	
33	윤자중	대장/공군참모총장	을지무공훈장 (80.12.31)	국가안전보장 유공	
34	박희도	준장/1공수여단장	충무무공훈장 (80.12.31)	국가안전보장 유공	06.3.21 치탈
35	김상태	중장/공군작전사령관	충무무공훈장 (80.12.31)	국가안전보장 유공"	
36	송응섭	대령/30사단90연대장	충무무공훈 (80.12.31)	국가안전보장 유공	
37	이필섭	대령/9사단29연대장	충무무공훈장 (80.12.31)	국가안전보장 유공	
38	정수화	대령/20사단60연대장	충무무공훈장 (80.12.31)	국가안전보장 유공	
39	한○○	소령/보안사 수사분실장	충무무공훈장 (80.12.31)	국가안전보장 유공	
40	허화평	대령/보안사 비서실장	충무무공훈장 (80.12.31)	국가안전보장 유공	06.3.21 치탈
41	허삼수	대령/보안사 6처장	충무무공훈장 (80.12.31)	국가안전보장 유공	06.3.21 치탈
42	소준열	소장/전교사령관	충무무공훈장 (80.12.31)	국가안전보장 유공	
43	김기석	소장/전교사부사령관	충무무공훈장 (80.12.31)	국가안전보장 유공	
44	김택수	중령/1공수여단	충무무공훈장 (80.12.31)	국가안전보장 유공	

순위	성명	당시계급/소속/ 직책	서훈등급	서훈내용	비고
45	김○○	소령/수경사 작전보좌관	충무무공훈장 (80.12.31)	국가안전보장 유공	
46	안○○	소령/보안사	충무무공훈장 (80.12.31)	국가안전보장 유공	
47	백운택	준장/71훈련사단장	충무무공훈장 (80.12.31)	국가안전보장 유공	
48	이희근	준장/공군본부	충무무공훈장 (80.12.31)	국가안전보장 유공	
49	이병년	대령/20사단 62연대장	충무무공훈장 (80.12.31)	국가안전보장 유공	
50	김호영	중령/2기갑 16전차대대장	충무무공훈장 (80.12.31)	국가안전보장 유공	
51	정동호	대령/대통령 경호실	충무무공훈장 (80.12.31)	국가안전보장 유공	
52	김정호	대장/해군참모총장	충무무공훈장 (80.12.31)	국가안전보장 유공	
53	김진영	대령/수경사 33경비단장	충무무공훈장 (80.12.31)	국가안전보장 유공	
54	김동진	대령/20사단 61연대장	충무무공훈장 (80.12.31)	국가안전보장 유공	
55	성환옥	대령/육본헌병감실	충무무공훈장 (870.12.31)	국가안전보장 유공	
56	정도영	준장/보안사	충무무공훈장 (80.12.31)	국강안전보장 유공	
57	이진백	중령/수경사 인사참모	충무무공훈장 (80.12.31)	국가안전보장 유공	
58	오일랑	소령/보안사	충무무공훈장 (80.12.31)	국가안전보장 유공	
59	최석립	중령/수경사 33지역대장	충무무공훈장 (80.12.31)	국가안전보장 유공	

순위	성명	당시계급/소속/ 직책	서훈등급	서훈내용	비고
60	정호근	소장/5사단장	충무무공훈장 (80.12.31)	국가안전보장 유공	
61	장기오	준장/5공수여단장	충무무공훈장 (80.12.31)	국가안전보장 유공	06.3.21 치탈
62	김윤호	중장/1군단장	충무무공훈장 (80.12.31)	국가안전보장 유공	
63	김○○	소령/보안사 대공처	충무무공훈장 (80.12.31)	국가안전보장 유공	
64	이학봉	중령/보안사 대공2과장	충무무공훈장 (80.12.31)	국가안전보장 유공	06.3.21 치탈
65	조 홍	준장/수경사 헌병단장	충무무공훈장 (80.12.31)	국가안전보장 유공	
66	신윤희	중령/수경사 33지역대	충무무공훈장 (80.12.31)	국가안전보장 유공	06.3.21 치탈
67	고명승	대령/대통령 경호실	충무무공훈장 (80.12.31)	국가안전보장 유공	
68	이상규	준장/2기갑여단장	화랑무공훈장 (80.12.31)	국가안전보장 유공	
69	함덕선	중령/20사단 작전참모	충무무공훈장 (80.12.31)	국가안전보장 유공	
70	박동원	대령/수경사 작전참모	화랑무공훈장 (80.12.31)	국가안전보장 유공	
71	나○○	대위/3공수 15지역대장	화랑무공훈장 (80.12.31)	국가안전보장 유공	
72	신○○	준위/보안사 대공처	화랑무공훈장 (80.12.31)	국가안전보장 유공	
73	박종규	중령/3공수여단	화랑무공훈장 (80.12.31)	국가안전보장 유공	06.3.21 치탈
74	강신구	대령/5공군비행단	화랑무공훈장 (80.12.31)	국가안전보장 유공	

순위	성명	당시계급/소속/ 직책	서훈등급	서훈내용	비고
75	김○○	준위/보안사 대공처	화랑무공훈장 (80.12.31)	국가안전보장 유공	
76	김○○	소령/1공수 2대대 8지역대장	화랑무공훈장 (80.12.31)	국가안전보장 유공	
77	김병두	대령/보안사 110부대장	화랑무공훈장 (80.12.31)	국가안전보장 유공	
78	배○○	중사/3공수	화랑무공훈장 (80.12.31)	국가안전보장 유공	
79	최기덕	소장/해병1사단장	화랑무공훈장 (80.12.31)	국가안전보장 유공	
80	박○○	상사/보안사 대공처	화랑무공훈장 (80.12.31)	국가안전보장 유공	
81	양○○	준위/보안사 대공처	화랑무공훈장 (80.12.31)	국가안전보장 유공	
82	김경일	중령/1공수 1대대장	화랑무공훈장 (80.12.31)	국가안전보장 유공	
83	박덕화	중령/1공수 5대대장	화랑무공훈장 (80.12.31)	국가안전보장 유공	
84	신○○	중사/3공수여단	화랑무공훈장 (80.12.31)	국가안전보장 유공	
85	박웅	중령/수도기계화사단 대대장보	화랑무공훈장 (80.12.31)	국가안전보장 유공	
86	나동원	소장/계엄사 참모장	충무무공훈장 (81.4.2)	계엄업무를 통하여 국가안전보장에 기여	
87	이완수	대령/육본	화랑무공훈장 (81.4.2)	계엄업무수행 유공	
88	유회국	중령/육사	화랑무공훈장 (81.4.2)	계엄업무수행 유공	
89	이문석	대령/육본	화랑무공훈장 (81.4.2)	계엄업무수행 유공	

순위	성명	당시계급/소속/ 직책	서훈등급	서훈내용	비고
90	구창회	대령/33사단	화랑무공훈장 (81.4.2)	계엄업무수행 유공	
91	김을권	준장/계엄사	화랑무공훈장 (81.4.2)	계엄업무수행 유공	
92	이상훈	준장/육본작전처장	화랑무공훈장 (81.4.2)	계엄업무를 통하여 국가안전보장에 기여	
93	홍경린	준장/계엄사	화랑무공훈장 (81.4.2)	계엄업무수행 유공	
94	장기하	준장/육본	화랑무공훈장 (81.4.2)	계엄업무수행 유공	
95	신복현	준장/계엄사	화랑무공훈장 (81.4.2)	계엄업무수행 유공	
96	박희모	소장/제30사단장	화랑무공훈장 (81.4.2)	계엄업무수행 유공	
97	서태석	중령/육본	화랑무공훈장 (81.4.2)	계엄업무수행 유공	
98	신우식	준장/7공수여단장	화랑무공훈장 (81.4.2)	계엄업무수행 유공	
99	이종구	준장/육본작전차장	화랑무공훈장 (81.4.2)	계엄업무수행 유공	
100	이○○	중사/1공수	인헌무공훈장 (81.4.2)	계엄업무 유공	
101	정낙준	중령/제5공수	인헌무공훈장 (81.4.2)	계엄업무 유공	
102	신문호	중령/30사단	인헌무공훈장 (81.4.2)	계엄업무 유공	
103	박○○	하사/제3공수	인헌무공훈장 (81.4.2)	계엄업무 유공	
104	김완배	중령/제3공수	인헌무공훈장 (81.4.2)	계엄업무 유공	

순위	성명	당시계급/소속/ 직책	서훈등급	서훈내용	비고
105	박중환	/특전사	인헌무공훈장 (81.4.2)	계엄업무 유공	
106	김진호	중령/3공수	인헌무공훈장 (81.4.2)	계엄업무 유공	
107	정영무	중령/1공수	인헌무공훈장 (81.4.2)	계엄업무 유공	
108	이도상	중령/5공수	인헌무공훈장 (81.4.2)	계엄업무 유공	
109	김○○	하사/3공수	인헌무공훈장 (81.4.2)	계엄업무 유공	
110	김○○	중사/1공수	인헌무공훈장 (81.4.2)	계엄업무 유공	
111	심○○	중사/3공수	인헌무공훈장 (81.4.2)	계엄업무 유공	
112	주○○	중사/3공수	인헌무공훈장 (81.4.2)	계엄업무 유공	
113	박○○	하사/3공수	인헌무공훈장 (81.4.2)	계엄업무 유공	
114	김○○	중사/1공수	인헌무공훈장 (81.4.2)		
115	변길남	중령/3공수 대대장	인헌무공훈장 (81.4.2)	계엄업무 유공	

* 출처 : 국방부 과거사진상규명위원회(2007), 『12.12,5.17,5·18사건 조사결과보고서』, 105~110면.

〈자료 2〉

「12·12또는 5·18 관련」 서훈취소 대상자와 「5·18 민주화운동 등에 관한 특별법」 제7조의 규정에 의한 서훈취소 대상자

I. 12 · 12또는 5 · 18 관련 서훈취소 대상자(16명)

성 명	서훈당시 소속	서훈당시 계급(직위)	취소대상 서훈 (수여일)
1) 전두환 (全斗煥)	수경사	중령	보국훈장삼일장(1968.10.1)
	육군제9사단	대령	화랑무공훈장(1971.3.31)
	육군제9사단	대령	충무무공훈장(1971.7.23)
	육군제9사단	대령	을지무공훈장(1971.10.29)
	특전사제1공수여단	준장	보국훈장천수장(1973.1.24)
	대통령경호실	소장	보국훈장국선장(1978.1.23)
	보안사령부	대장	태극무공훈장(1980.8.22)
		대통령	수교훈장광화대장(1983.3.11)
		대통령	건국훈장대한민국장(1983.3.11)
2) 노태우 (盧泰愚)	육군방첩부대	소령	보국훈장삼일장(1965.7.14)
	육군방첩부대	소령	보국훈장삼일장(1967.6.26)
	육군수도사단	중령	화랑무공훈장(1969.5.31)
	육군수도사단	중령	충무무공훈장(1969.7.30)
	육군수도사단	중령	화랑무공훈장(1969.8.30)
	육군수도사단	중령	인헌무공훈장(1969.9.17)
	육군제25사단	준장	보국훈장천수장(1974.10.1)
	대통령경호실	소장	보국훈장국선장(1979.1.23)
	보안사령부	중장	을지무공훈장(1980.12.31)
	보안사령부	대장	보국훈장통일장(1981.7.15)
	내무부	장관	청조근정훈장(1983.10.25)

성 명	서훈당시 소속	서훈당시 계급(직위)	취소대상 서훈 (수여일)
3) 정호용 (鄭鎬溶)	육군본부	중령	보국훈장삼일장(1968.10.1)
	육군제9사단	중령	화랑무공훈장(1969.10.24)
	육군제9사단	중령	화랑무공훈장(1970.1.9)
	특전사제7공수여단	준장	보국훈장천수장(1975.10.1)
	특전사령부	중장	보국훈장국선장(1980.10.1)
	육군제3군사령부	대장	보국훈장통일장(1982.10.1)
	육군본부	대장	수교훈장광화장(1985.12.16)
4) 황영시 (黃永時)	육군제5사단	대위	화랑무공훈장(1952.12.10)
	육군보병제56연대	소령	충무무공훈장(1954.6.15)
	육군보병제56연대	소령	화랑무공훈장(1954.7.19)
	국방부	대령	보국훈장삼일장(1965.10.1)
	주월한국군사령부	준장	무공포장(1968.12.1)
	주월야전사령부	준장	충무무공훈장(1969.2.15)
	육군제32사단	준장	보국훈장천수장(1970.10.1)
	육군제1군단사령부	중장	보국훈장국선장(1978.10.1)
	육군제3군사령부	대장	보국훈장통일장(1980.10.1)
	육군본부	대장	수교훈장광화장(1983.12.16)
	감사원	원장	청조근정훈장(1988.12.31)
5) 이학봉 (李鶴捧)	육군방첩부대	대위	보국훈장광복장(1967.6.26)
	보안사령부	대위	보국훈장광복장(1969.3.18)
	보안사령부	소령	화랑무공훈장(1971.6.1)
	육군건설지원단	소령	인헌무공훈장(1971.12.29)
	보안사령부	소령	보국훈장삼일장(1975.5.30)
	보안사령부	대령	충무무공훈장(1980.12.31)
6) 주영복 (周永福)	공군비행단	대위	충무무공훈장(1951.9.28)

성 명	서훈당시 소속	서훈당시 계급(직위)	취소대상 서훈 (수여일)
	공군비행단	대위	충무무공훈장(1952.5.5)
	공군본부	소령	충무무공훈장(1952.7.31)
	공군제11전투비행단	대령	보국훈장광복장(1962.10.1)
	공군제10전투비행단	준장	보국훈장천수장(1966.10.1)
	공군본부	중장	보국훈장국선장(1973.10.1)
	공군본부	대장	보국훈장통일장(1974.10.1)
	국방부	장관	청조근정훈장(1980.12.31)
7) 이희성 (李熺性)	육군본부	소령	화랑무공훈장(1954.10.15)
	육군제1군사령부	대령	보국훈장광복장(1962.10.1)
	육군정보참모부	준장	보국훈장천수장(1966.10.1)
	육군제1군사령부	준장	보국포장(1968.10.1)
	육군수도사단	소장	충무무공훈장(1971.6.2)
	육군수도사단	소장	을지무공훈장(1971.10.21)
	국방부	소장	보국훈장국선장(1975.10.1)
	육군본부	대장	보국훈장통일장(1980.10.1)
	육군본부	대장	수교훈장광화장(1981.12.16)
	교통부	장관	청조근정훈장(1983.10.25)
8) 허화평 (許和平)	보병제12사단	대위	보국훈장광복장(1968.10.1)
	보안사령부	대위	화랑무공훈장(1970.5.22)
	육군제9사단	소령	인헌무공훈장(1971.8.9)
	육군제9사단	중령	보국훈장삼일장(1976.10.1)
	보안사령부	대령	충무무공훈장(1980.12.31)
9) 차규헌 (車圭憲)	육군제5사단	중령	충무무공훈장(1954.6.15)
	육군본부	준장	보국포장(1968.10.1)
	육군건설지원단	준장	화랑무공훈장(1969.4.30)

성 명	서훈당시 소속	서훈당시 계급(직위)	취소대상 서훈 (수여일)
	육군건설지원단	준장	을지무공훈장(1970.1.28)
	육군제1군사령부	준장	보국훈장천수장(1970.10.1)
	육군수도경비사령부	소장	보국훈장국선장(1978.10.10)
	육군본부	중장	을지무공훈장(1980.12.31)
	육군제2군사령부	대장	보국훈장통일장(1981.10.1)
10) 허삼수 (許三守)	주월한국군사령부	대위	화랑무공훈장(1969.4.29)
	주월한국군사령부	대위	인헌무공훈장(1970.2.19)
	보안사령부	소령	보국훈장삼일장(1973.3.14)
	국보위 사회정화 분과위원회	대령	보국훈장천수장(1980.10.25)
	보안사령부	대령	충무무공훈장(1980.12.31)
11) 박희도 (朴熙道)	육군수도사단	중령	화랑무공훈장(1969.10.31)
	육군수도사단	중령	인헌무공훈장(1970.8.11)
	육군경인지역 방어사령부	대령	보국훈장삼일장(1974.10.1)
	육군제26사단	소장	충무무공훈장(1980.12.31)
	육군특전사령부	중장	보국훈장국선장(1982.10.1)
	육군제3군사령부	대장	보국훈장통일장(1984.10.1)
	육군본부	대장	수교훈장광화장(1988.6.11)
12) 장기오 (張基梧)	육군특전사령부	대령	보국훈장삼일장(1971.10.1)
	육군제5공수여단	준장	보국훈장천수장(1979.10.1)
	육군제5공수여단	준장	충무무공훈장(1980.12.31)
	육군제2군단	중장	보국훈장국선장(1984.10.1)
	총무처	장관	청조근정훈장(1992.5.8)
13) 최세창 (崔世昌)	육군제1공수여단	중령	보국훈장삼일장(1970.10.1)
	육군수도경비사령부	소장	보국훈장천수장(1981.10.1)

성 명	서훈당시 소속	서훈당시 계급(직위)	취소대상 서훈 (수여일)
	육군제1군단사령부	중장	보국훈장국선장(1983.10.1)
	육군제3군사령부	대장	보국훈장통일장(1986.10.1)
	합동참모본부	대장	수교훈장광화장(1989.4.14)
14) 장세동 (張世東)	육군제9사단	소령	화랑무공훈장(1971.7.23)
	육군본부	중령	보국포장(1975.10.1)
	육군제3공수여단	대령	을지무공훈장(1980.12.31)
	대통령경호실	준장	보국훈장천수장(1981.10.1)
	대통령경호실	중장	보국훈장통일장(1984.12.7)
	대통령경호실	실장	청조근정훈장(1987.10.15)
15) 신윤희 (申允熙)	육군수도경비사령부	중령	보국훈장삼일장(1979.10.1)
	육군제33지역대	중령	충무무공훈장(1980.12.31)
	국방부조사대	준장	보국훈장천수장(1989.10.1)
16) 박종규 (朴琮圭)	육군제3공수여단	중령	화랑무공훈장(1980.12.31)
	육군88사격단	대령	체육훈장기린장(1988.5.14)

II. 5 · 18민주화운동등에관한특별법 제7조의 규정에 의한 서훈취소 대상자(67명)

성 명	서훈당시 소속	서훈당시 계급(직위)	취소대상 서훈 (수여일)
1) 박준병 (朴俊炳)	보병제20사단	소장	충무무공훈장(1980.6.20)
2) 임수원 (林守元)	제3특전여단	중령	화랑무공훈장(1980.6.20)
3) 조창구 (曺昌求)	제11특전여단	중령	화랑무공훈장(1980.6.20)
4) 차정환 (車貞煥)	제11특전여단	소령	화랑무공훈장(1980.6.20)
5) 변상진 (卞相震)	제11특전여단	소령	화랑무공훈장(1980.6.20)
6) 김태용 (金泰龍)	제11특전여단	대위	화랑무공훈장(1980.6.20)
7) 김석찬 (金錫燦)	제11특전여단	대위	화랑무공훈장(1980.6.20)
8) 최영준 (崔永俊)	제11특전여단	대위	화랑무공훈장(1980.6.20)
9) 고성준 (高聖俊)	제7특전여단	대위	화랑무공훈장(1980.6.20)
10) 박병수 (朴炳洙)	제7특전여단	대위	화랑무공훈장(1980.6.20)
11) 최연안 (崔連晏)	제7특전여단	중위	화랑무공훈장(1980.6.20)
12) 임명진 (林明鎭)	제11특전여단	중위	화랑무공훈장(1980.6.20)
13) 변광열 (卞光烈)	보병제20사단	상병	화랑무공훈장(1980.6.20)
14) 이종규 (李鍾珪)	보병제20사단	상병	화랑무공훈장(1980.6.20)

성 명	서훈당시 소속	서훈당시 계급(직위)	취소대상 서훈 (수여일)
15) 정태덕 (鄭泰德)	제11특전여단	소령	인헌무공훈장(1980.6.20)
16) 석희업 (石熙業)	제11특전여단	대위	인헌무공훈장(1980.6.20)
17) 편종식 (片鍾植)	제3특전여단	대위	인헌무공훈장(1980.6.20)
18) 전광수 (田光秀)	제7특전여단	중위	인헌무공훈장(1980.6.20)
19) 김성범 (金盛範)	보병제20사단	병장	인헌무공훈장(1980.6.20)
20) 한윤수 (韓潤洙)	육군포병학교	상병	인헌무공훈장(1980.6.20)
21) 이명규 (李明珪)	보병20사단	병장	인헌무공훈장(1980.6.20)
22) 윤태정 (尹泰正)	육군포병학교	일병	인헌무공훈장(1980.6.20)
23) 임춘수 (林春樹)	육군포병학교	일병	인헌무공훈장(1980.6.20)
24) 강대농 (姜大農)	육군화학학교	상병	인헌무공훈장(1980.6.20)
25) 김용구 (金龍九)	제11특전여단	상사	인헌무공훈장(1980.6.20)
26) 이동국 (李東國)	제11특전여단	중사	인헌무공훈장(1980.6.20)
27) 안희선 (安希善)	제3특전여단	중사	인헌무공훈장(1980.6.20)
28) 조진수 (趙鎭守)	제11특전여단	중사	인헌무공훈장(1980.6.20)
29) 박억순 (朴億順)	제11특전여단	상사	인헌무공훈장(1980.6.20)

성 명	서훈당시 소속	서훈당시 계급(직위)	취소대상 서훈 (수여일)
30) 김용석 (金用錫)	제11특전여단	중사	인헌무공훈장(1980.6.20)
31) 이병택 (李秉澤)	전투병과교육사령부	중사	인헌무공훈장(1980.6.20)
32) 정관철 (鄭官澈)	제3특전여단	상사	인헌무공훈장(1980.6.20)
33) 이영권 (李永權)	제11특전여단	중사	인헌무공훈장(1980.6.20)
34) 최갑규 (崔鉀圭)	제11특전여단	중사	인헌무공훈장(1980.6.20)
35) 이종규 (李鍾圭)	보병제20사단	중령	무공포장(1980.6.20)
36) 배동환 (裵東煥)	제11특전여단	상병	무공포장(1980.6.20)
37) 김갑규 (金甲圭)	제7특전여단	하사	무공포장(1980.6.20)
38) 김경용 (金琼龍)	제7특전여단	병장	무공포장(1980.6.20)
39) 김명철 (金明哲)	보병제31사단	상병	무공포장(1980.6.20)
40) 최필양 (崔弼陽)	보병제31사단	일병	무공포장(1980.6.20)
41) 이상수 (李相洙)	제11특전여단	병장	무공포장(1980.6.20)
42) 권석원 (權錫元)	제11특전여단	병장	무공포장(1980.6.20)
43) 이관형 (李官炯)	제7특전여단	상병	무공포장(1980.6.20)
44) 권용운	제11특전여단	상병	무공포장(1980.6.20)

성 명	서훈당시 소속	서훈당시 계급(직위)	취소대상 서훈 (수여일)
(權用雲)			
45) 김인태 (金仁泰)	제11특전여단	상병	무공포장(1980.6.20)
46) 김지호 (金知浩)	제11특전여단	상병	무공포장(1980.6.20)
47) 강용래 (姜容來)	보병제31사단	병장	무공포장(1980.6.20)
48) 장원복 (張元福)	제3특전여단	하사	무공포장(1980.6.20)
49) 배현수 (裵鉉洙)	제3특전여단	하사	무공포장(1980.6.20)
50) 이종열 (李鍾烈)	제11특전여단	일병	무공포장(1980.6.20)
51) 경기만 (庚箕萬)	제11특전여단	일병	무공포장(1980.6.20)
52) 김연균 (金鍊均)	국군광주통합병원	대령	보국훈장삼일장(1980.6.20)
53) 이기양 (李箕楊)	보병제20사단	대위	보국훈장광복장(1980.6.20)
54) 김용주 (金龍柱)	육군화학학교	병장	보국훈장광복장(1980.6.20)
55) 박용근 (朴龍根)	보병제20사단	상병	보국훈장광복장(1980.6.20)
56) 배승일 (裵承逸)	전투병과교육사령부	군속	보국훈장광복장(1980.6.20)
57) 서영민 (徐永珉)	제7특전여단	일병	보국포장(1980.6.20)
58) 강춘구 (姜春求)	제3특전여단	하사	보국포장(1980.6.20)

성 명	서훈당시 소속	서훈당시 계급(직위)	취소대상 서훈 (수여일)
59) 신재덕 (申載德)	제7특전여단	일병	보국포장(1980.6.20)
60) 김기종 (金埼鍾)	제3특전여단	하사	보국포장(1980.6.20)
61) 김관식 (金寬植)	제7특전여단	일병	보국포장(1980.6.20)
62) 호근철 (胡根哲)	제3특전여단	중사	보국포장(1980.6.20)
63) 이영배 (李榮培)	제7특전여단	중사	보국포장(1980.6.20)
64) 이연수 (李連秀)	제3특전여단	중사	보국포장(1980.6.20)
65) 안경상 (安京相)	제7특전여단	일병	보국포장(1980.6.20)
66) 조용희 (趙庸熙)	제3특전여단	하사	보국포장(1980.6.20)
67) 손광식 (孫光植)	전투병과교육사령부	일병	보국포장(1980.6.20)

* 출처 : 행정자치부, "12·12, 5·18 관련자 등 서훈취소 - 전두환 · 노태우 두 전직대통령 등 총176명의 서훈취소 결정-" 보도자료 (2006.3.21.).

1. 12 · 12군사반란과 참군인의 죽음과 그 가족의 비극

1979년 당시 정병주 특전사령관은 10·26 박정희 시해사건으로 권력의 공백기에 실권을 장악한 전두환 신군부의 군사반란에 협조하지 않았다.

동년 12월 12일 밤, 서울 송파구 거여동에 있는 특전사령부의 2층 집무실에서 정병주 특전사령관이 전화통을 붙들고 있었다. 그는 휘하 부대에 전두환 신군부의 반란군을 진압하라고 명령했다. 12월 13일 0시 30분, 중무장한 군인 10여 명이 사령관실로 통하는 계단으로 올라왔다. 맨 앞에 선 이는 12·12쿠데타에 가담한 특전사 3여단(최세창 여단장) 휘하 15대대장 박종규 중령이었다. 이들은 사령관실에 붙은 비서실로 밀고 들어갔다. 10여 분간 콩 볶는 듯한 M16 소총 소리가 건물을 뒤흔들었다. 12월 12일 오후 6시 30분 한남동에 있던 정승화 육군참모총장 공관에서 울린 총성이 쿠데타의 서막이었다면, 특전사령부에서 울린 총소리는 쿠데타 완료를 알렸다. 반란군들은 피가 줄줄 흘러내리는 정병주 사령관을 끌어내 군용 지프차에 실었다. 이어서 시신 한 구가 실려 나왔다. 정 사령관 비서실장 김오랑(金五郎) 소령이다. 그는 쿠데타를 온몸으로 막아내다 정병주 사령관이 지켜보는 앞에서 여섯 발을 맞고 쓰러졌다.[76] 전두환이 본부장을 겸한 합동수사본부는 곧바로 "12·12사태 와중에 총 23명의 사상자가 발생했다"라고 발표했다. 사망자 3명 가운데 한 명이 김오랑 소령이었다.[77][78] 김오랑 소령은 12·12 당시 전두환 신군부의 군사반란에 협조하지 않은 정병주 특전사령관의 비서실장이었으며, 정병주 사령관을 체포하러 온 반란군에 맞서 총격전을 벌이다 숨졌다.

군사반란에 맞서 자신의 상관인 특전사령관을 지키고 국가의 체제수호를 위해 몸 바친 김오랑의 죽음은 집안의 비극을 가져왔다. 2년 후 어머니는 막내아들의 죽음을 알지 못한 채 눈을 감았고, 이듬해는 슬픔을 견디지 못한 삼촌마저 비통하게 세상을 등졌다. 또한 1991년에는 참군인 김오랑의 명예회복을 위해 백방으로 노력하던 실명(失明)한 아내 백영옥이 의문의 추락사로 한 많은 생을 마감했다.

---

76) 1979년 12월 12일 역사로 기록된 참군인 김오랑의 마지막 행적은, 이원준 · 김준철의 『김오랑-역사의 하늘에 뜬 별』, 책보세(2012), 287-316면 참조.
77) 정희상, 전두환 반란군에 맞서다 스러져간 군인 김오랑, 「시사IN」제639호(2019.12.19).
78) 12·12군사반란 당시 사망자 3명은 김오랑 소령, 정선엽 병장, 박윤관 일병이다. 국방부 헌병대 소속 정선엽 병장은 반란군에 맞서다 숨졌고, 박윤관 일병은 참모총장 초소를 점령한 뒤 해병대가 초소를 되찾는 과정에서 사망했다.

2. 김오랑의 생애

김오랑(金五郎)은 1944년 4월 5일 경상남도 김해시에서 아버지 김종수와 어머니 임순이 사이에 4남 1녀 중 막내아들로 태어났다. 김해 삼성초등학교, 김해중학교, 김해농업고등학교를 우수한 성적으로 졸업했고, 1965년 육군사관학교 제25기로 입학하여 1969년 졸업과 동시에 대한민국 육군 소위로 임관 강원도 양구 육군 제2사단 32연대 수색중대와 베트남 전쟁을 비롯한 전후방 주요 부대에서 소대장, 중대장, 참모장교로 임무를 수행했다. 1973년 백영옥과 결혼하면서 충남대학교 학군단 교관생활을 시작했으며 1974년 장기복무 장교 정규과정 가운데 하나인 고등군사반(OAC)교육을 위해 육군보병학교로 갔다. 1974년 제3공수여단 16대대 19지역대 중대장으로 특전사령부에 첫 보직 명령을 받았다. 이때 19지역대장으로 있던 육군사관학교 2년 선배인 박종규 소령과 만나게 된다. 19지역대에서 19개월, 19대대 작전장교로 12개월, 16대대 18지역대장을 역임한 뒤 1977년 8월 소령으로 진급했다. 1978년 3월 육군대학까지 마쳤다. 1979년 3월 특전사령부로 원복을 자처하여 제5공수여단 21대대 부대대장으로 부임했다. 곧 사령부의 추천으로 특전사령관 비서실장에 임명되었다. 10·26사태 이후 수사과정에서 세상 밖으로 모습을 드러낸 전두환 신군부 세력이 주도한 12·12군사반란 당시 진압군 측 정병주 특전사령관에 대한 체포명령이 내려지고 이를 막기 위해 사령관 곁을 지키다 평소 형제처럼 지내던 제3공수여단 15대대장 박종규 중령이 이끄는 체포조에 맞서다 벌인 총격전에서 사망했다.

3. 김오랑의 보국훈장과 미완의 명예회복

김오랑은 36세로 짧은 생을 마감한 채 서울현충원 유골안치소에 머물다 1980년 육사 25기 동기생들의 탄원으로, 1980년 2월 28일 비로소 서울현충원 국립묘지 29번 묘역에 안장되었다. 김오랑 소령의 부인 백영옥은 국회 광주특위청문회를 계기로 12·12군사반란이 세상의 이목을 끌기 시작하자 남편의 명예를 바로잡으려 중령 진급 및 무공훈장 추서를 위한 청원을 시작했다. 1990년 1월 백영옥의 명예회복 노력 등으로 김오랑은 중령으로 추서되지만, 무공훈장에 대한 성과는 없었다. 그런 가운데 1991년 신군부의 외압으로 어려움을 겪고 있던 백영옥이 그 해 6월 의문의 추락사를 당하게 된다.

1997년 4월 17일 대법원에서 12·12사건이 정식으로 '군사반란'이라고 최종판결로 확정되었다. ROTC 임관 후 특전사에서 근무한 후배 김준철의 노력에 힘입어 당시 한나라당 김정권의원의 대표발의로 김오랑 중령에 대한 '무공훈장 추서 및 추모비 건립 건의안'이 국회에 제출되었다. 2012년 7월 30일 '무공훈장 추서 및 추모비 건립 촉구 결의안'이 다시 국회에 제출되었다. 하지만 국방부의 비협조로 훈장은 추서되지 않았다. 박근혜 정부 시절 김관진 국방부장관은 "상훈법상 무공훈장 추서는 전투 또는 전투에 준하는 직무 수행으로 무공을 세운 자에 해당된다"라며 반대 뜻을 밝혔다. 우여곡절 끝에 국회가 무공훈장을 보국훈장으로 바꾸자 정부는 2014년 김오랑 중령에게 '보국훈장 삼일장'을 추서했다.[79][80] 2014년 4월 1일 서울시 송파구 거여동 육군특수전사령부 연병장에서 김오랑 중령 훈장 전수식이 열렸다. 1979년 12·12군사쿠데타 당시 상관인 정병주 특전사령관을 보호하려다 반란군의 총탄에 숨진 지 35년 만에 김오랑 중령은 특전사로 돌아와 일부 명예를 회복한 것이다.

김오랑 중령의 추모비 건립은 국방부 훈령에 따라 "군의 명예 고양 등 타의 모범이 되는 순직자"에 해당함으로 이견이 있을 수 없다. 또 12·12군사반란 당시 군 지휘체계와 상관의 안위를 위해 죽음을 선택, 신의를 버리지 않은 군인정신은 후세에 교훈으로 삼아야 한다. 무공훈장의 추서 및 추모비(동상) 건립은 곧 자랑스러운 대한민국의 참군인에 대한 표상이다. 목숨을 아끼지 않고 죽음과 바꾼 군인정신은 곧 견위수명(見危授命)의 고귀함이며 직업의식의 귀감이다.[81]

12·12군사반란군에 맞섰던 참군인 김오랑 중령, 그는 갔지만 그의 참군인 정신은 기려져야 한다. 김오랑 중령 추모사업회가 요구하는 추모비 건립에 정부는 전향적인 자세를 보여야 한다. 육군사관학교에 추모비를 세우고, 그의 정신을 가르쳐야 한다.

79) 정희상, 전두환 반란군에 맞서다 스러져간 군인 김오랑, 「시사IN」 제639호(2019.12.19).
80) 정부는 2014년 1월 13일 정홍원 국무총리 주재로 열린 국무회의에서 고(故)김오랑 중령에게 보국훈장을 추서하는 영예 수여안을 심의·의결했다. 국방부와 안전행정부는 상훈법상 무공훈장 추서 대상자는 '전투 또는 전투에 준하는 직무 수행으로 무공을 세운 자'라며 김오랑 중령은 그 조건에 충족되지 않는다는 이유를 들어 무공훈장 추서에 반대한 것으로 알려졌다.
81) 이원준·김준철, 김오랑-역사의 하늘에 뜬 별, 14면.

제4장 간첩조작과 훈장

제1절 군사독재정권과 간첩 사건

1. 간첩 사건과 군사독재 정권의 권력 유지 수단

간첩 조작의 역사는 미군정기인 1946년 5월에 일어난 '조선 정판사 위조지폐 사건'[1]에서 출발한다고 보는 견해도 있고, 1949년에 일어난 '국회 프락치 사건'[2]에 주목하는 경우도 있다.[3]

'간첩 사건'이야말로 민주적 정당성과 정통성을 결여한 군사독재정권의 정권유지와 안정에 가장 긴요한 수단이었다. 간첩사건은 특히, 독재정권이 위기에 처할 때마다 정권안보를 위한 대국민 선전용으로 조작한 것이라는 비난을 받아왔다.[4]

간첩사건의 정치적 이용은 이들 사건을 취급하는 정보수사기구의 난립과 경쟁을 가져왔고, 그 결과 수사관들의 반민주적·반인권적 만행은 날로 커져만 갔다. 특히, 전두환 정권 아래서 정보수사기구들의 경쟁은 개인의 승진과 표창에 직결되며 조직간의 역학관계에 영향을 미치는 것으로 군부독재정권 실세들은 정보수사기관들의 이러한 경쟁을 유발하여 정략적으로 정권유지에 악용한 것이다.[5]

보안 분야 경찰관들은 국가보안법 위반 혐의자를 붙잡아 구속할 때마다 법무부로부터 1명

---

1) 조선정판사 위조지폐 사건(朝鮮整版社僞造紙幣 事件)은 1946년 5월 조선공산당이 당비를 조달할 목적으로 1,300만원의 위조지폐를 만들어 시중에 유통시켰다는 죄목으로 기소된 사건이다.

2) 국회 프락치 사건은 1949년 4월 남로당 프락치로 제헌국회에 침투, 첩보공작한 혐의로 김약수 등 13명의 의원이 체포된 사건이다. 이승만 정권과 친일세력들은 국회프락치사건을 조작하여 반민특위(反民特委)활동에 적극적이던 노일환·김약수 등의 국회의원을 구속시킴으로써 반민특위 활동을 추진할 세력이 사라짐으로 반민특위는 사실상 활동이 중단되었다.

3) 김정인 외,『간첩시대』, 책과함께(2020), 336면 각주 20) 참조.

4) 박원순,『국가보안법연구(2)』, 역사비평사(1992), 389면.

5) 박원순, 위의 책, 390·391면 참조.

당 20~40만원의 '국가보안유공자 수당'을 받은 것으로 드러났다. 보안 수사관들에 대한 금전적 특혜가 무리한 인신체포를 부추기고 이른바 '실적 올리기'식 수사의 배경이 된 것이다. 수사기관 종사자에 대한 포상 규정은 일반 형법상 범죄에는 존재하지 않는 이례적인 규정이다. 국가보안법은 금전적 동기까지 동원해 수사기관의 인권침해를 조장해 온 셈이다.[6][7]

1970년에 들어와 남파간첩이 줄자 공안기구들은 아예 간첩을 만들어냈다. 공안기구들은 서로 경쟁하며 정보망원을 심어 밀고를 받거나 의심되는 사람을 고문하거나 약점이 있는 사람을 잡고 그와 뒷거래를 해서 원하는 그림을 그려냈다. 수사기관이나 그 수장이 최고 권력자에게 실적과 충성심을 과시하거나 승진이나 보상을 노려 적극적으로 조작하는 경우도 있었고, 위로부터 성과를 내라는 압박을 받아 수동적으로 조작하는 경우도 있었다. 또한 국가보안법 사건을 맡은 수사관은 거액의 포상금을 받을 수 있을 뿐만 아니라 실적이 승진에 반영되었기 때문에 기를 쓰고 간첩을 찾아내려 했다. 더욱이 힘도 연고도 없는 사람을 잡아다가 고문을 해서라도 자백만 받아놓으면 법원이 유죄판결을 내려주었으므로 간첩을 조작하는 일에 거침이 없었다.[8]

2. 간첩 조작의 시스템

엄상익(변호사 겸 소설가)은 오래전 간첩을 잡는 대공 수사관 한 사람으로부터 개인적으로 이런 고백을 들었다.

"간첩이요? 그거 우리가 만드는 거지 진짜 잡히는 경우는 드물어요. 대개 간첩으로 우리가 지목하고 싶은 사람의 집에 가면 그들이 읽는 책들이 있어요. 전환시대의 논리라든가 태백산맥이라는 소설 그런 거였죠. 사회현상을 객관적으로 알기 위해 보는 책이라는 걸 우리도 사실 알아요. 그런 책들을 압수하고 전문적인 대공 감정가라는 사람을 증인으로 세웠어요. 자칭 김

---

6) 민주사회를 위한 변호사모임, 『헌법 위의 악법』, 삼인(2021), 79-81면.

7) 국가보안법상 공소보류제도 또한 악용된 제도 중의 하나라 하겠다. "국가보안법이 규정한 공소 보류 제도의 취지는 반국가 행위자라도 여러 상황을 고려할 때 활용하는 편이 국가 이익에도 도움이 되면 그 처분을 보류하고 당국의 감독 아래 둔다는 것이다. 그러나 그런 본래 취지는 완전히 무시됐다. 서류상으로는 간첩으로 조작됐지만 법정에서 공판을 유지하기 어려운 자, 다시 말해 조작이고 수사관이 스스로 인정하지 않을 수 없는 불안한 '물건'에 취하는 처지가 공소 보류였다."(김병진, 『보안사-어느 조작 간첩의 보안사 근무기』, 이매진, 2013, 85면).

8) 홍성우·한인섭, 『인권변론 한 시대: 홍성우 변호사의 증언』, 경인문화사(2011) 391면. 김정인 외, 간첩시대, 36면 재인용.

일성을 공부한 전문가라고 하면서 증인이 직업인 사람들이죠. 그 사람들이 간첩이라고 진술하면 간첩 하나가 만들어지는 거예요."9)라고 '모략이 승리하는 사회'라는 칼럼에서 간첩이 만들어지는 과정을 기술하고 있다. 이를 뒷받침하는 체험적 진술이 있다. 《보안사》라는 책의 저자로 국내에 알려져 있는 김병진은 1983년 보안사에 연행돼 가혹행위를 당하던 무렵 한 수사관으로부터 "이 나라의 재판은 형식적이야. 우리가 간첩이라고 하면 간첩이지."10)라는 말을 들었으며, "(보안사)수사관들은 간첩 사건을 정치적 요구에 따라 조작한다는 뉘앙스의 말을 자주 내뱉었다."11) 쓰고 있다.

조작된 간첩 탄생 과정을 압축하여 말하면, 간첩은 "보안사에서 다시 고문당하고 싶냐고 협박하는 검사, 시인할 건 시인하고 가자는 무기력한 변호사, 뚜렷한 증거는 없지만 내가 할 수 있는 건 이게 다라고 말하는 판사에 의해 한 사람의 간첩이 탄생했다."12)

조작간첩 사건의 피해자들은 자신이 속한 조직이 있다는 사실을 수사당국에 불려가서 처음 듣는 경우가 대부분이었다. 조작간첩 사건의 피해자들은 불법 연행되어 몇 달씩 모진 고문을 당했다.

고문은 사람이 만들어낸 최악의 형태로서 문명의 수치이고 현대의 야만이다. 고문(拷問, torture)이란, '몸을 비틀다'는 뜻의 라틴어 'torquere'에서 유래한 것으로, 자백을 강제하기 위하여 가해지는 폭력을 의미한다.

볼테르(Voltaire)는 "진실을 찾기 위해 고문을 가하는 것은 누구 진범인지를 가리기 위해 결투를 신청하는 것만큼이나 우둔한 짓이다. 흔히 건장한 범인은 고통을 이겨내는 반면 무고하지만 병약한 사람은 고통 앞에 무릎을 꿇는다."는 이유를 들어 고문을 반대했다.

1978년 프랑스혁명의 '인권선언'은 무죄추정의 원칙과 고문(拷問)과 잔혹한 형벌 금지 및 죄형법정주의 등 근대 형사법의 원칙을 명시했다. 시민혁명은 봉건사회의 야만적 악습인 고문과 잔혹한 형벌의 폐지에서 출발한 것이다.

고문이라는 말은 원래는 고문대나 그 밖의 도구를 이용하여 인체를 비틀어대는 것을 뜻했으나 강렬한 조명을 비추든가 기아 상태에 빠뜨리기도 하고 때로는 펜트타아르(진실 토로약, 眞實吐露藥)를 사용하든가 해서 수인을 장시간 잠을 재우지 않고 두는 기술 따위도 포함되는 것

---

9) 엄상익, '모략이 승리하는 사회', 「법률저널」 제1135호(2021년 4월 23일, 15면).
10) 김병진, 보안사, 49면.
11) 김병진, 보안사, 50면.
12) 은유, 『폭력과 존엄 사이』, 오월의 봄(2016), 213면.

으로 일반에게는 해석되고 있다.13)

현대에 와서 고문에 대한 정의(定意)는 1975년 12월 9일 유엔의 '고문방지협약선언'과 1975년 세계의사회(The World Medical Association)의 '도쿄선언'으로 정립되기 시작했다. 이들은 고문을 "한 사람 또는 다수의 사람이 단독으로든 당국의 지시에 의해서든 다른 사람으로부터 정보나 자백을 받아내거나 또다른 목적을 달성하기 위해 고의적으로, 또는 제도적으로 불합리하게 고통을 가함으로써 정신적·육체적으로 해를 가하는 행위"라고 정의하였다. 그리고 국제사면위원회(Amesty International)와 유엔은 1985년과 1987년에 각각 이를 수정·재정립하여 "고문이란 개인이나 집단이 상부의 지시나 자의에 의해 당사자나 제3자에게서 강제로 정보나 자백을 얻어내기 위해, 또는 여하한 이유로 인해 의도적으로든 제도적으로든 상대방의 감정이나 인권을 고려하지 않은 상황에서 신체적·정신적 고통을 가하는 것"이라 정의하였다.14)

우리 형사사법제도에서 일본 제국주의의 잔재(殘滓)는 정치사찰, 고문의 자행을 비롯해서 정치적 반대파에게 "빨갱이"나 "위험인물"딱지(낙인)를 붙여 사회적으로 매장하는 것, 피의자나 피고인 심문에서 처음부터 죄인 다루듯 하는 비하 모욕의 행위, 경찰·검찰 기타 정보기관에서 민간인을 죄인 다루듯 딱딱거리고 불편과 겁을 주는 것, 일단 기관에서 요시찰인으로 찍혀 기소되면 거의 절대로 풀려날 수 없는 올가미에 얽히게 되어 있는 폐습, 자기변명의 기회가 거의 무시되며 진행되는 관료적 사법절차 등이다.15)

우리나라에서 고문의 악습은 독재자에게 빌붙은 일제하 친일 경찰관료와 함께 고스란히 그대로 이어졌다. 이승만 독재시기부터 군사정권에 이르기까지 고문은 독재정권 유지의 필수 제도가 되어 왔다.

고문은 인간이 겪을 수 있는 최대한의 고통을 줘서 폭력에 굴복시킨 다음 권력이 원하는 정보를 얻거나 각본을 만들어내는 반인권적인 신체형(身體刑)이다. 인간이 인간에게 가할 수 있는 잔인한 폭력이 모두 동원되었다. 그렇게 수사기관에서 고문하다 죽으면 의문사(疑問死)가 되고, 살아남으면 간첩이 되었다. 검사는 피해자들에게 자백하고 전향(轉向)하면 선처해준다고 얼렸고, 혐의를 부인하면 다시 수사기관으로 돌려보냈다. 그렇게 검사 앞에서 자백을 하면 재판에서 증거로 인용되어 결국 자백만으로 간첩이 만들어지는 시스템이 구축되었다.16) 특

---

13) Daniel P. Mannix, 『拷問의 世界』(원제 The History of Torture), 대진출판사(1975), 21면.

14) 고문 등 정치폭력 피해자를 돕는 모임, 『고문 인권의 무덤』, 한겨레신문사(2004), 24면.

15) 한상범·이철호, 『경찰과 인권』, 패스앤패스(2003), 93면.

히, 힘없는 어부나 재일 한국인을 간첩으로 만드는 일은 간단하다. 조총련계 인물을 적당히 엮으면 된다. 물증 따위는 필요 없었다.[17]

3. 간첩조작과 훈장 잔치

정영 간첩조작사건만 보더라도 힘도 연고도 없는 사람을 잡아다가 고문을 해서 간첩으로 만든 전형적인 사건이다. 정영은 1965년 10월 29일 경기도 강화군 미법도 주민 100명과 함께 서해 비무장지대에서 조업 중 북한군 경비정에 의해 주민들과 함께 나포되어 22일간 억류되었다가 풀려난 뒤 경찰서 조사를 받고 일상으로 복귀했다. 안기부는 1982년 2월 8일 정영, 정진영, 황정임 등 동네 주민 10명을 연행했다가 무혐의처분하고 모두 석방했다. 안기부는 1983년 9월 6일 한국전쟁 중 월북한 정진구의 동생 정진영과 그의 아내 황정임을 강제연행하여 45일간 구금, 9월 13일 정진영의 7촌 정영을 강제연행해 38일간 구금했으며, 9월 21일 정영의 아내 황문자를 안기부 인천분실에 강제연행 돼 8일간 구금 후 석방했다.[18] 1984년 9월 25일 대법원은 정영에게 무기징역 등을 판결했다. 정영은 15년 복역 중 1998년 5월 15일 가석방으로 풀려났다. 미법도 어부 정영과 그의 아내 그리고 친척들에게 가혹한 고문을 하고 간첩으로 조작한 안기부 수사관들은 '보국훈장'을 받고 특진했다.[19]

진도어부 김정인 간첩조작사건 등 피해자들에게 중앙정보부 지하실에서 무지막지하게 고문 수사한 일부 중정 수사관들은 조작에 의해 억울하게 간첩의 누명을 쓴 이들이 사형을 당하고 수 십 년간 감옥살이를 하는 동안 국가유공자로 포상을 받고 진급했다.[20]

간첩을 잡는 것보다 간첩 같은 시민을 잡는 것이 훨씬 더 용이하다. 사회를 규율하고 권력의 통치성(統治性)을 강화하는 데는 어느 쪽이든 상관이 없다. 어찌 보면 실제 간첩보다 평범한

---

16) 김정인 외, 간첩시대, 45면.

17) 김병진, 보안사, 85면.

18) 정영사건의 수사 및 기소 검사는 임내현이였다. 반헌법행위자열전편찬위원회는 정영사건 당시 임내현 검사의 행위를 이렇게 평가했다. "임내현은 인천지검 재직 시절인 1983년 납북어부 간첩사건인 정영사건의 수사 및 기소 검사로서 피의자의 인권을 보호하지 못했다. 사건 피해자 정영 등이 수사기관에서 심각한 고문을 받아 사건이 조작되었다고 호소했으나 이를 전면 외면했으며 재판 과정에서 법원과 긴밀히 협력해 비공개 재판을 진행하는 등 검사로서의 인권보호 의무는 준수하지 않았다." 그럼에도 불구하고 임내현 검사는 19대 국회에서 새정치민주연합, 국민의당, 바른미래당 국회의원이 된다(김성수, 『조작된 간첩들』, 드림빅, 2021, 155-156면).

19) 김성수, 조작된 간첩들, 158면.

20) 김성수, 조작된 간첩들, 107면.

시민이 간첩으로 몰려 갖은 고충을 겪을 때 대중적 효과는 더 클 수 있다.[21] 평범한 시민을 간첩으로 조작한 수사관들은 훈장과 포상금과 해외여행을 서로 나눠 가졌다.[22] 간첩 조작사건으로 인권을 유린하고, 한 사람의 인생을 박살내고, 한 가정을 풍비박산으로 만들었던 그들 - 경찰 수사관인건, 보안사수사관인건, 안기부 수사관이건- 모두는 간첩조작 가담자 아니 '가정 파괴범'들로서 '훈장잔치판'을 벌인 것이다.

아무 잘못이 없는 선량한 시민들을 죽음이나 죽음 직전까지 몰고 간 고문 기술자는 간첩 조작사건 이후 특진해서 중앙의 요직으로 가거나 국회의원이 되기도 했다. 공안검사 출신들은 '공안통'이라는 훈장을 달고 여전히 전문가 행세를 하며 TV에 얼굴을 내밀고 이 사회 주요 자리에서 일신의 영달을 누리고 있다. 말 그대로 '응징 없는 역사가 불러온 무간지옥'이 아닐 수 없다. 간첩 조작 사건에 복무한 이들처럼 어떤 상황에서도 감정을 느끼지 않고 타인의 고통에서 눈 돌리고 성찰하지 않는 사람들의 성실한 임무 의식, 그리고 "관습 속으로 들어와 버린 비겁함"이 사회 곳곳에 악의 저변을 확대하고 지옥의 통로를 내는 것이다.[23]

제2절 전두환 집권 시기 간첩조작과 훈장

1. 전두환 집권 시기 대표적 용공 간첩조작 사건

전두환 정권은 대규모 '용공조작'사건을 악용·날조하는 정보공작(情報工作)수법을 동원하여 정권을 유지하였다. 좌경용공조작 사건은 안기부와 보안사령부가 주도했다.

전두환 집권 초기 대표적인 공안조작사건은 '아람회 사건'과 '오송회 사건'을 들 수 있다. '아람회 사건'은 1981년 중학교 윤리교사였던 박해전을 비롯한 고교동문이며 당시 육군 대위였던 김난수 씨의 딸 아람 양의 백일잔치에서 좌익 단체를 결성했다는 혐의로 기소돼 각각 최소 집행유예에서 징역 10년까지의 형이 확정된 반국가단체 조작사건이다. '전두환 광주 살육작전' 등 유인물을 통해 광주학살의 진실을 알리는 등 5·18 직후 신군부에 비판적 태도를 보이고 전두환 심판을 촉구한 인사들을 1981년 7월 조직적으로 국가공권력을 악용해 반국가단체

---

21) 김정인 외, 간첩시대, 123면.
22) 김병진, 보안사, 84면.
23) 은유, 폭력과 존엄 사이, 10면.

로 영장 없이 보안분실에 가둬놓고 일주일 이상 잠재우지 않기, 물고문, 집단구타 등의 고문 등을 가하여 조작한 5공의 대표적 반인권적 국가폭력 범죄 사건이다.[24] 또한, '오송회 사건'[25]은 1982년 군산제일고 전·현직 교사들이 4·19 기념행사를 치르고, 시국 토론을 하며 김지하 시인의 '오적'을 낭송한 모임에 대해 공안당국이 이적단체로 규정한 대표적인 공안조작사건이다.[26]

전두환 집권시기인 1985년에만 26건의 간첩사건이 발표되었다. 이 해에는 김대중이 미국에서 귀국, 12대 국회의원 총선거, 신민당 중심의 야당통합 합의, 대우자동차 노조파업, 전국학생 총연합회 결성, 대학생 미문화원 점거농성, 구로공단 동맹파업 등 중요한 사건들이 많이 일어났다.[27] 간첩조작사건들은 대부분 잠 안재우기·구타·협박 등의 고문과 장기간의 밀실

---

24) 아람회 사건 관련자들은 2007년 7월 「진실·화해를 위한 과거사정리위원회」의 재심 권고 결정으로 무죄 판결을 받았다. 2010년 3월 9일 서울고법 민사11부는 '아람회 사건' 피해자 박모씨와 가족 등 37명이 국가를 상대로 낸 손해배상 청구 소송 항소심에서 서울고법이 206억원 배상 판결을 내렸지만 국가는 손해배상소송을 제기할 수 있는 기간이 지났다며 판결에 불복해 사건이 대법원에 계류 중이다.

25) 오송회 사건이란 그 시절의 공안사건이 대부분 그렇듯 참으로 황당한 사건이다. 우선 명칭부터가 그랬다. 전북도경에서는 처음에 사건 핵심 5명을 이리 남성고 출신으로 알고 '오성회' 사건으로 불렀는데, 그 중 한 명이 다른 학교 출신이라 이름을 부랴부랴 '오송회'로 바꿨다. '오송'이란 말도 다섯 그루 소나무라고도 하고, 소나무 밑에서 교사 5명이 모였기 때문이라고도 한다. 선생님들이 출옥한 뒤 누군가가 오송이 어디 있느냐고 물었더니 아무도 몰랐다고 한다. 오송은 그들이 즐겨 찾던 군산 제일고 뒷산이 아니라 사건을 조작한 자들의 흑심 속에 있었던 것이다. 백일잔치에 모인 사람들이 걸리면 아기 이름을 따 '아람회'가 되고, 금강에 놀러 갔던 사람들이 걸리면 '금강회'가 되던 시절이었다(한겨레신문, '한홍구 교수가 쓰는 사법부-회한과 오욕의 역사(42) 암흑시대의 빛나는 판결들(중), 2010년 3월 15일 참조).

26) 군산제일고등학교 국어교사였던 이광웅 시인은 선배 신석정 시인 집에 있던 오장환 시집 <병든 서울>을 복사해 갖고 있었다. 그 시집을 동료 교사들과 나눠 보기 위해 다시 복사를 했고, 박정석 선생이 갖고 있던 복사본을 서울대에 다니던 한 제자가 빌려가서 버스에 두고 내렸다. 그 시집을 버스 안내양이 발견해 경찰에 갖다 주자, 경찰은 전북대 철학과 한 교수에게 시집의 내용에 대해 감수를 구했다. 그 교수는 '인민의 이름으로 씩씩한 새 나라를 세우려 힘쓰는 이들' 등의 구절을 지적하며, 지식인 고정간첩이 복사해 뿌린 것 같다고 진단했다. 경찰은 시집 겉장을 싼 종이가 인문계 고교 국어 시험문제인 것을 단서로 석 달 이상을 추적해 1982년 11월 2일 이광웅 시인을 비롯해 독서모임을 꾸린 교사들을 비밀리에 연행했다. 대공 경찰은 43일 동안 교사들에게 북한의 연계 여부, 광주항쟁의 중심인물인 윤한봉과의 관계를 추궁하며 통닭고문, 전기고문, 물고문 등으로 위협한 끝에 '오송회'라는 반국가단체를 조작해 발표했다. 사실 오송회란 이름도 당국에서 지어줬다. 82년 4월19일 교사 5명이 학교 뒷산 소나무 아래서 4·19혁명이 국가기념일에서 제외된 것을 한탄하며 막걸리를 마시고 4·19와 5·18 희생자를 위해 잠깐 묵념을 했다고 붙였단다(한겨레신문, <길을 찾아서> 연재기사, 2010년 7월 7일 참조).

27) 서준식, '조작간첩사건과 일본사회', 「분단조국의 희생양 조작간첩」, 천주교 조작간첩 진상규명대책위원회, 1994년 6면.

불법구금에 의해 만들어졌다.

전두환 정권 아래서 간첩조작사건의 전형적인 사례는 '수지金 사건'이다. 이 사건은 외국에서 한 여성이 피살되고 그 범인이 남편인 것을 아는 정보기관이 진실을 은폐하고 피살자를 간첩이라는 누명을 씌워 친정과 그 가족들의 인권을 유린하고 가정을 파괴한 반인륜적인 악질적 범죄이다.[28] 그 중앙에 정보기관인 「국가안전기획부」가 자리 잡고 있다. 이 사건은 1987년 전두환 정권 말기 국민들의 저항에 직면하여 정권위기를 돌파하기 위해 공안정국 조성에 혈안이 된 정보기관이 조직적으로 국가권력을 악용하여 억울한 피살자를 간첩으로 조작하고, 살인범을 반공투사로 만든 대표적 사건이었다.

2002년 6월 검찰은 '수지 김' 살인사건의 전말을 알고 있으면서 고의로 이를 간첩사건으로 조작한 장세동 등 안기부 관계자들에 대해서 직권남용죄(공소시효 3년)와 직무유기죄(공소시효 1년)의 공소시효가 지났다는 이유로 '공소권 없음' 처분을 결정했다.[29]

2. 보안사와 간첩조작

보안사의 정식명칭은 '육군보안사령부'였고 1968년 1월 21일 김신조 등 무장공비들이 방첩부대원이라고 사칭해 청와대 근처까지 침투한 사건이 발생했고 이 사건을 계기로 1968년 9월 23일 방첩부대가, 육군보안사령부로 명칭을 변경하고 기구를 개편했다. 1977년 해군 방첩대와 공군 특별수사대를 합쳐 국군보안사령부(보안사)로 바뀌었다. 보안사는 3군의 정보활동을 총괄했고 1979년 10·26박정희대통령 피살사건 이후 12·12군사반란 등으로 이어지는 과정에서 권력의 전면에 나섰다.

---

28) 1986년 8월 윤태식과 수지 金(본명 김옥분)이 홍콩에서 동거를 시작했고, 1987년 윤태식이 홍콩 아파트에서 수지김을 살해했다. 1월 4일 윤태식이 싱가포르에 도착하여 북대사관으로 월북시도했으나, 1월 8일 안기부는 여간첩 수지김이 북공작원에 피살되었고 윤태식으로 하여금 납치모면을 주장하도록 방콕 기자회견을 열었다. 이로서 간첩과 전혀 상관없는 사람이 억울한 죽음을 당하였지만, 군사독재정권의 야만성은 그 억울한 사자(死者)를 간첩으로 조작되어 정권유지에 악용했다. 또한, 수지김 가족들은 간첩의 가족이라는 빨간칠로 형제자매들의 가정은 풍비박산났다. 그러다가 2000년 1월 경찰이 수지김 사건에 대하여 내사를 하자, 국가정보원 김승일 대공국장이 당시 이무영 경찰청장을 방문하여 수사중단 요청을 하였고, 경찰이 내사중단을 하였다. 수지김 가족이 3월 9일 살인혐의로 윤태식을 서울지검에 고소하였고, 검찰의 재수사 결정으로 2001년 10월 24일 검찰이 윤태식을 살인혐의로 긴급체포하였고, 12월 10일에는 이무영·김승일이 사건 은폐의혹으로 구속되었다.

29) 한성훈, 권력의 중심에 선 정보기관: 국군기무사령부와 국가정보원, 「내일을 여는 역사」 제53호(2013년 겨울호), 125면 각주33).

보안사는 1990년 윤석양 이병에 의하여 민간인 사찰이 폭로된 후 국군보안사령부는 국군기무사령부(기무사)로 부대 명칭을 바꾸었다. 그러다가 2014년 세월호 유가족 사찰 의혹에 이어 2017년 박근혜 대통령 탄핵정국 당시 시위 진압을 위한 위수령·계엄령 검토 문건까지 확인되면서 국군기무사령부가 다시 개혁의 대상이 되었고, 다시 2018년 9월 1일 군사안보지원사령부로 새로 창설 탄생했다.[30]

보안사는 전두환 신군부의 정권장악 의도에 12·12군사반란과 1980년 5·17 비상계엄 전국확대 조치, 국가보위비상대책위원회 설치, 언론통·폐합, 민주정의당(民主正義黨) 창당 등을 주도했다. 보안사는 국가안전기획부를 제치고 전두환 신군부의 집권을 뒷받침하는 강력한 기관으로 부상해 정국을 주도했다. 보안사는 간첩조작 사건과 야당 탄압 등 신군부의 권력장악을 위한 공작에 나섰다. 또한 학생운동에 가담한 사람들을 군대에 입영조치한 후 사상을 바꾸겠다는 '강제징집 녹화사업'을 대대적으로 실시했다. 이때는 '군(軍)정보기관'이라기보다는 정권의 전위대로서 보안사가 가장 악명을 떨친 시기였다.[31]

재일교포 3세인 김병진은 1980년 3월 연세대학교로 유학을 왔고, 1983년 연세대 대학원 재학 중 삼성종합연수원에서 일본어 강사로 활동하다 국군보안사령부(보안사) 서빙고분실로 연행 당했다. 온갖 고문에도 김병진이 간첩인 것을 밝힐 수 없었던 보안사는 김병진의 뛰어난 한국어 실력을 이용해 그를 보안사 일본어 통역요원으로 써먹기로 작정한다. 1984년 전두환 정권 아래서 보안사에 연행된 80%가 재일동포였고 모국어가 서툰 그들을 취조하기 위해 일본어 통역요원이 필요했던 것이다. 결국 김병진은 강제로 보안사에 특채되어 1984년 1월 1일부터 보안사 6급 통역요원으로 1986년 1월 31일까지 근무한다.[32]

---

30) 군사안보지원사령부는 과거 보안사, 기무사 등으로 불리던 군 보안 및 방첩기관이 해체 수준의 과정을 거쳐 새롭게 탄생한 것이다. 안보지원사 변화의 근본적 원인은 크게 두 가지로 볼 수 있다. 첫째는 정권이 바뀔 때마다 논란이 되었던 불법적 정치개입이고, 둘째는 사회변화에 따른 임무수행 방식의 적절성에 대한 논란이다. 일선 군부대 운영에 과도한 개입과 권위주의적 업무방식의 전면 개선이 요구된 것이다. 군사안보지원사령부는 2018년 창설이후 3년간 방대했던 업무를 군보안업무, 군방첩업무, 군범죄수사 등에 집중하며 일부 부서는 폐지하고 인원도 대폭 축소하는 등 그야말로 환골탈태 방식으로 새롭게 탄생했다. 특히, 부대령에 '3불(不)조항'(정치개입·민간사찰·특권의식불가)을 신설하여 위반자에 대해서는 원아웃(One-Out)제를 시행하고 있다. 이를 제도적으로 뒷받침하기 위해 사령부 감찰실장에 검사나 고위감사공무원 출신 외부 인사를 임명함과 동시에 부대신문고, 인권보호센터, 양성평등센터 등을 운영하여 부대 내의 부당한 조치나 비리를 예방하고 있다(윤은기, 군사안보지원사령부와 국방안보, 「한국일보」2021년 8월 31일, A25면).

31) 한성훈, 권력의 중심에 선 정보기관: 국군기무사령부와 국가정보원, 115-116면.

32) 김성수, 조작된 간첩들, 198면.

김병진이 보안사에 연행돼 가혹행위를 당하던 무렵 "이 나라의 재판은 형식적이야. 우리가 간첩이라고 하면 간첩이지"라고 한 수사관으로부터 들었다[33] 한다. 법언(法諺)에 '귀에 걸면 귀걸이, 코에 걸면 코걸이'(耳懸鈴鼻懸鈴)와 같이 독재 권력의 하수인인 공안기관의 수사관들은 간첩을 조작해 냈다. 법을 무시하는 행태에서 권위주의 정권이 지배하던 시절 법치주의(法治主義)는 죽은 언어(死語)였고, 법전 속에나 존재하던 단어였다 할 것이다.

김병진은 2년간 보안사에서 근무한 경험을 토대로 보안사 서빙고 대공분실에서 자행되던 고문과 회유로 조작되던 재일동포 간첩사건들의 실상을 《보안사》라는 책에서 폭로했다.

제3절 간첩조작 사건과 훈장 취소

1. 간첩조작 사건과 제1차 서훈 취소

대한민국 정부는 1980년대 전두환 집권 시기 이루어졌던 간첩조작사건을 비롯해 부산 형제복지원 인권침해사건, 5·18광주민주화운동 진압 관련자들에게 수여됐던 서훈을 2018년 7월 10일 오전 개최된 제30회 국무회의에서 취소했다. 제30회 국무회의에서 취소된 서훈은 ①무죄판결 간첩조작사건 관련자 45명을 비롯해 ②부산 형제복지원 인권침해사건 관련자 1명, ③ 5·18광주민주화운동 진압 관련자 7명·2개 단체 등 모두 53명·2개 단체에 수여된 56점의 훈·포장과 대통령·국무총리 표창이다.

「진실화해를 위한 과거사정리위원회」의 재심권고 무죄사건 관련자에 대한 서훈취소는, 간첩죄를 선고 받았다가 재심결과 법원으로부터 무죄가 확정된 사건과 관련된 유공으로 포상을 받은 사람들의 서훈을 취소하는 것이다.[34]

제30회 국무회의(2018.7.10) 간첩조작 의혹 사건 서훈 취소

1. 정삼근 간첩조작 의혹 사건
○ 사건번호: 광주고법 전주재판부 2008재노1('09.1.23.)

---

33) 김성수, 조작된 간첩들, 196면.
34) 행정안전부 보도자료(2018년 7월 10일), 「80년대 간첩조작사건 관련자 등 서훈 대대적 취소- 형제복지원 인권침해 사건, 5·18민주화사건 관련자 등 53명·2단체 -」.

○ 진실화해를 위한 과거사정리위원회 보고서: 2007년 하반기 조사보고서 p1173

○ 취소사유: 상훈법 제8조 제1항 제1호 (거짓공적)

성 명	훈 격	수여일	성 명	훈 격	수여일
이○○	보국훈장광복장	'86.06.27	김○○	대통령표창	'86.06.27
김○○	보국훈장삼일장	'86.06.27	이○○	국무총리표창	'86.06.27

※「진실화해를 위한 과거사 정리위원회」재심권고: http://pasthistory.go.kr/진실화해지원/조사보고서

1-2. 구명서 간첩조작 의혹 사건

○ 사건번호: 대법 2010도15128('11.4.14.)

○ 진실화해를 위한 과거사정리위원회 보고서: 2008년 하반기 조사보고서 p297

○ 취소사유: 상훈법 제8조 제1항 제1호 (거짓공적)

성 명	훈 격	수여일	성 명	훈 격	수여일
김○○	보국훈장 광복장	'86.06.27	장○○	대통령표창	'86.06.27
이○○	보국훈장 삼일장	'86.06.27	배○○	국무총리표창	'86.06.27

1-3. 납북귀환어부 이병규에 대한 간첩조작 의혹 사건

○ 사건번호: 서울고법 2010재노40(11.11.20.)

○ 진실화해를 위한 과거사정리위원회 보고서: 2010년 상반기 조사보고서 p261

○ 취소사유: 상훈법 제8조 제1항 제1호 (거짓공적)

성 명	훈 격	수여일	성 명	훈 격	수여일
서○○	보국훈장 광복장	'86.06.27	배○○	대통령표창	'86.06.27
장○○	보국훈장 삼일장	'86.06.27	권○○	국무총리표창	'86.6.27
안○○	보국훈장 광복장	'86.10.01			

1-4. 김양기 간첩조작 의혹 사건

○ 사건번호: 광주고법 2008재노1('09.7.30.)

○ 진실화해를 위한 과거사정리위원회 보고서: 2008년 상반기 조사보고서 p327

○ 취소사유: 상훈법 제8조 제1항 제1호 (거짓공적)

성 명	훈 격	수여일	성 명	훈 격	수여일
유○○	보국훈장 삼일장	'86.10.01	박○○	대통령 표창	'86.10.07
이○○	보국훈장 삼일장	'86.10.07			

1-5. 구명우 국가보안법 위반 조작 의혹 사건

○ 사건번호: 서울고법 2010재노59('11.8.11.)

○ 진실화해를 위한 과거사정리위원회 보고서: 2009년 상반기 조사보고서 p219

○ 취소사유: 상훈법 제8조 제1항 제1호 (거짓공적)

성 명	훈 격	수여일	성 명	훈 격	수여일
김○○	보국훈장 삼일장	'86.10.07	김○○	대통령표창	'86.10.07
심○○	보국훈장 광복장	'86.10.07	최○○	국무총리표창	'86.10.07

1-6. 여덕현 간첩조작 사건

○ 사건번호: 대법 87도971('87.6.23.)

○ 취소사유: 상훈법 제8조 제1항 제1호 (거짓공적)

성 명	훈 격	수여일	성 명	훈 격	수여일
이○○	보국훈장 광복장	'86.10.07	김○○	대통령표창	'86.10.07
최○○	보국훈장 광복장	'86.10.07	김○○	국무총리표창	'86.10.07

1-7. 심한식 간첩조작 의혹사건

○ 사건번호: 서울고법 86노3515('87.2.10.)

○ 취소사유: 상훈법 제8조 제1항 제1호 (거짓공적)

성 명	훈 격	수여일	성 명	훈 격	수여일
이○○	보국훈장 삼일장	86.10.07	윤○○	대통령 표창	86.10.07
최○○	보국훈장 삼일장	86.10.07			

1-8. 김순일 간첩조작 의혹사건

○ 사건번호: 대법 2014도16801('15.8.19.)

○ 취소사유: 상훈법 제8조 제1항 제1호 (거짓공적)

성 명	훈 격	수여일	성 명	훈 격	수여일
배○○	보국훈장 삼일장	'86.12.18	최○○	대통령표창	'86.12.18
김○○	보국훈장 광복장	'86.12.18	이○○	국무총리표창	'86.12.18

2-1. 차풍길 간첩조작 의혹사건

○ 사건번호: 서울중앙지법 2007재고합23('08.7.31.)

○ 진실화해를 위한 과거사정리위원회 보고서: 2007년 상반기 조사보고서 p693

○ 취소사유: 상훈법 제8조 제1항 제1호 (거짓공적)

성 명	훈 격	수여일	성 명	훈 격	수여일
성○○	보국포장	'83.03.17	이○○	국무총리표창	'83.03.17
김○○	대통령표창	'83.03.17			

2-2. 오주석 간첩조작 의혹 사건

○ 사건번호: 대법 2010도8927('10.10.28.)

○ 진실화해를 위한 과거사정리위원회 보고서: 2008년 하반기 조사보고서 p25

○ 취소사유: 상훈법 제8조 제1항 제1호 (거짓공적)

성 명	훈 격	수여일	성 명	훈 격	수여일
이○○	보국훈장광복장	'83.12.09	이○○	대통령표창	'83.12.09
김○○	보국포장	'83.12.09	박○○	국무총리표창	'83.12.09
우○○	보국포장	'83.12.09	주○○	국무총리표창	'83.12.09
홍○○	대통령표창	'83.12.09	정○○	국무총리표창	'83.12.09

3-1. 이준호 가족간첩 사건

○ 사건번호: 서울고법 2007재노28('09.7.10.)

○ 진실화해를 위한 과거사정리위원회 보고서: 2006년 하반기 조사보고서 p182

성 명	훈 격	수여일	취소사유
최○○	보국훈장 광복장	'86.03.14	상훈법 제8조 제1항 제1호(거짓공적)

3-2. 김철 간첩조작 의혹 사건

○ 사건번호: 대법 2010도3401('12.7.26.)

○ 진실화해를 위한 과거사정리위원회 보고서: 2008년 하반기 조사보고서 p233

○ 취소사유: 상훈법 제8조 제1항 제1호 (거짓공적)

성 명	훈 격	수여일	성 명	훈 격	수여일
김○○	보국훈장 삼일장	'89.08.31	김○○	대통령표창	'89.08.31

2. 간첩조작 사건과 제2차 서훈 취소

대한민국 정부는 과거 1960~70년대에 이루어졌던 간첩조작사건 관련자들에게 수여됐던 훈장을 취소했다. 행정안전부는 2919년 5월 7일 오전 개최된 제18회 국무회의에서 이러한 내용을 담은 '부적절한 서훈 취소(안)'이 심의·의결되었다고 밝혔다.[35] 제18회 국무회의에서의 훈장 취소 결정은 2018년 7월 「진실화해를 위한 과거사정리위원회」의 재심권고 무죄사건 9건 및 언론사 보도 간첩조작사건 3건 등 12건을 비롯해, 부산 형제복지원 인권침해사건을 포함 총 13건의 사건 관련자 56점의 서훈을 취소한데 이어 두 번째로 이루어진 것이다.

취소되는 서훈은 ① 2018년 실시된 2018국정감사에서 취소 요구한(더불어민주당 홍익표 의원) 무죄판결 간첩조작사건 관련자 6명과 ② 진실·화해를위한과거사정리위원회 재심권고로 무죄 판결난 간첩조작사건 관련자 2명 등 총 8명에게 수여된 보국훈장이다. 행정안전부는 그동안 법원으로부터 무죄가 확정된 간첩사건 유공으로 포상을 받은 관련자들의 서훈을 취소하기 위해 판결문·국무회의 회의록 등의 공적근거자료를 바탕으로, 관련부처(국가정보원, 경찰청)와 함께 공적심사위원회 및 당사자 소명 등의 취소에 필요한 절차를 진행해 왔다. 행정안전부는 간첩조작사건 관련자 훈장 취소 대상자 명단은 「공공기관의 정보공개에 관한 법률」 제9조(비공개 대상 정보)에 따라 공개하지 않았다.

---

35) 행정안전부 보도자료(2019년 5월 7일), 「60~70년대 간첩조작사건 관련자 훈장 취소 - 고문·가혹행위 등으로 간첩 누명 씌워 받은 보국훈장 8점」.

서훈취소 대상자 명단 및 취소사유 등

① 임종영 사건: 1명(1점)

　　○ 취소사유: 상훈법 제8조 제1항 제1호 (거짓공적)

성 명	훈 격	수여일	공적요지
허 ○	보국훈장 천수장	'69.11.20	임종영 검거 유공

② 울릉도 사건: 3명(3점)

　　○ 취소사유: 상훈법 제8조 제1항 제1호 (거짓공적)

성 명	훈 격	수여일	공적요지
안○○	보국훈장 천수장	'74.06.10	울릉도 간첩단 검거
장○○	보국훈장 천수장	'74.06.10	울릉도 간첩단 검거
한○○	보국훈장 광복장	'74.06.10	울릉도 간첩단 검거

③ 삼척 사건: 2명(2점)

　　○ 취소사유: 상훈법 제8조 제1항 제1호 (거짓공적)

성 명	훈 격	수여일	공적요지
이○○	보국훈장 삼일장	'79.10.02	간첩 검거 유공
신○○	보국훈장 광복장	'79.10.02	간첩 검거 유공

④ 정영 사건: 2명(2점) * 진실화해위원회 재심권고 건

　　○ 취소사유: 상훈법 제8조 제1항 제1호 (거짓공적)

성 명	훈 격	수여일	공적요지
박○○	보국훈장 광복장	'84.04.02	미법도 거점 고정간첩단 검거
김○○	보국훈장 광복장	'84.04.02	미법도 거점 고정간첩단 검거

※「진실화해를 위한 과거사 정리위원회」재심권고: http://pasthistory.go.kr/진실화해지원/조사보고서

바다에서 어부로 고기 잡다 강제 납북 이후 귀환하여 수산업법과 반공법 위반 등으로 처벌받은 후 평범한 시민으로 살아가다가 간첩으로 체포되어 재판을 받은 어부 김용태는 독재 권위주의 공안통치 시대의 사법(司法)의 민낯을 다음과 같이 증언하고 있다.

"판사가 1985년 1월 6일 날 오후 5시에 104호 법정에서 선고 재판을 하겠다고 하는데 우리나라 재판이 오후 5시에 한 예가 없거든요. 근데 서울고등법원에서 이상한 지하통로로 나를 데리고 가더라고요. 판사 집무실에 끌려갔는데 판사가 재판장에 혼자 앉아 있어. 내가 어리둥절해 있는데, '김용태 선고 재판 하겠다', 이러는 거야. 내 벌떡 일어나가지고 재판장님, 우리 가족들이 법정에서 다 기다리고 있는데 왜 이렇게 비밀 재판을 하느냐고 했더니, 내가 자네한테 긴히 할 얘기도 있고 해서 불렀대요. 일단 선고부터 하겠다더니 13년을 선고를 하는 거지. 판사님이 증거 없다고 하지 않았느냐. 어떻게 된 거냐고 물었더니 판사가 그래요. '내가 할 수 있는 건 이게 다다.'"[36]

군사독재시대 간첩조작사건 등 국가폭력과 관련하여 특히, 사법부의 과거청산 의지가 중요하다고 본다. 국민일보 취재팀이 「진실・화해를위한과거사정리위원회」가 재심 및 국가 사과 권고 결정을 내린 사건 44건 중 재심 법원에서 무죄 확정 판결을 받은 1960~80년대 시국사건 17건을 전수 조사한 결과 판결문에 사과의 뜻을 담은 재심 재판부는 오송회, 아람회 사건 단 2건에 불과했다.[37] 민족일보 조용수 사장 사건 등 3건은 재심 재판부가 과거 판결을 뒤집고 수

---

36) 은유, 폭력과 존엄 사이, 212-213면.

37) 유죄판결을 받았던 과거 시국사건의 재심을 맡아 무죄를 선고한 재판부는 사법 피해자들에 대한 진심어린 사과를 상당부분 외면했지만 일부 판사들은 판결문에 직접 사과문을 넣었다. 2009년 5월 서울고법 형사3부 이성호 부장판사가 작성한 '아람회 사건' 판결문에서 그는 "법관으로 대표되는 사법부는 법치주의 이념을 구현하는 최후의 보루"라면서 "민주주의에 대한 소박한 신념을 가졌던 교사와 마을금고 직원 등 피고인들이 재판과정에서 불법구금과 고문으로 허위자백을 강요당했다고 절규했는데도 당시 법관이 외면해 사법부 본연의 역할을 다하지 못했다"고 고백했다. 이 부장판사는 "피고인 중 돌아가신 분은 하늘에서 편안하게 쉬고 나머지 피고인들은 여생이 평화롭고 행복하길 진심으로 바란다"고 덧붙였다. 또한 광주고법 형사1부 이한주 부장판사가 2008년 11월 작성한 '오송회 사건' 판결문에도 진심어린 사과의 뜻이 담겨있다. 그는 "피고인이 협박과 고문에 못 이겨 허위자백을 했다는 사실을 밝혀내려는 당시 재판부의 의지가 부족했던 점이 아쉽다"며 "우리 재판부는 '그 누구도 그 무엇도 두려워 마라. 법대 위에서 법관은 오로지 헌법과 법률, 양심에 따라 정의를 실현하라'는 문구를 가슴에 묻게 됐다"고 말했다. 당사

십년 만에 무죄를 선고하면서도 어떤 형태의 유감 표명 또는 사과도 하지 않았다. 이수근 간첩 조작 사건 등 3건에선 재심 재판부가 원심 판결의 잘못을 인정했지만 사과로 이어지지 않았다. 납북 어부 서창덕 간첩조작 사건 등 8건은 재판부가 구두로 유감을 표명했지만 판결문에 반영 되지 않았다. 1건은 별도로 사과문이 게재됐다(국민일보, 2010년 1월 14일 참조).

군사독재시대 간첩·용공조작사건은 사법개혁(司法改革)과 불가분의 관계에 있다. 사법개 혁의 핵심은 독재정권 아래서 저질러진 인권유린을 바로 잡는 것이며, 국가폭력으로 인권유린 을 뒷받침했던 사법부의 인적·물적 구조의 청산이다. 사법개혁을 말하면서 "과거청산이 전 부는 아니다."라고 하는 사법부의 구성원이 존재한다. 이는 사법개혁에 대한 몰이해(沒理解) 다. 그도 그럴 것이 현재 사법관료 상층들은 전부 박정희·전두환·노태우 밑에서 소위 출세 한 사람들이지 않는가.[38] 다시 말해서 사법부의 구성원 중에는 법과대학 재학시절과 사법시 험(司法試驗) 준비과정에서 갈고닦은 법지식과 법기술을 (군사)독재체제 유지에 유감없이 발 휘하면서 승승장구하여 온 인사들이 많이 있다. 그 과정에서 군사독재정권이 정권위기 돌파용 으로 조작한 간첩조작사건의 인권유린에 눈감고 군사독재정권이 주권자인 시민들에게 가한 국가폭력에 애써 고개 돌려 외면한 법조인사들은 민주화가 이루어진 뒤에도 과거의 잘못을 반 성하거나 유감을 표명한 것을 보지 못했다. 그 대표적 사례가 '재일동포 유학생 간첩사건'이다.

2011년 9월 23일 서울고등법원 형사8부는 '재일동포 유학생 간첩사건'[39]에 대한 재심에서 "긴급조치 9호[40]는 기본적 인권을 최대한 보장하도록 한 현행 헌법에 비춰볼 때 위헌이므로, 긴급조치 위반 혐의도 무죄"라고 판시한 것이다. 재심 재판부는 "보안사에 의한 영장 없는 구 속과 고문, 이후 계속된 위협으로 이뤄진 김정사 등의 자백은 증거가 되지 못한다."며 "김정사

자에게 깊은 사과를 하고 싶다는 말도 덧붙였다[과거사 반성없는 사법부–인권에 눈감은 法(상)] 눈에 띄 는 재심 판결, 「국민일보」2010년 1월 14일).

38) 그런 사람들이니 '성공한 쿠데타는 쿠데타가 아니다'라는 논리가 나오는 것이다.

39) '재일동포 유학생 간첩사건'은 1970년대 재일동포 출신으로 각각 서울대 법대, 한양대 의대로 모국 유학 을 온 김정사씨와 유성삼씨는 전방견학을 하면서 탐지한 국가기밀을 북한의 지령을 받은 재일한국민주 회복통일촉진국민회의(한민통) 소속 공작원에게 전달한 혐의 등으로 1977년 4월 국군보안사령부에 체 포됐다. 김씨와 유씨는 간첩혐의 등으로 그해 6월 기소돼 대법원에서 각각 징역 10년과 징역 3년6월이 확정됐으며 1979년 8월 형집행 정지로 석방될 때까지 복역했다. 당시 재판부는 김씨가 접촉했다는 한민 통을 반국가단체로 낙인찍었고 이 판결에 따라 1980년 김대중 내란음모 사건 판결 때 고(故) 김대중 전 대통령이 '한민통 결성을 준비하고 의장활동을 했다'는 것이 사형 선고를 내린 한 원인으로 작용했다.

40) 긴급조치 9호는 유신독재 시절인 1975년 5월 13일 박정희 대통령이 발동한 특별조치다. 유신헌법에 대 한 비판 자체를 막는 대표적인 악법이었다. 심지어 긴급조치에 대한 비판도 금지 대상이었다.

가 일본에서 한민통 대표를 만났을 때 그가 대표라는 사실을 알고 있었다고 볼 증거도 없다"며 간첩혐의를 무죄로 판단했다. 또 "긴급조치 9호는 기본적 인권을 최대한 보장하도록 한 유신헌법이나 현행헌법에 비춰볼 때 표현의 자유나 청원권을 제한해 위헌이므로, 이들의 긴급조치 위반 혐의도 무죄"라고 덧붙였다. 김정사는 일간지와의 인터뷰에서 "법정에서도 고문 때문에 거짓 진술한 것이라고 했지만 들은 척도 하지 않았다."고 회고하고 있다.[41]

당시 군사독재정권의 엄혹했던 시대상황 아래서 배석판사로 어쩔 수 없다손 치더라도 시대가 바뀐 오늘에는 당시 '정의(正義)에 침묵'했음을 솔직하게 인정하는 것이 법과대학 재학시절 배운 법의 진리를 살리는 길이라고 본다.

세상이 바뀐 탓일까? 이들과는 달리 2009년 한화자·석달윤 등 진도가족간첩단 조작사건 발생 29년 만에 무죄를 선고 받는데, 재심 재판부는 판결문에 이례적으로 A4 용지 2장 분량으로 "법원이 사법부 본연의 역할을 다하지 못해 무고한 생명을 형장의 이슬로 사라지게 한 것은 아닌가 회한을 떨칠 수 없습니다. 본 재판부 법관들은 과거 잘못된 역사가 남긴 가슴 아픈 교훈을 깊이 되새기며, 이 사건과 같은 불행이 되풀이되지 않도록 각오를 새롭게 하겠습니다. 이 판결로 인해 이미 고인이 된 피고인의 넋이나마 조금이라도 위안을 얻기를 진심으로 기원합니다." 사법부를 대신하여 사과로 판결의 맺음말을 덧붙였다.[42] 또 2009년 진실·화해를 위한 과거사정리위원회(진실위)의 '진실 규명 결정'으로 2010년 7월 8일 서울고법은 간첩 혐의로 1984년 무기징역형이 확정돼 억울한 옥살이를 한 정영의 재심에서 사건 발생 26년 만에 무죄를 선고했다. 이날 재심 재판부는 판결문에서 "정씨는 안기부 수사관에게 불법 연행된 뒤 각종 고문과 가혹행위를 당해 임의성 없는 자백을 함으로써 진술에 증거능력이 없다. 권위주의 통치시대에 위법·부당한 공권력의 행사로 16년이라는 긴 세월을 교도소에서 심대한 고통을 입은 정씨에게 국가가 범한 과오에 대해 진정으로 용서를 구한다. 정씨의 가슴 아픈 과거사로부터의 소중한 교훈을 바탕으로 사법부가 국민의 작은 소리에도 귀를 기울여 두 번 다시 그와 같은 비극이 재발하지 않도록 인권의 최후 보루 역할을 다하겠다."[43] 사법부의 잘못과 반성의

---

41) "수사관도 들어와 있던 그 법정에서 용기를 내어 '고문을 받았다'고 호소했는데, 아무런 반응이 없었어요. 판사 셋이 눈빛 하나 변하지 않았습니다. 아직도 그 표정이 생생합니다. 그때 좌배석 판사가 지금의 김황식 국무총리입니다." 34년 만에 간첩이란 누명을 벗은 김정사씨는, 23일 <한겨레>와의 통화에서 1977년 당시 1심 법정의 풍경을 이렇게 회고했다. 고문받았다는 사실보다도 자신들의 호소를 외면한 법관들에 대한 절망이 더 커 보였다. 김씨는 "판사들은 '어떻게 고문받았느냐'고 묻지도 않았습니다. 전 그때 쇼크(충격) 받았습니다"라고 했다(http://www.hani.co.kr/arti/society/society_general/497711.html).
42) 김성수, 조작된 간첩들, 107면.

입장을 밝히고 있다.

인권 유린에 눈감은 이들에게 간첩조작 사건 무죄목록[44]을 한번 보라고 말하고 싶다. 우리 사법(司法)이 얼마나 엉터리 재판이었고, 인권을 보장하는 최후의 보루(堡壘)라기 보다는 인권유린의 동조자였다는 것을 알 수 있다.

이래도 사법개혁(司法改革)을 말하면서 "과거청산이 전부는 아니다"고 이야기 할 것인가.[45] 어느 날 갑자기 간첩으로 조작되어 가정이 풍비박산(風飛雹散)나고, 친척과 동네주민들로부터 백안시당한 수많은 피해자들의 그 원통한 한을 어떻게 할 것인가. 사법개혁의 출발은 독재정권 아래서 저질러진 인권유린 사건에 대한 철저한 반성과 청산이다.

---

43) 김성수, 조작된 간첩들, 159면.
44) 은유, 폭력과 존엄사이, 224-227면 참조.
45) 일제 패전 후 개혁을 지령하던 연합국 총사령부의 '인권지령'은 사상검찰의 가장 악랄한 인권 침해인 예방 구금에 대한 시정과 그 책임자에 대한 숙청은 빼먹고, 사상검찰은 슬그머니 보통 업무로 자취를 감춤으로써 과거의 일은 없었던 일로 덮였다. 그 이후 공직 추방 대상에서도 법조인은 제외되어 개혁의 바람을 비켜 갔고, 나중에 다시 냉전 기류를 타고 공안검사로 머리를 들게 되었던 것이다. 우리의 경우도 사법계는 검찰을 포함하여 독재 권력하의 사법살인 등 정치재판에 대해 반성한 적이 없다. 뿐만 아니라 오판, 엉터리 재판, 정치 탄압 재판이 여전히 되풀이되면서 개혁을 막아오고 있다.

제5장 4대강 사업과 훈장 잔치

제1절 개발독재와 토건국가

개발독재는 급속한 공업화와 소득증대를 최고의 공익으로 선포했다. 개발독재는 공업제일주의와 성장제일주의를 충실히 구현하는 것이야말로 최고의 공익이라고 주장했다. 개발독재도 시대가 변화함에 따라 사라졌다. 그러나 개발독재가 사라졌다고 해서 그것이 만든 사회체계까지 사라진 것은 아니다. 개발독재는 사라졌으나 개발주의는 사라지지 않았다. 개발주의는 '무조건적 경제성장을 위한 무분별한 개발을 절대선으로 여기는 태도'를 뜻한다. 이 파괴적 태도는 오늘날 한국 사회에 널리 퍼져있는 일종의 사회암(社會癌)이다.[1]

개발국가의 가장 타락한 형태가 바로 토건국가이다. 토건국가라 함은 '토건업과 정치권이 유착하여 세금을 탕진하고 자연을 파괴하는 국가'를 뜻한다. 토건업체와 정치권이 유착하여 시민을 착취하는 체계는 현대 한국사회에서도 여전히 작동되고 있다.

토건국가는 ①정경유착과 민중의 착취를 위해 자연을 대대적이고 지속적으로 파괴하며, ② 자연과 함께 존재해 온 지역사회와 문화를 송두리째 파괴한다. 또한 ③커다란 위험을 내장한 고도기술을 이용하기에 또한 갈수록 커지는 여러 자연재해에 대처하기에 부실한 사회체계 즉 위험사회를 만든다. 끝으로 ④비대한 토건업으로 말미암아 왜곡된 산업구조의 개혁을 가로막는 등의 문제를 가지고 있다.[2]

2000년대 이후 한국사회에서 토건국가의 개발주의가 극단적으로 표출된 것이 '4대강 사업'이라 하겠다.

---

1) 홍성태 엮음, 『개발공사와 토건국가』, 한울아카데미(2005), 20면.
2) 홍성태 엮음, 개발공사와 토건국가, 23-25면.

1. 이명박의 '한반도 대운하'(韓半島大運河) 공약과 4대강 사업

'한반도 대운하' 공약은 2006년 11월부터 이명박 대통령의 대선공약으로 공론화되기 시작하였으며, 2007년 대한민국 대통령 선거를 맞아 내놓은 건설 공약이다.

한반도 대운하(韓半島大運河, Grand Korean Waterway)[3]란 경부운하, 경인운하, 호남운하(영산강 운하), 금강운하, 충청운하에다가 북한까지 연결하는 북한운하로 이루어져 있으며, 이 계획의 핵심인 경부운하는 낙동강과 남한강을 가로막는 소백산맥의 조령을 뚫어 인천에서 부산까지 이어지는 내륙운송 수로를 4년 만에 건설하겠다는 계획이다. 2007년 12월 대통령 당선 이후 본격적으로 추진하였다.

이명박 정부는 한반도 대운하를 '한반도 국운융성의 길'이라며 대대적인 홍보를 시작했다. "운하를 통해 배를 타고 전국 방방곡곡을 다닐 수 있고, 물류비를 1/3로 대폭 줄여 21세기 물류혁명을 이룰 수 있으며 내륙에 물류단지와 공단 등을 개발하여 국토균형발전을 이룰 수 있는 것이다. 상주 같은 내륙 도시도 부산과 같은 항구 도시가 되어 수출품을 싣고 동남아시아 등지로 나갈 수 있다. 중국 관광객을 대거 유치해 관광수입을 올리고, 일자리 30만 개를 창출해 국민소득 4만 달러를 달성해 <한반도 국운융성의 길>이다"라는 것이다. 이러한 정부의 대대적인 홍보에도 불구하고 2,000명이 넘는 전국의 대학 교수들이 운하를 반대하는 모임을 결성하고 국민의 70%이상이 반대를 하자 2008년 6월, 이명박 대통령은 운하추진팀을 해체하고 관련 예산도 취소했다고 발표했다.[4]

한반도 대운하 사업은 '4대강 물길 잇기', '4대강 하천정비' 등으로 이름을 바꿔오다가 2009년 11월에 '4대강 살리기' 사업으로 재탄생되어 2010년 진행되었다. 이들 사업은 이름과 명분만 바뀌었을 뿐 사업내용은 모두 한반도 대운하 사업과 내용이 거의 같다.[5]

---

3) 한반도 대운하 공약은 단군 이래 최대 규모의 환경 파괴 사업이 될 사업이었고, 전국을 파헤치는 초대형 토건 개발 사업을 벌이면서 이명박 정부는 공식적인 사업계획서 하나 제대로 내놓지 않고 사업 강행을 추진했다. 한반도 대운하 사업의 문제와 이에 대한 자세한 내용은 환경운동연합 엮음, 『재앙의 물길, 한반도 대운하』, 환경재단 도요새(2008) 참조.
4) 김정욱, 『나는 반대한다- 4대강 토건공사에 대한 진실 보고서』, 느린걸음(2010), 28-29면.
5) 김정욱, 나는 반대한다- 4대강 토건공사에 대한 진실 보고서, 30면.

국토해양부로부터 대운하 연구를 용역 받아 운하추진팀에 참여했던 건설기술연구원의 김이태 연구원은 2008년 5월 24일 포털사이트 다음의 아고라에 올린 '대운하 참여하는 연구원입니다.'라는 글에서 "4대강 정비 계획의 실체는 운하 계획"이라는 양심선언을 했다."[6][7] 그 후 정부는 이 비밀 추진팀을 해체한다고 공식 발표했다.

4대강 살리기 사업의 내용을 보면, 22조원이 넘는 혈세를 퍼부어서 준설 · 댐 건설 · 보 건설 · 생태하천 조성 · 제방 보강 · 자전거길 건설 등으로 되어 있다. 이 사업들의 공통점은 모두 강을 죽이는 대규모 토건사업이라는 것이다.[8][9]

정부는 4대강 사업이 물 부족과 홍수 대비용이라고 하지만 진행된 4대강사업으로는 물 문제를 오히려 악화시키고 기존의 물 문제를 전혀 해결하지 못한다. 4대강 사업으로 확보되는 13억 톤의 물을 어디에 사용할 것인가에 대한 기본계획조차 없다.[10] 이명박 정부가 강행했던 하천 정비 사업은 그 자체로 토건국가의 극단화이며, 막대한 재정을 탕진해서 산업구조의 혁신을 저해하고 생명의 강을 대대적으로 파괴하는 망국의 후진화 사업이다.[11] 4대강 살리기의 예산은 본사업만 16조 9,500억 원에 이르렀으며, 직접연계사업의 예산을 더하면 모두 22조 2,004억 원에 이르렀다.[12]

이명박 정부는 4대강 사업의 효과로 물 부족 해결, 홍수 예방, 수질 개선, 34만 개 일자리 창출 등을 했다. 그러나 다 거짓말이고, 4대강 사업 자체가 아무 근거 없는 거짓이다.[13] 김정욱 교수는 4대강 토건공사의 허구성을 낱낱이 조목조목 비판하고 있다.[14]

세월이 흐르고 정권이 바뀌어 2018년 7월 4일 감사원은 4대강 사업에 대한 4번째 감사 결과

---

6) "국민세금 쓰면서 운하 밀실추진 말아야", 「한겨레신문」 2008년 5월 25일.
7) 김이태 연구원의 양심선언에 대하여 국토해양부와 건설기술연구원은 "이 주장은 연구원 개인의 의견이며, 어떤 경로를 통해서도 반대논리에 대한 정답을 내놓으라고 강요한 사실이 없으며, 조직도 공개적으로 꾸려 운영하고 있다."고 말했다. 한편 건설기술연구원은 김이태 연구원 개인만을 대상으로 감사를 벌였으며, 2008년 12월 24일 징계위원회를 열고 3개월 정직 처분을 내렸다.
8) 홍성태, 『생명의 강을 위하여-생태사회학자 홍성태 교수의 4대강 지키기 제안』, 현실문화(2010), 227면.
9) 4대강 사업의 개요와 문제점에 대해서는 녹색연합 · 대전충남녹색연합, 『그곳에, 강이 살고 있었네』, 녹색연합(2012) 참조.
10) 박창근, "편법 · 불법의 상징 ; 4대강 사업", 「경향신문」 2010년 12월 15일, 35면.
11) 홍성태, 생명의 강을 위하여-생태사회학자 홍성태 교수의 4대강 지키기 제안, 220면.
12) 4대강 살리기 예산의 문제에 대한 자세한 내용은 홍성태, 생명의 강을 위하여-생태사회학자 홍성태 교수의 4대강 지키기 제안 제10장 '4대강 살리기'의 예산과 문제(247-273면) 참조.
13) 최병성, 『강은 살아 있다-4대강 사업의 진실과 거짓』, 황소걸음(2010), 219면.
14) 김정욱, 나는 반대한다- 4대강 토건공사에 대한 진실 보고서, 39-71면 참조.

를 발표했다. 이를 보면, 4대강 사업은 이명박 전 대통령의 '원맨쇼'였다. 건설업자 출신의 이명박은 수심 6m, 수자원 8억톤, 2009년 착공, 2011년 완공 등 이 사업의 핵심 내용을 스스로 결정하고 지시했다. 초기에 당시 국토해양부가 이 사업이 큰 효과가 없을 것이라고 보고하자, 이명박은 "통치권 차원의 사업"이라며 강행하게 했다. 초기에 환경부도 녹조 등 수질 오염이 우려된다고 보고했으나, 청와대가 '삼가달라'고 지시하자 입을 다물어버렸다. 이명박은 환경영향평가도 축소하라고 직접 지시했다. 이에 따라 통상 다섯달이 걸리는 사전환경성검토와 통상 열 달이 걸리는 환경영향평가가 각각 두세달로 축소됐다. 예비타당성조사 면제는 좀더 치밀했다. 먼저 기획재정부는 국가재정법 시행령을 개정해 '재해 예방 사업'을 예타 면제 사업으로 추가했다. 그다음엔 4대강의 보 건설과 준설 사업(10조8천억원 규모)을 '재해 예방 사업'으로 분류했다. 자동으로 이들 사업의 예비타당성조사가 면제됐다. 한국수자원공사에 8조원을 내게 하고 그중 4조1천억원 사업을 정부가 위탁받은 것도 이씨와 그 일당의 작품이었다. 돈은 공기업이 대고 사업은 정부가 한 것이다. 보통은 그 반대가 돼야 한다. 이 사업의 비용 대비 편익(B/C)도 0.21에 불과했다. 통상 1이 넘어야 정부 사업으로 추진할 수 있다. 특히 낙동강의 비용 대비 편익은 0.08, 영산강은 0.01이었다. 100원을 투자하면 낙동강은 8원, 영산강은 1원을 건진다는 뜻이다. 이것은 사업이 아니라 사기(詐欺)다.[15]

2. 4대강 사업과 훈장 잔치

실패한 4대강 사업의 사기 범죄에 앞장서고 나팔수가 된 부역자들은 4대강 사업이 끝나고 사상 최대의 훈장, 포장 등을 받았다.

4대강 사업과 관련하여 1,152명의 훈·포상이 실시된 것이 문제로 지적되는 가운데, 4대강 사업 유공 훈·포상자 1,152명은 2002년 월드컵개최유공 훈·포상자 1,615명에 이어 2000년 이후 최대의 국책사업 포상인 것으로 나타났다. 2013년 국회 안전행정위원회 소속 백재현 의원이 안전행정부로부터 제출받은 '2000년 이후 국책사업 관련 포상 현황'에 의하면, 2000년 이후 정부는 19개의 국책사업에 대해 총 7832명에게 훈장, 포장, 대통령표창, 국무총리 표창 등 훈·포상을 실시했다.[16] 이 중 가장 많은 훈·포상을 수여받은 사업은 2002년 월드컵개최

---

15) 김규원, "[편집국에서] 4대강 사업의 주범과 공범, 부역자들", 「한겨레신문」 2018년 7월 9일, 27면.
16) 최고의 유공자에게 수여하는 정부 훈장은 심명필 4대강 추진본부장과 건설사 현장 소장 등 총 120명에게 돌아갔다. 또 136명이 포장, 350명이 대통령 표창, 546명이 국무총리 표창을 각각 받았다.

유공 1,615명이고, 그 다음으로 4대강 살리기 사업 유공 1152명이며 뒤를 이어 여수엑스포 700명, 부산아시안게임 540명, 대구 유니버시아드 501명 순이였다. 19개의 훈·포상사업중 토목·건설과 관련된 사업은 2004년 경부고속철도사업과 2011년 4대강 사업의 두 개 밖에 없었는데, 총사업비 20조 7,000억원의 경부고속철도사업 훈·포상자가 255명인 것에 비교하면 4대강 훈·포상자 1,152명은 거의 5배에 이르는 수준이다.[17]

[2000년 이후 국책사업 관련 포상 현황]

	사업명	연도	합계	훈장	포장	대통령 표창	국무총리 표창	비중 (%)
1	강원관광엑스포 유공	2000.09월	171	5	20	63	83	2.2
2	아시아.유럽정상회의 개최	2000.12월	130	11	20	62	37	1.7
3	**월드컵개최유공**	2002.11월	1,615	255	248	610	502	20.6
4	부산아시안게임 개최	2003.02월	540	82	85	199	174	6.9
5	부산아태장애인경기대회 개최	2003.02월	430	116	81	200	33	5.5
6	경부고속철도 사업	2004.03월	255	21	31	92	111	3.3
7	국제경기대회	2004.03월	121	87	33	1	0	1.5
8	대구유니버시아드유공	2004.08월	501	64	73	179	185	6.4
9	아태경제협력체정상회의 개최	2006.02월	291	23	44	100	124	3.7
10	참여정부 혁신유공자	2007.11월	113	8	10	66	29	1.4
11	UAE 원전수출 유공	2010.12월	128	21	27	37	43	1.6
12	G20 정상회의 개최 유공	2011.06월	380	35	50	129	166	4.9
13	**4대강 살리기사업 유공**	2011.10월	1,152	119	136	351	546	14.7
14	평창동계올림픽 유치 및 스페셜올림픽 개최	2012.01월	308	75	37	89	107	3.9
15	2011 대구세계육상선수권대회 개최	2012.08월	239	35	35	82	87	3.1
16	핵 안보 정상회의 개최 유공	2012.12월	475	31	71	165	208	6.1
17	여수엑스포 개최 유공	2013.01월	700	69	70	280	281	8.9
18	나로호 개발 및 발사 성공 유공	2013.02월	149	30	34	40	45	1.9
19	녹색성장정책 유공	2013.02월	134	13	29	37	55	1.7
	합계		7832	1100	1134	2782	2816	100.0

※ 자료: 백재현 의원실 재구성

---

17) "2002월드컵 훈포상 1615명, 4대강 사업 훈포상 1152명", 「국회의원 백재현 의원실 보도자료」 (2013.10.20).

국토부는 4대강 사업을 통해 물 확보나 홍수 예방 등의 문제 해소하고 방치됐던 수변공간을 자전거길·캠핑장 등 문화·여가·레저공간으로 바꿨으며 OECD에서 녹색성장으로 인정받아 국제적 위상을 높였다는 점 등을 포상 이유로 꼽았다. 국토부는 "4대강 사업이 이명박 정부 최대의 핵심사업으로 범정부 차원에서 100개 이상의 기관이 직·간접적으로 참여한데다 총 22조원의 사업비가 투입된 사상 최대의 국책사업이어서 포상 범위가 넓어졌다"고 설명했다. 그러나 4대강 사업이 모두 끝나지 않았고 효과를 제대로 검증받지도 않았는데 정부가 미리 '훈·포상 잔치'를 벌였다는 지적에서 자유롭지 않다.[18]

"영혼이 없다는, 깃털같이 가벼운 공직자들은 4대강 사업으로 지위와 훈장을 챙겼다. 관련 부처들은 4대강 사업으로 훈장을 받은 1,240명 명단 중 대부분을 '개인정보'라며 공개하지 않았다. <한겨레21>은 뉴스 스크랩 프로그램을 통해 전체 중앙 일간지, 경제지, 지역 신문, 전문지, 주간지, 월간지, 인터넷 언론사, 방송사 등의 기사·칼럼 등을 검색해서 이명박 대통령이 한반도 대운하 대신 4대강 사업으로 돌아선 2008년 5월 22일 이후 주요 관련자들의 발언과 행적을 찾아 '4대강 죽이기 인명사전'을 만들어 활자화 하고 있다.[19] 인물사전을 만든 것은 이를 기억하고, 책임을 물어야 할 때 참고하라는 취지란다.

3. '4대강 죽이기 인명사전'을 통해 본 훈장 수훈자

<한겨레 21>가 만든 '4대강 죽이기 인명사전'을 통해 훈장 받은 인물들을 살펴보면 다음과 같다.

4대강 사업으로 청조근정훈장을 받은 사람에는 심명필(4대강살리기추진본부 본부장, 한국수자원학회 회장, 인하대 사회기반시스템공학부 교수)[20]가 있으며, 홍조근정훈장을 받은 사

---

18) "[2012국감] 4대강 사업 준공 전 1천여명 무더기 포상", 「아시아경제」2012년 10월 5일.

19) "그대들, 부끄러움을 고백하라-허황된 발상 한 'MB 정부' 대통령·장관, 지위와 훈장 챙긴 영혼 없는 공무원, 욕심에 학문을 넘긴 전문가·학자…170명 '4대강 죽이기 인물사전'", 「한겨레21」제947호(2013년 2월 4일), 16-31면 참조.

20) 이상돈 교수는 4대강 사업이 터무니없지만 공개적으로 반대할 수 없는 이유로 '수자원 마피아'의 침묵 카르텔을 들고 있다. 그러한 '수자원 마피아'의 침묵 카르텔에도 불구하고, 심명필 등 수자원 교수들은 그 동네에서도 '일류'가 아니었기 때문에 4대강 사업에 앞장섰다고 분석하고 있다. "수자원공학 인맥이 서울대, 고려대, 그리고 선우중호 전 서울대 총장을 필두로 한 콜로라도 주립대 동문 등으로 복잡하게 얽혀 있으며, 건교부 간부로부터 사무관, 수자원공사, 서울대와 고려대 등 학계, 도화·유신·삼안 등 설계회사, 현대·삼성·코오롱 등 엔지니어링 회사에 이르기까지 묶여 있는 거대한 생태계인 셈이다. 그리고 그 생태계를 유지하는 생명줄은 정부 예산이다. 정부 연구비와 용역비, 사업비가 없으면 대학 연구실에

람에는 김희국(4대강 추진본부 부본부장, 국토해양부 제2차관), 김일평(익산지방국토관리청장, 국토해양부 지역개발국장), 김철문(4대강살리기추진본부 공사국장·사업지원국장), 송재용(4대강살리기추진본부 수질환경협력국장), 안시권(4대강살리기추진본부 기획국장, 4대강사업 일괄입찰공사 설계 평가위원), 이상팔(대구지방환경청장, 낙동강유역환경청장), 이충재(서울지방국토관리청장, 국토해양부 국민임대주택건설기획단장), 정내삼(국토해양부 대변인, 국토해양부 대운하사업준비단장), 정동일(국립환경과학원 물환경연구부장, 한국물환경학회 회장), 정병윤(국토해양부 수자원정책관, 이명박 대통령 국토해양비서관), 차윤정(4대강살리기추진본부 환경부본부장·홍보실장, 생명의 숲가꾸기 국민운동본부 운영위원)[21], 홍형표(4대강살리기추진본부 사업부본부장, 4대강살리기추진본부 기술심의관·기획국장, 한국하천협회 부회장), 박태주(한국환경정책평가연구원 원장, 대통령 직속 녹색성장위원회 위원, 부산대 환경공학과 교수) 등이다.

2013년 1월 17일 감사원은 '4대강 사업'에 대해 '총체적 부실'이라고 결론 내렸다. 4대강 사업 자체가 '총체적 부실사업'이어서 인지 정부의 훈·포장 수여 또한 총체적 부실로 '개밥 퍼주듯' 남발되었다.

2013년 12월 8일 한겨레신문이 민주당 이미경 의원실을 통해 입수한 '4대강 훈·포장 주요 공적사항' 자료를 보면, '4대강 사업 홍보', '4대강 사업홍보기사 작성'[22], '4대강 반대집회 무

서 설계회사, 엔지니어링 회사에 이르는 거대한 생태계를 이루고 있는 '수자원 마피아'는 고사하게 되어 있다. 그래서 아무리 황당한 4대강 사업이라도 공개적으로 반대하기 어려운 것이다. 그러면 이렇게 침묵하는데 그치지 않고 4대강 사업에 앞장섰던 심명필 등 수자원 교수들은 어떻게 된 사람들인가 하는 의문이 들 것이다. 그 의문에 대한 나의 답은 이렇다. 그들은 그 동네에서도 '일류'가 아니었기 때문이다'(이상돈,『시대를 걷다』, 에디터, 2021, 207면).

21) 이상돈(전 국회의원, 전 중앙대 법대 교수)은 수자원 학자도 아니면서 4대강 사업에 자신의 영혼을 팔아버린 사람으로 차윤정을 그의 회고록에서 거론하고 있다. "수자원 학자도 아니면서 4대강 사업에 자신의 영혼을 팔아 버린 사람으로 차윤정 박사가 대표적이다.《신갈나무 투쟁기》라는 생태주의 책을 펴내서 많은 사람의 사랑을 받았던 차윤정은 4대강 사업 착공을 앞둔 2009년 10월, 한국일보에 '흐르는 강물처럼'이란 칼럼을 기고했다. 그녀는 "뭘 어떻게 해서 자연의 아름다운 강보다 더 아름다운 강을 만든다 말인가"라고 써서 잔잔한 감동을 주었다. 그런데 얼마 후 차윤정은 4대강 사업 추진본부 부본부장이 되더니 그 후 온갖 궤변을 동원해서 4대강 사업 홍보에 앞장서기 시작했다"(이상돈, 시대를 걷다, 207-208면).

22) 4대강 사업에 우호적 여론을 조성했던 각종 시민단체와 언론도 그 공적을 인정받아 무더기 훈·포장을 받았다. '강과 함께하는 사람들'의 김아무개씨는 "낙동강유역개발추진단 자문위원으로 활동하며 범국

마'23)등 황당한 공적사항이 서훈 사유로 명시돼 있었다. 대국민사기극으로 회자되고 판명된 4대강 사업으로 훈·포장을 받은 1,157명 가운데 대부분은 4대강 사업을 직접 수행한 수자원공사와 각 건설업체 소속인 것으로 나타났다. 특히 비자금 조성과 입찰비리 등 혐의를 받고 있는 대우건설·삼성중공업을 비롯해 대기업 건설사 직원들이 모두 훈·포장을 받았다. 4대강 사업의 설계와 감리를 받아 400억원대 비자금을 조성한 혐의로 대표가 구속 기소된 도화엔지니어링과 장석효 한국도로공사 전 사장(구속기소)에게 6000만원의 뇌물을 준 유신코퍼레이션의 임직원들도 마찬가지로 훈·포장을 받았다.24)

양심과 정의가 살아 있다면, 이 나라의 아름답던 강을 파괴한 4대강사업을 찬양, 기획, 홍보한 교수들은 참회문을 써야 마땅함에도 이제까지 그런 고백을 들어본 적이 없다.25)

4. 4대강 사업과 반대인사들에 대한 불법 사찰

감시는 타인의 정보를 축적하여 감시의 대상이 된 인물들의 생각과 행동을 통제하는 권력의 억압 수단이다. 독재정권은 정치적 반대 세력이나 반정부 인사, 독재에 대항하는 민주 세력의 주요 인사들에 대한 정치 사찰과 미행, 불법 도청을 통한 감시를 일상화했다. 사찰, 미행, 도청은 헌법이 보장하는 국민의 신체의 자유와 거주·이전의 자유, 통신의 자유에 대한 명백한 침해로 민주주의를 질식시켰다. 또한 국민의 표현의 자유와 정치적 자유에도 간접적으로 족쇄를 채웠다.26) 민간인 사찰을 비롯한 미행, 불법 도청, 공작 정치는 인권을 침해하고 민주주의를

민적 관심 확대를 했다"며 국민포장을 받았다. 낙동강살리기운동본부, 낙동강물길살리기시민연대, 환경과사람들 등 각종 시민단체 역시 '4대강 살리기 홍보', '인터넷 카페 운영', '관련 집회 참석' 등 공적을 인정받아 국무총리표창 등 서훈 대상이 됐다. 또 뉴타임즈코리아라는 인터넷신문도 산업포장을 받았는데, "4대강 사업에 대한 부정직인 기사에 현장과 자료를 확인한 반박 기사로 그릇된 여론 차단에 기여했다"는 공적을 인정받았다. 홍보성 기사의 대가로 훈·포장을 서훈했다는 비판이 나오는 지점이다(성공 추진 불공드렸다고…4대강 사업 '황당한 훈포장', 「한겨레신문」2013년 12월 9일).

23) 경찰청과 각 지방청 소속 경찰 20여명은 "4대강 사업 반대집회를 사전에 차단하고, 반대 여론 확산을 사전에 차단한" 공로로 훈·포장을 받았다. 4대강 사업에 대한 소송전을 잘 막아낸 법조인들도 훈·포장 대상이었다. 법무법인 율촌과 한 법률사무소, 정부법무공단 소속 변호사들은 "법리 검토를 통해 사업의 정당성을 입증함으로써 시민단체 측이 제기한 각종 의혹을 불식시켰으며, 각종 소송에서 승소했다"며 대통령표창 등 훈·포장 대상이 됐다(성공 추진 불공드렸다고…4대강 사업 '황당한 훈포장', 「한겨레신문」2013년 12월 9일).

24) 성공 추진 불공드렸다고…4대강 사업 '황당한 훈포장', 「한겨레신문」2013년 12월 9일.

25) 원익선, "대학은 자본의 시녀인가", 「경향신문」2018년 12월 22일, 22면.

26) 한상범·이철호, 『법은 어떻게 독재의 도구가 되었나』, 삼인(2012), 124-125면.

후퇴시키는 독재 정권 시절의 유령으로서 악습 중의 악습이다. 민간인 사찰의 부활은 민주주의의 시계 바늘을 거꾸로 돌리려는 작태이다.[27]

이명박 정부는 국가정보원을 통해 4대강 사업에 반대한 시민단체와 종교계, 학계, 언론계 등 민간인을 불법 사찰했다.

녹색연합 등 5개 단체는 시민행동과 함께 국가정보원을 상대로 '이명박 정부 시기 4대강 사업 반대 민간인 사찰과 관련해 검찰에 제출한 정보' 등을 정보공개 청구했고, 국가정보원이 문건 중 일부를 공개했다. 이 공개된 문건에는 국가정보원이 이명박 청와대의 요청에 따라 4대강 사업에 반대하는 환경단체의 회원 현황 및 동향, 활동계획, 비리 의혹과 종교계·학계 인사들의 동향을 파악하는 등 전방위적인 민간인 사찰 정황이 담겨 있다. 종교단체에는 '국고보조금을 축소하고 비리를 발굴해 비난 여론을 조성', 반대하는 교수들에게는 '국고지원금 및 연구 영역에 대한 감사를 추진' 등의 대응전략도 포함돼 있었다.[28][29][30]

4대강 사업이 감사원 감사 결과에서도 총체적 부실로 판명된 이상, 4대강 사업으로 훈·포장을 받은 이들에 대한 훈장 취소작업이 이루어져야 한다. 한편 4대강 사업에 대한 반대 운동을 벌이다가 처벌받은 21명의 환경운동가들을 모두 사면·복권하고, 이들에 대한 37억 8,500만원의 벌금, 민사보상액, 이행강제금을 취소해야 한다.[31]

---

27) 한상범·이철호, 법은 어떻게 독재의 도구가 되었나, 128면.
28) "MB국정원, 4대강 반대 불법사찰…박형준 청 홍보기획관 관여", 「한겨레신문」 2021년 3월 16일, 13면.
29) 한반도운하반대전국교수모임 등에서 활동한 홍종호 교수는 자신이 겪은 국가정보원의 사찰 등에 대해서 다음과 같이 기술하고 있다. "2008년 초 이명박 대통령 당선인 시절로 기억한다. 나는 한반도 대운하 토론회에 나가랴, 운하반대전국교수모임 결성을 준비하랴 바빴다. 연구실로 전화 한 통이 걸려왔다. 한양대를 출입하는 국정원 직원이라고 자신을 소개했다. (당시 나는 한양대 경제금융대학 소속이었다.) "잘 계시냐, 별일 없으시냐, 요새 바쁘시지요" 등의 말을 쏟아놓았다. 국정원이 왜 이런 전화를 했는지 짐작하고도 남았다. 개의치 않겠다고 다짐했지만 그 이후 5년간 나는 전화를 걸고 받을 때마다 '사찰'이나 '도청'이라는 단어를 머릿속에서 지울 수 없었다."(홍종호, 내가 겪은 MB의 4대강 사업, 「경향신문」 2018년 2월 1일, 31면).
30) 이상돈 교수도 국정원의 사찰에 대해 다음과 같이 회고하고 있다. "나의 개인 홈페이지에 악담을 올리는 정도를 넘어서 극우 성향의 인터넷 신문이 나를 '친노 종북 좌익'으로 몰아붙였고, 그것도 모자라서 2009년 6월에는 중앙대 정문 앞과 내가 살던 아파트 단지 앞에서 나를 규탄하는 플래카드를 들고 시위를 했다. …중략…나를 '친노 종북'으로 몰아붙였던 매체는 국정원의 자금 지원을 받았음이 나중에 밝혀졌으니, 이명박 정권이 어느 정도로 저질이고 악질이었는지 잘 보여 준 사례였다."(이상돈, 시대를 걷다, 220면).
31) 김규원, "[편집국에서] 4대강 사업의 주범과 공범, 부역자들", 「한겨레신문」 2018년 7월 9일, 27면.

제6장 형제복지원사건과 훈장

1. 형제복지원 사건의 개요

1987년 연말 한 신문은 한 해를 돌아보는 "격동의 한해"시리즈 기사에서 우리를 가슴 아프게 하는 <형제복지원 사건>에 대해 "의혹만 남긴 부조리 수사"라는 타이틀로 다음과 같이 활자화하고 있다.

> 연초 한 젊은 지방검사의 정의감이 파헤친 부산 형제복지원사건은 비슷한 시기에 터진 박종철군 사건과 함께 「권력과 제도」라는 그늘에서 저질러진 인권유린과 인간모독의 실상을 적나라하게 보여주고 있다. 국민훈장 동백장과 국민포장을 받고 tv인간드라마의 모델로까지 출연했던 형제복지원장 박인근(朴仁根)씨(58). 그는 수용자들을 가축처럼 가두어 두고 달아나지 못하도록 개를 풀어 감시했다. 말을 듣지 않는 수용자에게 뭇매를 가해 때려죽인 뒤 숨진 수용자를 병사(病死)한 것처럼 꾸며 암매장도 서슴지 않았다. 수용자들의 주 부식비 구입영수증을 변조, 11억여 원의 시보조금을 가로채 사채놀이와 증권투자를 했다. 이처럼 형제복지원의 비인간적인 범죄행각은 상상을 초월했지만 국민들을 더욱 분노케 한 것은 감독관청과 수사기관 등 관계당국의 철저한 직무유기였다. 그리고 아무도 그에 대해 책임지는 사람이 없었다는 사실이었다("87激動의 한해<4> 의혹만 남긴 부조리 수사", 「동아일보」1987년 12월 29일, 11면).

형제복지원 사건은 1987년 3월 22일 형제복지원 원생 1명이 탈출을 시도하다 발각되어 폭행으로 사망하였고, 이에 35명의 원생이 집단 탈출하면서 알려졌다.

1987년 당시 형제복지원에는 약 3,500여명의 부랑인, 여성, 노인, 장애인, 아동이 수용되어 있었으며, 12년간 죽어나간 사람만 513명에 달했지만 그 사망원인은 확인되지 않고 있었으며, 게다가 복지원 인근에 암매장 되거나 각 의과대학에 해부학 실습용으로 팔려나가는 등 두 번 죽임을 당했다. 당시 신민당 조사보고서에 의하면, 시신 한 구당 300만원에서 500만원을 주고 팔았다는 당시 수용인들의 진술이 있었다.

형제복지원의 일상은 군대나 감옥과 다를 바 없었으며, 숙소 이름도 1소대, 중대, 대대로 불리며 대장, 중장, 소장, 조장 등 수용인이 수용인을 감시·관리하는 체계였고, 수직구조를 통한 일상적인 강제노역과 폭력, 굶김, 학대, 성폭행이 자행되었다. 형제복지원의 수용인들은 힘없고 가난하고 장애가 있는 사람들도 있었지만, 거리에서 껌을 팔거나 술을 마시거나 혹은 주민등록증이 없다는 이유로, 혹은 누군가 경찰에 이야기해서 잡혀온 사람들이었으며, 치료와 재활이 아닌 착취와 억압, 수용을 위한 감옥에 지나지 않았다. 하지만 당시 검찰내부1), 청와대, 부산시는 갖은 회유와 협박으로 사건을 축소·은폐시켰고,2) 고등법원에서 두 차례나 특수감금죄를 인정했지만, 결국 대법원(당시 대법원장 김용준)에서 2번 모두 특수감금죄를 인정하지 않았고, 원생들에 대한 불법구금, 폭행, 사망 등에 대해서는 기소조차 이뤄지지 않다.3)

---

1) 부산형제복지원사건은 제5공화국 복지정책의 허실을 그대로 드러낸 사건으로 1987년 1월 17일 발생, 박인근 원장 등이 구속돼 박원장은 1심에서 징역 10년, 벌금 69억8천여만원을 선고받았으나, 2심인 대구고법에서는 벌금은 삭제되고 징역도 4년으로 줄어들었다. 부산 형제복지원사건에서 제기된 의문과 의혹은 ▲75-86년 사이에 숨진 원생 5백13명의 사망원인이 불분명하고, ▲그들 중 일부 시체를 병원에 불법 매각 처리했다는 관계자들의 주장이 있었으며, ▲숨진원생들의 사망진단서 가운데 상당수가 허위일 가능성이 짙고 형제복지원 부설 정신요양원에서 향정신성의약품을 수용자들에게 투약했다는 것 등으로 검찰은 이 사건을 2번이나 수사했으면서도 이점에 대해 아무런 해명을 하지 않았다. <u>또 당시 법무부 고위층은 수사를 담당하고 있는 울산지청에 이 사건의 조용한 마무리를 특별지시한 것으로 알려져 수사에 큰 장애로 작용한 것으로 알려졌었다</u>("의혹 남긴 사건 다시 부각", 「경향신문」 1988년 1월 19일, 10면).
2) 1993년 부산 형제복지원 사건의 주임검사였던 김용원 변호사가 수사검사 시절 상관의 압력으로 수사가 왜곡된 실상을 자신의 저서《브레이크 없는 벤츠》에서 "부산 형제복지원 사건의 경우 때마침 박종철씨 고문치사사건이 터지자 국민여론이 악화할 것을 두려워 한 5공 정권이 이를 조속히 무마하도록 지시해 공소장 일부를 가위로 오려내고 형제복지원 박인근 원장의 국고지원금 횡령액수를 11억4천만원에서 6억8천만원으로 축소했다"고 폭로했다("상부 압력으로 왜곡된 수사 폭로 검사출신 김용원 변호사 책 화제", 「한겨레신문」 1993년 8월 5일, 15면).
3) 부산 형제복지원의 보호원생에 대한 강제노역 및 수용은 형법상의 감금죄에 해당하지 않는다는 대법원의 최종판결이 내려졌다. 대법원 형사1부(주심 배만운 대법관)는 1989년 7월 13일 부산형제복지원사건 상고심 선고공판에서 "형제복지원 울주사업장은 적법한 형제복지원 수용시설의 일부로 수용중인 부랑인들의 이탈을 방지하기 위해 취침시간에 자물쇠로 출입문을 잠그고 행동의 자유를 제한한 것은 사회복지사업법 등 법령에 따른 정당한 직무행위로 감금죄가 성립하지 않는다"고 밝히고 박인근 피고인에게 특정경제가중처벌법위반(횡령)죄만을 적용, 朴피고인에게 징역 2년 6개월을 선고한 원심을 확정했다. 朴피고인은 원생들의 강제노역 등으로 물의를 빚은 지난 1987년 6월 9일 특정경제가중처벌법위반 등의 혐의로 구속기소돼 1심에서 징역 10년을 선고받고 상소, 특수감금죄성립여부와 관련, 수차례 대법원파기환송을 거쳐 이같이 형이 확정됐다("浮浪人 강제수용 監禁罪 안돼", 「경향신문」 1989년 7월 13일, 15면).

형제복지원 이사장 박인근은 1987년 6월 징역 10년과 벌금 6억 8178만원을 선고받았으나 1987년 11월 1차 항소심에서 벌금형이 사라진 징역 4년을 선고받았다. 1988년 3월 대법원이 피고 박인근 사건에서 특수감금죄의 법리 오해를 이유로 재심리토록 파기환송 대구고법으로 되돌려 보냈다.[4] 1988년 7월 7차 항소심에서는 징역 3년을 선고받았으며,[5] 1989년 3월 3차 항소심에서 2년 6개월로 형이 확정되었다. 박인근은 형기를 마치고 나와 다시 이름만 바꾼 채 (26년 동안 형제복지원 → 재육원 → 욥의 마을 → 형제복지지원재단 등 4번에 걸쳐 법인 이름을 바꿈) 사회복지법인을 계속 운영해 왔다.[6]

1987년 형제복지원 사건 이후 형제복지원 재단의 역사는 다시 말해서 '시설'로서의 형제복지원이 사라진 뒤에도 '사회복지법인'으로서의 형제복지원은 이름을 바꾸며 조직의 생존을 유지했고, 부산시의 묵인 속에 오히려 더욱 노골적인 사익추구의 도구로 활용되었다. 진상규

---

4) 대법원은 1988년 3월 9일 원생들의 강제노역 등으로 물의를 일으켰던 부산 형제복지원장 박인근 피고인에게 적용된 특수감금죄는 법리를 오해한 것이라고 판결, 재심리하도록 사건을 대구고법으로 되돌려 보냈다. 대법원 형사1부(주심 황선당 대법원 판사)는 이날 이사건 상고심에서 "부랑인 선도를 목적으로 하는 부산형제복지원 산하의 경남 울주군 울주작업장이 적법한 복지시설이라면 원생들을 이 작업장에 수용한 것은 사회복지사업법 생활보호법 내무부훈령 등에 근거한 정당한 직무수행이며 원생들이 이들 법령에 의해 작업장을 이탈할 수 없는 행동의 자유의 제한을 받은 것은 당연한 것"이라고 판결했다. 재판부는 또 "朴피고인 등이 취침시간 중 원생들의 야간도주를 방지하기 위해 출입문을 잠근 것은 도주방지를 위한 적절한 방법이 아니라는 비판을 받을 소지는 있으나 형법상 특수감금죄에 해당한다고 볼 수는 없으며 이는 형법 제20조에 규정된 정당한 직무수행으로 봐야할 것"이라고 말했다. 이에 따라 대구고법은 앞으로 朴 피고인이 운영하다 문제가 된 울주작업장이 적법하게 허가를 받았는지 여부를 재심리, 적법한 절차를 받은 것이 확인되면 이 부분 대해서는 무죄를 선고하게 된다. 또 朴피고인에게 적용된 특수감금죄와 경합된 업무상횡령 초지법, 건축법, 외환관리법 위반혐의 등도 모두 재심리하게 된다. 朴피고인 등은 1987년 11월 대구고법에서 각각 징역4년과 1년씩을 선고받고 상고했었다("박인근 피고 특수감금죄 파기 대법원", 「조선일보」 1988년 3월 10일, 11면).

5) 부산 형제복지원 전원장 박인근피고인에 대한 대법원파기 환송사건 선고공판에서 대법원에서 감금죄부분에 대해 무죄취지로 되돌여온 朴피고인의 감금죄 부분이 대구고법에서 재인정됐다. 대구고법 제1형사부(재판장 정인용 부장판사)는 1988년 7월 7일 하오 부산 형제복지원사건과 관련 특정경제범죄가중처벌법 위반죄와 특수감금죄 등으로 대법원에서 원심이 파기돼 환송돼 온 박인근피고인에 대한 선고공판에서 "문제가 된 형제복지원 산하 경남 울주군 청량면 삼정리 울주농장은 적법한 허가를 받은 사회복지시설로 인정될 수 없기 때문에 부랑인들을 이곳에서 강제 수용한 것은 감금죄에 해당된다"고 판시, 박인근 피고인에게 징역 3년을 선고했다(「監禁」거듭 유죄판결 대구고법, 대법에 불복 형제복지원 사건, 「경향신문」 1988년 7월 8일, 10면).

6) 《부산 형제복지원 사건, 피해자 증언대회 자료집》, 형제복지원 사건 진실규명을 위한 대책위(2013년 10월 10일), 9면.

명운동이 본격화 된 뒤 재단 청산 및 매각 과정에서도 부산시와 형제복지원 재단의 유착관계에 대한 비판이 제기되었다.[7]

2. 권위주의 정권의 '부랑인'의 강제 수용 정책

박정희 정권이 1962년부터 매년 인권주간에 개최한 인권옹호상 시상은 국가의 인권사업을 알리는 동시에 국가가 기획한 인권담론을 형성하고 확산시키는 역할을 하였다. 인권옹호상의 수상자 대부분이 고아원이나 영아원, 모자원 등의 사회사업을 한 이들이나 직업보도소나 상담소 등에서 인권업무를 맡고 있는 공무원과 경찰이라는 점 또한 박정희 정권이 구현한 인권담론의 목적을 분명히 드러내고 있다. 사회사업가나 자신을 희생해 다른 사람의 생명을 구한 이들에게 인권옹호상을 수여했다는 것은 희생을 미화시켜 국민들에게 강요하는 한편 국가의 책임이 되어야 할 사회복지사업을 개인의 몫으로 돌리는 것으로 해석할 수 있다.[8]

정부의 이른바 '부랑인' 등에 대한 수용소 강제격리는 법률에 근거한 것도 아니며, 단지 1975년 박정희 정권 당시, 내무부와 치안본부가 서로 협의하여 만든 '내무부 훈령 410호-부랑인의 사고, 단속, 수용, 보호와 귀향 및 사후관리에 관한 사무 처리의 지침'에 따른 것이었다.

한국 대부분의 부랑인 시설은 자신들의 역사, 출발점을 이 '내무부 훈령 410호'라고 스스로 언급하고 있기도 할 정도로, 헌법 제37조 제2항[9]에 따른 기본권에 반하는 것이었다. '부랑인'을 '사회를 할 일없이 떠도는 무의미한 인간'으로 취급하면서, 통제와 억압의 대상, 관리, 감독의 대상으로 치부한 정책은 이후 전두환 군사독재정권 시기에도 계속 이어져 내려왔다. 1981년 전두환은 국무총리에게 "근간 신체장애자 구걸행각이 늘어나고 있다는 바, 실태파악을 하여 관계부처 협조 하에 일절 단속 보호조치하여 대책과 결과를 보고해 주시기 바랍니다"란 지휘서신을 통해 거리를 떠도는 가난한 사람들을 '비국민(非國民)' 취급하며 '거리 정화정책'의 일환으로 시설정책을 펼쳐나갔다.

시설을 만들어 '보호'하겠다는 명분이 실은 인권침해의 사각지대임이 밝혀진 것은 1987년 <형제복지원>사건을 통해서였고, 이 사건 이후 시설에 대한 관할부처를 '내무부'에서 '보사

---

7) 서울대학교 사회학과 형제복지원연구팀 엮음, 『절멸과 갱생 사이』, 161면.
8) 김경민, 『시적정의와 인권』, 경북대학교출판부(2017), 22-23면.
9) 헌법 제37조 ②국민의 모든 자유와 권리는 국가안전보장·질서유지 또는 공공복리를 위하여 필요한 경우에 한하여 법률로써 제한할 수 있으며, 제한하는 경우에도 자유와 권리의 본질적인 내용을 침해할 수 없다.

부’로 이관하였다.[10]

3. 전두환 정권의 사회복지정책과 형제복지원사건의 문제점

(1) 전두환 정권의 사회복지정책의 문제

1980년대 전두환 정권의 사회복지정책의 문제에 대하여, 형제복지원 사건 발생 후 전국의 복지원 실태를 조사한 신민당의 중간 보고를 중심으로 살펴보면, 첫째, 1982년 국가적 차원에서 실시된 부랑인단속대책(대통령지시사항 내무부훈령)은 당시 제5공화국 헌법 제32조[11]의 취지에 어긋날 뿐 아니라 국민 기본권 보장 원칙에 위배된다는 것이다. 둘째, 정부는 부랑인을 진정으로 보호하고 자활할 수 있게 하기보다 길거리의 부랑인을 사회질서 치안상 거리관광 질서상 격리수용하는데서 복지원 인권유린 사태가 빚어졌다는 점이다(보사부 아닌 내무부 훈령). 셋째, 수용자에 대한 강제격리수용의 판정을 행정기관 또는 사법경찰이 임의로 판단하는 것은 근본적으로 위헌, 위법이라 하겠다. 넷째, 수용시설을 개인에게 위탁경영하게 함으로써 노동착취와 폭력을 자행하는 경영자는 노동수요량만큼 노동능력이 있는 자를 골라 납치해와 강제노동을 시키는 현실에까지 이르렀다는 점이다. 다섯째, 정부가 사회복지시설을 치안차원에서 다뤄 사회불안 조성자, 시국사범 등에 대한 격리수용시설로 다뤄왔음이 밝혀지고 있다. 보사부는 행정감독관청으로서의 감사기능을 전혀 못하고 있는 실정을 지적하고 있다.[12]

(2) 부산형제복지원사건의 문제점

부산형제복지원 사건의 주요 문제점을 나열하면 다음과 같다. 먼저 ① 수용자대부분이 경찰과 구청직원, 복지원 직원들에 의해 납치, 연행되어 강제 수용된 점이다. ② 경찰이 부랑인 수용 실적을 근무평점에 반영시켜 왔던 점이다. ③ 부랑인 수용시설내의 인권유린사태 등 운영문제에 대해 보사·내무부 부산의 관계부처가 방치해 온 점이다. ④ 10년 동안 513명의 사망자가 발생했는데도 관계기관 및 검찰에서 조차 진상조사를 하지 않았고, 검찰은 1986년 한 해

---

10) 《부산 형제복지원 사건, 피해자 증언대회 자료집》, 10면.
11) 대한민국 헌법(헌법 제9호, 시행 1980.10.27)제32조 ①모든 국민은 인간다운 생활을 할 권리를 가진다. ②국가는 사회보장·사회복지의 증진에 노력할 의무를 진다. ③생활능력이 없는 국민은 법률이 정하는 바에 의하여 국가의 보호를 받는다.
12) "말썽난 시설 원장 재산 압류해야-신민당 전국복지원 실태조사 중간보고", 「조선일보」 1987년 2월 28일, 10면.

동안 35명이 사망했는데도 단 한차례밖에 부검(剖檢)을 하지 않았던 점을 들 수 있다. ⑤ 취로에 의한 개인별 수익금은 기관장이 금융기관에 예치하게 되어 있는데 예치시키지 않은 점, ⑥ 사회복지사업법에 근거한 부랑인보호의 원래 취지가 자활가능자에게 직업훈련과 사회적응교육을 시켜 사회에 복귀시키기 위한 것이었음에도 불구하고 정상인으로서 2년에서 10년까지의 장기수용자가 많았던 점. ⑦ 복지원 내에 외부와 통화 또는 서신교류를 할 수 있는 시설 및 그 운영체계가 전혀 없었던 점이다. ⑧ 복지원 내에 유자격 의사와 간호사가 단 1명도 없었던 점도 문제점으로 지적되었다. ⑨ 면담자의 상당수가 사체(死體)가 대학병원 실험용으로 1구당 3-5백만원씩에 팔려나갔다고 주장하고 있고, 또 복지원측 자료에서도 사체처리 과정에 허위 기재가 많은 점을 들 수 있다. ⑩ 복지원이 수용자 숫자를 조작하여 수용자수에 준한 지원금을 착복했음에도 부산시에서 이를 모르고 있었다. ⑪ 박인근 씨가 1981년 4월 정부포장, 1984년 5월 국민훈장 동백장을 받을 수 있었던 경위, 박인근을 포상대상자로 추천한 자가 누구인지 밝혀지지 않고 있는 점이다. ⑫ 박인근이 행정관청과 유착되어 있었고, 특히 복지원 부지 불하과정에서 관계 공무원들과 결탁되어 있을 가능성이 많다는 점도 지적되었다.[13]

제2절 형제복지원 사건과 국민훈장 동백장

1. 형제복지원 원장 박인근의 행적

부산 형제복지원 원장 박인근은 경남 울주군 강동면 정자리의 가난한 농가에서 태어나 중학교만 마치고 군에 입대, 장기복무 하사관을 지낸 뒤 1960년 7월 장인이 설립한 형제보육원(부산 남구 감만동)에 드나들면서 사회복지사업에 관심을 기울이기 시작했다. 휴가 때마다 형제보육원에 들러 장인의 보육사업(고아원)운영을 지켜본 박인근은 1962년 6월 군 제대 후 처가를 도와 부산시 남구 용당동에 4백62평짜리 건물을 신축할 수 있도록 수완을 발휘하기도 했다. 그는 이때부터 본격적으로 사회복지사업에 뛰어들었다. 1965년 7월 부산시로부터 아동복지시설인가를 받아 국고지원으로 보육원을 운영했으며, 1975년 7월에는 다시 부산시와 부랑

---

13) "말썽난 시설 원장 재산 압류해야-신민당 전국복지원 실태조사 중간보고", 「조선일보」 1987년 2월 28일, 10면.

인일시보호위탁계약을 맺고 국비지원에 의지하는 사회복지사업의 기반을 다졌다.

박인근은 1976년 11월 부산 북구 주례2동 산18의 부지를 구입, 건물신축에 착수했다. 1977년 2월에는 임야 4만7천여평을 추가로 구입, 건물을 증축하기 시작했다. 박인근은 그후 1987년까지 2, 3층짜리 슬라브 건물 34개동(연건평 7천18평)을 지었다.

1987년 형제복지원사건으로 검찰조사 결과, 박인근은 이들 시설에 부랑자 정신질환자 등을 적게는 1천7백여명에서 많게는 3천9백여명까지 수용, 연간 18억원대의 국고지원을 받으면서 주부식대는 물론 운영비 약품비와 심지어 사망자 장례비까지 착복한 것으로 밝혀졌다. 그는 또 가내공장을 운영, 수용자들을 강제노역 시키면서 노임을 착취한 것으로 수사결과 밝혀지기도 했다.[14] 이 같은 사회복지사업을 빙자한 축재로 그동안 현금 채권증서 등과 대지 임야 논

---

14) 형제복지원사건의 검찰논고는 다음과 같다. "피고인들의 이 사건 범행을 신체의 자유에 기초한 자유민주질서를 규정한 헌법에 대한 도전으로 파악하면서 다음과 같이 검찰관 의견을 개진한다. ▲피고인들이 수용자들의 급식비를 착복, 수용자들이 극도의 영양실조에 시달리다가 의료혜택을 제대로 받지 못한 채 죽어가게 한 사실만으로도 피고인은 이미 인간이기를 포기한 자이다. ▲피고인은 이 사건관련 울산 작업장 부지를 거액의 사재를 들여 매입해 형제복지원에 기증했다면서 사재를 털어 부랑인복지사업에 전념하는 듯한 언동을 해왔다. 그러나 보조금 8천2백만원을 착복해 부지를 매입하기도 했고, 1984년에는 농협 범일동지점에서 형제복지원을 연대보증인으로 내세워 1억원을 대출받아 땅을 구입한 뒤 이 대출을 1985년에 보조금으로 상환했다. ▲피고인은 상업중학 4년을 중퇴한 뒤 육군상사로 복무하다가 전역한 이래 부랑인사업에 전념해 온 자로서 원래부터 거액의 재산을 가지고 있었다는 입증자료가 없다. 그런데도 현재는 수십억원의 재산을 소유하고 있을 뿐만 아니라 고급아파트 골프회원권 콘도미니엄 등을 소유하기에 이른 것은 저간의 사정을 넉넉히 짐작할 수 있게 한다. ▲피고인은 수용자들에 대해 어떤 폭력도 행사하지 못하도록 해왔다고 주장한다. 그러나 이충렬 피고인이 김계원을 구타해 사망하게 된 사실을 즉각 보고받고서는 李피고인에게 아무런 징계조치도 취하지 않다가 李피고인이 울산작업장을 허락없이 운영해 왔다는 사실에 대해서는 분격한 나머지 李피고인에 대해 가혹한 징계조치와 구타를 한 사실이 있다. 피고인이 어떤 방식으로 형제복지원을 운영해 왔는지를 알 수있게 하는 것이다. 成태운 피고인과 울산작업장 소대장 김득부는 실형전과가 각각 8회와 9회에 이르는 등 피고인이 울산작업장의 대장 소대장을 임명함에 있어서는 주로 전과가 다수 있고 난폭한 자를 임명했다는 점도 간과되어서는 안될 부분이다. ▲피고인은 전혀 반성의 빛을 보이지 않고 있다. 이 사건관련 초지법위반 건축법 위반 외국환관리법 위반에 대해서도 이유없는 변명으로 일관하고 있다. 이것은 피고인이 유기 등 각종 죄명으로 입건된 전력이 7회에 이르는 것과 결코 무관하지 않다고 볼 수 있다. ▲피고인이 훈장을 받았다거나 오랜 세월동안 부랑인사업에 종사했다는 사실도 정상참작의 사유가 되지 않는다고 본다. 부랑인사업에 오래 종사한 것은 피고인 자신이 밑바닥 인생에서 입신하고 치부하는 수단이었기 때문이다. ▲결론- 이 사건 피고인들과 같은 독버섯이 국가나 사회복지사업의 그늘 아래 기생하게된 것은 이 시대를 사는 우리들이 사회복지사업에 무관심했고 이 시대의 소외된 사람들에 대해 눈을 감은 탓이 아닌가 여겨져, 본 검찰관 역시 유감스러운 마음을 금할 수 없다. 그러나 사회일반의 무관심을 틈타 관계행정기관의 신뢰를 배반하고 사회가 가족처럼 보호해야할 수용자들을 짓밟고서 갖은 비리를 자행하고 축재를 감행해 온 피고인들에 대해서

등 막대한 재산을 모은 것으로 알려졌다. 박인근은 1980년대에 들어 국민포장 국민훈장 동백장(84년 5월) 등을 타기도 했으며, 1981년 4월에는 인간드라마 '종점'에 주역으로 모(謀)텔레비전 방송에 출연하기도 했다.15) 그는 1983년까지만 해도 집 한 채도 마련하지 않은 채 가족들을 복지원 사무실에 기거하도록 하고, 옷 한 벌 번번하게 해 입지 않는 등 철저한 사회사업가의 외양을 갖추어 왔다.16) 또 1985년 11월에는 모종교잡지의 표지인물로 등장, "주리고 목마른 이들과 함께함은 주께서 내게 명령한 사명"이라고 자신의 생활철학(?)을 말해 여러 장의 사진과 함께 장황하게 소개되기도 했다. 박인근은 사회봉사활동에도 적극 참여, 1984년 12월 모협회로부터 「무궁화사자대상」을 수상했으며 이어 전국부랑인복지시설연합회 회장으로 선임돼 복지사업계의 '거인'(?)으로 군림하는 한편, 평통자문위원으로 활동하기도 했다. 박인근은 자신의 사회적인 위치가 완전히 구축된 뒤인 1983년 4월엔 형제복지원 구내에 건평 45평의 주택을 지었으며 기관장급이 아니면 상대를 하지 않는 등 부산사회에서 「큰 인물」로 행세했다.17)18) 내세울만한 학력이 없는 박인근은 각종행사나 지역모임 등에 얼마간의 기부금을 내

는 일벌백계의 엄벌이 마땅하다. 같은 사태의 재발방지와 사회복지사업의 새질서 형성을 위해서도 엄벌해야 한다."(형제복지원사건 검찰논고(요지), 「동아일보」1987년 6월 10일, 5면).

15) "국민勳章 받은 平統위원 형제복지원장 朴仁根은 누구인가", 「동아일보」1987년 2월 4일, 10면.

16) 두 얼굴의 자선가(慈善家) …재산 수십억, 「조선일보」1987년 2월 5일, 12면.

17) 형제복지원 박인근이 실력자로 행세하고, 그 배후를 의심케 하는 것은 수감 중 경찰유치장을 멋대로 돌아다닌 것에서 단적으로 유추할 수 있다 하겠다. "…전략… 부랑인 강제수용 폭행 공금횡령혐의로 구속 기소돼 1심재판을 받고 있는 문제의 부산 형제복지원 원장 박인근씨가 수감중인 경찰유치장 밖을 멋대로 나돌아 다니다 들킨 사태가 벌어졌다. 그는 지난 4월초부터 무릎관절염 통원치료를 이유로 매일 병원에서 장시간 머물며 가족과 관계공무원들을 자유롭게 만나는가 하면 복지원 간부들을 불러 업무를 지시하고 있다고 보도는 전한다. 병원측이 발부한 진단서라는 것도 무슨 '퇴행성관절염'으로 3,4주 치료를 요하는 것으로 되어 있으나 다른 전문의들의 소견으로는 40대 후반의 중년층이면 흔히 나타나는 대수롭지 않은 증세라고 하니 통원치료 허가 자체부터가 우선 석연치 못하다. 또 백번을 양보해서 합법적 처사라고 치더라도 계호상태의 피고인은 외부와의 접견이 일체금지되고 계호차량만 이용토록 되어있지 않은가. 그런데도 형제복지원 소속 차량이나 병원차량에 가족등과 함께 타고 병원을 오가며 가끔 울산 시내의 이발소 안마시술소 같은 곳을 드나들기도 한다는데 이르러서는 그저 아연해 질 따름이다. …중략… 왜, 무엇 때문에 유독 박씨에 대해서만은 그렇게까지 시쳇말로 '화끈하게' 봐주는지 우리로서는 그 사연이 못내 궁금하다. 문제의 박씨는 지난(1987년) 2월 20일 한국부랑인아복지시설연합회장에 만장일치로 옥중 재선되었다가 뒤늦게 말썽이 일자 다른 사람으로 바뀌는가 하면 언론보도에 불만을 품고 "내가 나가면 기자들을 가만두지 않겠다"고 으름장을 놓은 일도 있었던 것으로 기억하고 있다. 박씨는 무엇을 믿기에 그토록 안하무인인가.…후략…("사설- 복지원장의 구속중 나들이, 이번만은 책임소재 분명히 가려야 한다", 「동아일보」1987년 5월 19일, 2면).

18) 1987년 당시 신문은 박인근의 부인 "임성순(任聖順) 역시 부산시내에서 억대이상의 돈을 굴리는 「큰손」

고 감사패를 받는 것을 좋아해 원장실과 회의실에는 메달 기념패 등이 수십 개나 진열돼 있었다. 그는 외국복지시설시찰을 이유로 일본·홍콩·대만·미국 등지를 자주 드나들기도 했다.[19]

1985년까지 박인근은 형제복지원의 원장, 형제정신요양원의 원장, 재단법인형제복지원의 대표이사를 겸임하고 있었다. 이것은 1980년대 당시의 「사회복지사업법」규정에도 어긋나는 것이었으나, 부산시의 묵인 하에 이러한 겸직이 허용되었다. 이러한 상황은 1985년 정신요양원에 대한 정부 인건비 보조가 시작되면서 불가피하게 형제정신요양원의 원장 직위를 아내 임성순에게 양도하면서 부분적으로 해소되었다.[20]

2. 형제복지원 사건과 인권유린자에게 준 국민훈장 동백장

1960년 박인근(朴仁根) 원장이 부산 감만동에 설립한 형제육아원은 소규모의 미인가 육아시설이었다. 형제복지원이 보건사회부로부터 재단법인 형제육아원의 설립인가를 획득한 것은 수년이 지난 1965년, 정식으로 육아시설 설치인가를 획득한 것은 1966년이었다.[21] 재단법인 형제육아원 설립 인가 당시의 기본재산은 박인근 원장이 선친에게서 상속받은 경남 울주군 소재의 농지 약3,000평이 전부였다.[22]

형제복지원 박인근 원장이 사회사업에 뛰어들게 된 계기는 분명치 않다. 박인근은 1929년생으로 육군 하사관 경력이 있다고 알려져 있다. 그의 장인의 활동에 영향을 받아 사회사업 분야에 뛰어들게 되었다는 이야기가 있지만, 확실치 않다.[23]

1976년 2월 박인근은 미국 민간원조단체에서 지급한 800명분의 동복을 브로커와 공모하여 빼돌리고 수수료를 챙긴 혐의로 그의 처남과 함께 구속되었다. 하지만 이후 박인근이 재판을

으로 통하고 있어 관계공무원들 사이에서는 박씨 부부가 기관장급이 아니면 상대를 하지 않는, 함부로 건드릴 수 없는 실력자들로 정평이 나 있는 실정이었다.”기사화 하고 있다(두 얼굴의 자선가(慈善家)… 재산 수십억, 「조선일보」1987년 2월 5일, 12면).

19) “국민勳章 받은 平統위원 형제복지원장 朴仁根은 누구인가”, 「동아일보」1987년 2월 4일, 10면.

20) 서울대학교 사회학과 형제복지원연구팀 엮음, 절멸과 갱생 사이, 342면 각주49.

21) 서울대학교 사회학과 형제복지원연구팀 엮음, 절멸과 갱생 사이, 139면.

22) 서울대학교 사회학과 형제복지원연구팀 엮음, 절멸과 갱생 사이, 141면.

23) 박인근의 군 경력 및 초기 사회사업 활동에 대한 자전적 서술로는 형제복지지원재단, 『형제복지원 이렇게 운영되었다 1』, 형제복지지원재단(2010), 7-12쪽 참조(서울대학교 사회학과 형제복지원연구팀 엮음, 절멸과 갱생 사이, 338면 각주 21번 재인용).

받은 기록은 확인되지 않는다.[24]

형제원 1979년, 형제복지원으로 이름을 바꾸며 정관을 변경한다. 정관에는 요보호 성인을 위한 사회복지시설을 추가로 설립하고, 이에 따라 '부랑아 및 부랑인 선도사업 빛 수용보호 시설'을 설치했음을 명기했다. 게다가 이런 방식은 전두환 정권으로 부터 우수한 "모델"로 인정받는다. 부랑인 단속에 대한 행정체계 수립과 부랑인 수용시설의 확충에 대한 주문을 담고 있는 「구걸행위자보호대책(1982)」에 따르면 형제복지원의 자체 노역을 통한 시설 확충은 건축비를 절감한 사례로 타 지역의 부랑인 수용시설의 모범이었다.[25] 시설의 입장에서 형제복지원은 수용자를 동원해 형제복지원 및 형제요양원 등의 사업 다각화를 위한 물적 토대를 다졌다. 그러나 이 노역은 개인의 '자활'을 앞당기는 노동도 훈련도 아니었다. 이 노역을 통해 실질적인 이익을 거둔 주체는 보조금을 절감한 정부와 정부로부터 우수사례로 손꼽힌 형제복지원이었다.[26] 또한 직업훈련법과 사회복지사업법이 제정된 이후, 형제복지원은 직업훈련을 제공한다는 명목으로 정부의 보조금을 얻고, 그 가능성을 인정받아 더 넓은 부지로 이전했다. 이 과정에서 시설은 수용자들을 자활을 위한 훈련과 희생을 빌미로 노역에 동원했고, 이 덕분에 공사에 들어가는 비용을 절감했다. 전두환 정권은 이를 두고 시설 건축에 있어 '비용을 절감'한 우수사례이자 자활의 성과라며 치켜세웠다.[27] 이처럼 전두환 정권은 인권유린과 노동력 착취를 우수사례로 평가하고, 인권유린의 당사자 박인근에게 훈장을 수여했다.

전두환은 1984년 5월 11일 경제기획원에서 월례경제동향보고회를 주재한 자리에서 박인근(당시 55세)에게 국민훈장 동백장을 수여했다.[28] 또한 전두환은 1984년 5월 25일 김정례 보사부장관을 통하여 금일봉을 박인근에게 전달했다. 당시 신문은 "사제를 털어 24년 동안 부랑민을 헌신적으로 돌보아온 부산 형제복지원의 박인근 원장(55. 부산시 북구 주례2동)에게 전두환 대통령이 하사한 금일봉(金一封)과 보사부장관 격려금을 전달했다"[29]라 기사화하고 있다.

1981년 4월 20일 세종문화회관 대강당에서 열린 장애자의 날 기념식에서 박인근은 장애자

---

24) 서울대학교 사회학과 형제복지원연구팀 엮음, 절멸과 갱생 사이, 340면 각주 33번 재인용).

25) 서울대학교 사회학과 형제복지원연구팀 엮음, 절멸과 갱생 사이, 180면.

26) 서울대학교 사회학과 형제복지원연구팀 엮음, 절멸과 갱생 사이, 182면.

27) 서울대학교 사회학과 형제복지원연구팀 엮음, 절멸과 갱생 사이, 193면.

28) "새마을指導者에 훈장", 「매일경제」 1984년 5월 11일, 1면; "3명에 훈장 수여" 「경향신문」 1984년 5월 11일, 1면.

29) 動靜, 「조선일보」 1984년 5월 26일, 2면.

복지에 공이 많은 사람 중 한 사람으로 국민포장을 받기도 했다.[30]

　대한민국 정부는 전두환 집권기 1980년대에 이루어졌던 부산 형제복지원 인권침해사건, 5·18광주민주화운동 진압 관련자들에게 수여됐던 서훈을 2018년 7월 10일 오전 개최된 제30회 국무회의에서 취소했다. 제30회 국무회의에서 부산 형제복지원 인권침해사건 관련자에 대한 서훈취소는, 구걸행위자 등 부랑인 보호 사업에 헌신한 공적으로 서훈을 받았지만 인권침해로 확인된 부산 형제복지원 원장의 서훈을 취소한 것이다.[31]

[형제복지원 인권 침해사건 훈장 취소]

성 명	훈 격	훈격	수여일	취소사유
박○○	형제복지원 대표이사	국민훈장 동백장	‘84.05.11	상훈법 제8조 제1항 제1호(거짓공적)
	부산형제원 원장	국민포장	‘81.4.20.	상훈법 제8조 제1항 제1호(거짓공적)

* 자료: 행정안전부 보도자료 「80년대 간첩조작사건 관련자 등 서훈 대대적 취소- 형제복지원 인권침해 사건, 5·18민주화사건 관련자 등 53명 · 2단체 -」(2018년 7월 10일)

---

30)　"「障碍者의 날」기념식", 「동아일보」1981년 4월 20일, 11면; "사랑과 의지로 不自由를 녹인다, 첫 장애자의 날", 「조선일보」1981년 4월 21일, 7면.

31)　행정안전부 보도자료(2018년 7월 10일), 「80년대 간첩조작사건 관련자 등 서훈 대대적 취소- 형제복지원 인권침해 사건, 5·18민주화사건 관련자 등 53명 · 2단체 -」.

제7장 인사청문회와 훈장 반납 소동

제1절 인사청문회제도의 의의와 내용

인사청문회(Confirmation Hearing)제도의 근본적인 목적은 고위공직자에 대한 대통령의 인사권을 국민의 대표기관인 국회가 견제하는 것이다. 따라서 인사청문제도는 의회 다수당이 내각을 구성하는 권력융합형 정부형태인 의원내각제 국가보다는, 엄격한 삼권분립을 특징으로 하는 대통령제 국가에서 주로 시행되고 있다.[1]

청문회를 인류 역사상 최초로 도입한 나라는 미국인데, 1787년 연방헌법을 만들 당시 연방 정부 공직자들의 임명 권한 대통령에게 줄 것이냐, 아니면 각 주 정부를 대표하는 상원의원들이 맡아야 하는가를 놓고 논란이 벌어졌다. 즉, 주와 연방 좀 더 정확히 말하자면 각 주를 대표하는 의회와 연방을 대표하는 대통령 사이의 권력 균형점을 찾자는 논란이다. 이런 논란 속에서 마침내 절충안이 만들어졌는데, 그 절충안이란 연방 고위공무원을 대통령이 지명하되 연방 상원에서 이를 인준하는 방식이었다. 이런 절충안은 마침내 1787년 헌법제정의회에서 채택되어 고위 공직자에 대한 국회 인준권을 규정하게 되는데 이를 근거로 지금까지 인사청문회가 이루어지고 있다. 다시 말하면 임명권은 대통령에게 주되 이를 의회가 통제해서 각 주의 이익을 반영하겠다는 취지라고 할 수 있다. 이것이 바로 중앙 권력에 대한 견제라고 할 수 있는데, 이를 보면 결국 인사청문회는 견제를 위한 수단으로 생겨났음을 알 수 있다. 그렇기 때문에 입법권력과 행정권력이 융합되는 의원 내각제를 실시하는 국가에서는 청문회를 찾아보기 힘들다.[2]

---

1) 전진영, "영국 하원 사전인사청문제도의 특징과 시사점", 「이슈와 논점」제858호(2014.5.23), 국회 입법조사처, 1면.
2) 신 율, "인사청문회는 합리적 인사와 공정사회의 기본", 「국회보」2011년 3월호, 69면.

1. 인사청문회제도의 역사

우리나라에서 인사청문회 제도의 필요성이 국민의 대표기관인 국회에서 공식적으로 논의되기 시작한 것은, 1993년 제14대 국회 국회의장 자문기구로 설치된 '국회제도개선위원회'에서 의제(議題)가 되기 시작하면서 부터였다.3) 국회 인사청문회 도입과 확대를 주도한 것은 당시 한나라당이다. 집권당에서 야당으로 바뀐 한나라당이 대통령 인사권 견제를 목적으로 먼저 요구하여 2000년 6월 23일 제16대 국회에서 「인사청문회법」이 제정된 것이다.4)5) 그리고 인사청문회법에 따라 2000년 6월 26일부터 이틀간 헌정사상 최초로 국무총리의 인사청문회가 실시되었다.6) 인사청문회 도입이후 김대중 정부의 총리 지명은 순탄하지 않았다. 헌정사상 첫 여성 총리 후보자였던 장상 전 이화여대 총장은 위장전입과 농지취득 등의 의혹을 받고 낙마했다. 장대환 총리 후보자 임명동의안도 비슷한 의혹 때문에 부결됐다.

참여정부 출범 직후 2003년 2월 여소야대(與小野大) 상황에서 한나라당이 주도하여 국회법을 개정하면서, 대통령당선인이 국무총리후보자에 대한 인사청문회의 실시를 요청하는 경우에도 인사청문특별위원회를 두도록 하는 규정이 추가되었고, 이른바 4대 권력기관장(국정원장, 검찰총장, 경찰청장, 국세청장)을 인사 청문 대상에 포함시켰다. 또한 박근혜 대통령이 한나라당 대표시절인 2005년 7월 28일 국회법 개정을 통하여 대통령과 대법원장이 요청한 헌법재판소 재판관과 중앙선거관리위원회 위원을 비롯하여 청문대상을 국무위원 전원으로 확대

---

3) 서복경, "인사청문제도의 연혁", 「국회보」 2013년 3월호, 52면.

4) 인사청문회 제도는 김대중 전 대통령의 공약이기도 했지만, 실제 제도 도입을 주도한 것은 한나라당이었다. 인사청문회 도입 및 강화가 모두 여소야대 국면에서 야당인 한나라당이 주도해 이뤄졌는데, 거꾸로 여당이 된 뒤에는 꾸준히 인사청문회 기능 축소를 요구하고 있다(「한겨레신문」 2014년 6월 27일, 5면 참조).

5) 인사청문회는 1997년 15대 대통령 선거의 산물이다. 당시 새정치국민회의 김대중(DJ) 후보는 고위공직자에 대한 인사청문회 도입을 주요 공약으로 내걸었다. 그러나 대선 직후부터 삐걱댔다. DJP 연합의 파트너였던 자유민주연합 김종필(JP) 총재를 초대 총리로 앉히려는데 인사청문회를 할 경우 JP가 청문회 무대에 서야 했다. 인사청문회 도입을 뒤로 미루려고 하자 야당이던 한나라당은 "DJ의 대선 공약을 반드시 지켜야 한다"고 압박했다. 그러나 새정치국민회의는 소극적이었다. 하지만 1999년 김태정 법무장관 부인 등이 옷로비 사건에 연루됐다는 의혹을 받으면서 고위공직자에 대한 비난 여론이 커졌다. 결국 2000년 2월 임시국회에서 헌법에 따라 국회의 임명 동의를 필요로 하는 국무총리와 대법원장·감사원장 등에 대한 인사청문회 제도가 도입됐다(「중앙일보」 2014년 5월 14일 참조).

6) 우리 헌정사상 첫 인사청문 대상은 이한동 국무총리였다. 이한동 국무총리는 부동산 투기 의혹 등도 제기됐지만 찬성 139표, 반대 130표로 국무총리 인준을 받았다.

하였고,[7] 공직후보자에 대한 철저한 도덕성 검증을 주도했다. 이 때 공직자 재산등록과 재산 공개를 동시에 실시했다.

2006년 12월 30일 국회법 개정에서는 합참의장을 청문대상으로 추가 했고, 2007년 12월 14일 국회법 개정에서 대통령당선인이 지명하는 국무위원 후보자를 청문대상으로 추가 했다. 2008년에는 방송통신위원회 위원장을, 2012년 3월에는 공정거래위원장·금융위원회 위원장·국가인권위원회 위원장·한국은행 총재를 각각 인사청문 대상으로 추가되었다. 2014년 3월 18일 특별감찰관이, 2014년 5월 28일 한국방송공사 사장이 청문대상으로 확대되었다.

노무현 정부[8]에서는 인사청문회 전체 후보자 중 8.5%만이 임명 동의안이 부결이나 지명철회, 청문회 전·후로 사퇴, 청문보고서 미채택을 하였으나, 이명박 정부는 26.2%, 박근혜 정부(2013.2~2014.6)는 30.4%로 대폭 증가하고 있었다.[9] 문재인 정부에서 인사청문회 운영의 가장 큰 특징은 야당의 동의 없이 일방적으로 '인사청문 경과보고서'를 채택하고 있다는 점이다. 이는 여당이 국회 다수 의석을 점하고 있는 측면에서 인사청문회의 검증 기능을 형해화(形骸化)시키고 있다 하겠다.[10] 박근혜·문재인 두 정부에서 발생한 '인사 참사'(人事慘事)의 근본

---

7) 2005년 4월 8일 박근혜 당시 한나라당 대표의 국회 교섭단체 대표연설에서 노무현 정부의 인사시스템을 비판하며, 인사청문회법 개정을 추진했다. "그토록 시스템을 강조해 온 이 정부(노무현 참여 정부)에서 가장 중요하고 기본적인 인사시스템조차 작동되지 못했다. 국회 인사청문회 대상을 확대하고 청문회의 실효성을 높이기 위한 인사청문회법 개정을 추진하겠다."(「아시아경제」 2014년 7월 9일, "[인사청문회] 대한민국 청문회, 어떻게 발전했나"; 「한겨레신문」 2014년 6월 26일, 5면 "인사청문회의 역사" 참조).
8) 노무현 참여정부 인사시스템의 특징과 인사권 행사 전반에 대한 내용은 박남춘 대표집필, 『대통령의 인사』, 책보세(2013) 참조.
9) 박남춘, "박근혜 정부 인사참사, 과연 제도 탓인가?", 토론회 자료집(유인태 의원 주최), 2014년 7월 16일, 14면.
10) 과거에 야당이 인사청문회에서 후보자에게 '부적격' 의견을 내거나 보고서 채택 표결에 참여하지 않는 일은 잦았다. 때로는 무작정 반대하고 보는 야당의 관행으로 비치기도 했지만 한편으론 인사청문회가 정부·여당에 대한 견제장치로 작용했다. 하지만 인사청문회가 진행될수록 국회 인사 검증을 통해 후보자의 과거 부적절한 행태가 드러나고 본인 또한 제대로 해명하지 못하는 일이 반복됐지만, 여당이 단독으로 인사청문보고서를 채택하는 것 자체가 어느새 '자연스러운' 패턴이 돼 버렸다. <문재인 정부에서 야당 동의 없이 임명된 장관급 인사>(괄호 임명 시기)를 보면, 1. 김상조 공정거래위원장(2017년 6월), 2. 강경화 외교부 장관(2017년 6월), 3. 송영무 국방부 장관(2017년 7월), 4. 이효성 방송통신위원장(2017년 7월), 5. 홍종학 중소벤처기업부 장관(2017년 11월), 6. 이석태 헌법재판관(2018년 9월), 7. 이은애 헌법재판관(2018년 9월), 8. 유은혜 사회부총리 겸 교육부 장관(2018년 10월), 9. 조명래 환경부 장관(2018년 11월), 10. 양승동 케이비에스 사장(2018년 12월), 11. 조해주 중앙선거관리위원회 상임위원(2019년 1월), 12. 박영선 중소벤처기업부 장관(2019년 4월), 13. 김연철 통일부 장관(2019년 4월), 14. 이미선 헌법재판관(2019년 4월), 15. 문형배 헌법재판관(2019년 4월), 16. 윤석열 검찰총장(2019년 7

적인 원인은 인사청문회제도에 있는 것이 아니라 사점검증을 소홀히 했거나 사전검증을 제대로 하지 않은 것에 있다.

2. 인사청문회제도의 기능

인사청문제도의 기능으로는 ① 민주적 정당성의 제고, ② 권력분립원리의 실질화, ③ 국민의 알권리 충족과 공직자의 자세 계몽, ④ 공직자의 직무적합성과 청렴성의 확보 등을 들 수 있다.

(1) 민주적 정당성의 제고

공위 공직후보자에 대한 인사청문회는 공직후보자가 해당 직위에 적합한 인물인지를 검증하는 절차를 거침으로써 공위공직자의 임명에 정당성을 부여한다. 한편 국민의 대표자인 의회의 자질 검증을 통하여 임명된 고위공직자는 주권자인 국민으로부터 권력을 간접적으로 아마 위임받아 행사하는 지위를 인정받은 것으로도 이해될 수 있다.[11] 따라서 인사청문회제도는 미국에서 발달한 제도로서 정부구성에 관한 권한은 대통령에게 주어지지만 국민의 대표기관인 국회의 검증을 거치도록 한 것이다.[12]

(2) 권력분립원리의 실질화

권력분립주의(權力分立主義)는 국가권력을 행정 · 입법 · 사법으로 분리하고 그 각각을 독립된 기관에 분립시킴으로서 기관상호간의 견제와 균형을 유지하도록 하여 국가권력의 집중과 남용을 방지하고 국민의 자유와 권리를 보장하기 위한 자유민주적 통치구조의 조직원리를 말한다.[13] 인사청문제도의 중요한 기능 중의 하나가 국민대표기관인 국회가 행정권력과 사법

월), 17. 조국 법무부 장관(2019년 9월), 18. 최기영 과학기술정보통신부 장관(2019년 9월), 19. 이정옥 여성가족부 장관(2019년 9월), 20. 한상혁 방송통신위원장(2019년 9월), 21. 조성욱 공정거래위원장(2019년 9월), 22. 은성수 금융위원장(2019년 9월), 23. 추미애 법무부 장관(2020년 1월), 24. 이인영 통일부 장관(2020년 7월), 25. 박지원 국가정보원장(2020년 7월), 26. 변창흠 국토교통부 장관(2020년 12월), 27. 박범계 법무부 장관(2021년 1월), 28. 정의용 외교부 장관(2021년 2월), 29. 황희 문화체육관광부 장관(2021년 2월)(문 대통령, 황희 문체부 장관 임명…29번째 '야당 패싱', 「한겨레신문」 2021년 2월 11일 참조).

11) 권건보 · 김지훈, 『인사청문회에 대한 비교법적 고찰』, 한국법제연구원(2012), 26면.
12) 문광삼, 한국헌법학, 1011면.
13) 남궁승태 · 이철호, 헌법강의, 407면 이하 참조.

권력을 견제하는 수단이다.14)

(3) 국민의 알권리 충족과 미래 공직자 자세 계몽·교육 기능

인사청문회제도는 청문 진행과정에서 해당 공직 분야와 해당 부처의 현안 문제와 당면 과제 등에 대한 국민의 관심과 공감대의 형성을 이끌어낼 수 있다. 뿐만 아니라 인사청문회의 검증 과정이 중계방송 등을 통해 국민들에게 공개됨으로써 공직후보자의 적격성이 투명하게 드러나게 되고, 해당 공직분야의 업무나 정책 등에 대한 정보도 대중들에게 제공됨으로써 국민의 알권리를 충족하는 기능을 수행할 수 있다.15) 한편 미래에 고위공직자로 임용되기를 희망하는 사람들에게 전문적인 업무수행능력을 갖추어야 될 뿐만 아니라 국가와 시민에 봉사하고자 하는 사람들에게 고위공직자로서 봉사하기 위해서는 평소 어떻게 생활해야 하며, 어떻게 살아야 되는가를 인사청문회의 대상이 된 공직후보자들의 인사청문 과정을 지켜보며 반면교사(反面教師)로 삼을 수 있는 계몽 및 자기관리 교육 기능을 수행한다고 볼 수 있다.

(4) 공직자의 직무적합성과 청렴성의 확보

국회에서 개최되는 인사청문회 과정에서 공직후보자의 정무적(政務的) 판단능력과 정책능력은 물론이고, '부동산 투기'라 불리는 불법이나 편법적인 재산형성 과정이나 병역의무 이행 여부, 탈세, 논문 표절, 전관예우(前官禮遇), 위장전입 등과 같은 과거의 행적에 대해서도 검증이 이루어진다. 이를 통하여 업무수행능력이 부족한 사람이나 과거 부패혐의자가 공위 공직에 임용될 가능성이 차단될 수 있다. 이러한 점에서 공직후보자 인사과정에서 투명성을 확보하고 공직자의 공직기강을 확립하는 기능을 수행한다. 또한 인사청문회는 소관부처의 업무에 대한 전문성, 적합성, 공직수행능력 등을 고루 갖춘 검증된 인물을 찾아내고 그에 적합한 업무를 선정하고 능력에 합당한 자리에 배치하는 역할을 한다.16)

---

14) 전진영, "가장 모범적으로 운영되고 있는 미국의 인사청문제도", 「국회보」 2013년 3월호, 59면.
15) 국회사무처, 『국회법 해설』, 2008, 737면.
16) 권건보·김지훈, 앞의 논문, 27면.

제2절 인사청문회 과정에서 훈장 반납 소동

인사청문회에서 훈장(勳章)이 논란이 되었던 것은 이명박 정부아래서 한승수 총리 후보와 박근혜 정부에서 이완구 총리 후보를 들 수 있다.

두 총리 후보자는 우여곡절을 거친 인사청문회를 통과하고 국회 인준[17]을 받아 국무총리로 임명되어 재임했다.[18] 그럼 국무총리 후보자들의 인사청문회과정에서 보국훈장 반납 소동을 보자.

보국훈장은 국가안전 보장에 뚜렷한 공을 세운 사람에게 수여되는 훈장으로, 1등급(통일장), 2등급(국선장), 3등급(천수장), 4등급(삼일장), 5등급(광복장) 등의 5등급으로 분류된다.

1. '보국훈장 천수장' 반납 소동

한승수(韓昇洙) 유엔 기후변화특사가 2008년 1월 28일 이명박 정부 초대 총리 후보로 지명됐다. 국무총리로 재임기간은 2008년 2월 29일~2009년 9월 28일이다. 한승수 총리 후보자는 과거 정부에서 상공부 장관, 재정경제원 장관, 외교부 장관 등 3차례나 장관직을 역임했다. 또 대통령 비서실장, 주미대사, 유엔총회 의장 등을 역임했고 13,15,16대 국회의원을 지냈다.

한승수 국무총리 후보자는 1980년 5월 30일 출범한 국가보위비상대책위원회(국보위) 재무분과위원회 위원으로 활동하였다.[19] 한승수 국무총리 후보자는 1980년 당시 신군부의 국보위에서 재무위원으로 활동한 공로를 인정받아 '보국훈장 천수장'을 받았다.

한승수 국무총리 후보자는 자신의 1980년 국보위 참여 전력과 관련해, "학자의 양심으로 안 나갈 수 있었지만 외환위기를 푸는데 노력했다"고 말했다. 한승수 총리 후보자는 2008년 1월 28일 기자회견에서 "국보위 전력이 논란이 되고 있다"는 질문에 대해 박정희 전 대통령이 서

---

17) 국회는 2008년 2월 29일 본회의를 열어 한승수 국무총리 후보자 임명동의안에 대한 무기명 비밀투표를 실시해 재적의원 298명 가운데 270명이 참석해 찬성 174표, 반대 94표, 기권 1표, 무효 1표로 가결했다. 또한 2015년 2월 16일 국회는 본회의에서 이완구 국무총리 후보자 임명동의안에 대한 무기명 표결을 실시해 재석의원 281명 가운데 찬성 148표, 반대 128표, 무효 5표로 가결시켰다.

18) 이완구 국무총리는 총리 임명 후 성완종 새누리당 의원이 극단적 선택을 하며 남긴 로비리스트에 이름이 담긴 것으로 확인되면서 임명 63일 만에 물러났다. 2017년 대법원에서 정치자금법 위반 혐의에 대해 무죄가 확정됐었고, 이완구 전 국무총리는 2021년 10월 14일 고인이 되었다.

19) 국가보위비상대책위원회,『국보위백서』, 286-287면 참조.

거하고 난 뒤 60년대 이후 처음으로 마이너스 성장을 기록했고 외환은 바닥이 나는 등 우리 경제가 아주 어려워 국보위에 참여했다는 입장을 밝혔다.[20]

한승수 국무총리 후보자가 지난 1980년 수여받은 '보국훈장 천수장'을 정부에 반납했다고 2008년 2월 22일 밝혔다. 한승수 후보자는 2008년 2월 21일 국회에서 열린 인사청문회에서 "국보위에 참여해 받은 훈장을 반납할 용의가 있느냐"는 송영길 통합민주당 의원에 질문에 "훈장을 반납하라고 조치했다"고 밝혔다.[21] 1980년 당시 신군부의 국가보위비상대책위원회에서 재무위원으로 활동한 전력이 논란이 되자 당시 받았던 보국훈장 천수장을 반납하겠다고 말한 것이다. 이에 한승수 후보자는 2월 22일 "저는 국무총리후보자 인사청문회를 통해 국민과 국회에 약속드린 대로, 지난 1980년 수여받은 보국훈장 천수장을 오늘 정부에 반납했습니다"라며 "저의 훈장 반납은 새 정부 출범을 맞아 국민화합과 상생의 민주정치 발전에 조금이나마 보탬이 되고자 하는 뜻에서 이루어진 것입니다"라고 밝혔다. 그러나 행정자치부(현 행정안전부)상훈팀측은 "아직 통보받은 것도 없고 결정된 것도 없다"며 "훈장은 반납이라는 제도 자체가 없다"고 설명했다. 또 "돌려받는다고 해도 상훈 기록은 그대로 남아있다"고 말해 이번 한승수 국무총리 후보자의 훈장 반납이 받아들여질 수 없다.[22]는 입장이었다. 국무총리가 되기 위해 그 동안 영광스럽게 생각하며 이력서 상훈란에 "보국훈장 천수장"을 기재하고 있다가 반납하는 치졸한 모습을 국민들에게 보여주었다. 유치원 아이도 웃을 일이며, 길가는 강아지도 웃을 지경이다.

이를 두고서 한겨레신문 성한용 선임기자는 "하긴 총리가 될 때 야당 의원들의 비위를 거스르지 않으려고 '국보위 훈장'을 반납했던 사람이다."[23]라 칼럼에 썼다.

국회 인사청문회장에서 훈장반납 소동은 우리 사회의 우울한 자화상이다. 자랑스럽게 받았을 훈장을 아무렇지 않듯 반납하는 그 모습도 슬프고, 당시에는 당당하게 받았을 훈장을 반납할 용의가 있느냐는 질문에 "반납하라고 조치했다"는 대답도 흉하건만, 거기다 한술 더하여

---

20) 「노컷뉴스」 2008년 1월 28일(한승수 "경제 어려워 국보위 참여했다") 참조.
21) 민병두 통합민주당 의원은 2008년 2월 20일 "외자유치로 경제살리기에 기여했다고 국보위 참여 경력이 정당하다고 자위할 수 없다"며 훈장 반납 의사를 물었다. 이에 한승수 국무총리 후보자는 "정신적인 질곡에서 벗어나고 싶고 내가 한 일에 대해 책임을 지겠다"면서도 "당시 급박한 상황에서 나름대로 내 역할을 했다"고만 말했다(한승수 후보자 "국가보위입법회 활동으로 받은 훈장 반납", 「경향신문」 2008년 2월 22일 참조).
22) "한승수, '1980년에 수여받은 훈장 반납했다'", 「세계일보」 2008년 2월 23일.
23) [성한용칼럼] 한승수 총리의 달콤한 인생, 「한겨레신문」 2008년 7월 23일.

"국민화합에 기여하고 상생의 민주정치 발전에 조금이나마 보탬이 되고자 하는 뜻"에서 훈장을 반납한다는 대답 또한 생뚱맞다. 훈장을 이렇게 취급해도 되는지 되묻고 싶다. 시류(時流)에 따라 훈장을 반납하는 행태도 저잣거리의 웃음거리이다. 1980년 전두환 신군부세력에게 부역하고 그 대가로 받은 훈장이 훗날 인사청문회에서 책잡히고 발목잡을 줄 미리 알았다면, 훈장을 거절했을까? 역사의식이라도 있으면 '국무총리 할아비자리'를 준다고 할들 거절해야 되는 것 아닌가. 우리 사회에는 자신이 걸어온 과거의 행적들을 잊어버리는지 한자리 준다면 아무렇지 않게 받아들이는 세태 또한 문제라 하겠다.

2. '보국훈장 광복장' 반납 소동

2015년 1월 23일 박근혜 대통령이 정홍원 국무총리 후임으로 이완구 새누리당 원내대표를 내정했고, 정부는 1월 26일 이완구 총리후보자에 대한 임명동의안을 국회에 제출했다.

이완구 국무총리 후보자가 경찰에 재직하던 1980년에 신군부가 집권을 위해 만든 초법적 기구인 '국가보위비상대책위원회 내무분과위원회'에서 근무한 사실이 드러나 논란이 있었다.

국가보위비상대책위원회는 1979년 12·12군사 반란과 1980년 5·17쿠데타를 일으킨 전두환 신군부(新軍部)가 내각을 장악, 통제하기 위해 설치한 임시 행정 기구였다. 전두환 보안사령관은 광주민주화운동이 벌어지던 와중에 최규하 대통령을 위원장으로, 자신을 국보위 상임위원장으로 하는 국가보위비상대책위원회를 출범시켰다. 국가보위비상대책위원회는 국가기강의 확립을 내걸고 삼청교육대 발족, 언론사 통폐합, 언론인과 공무원 숙청 등의 공포정치를 벌였다.

대법원은 1997년 4월 전두환·노태우 전 대통령의 12·12및 5·18 사건에 대한 상고심에서 "국보위 및 그 산하의 상임위를 설치해 헌법기관인 행정부 각부와 대통령을 무력화시킨 것은 국헌문란에 해당한다"고 판결했다. 이러한 '국가보위비상대책위원회'의 초법적 성격 때문에 2000년대 초 시민사회단체로 구성된 '총선낙천연대'는 국보위 근무 전력만으로 낙천 후보로 꼽기도 했다.24)

박근혜 대통령이 국회에 제출한 이완구 후보자에 대한 임명동의안을 보면, 이완구 후보자는 경찰로 치안본부 기획감사과 경정(警正)으로 근무하다가 1980년 6월부터 10월까지 국가보위 비상대책위원회 내무분과위원회에 행정요원25)으로 파견 근무를 했다.26) 이완구 국무총리 후

---

24) "이완구, 80년대 신군부 국보위 활동으로 훈장받아 -2000년대 초 국보위 전력만으로 낙천 후보로 꼽기도", 「노컷뉴스」 2015년 1월 27일 참조.

보자는 당시 국가안보 유공을 인정받아 '보국훈장 광복장'을 수여받았다.

인사청문회 당시 <국회 이완구 후보자 인사청문특별위원회> 소속 새정치민주연합 국회의원 진성준은 기자회견을 통해 "국보위는 전두환 신군부가 광주민주화운동을 무력으로 진압하고 정치권력을 사유화하고자 만들었다. 이완구 후보자는 삼청계획 수립과 집행에 핵심적 역할을 했으며, 그 공로로 '보국훈장 광복장'을 받게 됐던 것으로 보인다."고 주장했다.

이에 대해 <이완구 국무총리후보자 인사청문회 준비단>은 2015년 2월 3일 이완구 후보자가 '국가보위비상대책위원회'에서 삼청교육대 관련 업무를 했다는 의혹에 대해 사실과 다르다는 입장을 밝혔다. 이완구 국무총리후보자 인사청문회 준비단은 보도참고자료를 통해 "이완구 후보자는 1974년 행정고시 합격 이후 경제기획원 사무관으로 재직하다 1977년 9월 치안본부(경찰청 전신)로 전직했다. 이완구 후보자가 국보위에 파견된 1980년 6월은 후보자가 경찰로 전직한지 2년 정도 밖에 되지 않은 시점이었다. 이완구 당시 총리 후보자는 1980년 6월부터 10월까지 5개월간 국보위의 내무분과위원회에 파견 근무한 경력이 있다. 국보위 내무분과에서 가장 하위직인 실무 행정요원으로 소관 부처와의 문서수발, 연락업무를 담당했고, 공직자로서 근무명령에 따라 업무를 수행한 것"이라고 해명했다. "특히 내무분과의 소관업무는 내무부, 중앙선관위, 서울시, 새마을운동 등으로, 논란이 된 삼청교육대와는 무관하며 삼청교육대는 국보위 사회정화분과위원회에서 계획을 입안해 주도했고, 대상자 선별 및 수용 행위 등은 일선 경찰에 의해 집행된 것으로 알고 있다"고 설명했다. 또한 인사청문회 준비단은 이완구 총리후보자가 국보위 근무 후 '보국훈장 광복장'을 받은 것에 대해선 "당시 국보위에서 근무했던 인력들은 근무를 종료한 1980년 10월에 분과위원회의 직제별로 차등적으로 보국훈장

---

25) 국가보위비상대책위원회 『국보위백서』, 286-287면 참조.

26) 이완구 후보자측은 "1974년 행정고시 합격 이후 경제기획원 사무관으로 재직하다 1977년 9월 치안본부(경찰청 전신)로 전직했다. 경찰로 치안본부 기획감사과 경정(警正)으로 근무하다가 1980년 6월부터 10월까지 국가보위비상대책위원회 내무분과위원회에 행정요원으로 파견 근무를 했고, 가장 하위직인 실무 행정요원으로 소관 부처와의 문서수발, 연락업무 등을 담당했고, 공직자로서 근무명령에 따라 업무를 수행한 것"이라고 해명했다. 국무총리 후보자의 인사청문회 준비단의 해명은 이완구 총리 후보자가 1980년 국보위에서 '의사결정을 할 위치가 아니었다'는 점을 이야기하고자 한 것 같다. 당시 경찰조직에서 경정(警正)은 일선 경찰서의 과장이고, 일부 경찰서에서는 서장으로 근무하는 계급이었다. 1970년대 후반에서 1980년대 초반까지(대략 1977-1982년) 경정 계급이 일선 경찰서의 서장 보직을 맡기도 했다. 따라서 결코 낮은 계급이 아니었다는 것이다. 아무리 서슬 퍼런 전두환 신군부의 국보위 시절이라지만 경찰조직에서 경정이라는 계급장을 단 간부가 단순 심부름 업무를 했다는 말인가? 이 말은 지나가는 소도 웃을 코미디 아닌가. 누가 이를 믿을까.

을 받았으며, 후보자는 국보위 내무분과의 가장 하위직인 행정요원으로 파견 근무했기 때문에 '보국훈장 광복장'을 수여한 것"이라고 밝혔다. 이어 "훈장 수훈자는 국가유공자 등록 시 의료ㆍ취업ㆍ교육 지원 등 보훈 혜택을 수혜할 수 있으나, 후보자는 국가유공자 등록을 하지 않았다"고 덧붙였다.[27]

그러나 1979년 보안사령부 정보처장이었고 국보위에서 내무분과 위원장[28]을 맡았던 권정달 전 의원은 자신의 회고록을 통해 "나는 내무분과위원회에 속해 있었다. 나와 현홍주(당시 중정 정보국장) 두 사람은 국보위를 통해 주기적으로 시국에 관한 전반적인 정세 현황을 보고했다"고 털어놨다. 이어 권정달 전 의원은 "국보위의 주요 활동상은 (사회)정화위원회의 삼청교육대 설치, 문공위원회의 과외금지, 경제위원회의 중화학공업육성의 지속적인 투자와 조정을 들 수 있다"며 "국보위 정화위원회가 정책을 결정해서 시행에 들어갔지만 실제로 대상자 선별은 현지 경찰에서 맡아 진행했다"고 밝혔다. 권정달 전 의원은 "사적인 친소관계가 개입돼 취지를 흐리게 하는 일도 있었다"며 "이를테면 당시 한 서울지역의 조직폭력 두목을 삼청교육대로 보내야 하는데 보안사의 어느 누가 이 사람을 빼달라고 한다면서 서울시경 형사과장이 나를 찾아왔다"고 말했다. 이완구 총리후보자가 국보위 내무분과위원회 소속으로 삼청교육대 대상자를 분류하는 일을 했을 가능성이 높은 대목이다.[29][30] 이완구 총리 후보자는 국보위 근무를 마친 후 1981년부터 1년간 홍성경찰서장을 지냈다.

한편, 이완구 후보자는 국회 인사청문특별위원회에 제출한 서면질의 답변서에서 과거 군사정권 시절 삼청교육대를 설치한 국가보위비상대책위원회에서 근무했던 전력과 관련하여, "치안본부 기획감사과에서 경정으로 재직 중 파견 근무 명령을 받았고, 문서의 수발과 연락 업무 등을 담당했다. 당시 활동으로 받은 훈장의 반납 여부를 신중히 고려해 보겠다"고 말했다.[31]고 신문은 활자화하고 있다.

---

27) "이완구 측, 국보위 하위직 근무..삼청교육대와 무관". 「이데일리」 2012년 2월 3일 참조.
28) 국가보위비상대책상임위원회 내무분과위원회 위원장은 권정달이 아니라 '이광노'이며, 권정달은 내무분과위원회 위원이다. 기자의 오기(誤記)이다(국보위백서, 286-287면 참조).
29) "[뉴스분석] 이완구의 어두운 과거, 삼청교육대에서 뭐 했나; 국보위 내무분과위 소속, 구체적 업무 안 밝혀… 교육대상자 분류 작업했을 가능성", 「미디어 오늘」, 2015년 1월 28일.
30) 과거사진상규명위원회도 삼청교육대는 국보위 사회정화분과위에서 입안해 전반적인 조정, 통제 업무를 담당했고 계엄사령부가 내무와 법무부를 지휘 감독해 분류 심사를 한 것으로 파악했다.
31) "이완구, 국보위 훈장 반납 여부 신중하게 검토", 「조선일보」 2015년 2월 10일, A4면.

3. 훈장 반납 소동의 교훈

훈장 수여기준과 절차 등을 규정하고 있는 「상훈법」 어느 조항에도 수여받은 훈장을 자진 반납하는 규정은 없다. 이러함에도 과거 자랑스럽게 받고 그 훈장 수여 경력을 이력서에 기재하여 자신을 한 것 높이고자 했던 훈장을 국무총리 등 자신의 공직 임명에 걸림돌이 된다 싶으면 자신의 편의에 의해 반납한다고 한다. 뭔가 잘못되어도 한참 잘못되었다.

우리 사회에서 훈장이 취소되어 정작 훈장을 반납해야할 인사들은 '빛바랜 훈장'을 움켜쥐고 '모두 잃어버렸다'는 핑계 아닌 핑계를 대면서 훈장을 반납하지 않는데, 형사처벌을 받지 않아 훈장 취소의 대상이 아님에도 인사청문회에서 국무총리 후보자들이 과거 군사반란과 쿠데타로 권력을 찬탈한 전두환 신군부에 부역한 사실이 문제되자 '훈장을 자진 반납하겠다', '훈장 반납 여부를 신중히 고려해 보겠다'며 '쇼 아닌 쇼'를 연출했다.

함석헌 선생은 이승만 자유당 정권의 패악과 부패가 세상을 어지럽힐 때, 「사상계」에 '생각하는 백성이라야 산다'는 논설에서 "전쟁이 지나간 후 서로 이겼노라 했다. 형제 싸움에 서로 이겼노라니 정말은 진 것이 아닌가? 어찌 승전 축가를 할까? 슬피 울어도 부족한 일인데, 어느 군인도 어느 장교도 주는 훈장 자랑으로 달고 다녔지 '형제를 죽이고 훈장이 무슨 훈장이냐?' 하고 떼어 던진 것을 보지 못했다."고 질타했다. 동족상잔을 비판하는 대목이다. 냉전논리, 적대의식이 하늘을 찌를 때 이런 글을 쓴 것이다.[32]

인사청문회에서 국무총리 후보자들이 벌인 훈장 반납 소동의 보국훈장들은 12·12군사반란과 5·17쿠데타 과정에서 신군부가 저지른 광주민주화운동의 무력 진압과 삼청교육대 등 인권 유린과 불법적 권력찬탈에 협조한 대가로 받은 것이다. 총리후보자들이 받은 보국훈장 천수장과 광복장은 전두환 신군부가 벌인 '훈장 잔치'의 떡고물 아닌가? 군사정권에 부역이 '자의건 타의건' 간에 부역의 대가인 훈장이 부끄러웠다면 진작 떼어 집어 던질 일이지, 그동안 자랑스럽게 달고 다녔고, 이력서 수상란에 당당하게 기재하였던 훈장을 인사청문회에서 반납하겠다는 것을 이해하려고 해도 이해불가이다. 국무총리 후보자들의 훈장반납 소동 당시, "아빠! 훈장은 아무나 받는 것이 아닌데, 대통령한테 국무총리로 지명 받은 사람들이 왜, 훈장을 반납한다는 거야?"라는 딸아이의 질문에 말문이 막혔다.

국회에서 인사청문회를 통과하여 인준을 받아 국무총리로 재임했다 할지라도 나라 일을 맡은 고위 공직자인 공인(公人)이였기에 그들의 과거 행적은 기억되어야 한다.

---

32) 김삼웅, 『위대한 아웃사이더-세상을 바꾼 지식인 70인의 수난과 저항』, 도서출판 사람과 사람(2002), 269면.

제8장 외국인과 훈장

제1절 독립운동에 앞장 선 외국인

1. 후세 다쓰지

일본인 후세 다쓰지(布施辰治)의 출생과 활동을 간략하게 나열하면, 1880년 일본 미야기(宮城)현 이시노마키시에서 출생했고, 1902년 판·검사 임용시험에 합격하여 변호사로 활동했다. 1919년 2·8독립선언 관련 재판 변론, 1923년 첫 조선 방문하여 조선인 차별 철폐를 역설하여 간토(關東)대지진 직후 조선인 학살에 항의하기도 했다. 1924년 일본 왕궁에 폭탄을 던진 김지섭 재판을 변론하고, 간토 대지진 조선인 학살 관련 조사 보고서를 발표했다. 1926년 전남 나주 궁삼면 농민운동을 지원했으며, 박열의 일왕 암살 모의 사건 재판을 변론했다. 1946년~1952년 재일 한국인관련사건 재판을 변론했다. 1953년 9월 13일 대장암으로 73세를 일기로 사망했다.[1] 대한민국 정부는 2004년 그에게 '건국훈장 애족장'을 추서했다. 후세는 일제강점기 일본인이면서도 '조선인의 친구'로 살다간 사람이다.

후세는 법학도이면서 톨스토이 박애주의 사상에 심취하여 평생을 약하고 학대받는 자의 편에서 대의를 주장해 투쟁한 것은 잘 알려진 일이다. 다른 어떠한 신조와 사상보다 후세는 톨스토이의 감화를 받은 것을 평생토록 실천한 박애주의자라고 볼 수 있다.[2]

1919년 일본 도쿄에서 2·8독립선언의 주동자인 재일 조선 유학생들에 대한 항소심이 열렸다. 1심 재판에선 변호사마저 유죄를 인정한 상태였다. 2심 변호사로 나선 후세 다쓰지(布施辰治)는 뜻밖에도 조선 유학생들의 무죄를 주장했다. 수임료 한 푼 받지 않은 일본 변호사가 조

---

1) 후세 다쓰지(布施辰治)의 삶과 활동에 대한 자세한 내용은 다음 서적을 참고 바람. 布施柑治, 『ある弁護士の生涯』, 岩波書店(2003); 布施柑治(후세간지), 『나는 양심을 믿는다』, 현암사2011); 大石進(오오이시 스스무) 외, 『후세 다츠지』, 지식여행(2010) 참조.

2) 한상범, "일제하 반제독립투쟁사건을 변호한 일본변호사 후세다쯔지(布施辰治)", 「민주사회를 위한 변론」 통권 제54호(2003년 9·10월호), 74면.

선 민중의 편에 선 이유는 무엇일까. 인권변호사이자 사회운동가였던 후세는 양심의 소리에 귀를 기울였다. 일본 내에서는 농민, 노동자 등의 권리 보호를 위해 투신했고, 국외에서는 조선과 대만의 민중을 위해 싸웠다. 그는 한일병합을 일본 제국주의의 침략으로 규정하고 조선에 대한 일본의 폭력과 착취를 비난했다. 관동대지진이 일어난 1923년 후세는 조선인 학살사건이 일본군 계엄사령부와 경찰에 의한 '조선인 폭동 조작'임을 증명하는데 앞장섰다. 후세는 대지진 직후 살벌한 분위기 속에서도 용기 있게 조선인 학살을 비판하고 인권 변호사들의 모임인 자유법조단을 통해 일제에 진상조사와 책임자 처벌을 촉구했다. 또한 그는 간토대지진 다음 해인 1924년 9월 독자적인 조사를 통해 보고서를 발표했다. 후세는 스스로 조선인 학살에 대한 "일본인으로서 모든 조선 동포에게 조선인 학살 문제에 대해 진심으로 사죄를 표명하고 자책을 통감한다."고 사죄문을 써서 조선 언론사에 보내기도 했다. 1926년 일본인 아내 가네코 후미코(金子文子)와 함께 일왕과 왕족을 암살하려다 사전에 발각돼 체포된 박열의 변론을 맡아 무죄를 주장했다. 그의 행동은 '조선인에 대한 마음으로부터의 사죄'였다. 1926년 후세는 전남 나주 궁삼면 토지 분쟁의 변호를 맡기 위해 조선을 찾았다. 일본의 동양척식주식회사가 토지를 강제 매수하자 농민들이 토지 반환 소송을 제기한 것이다. 그가 총독부 정무총감을 만나 식민지 농업정책을 비판한 내용은 연일 신문에 보도될 정도였다.

후세 변호사는 조선민중의 처지를 동정하고 1919년 우리의 3·1운동에 크게 감명을 받았다. 그는 1919년에 쓴 논문인 「조선의 독립운동에 경의를 표한다」는 글 때문에 검찰에 소환당해서 시달림을 받았으며, 구속·투옥을 되풀이하다가 결국 변호사 자격을 박탈당했지만 광복 후에도 재일 한국인의 인권 보호에 앞장서는 일을 멈추지 않았다. 대한민국 정부는 2003년 후세에게 훈장 추서를 추진했으나 반대에 부딪혀 좌초되었다가,[3] 후세 변호사가 세상을 떠난 지

---

3) 2003년 광복절에 후세 변호사에 대한 국가보훈처의 건국공로 훈장 서훈 추천이 있었지만, 공산좌익을 편든 일본 변호사에게 훈장을 주느냐는 우리 사회 일부의 반발과 반대로 진행되지 못한 것을 두고 한상범(韓相範)은 "천황제 파시즘에 반항한 사회주의로부터 무정부주의나 민족해방노선의 인사나 당파는 2차 대전 이후 냉전시대의 좌익을 보는 안목과 기준으로 보아서는 그 실체를 바르게 파악할 수 없다. 한국 정부가 공산좌익을 편든 변호사에게 훈장을 주느냐 하는 무지한 단순논리로 따져 들면 더욱 그 문제를 바르게 이해할 수 없다. 당시의 좌익은 천황제 파시즘에 대결하여 사회 약자의 해방과 민족 독립투쟁을 지원했었다.…중략…그가 자기희생을 스스로 감수하면서 조선의 독립을 갈구해 싸우는 이들에게 헌신적 변호를 해 준 일은 그 자체만으로도 높이 평가할 일이다. 당시의 조선 사람의 탈을 쓴 친일법조인(親日法曹人)의 모습을 보라. 그들은 일제에 빌붙어서 출세하고자 동족을 배신하고 독립운동을 탄압하는데 앞장을 섰다. 그리고 해방 후에는 "반공"이란 것을 통해 면죄부를 얻어서 애국자로서 둔갑해 명사가 되어 독재 권력에 기생했다. 그러한 친일파 부류나 아류 및 그 추종자들은 아마도 지금 후세 변호사를 높이 평

50년인 2004년 일본인으로는 처음으로 그에게 '건국훈장 애족장'을 추서했다.[4]

일제는 '눈엣가시'였던 후세를 세 차례에 걸쳐 치안유지법·신문법 위반 등의 혐의로 검거·투옥하고 변호사 자격을 박탈했다. 일제 패망 후 다시 변호사 자격을 회복한 후에도 후세는 한국으로 돌아가지 못한 재일 한국인을 돕는 일에 남은 여생을 바쳤다.

2000년 2월 29일 문화방송은 <PD수첩>에서 '일본인 쉰들러, 후세 다츠지'를 제작하여 삼일절 전날 방영했으며, KBS1에서는 2012년 3월 1일 '역사스페셜'이 일본판 '쉰들러' 후세 변호사의 삶을 조명하기도 했다.

2. 가네코 후미코

일본의 아나키스트 가네코 후미코(金子文子, 1903~1926)는 박열[5]의 아내이다. 아나키스트 가네코 후미코는 이준익 감독의 영화 <박열>로 한국에도 잘 알려진 인물이다.[6]

아나키스트였던 가네코 후미코를 키운 것은 일본 제국주의 하에서의 빈곤한 삶과 식민지 조선의 삶을 지켜본 결과였다. 가네코 후미코는 1903년 일본 가나가와현(神奈川県) 요코하마(横浜)에서 혼외자로 태어나 호적에 등록되지 않은 채 성장해 부모에게서 버림받은 가네코 후미코를 조선으로 데려온 사람은 할머니였다. 가네코 후미코를 양녀로 입적해 좋은 사위를 얻는 도구로 쓰려던 할머니 역시 그를 굶기고 학대했다. 13살에 자살을 생각했던 가네코 후미코는 살아서 복수하기로 생각을 바꿨다. 복수는 개인적인 것이 아니라 자기 자신을 포함한 무자

가하는 것을 체질적으로 반발하여 훼방을 놓을 수 있다. 그렇다고 해서 그에 대한 올바른 평가와 명예의 표창이 좌초된 것은 유감이다. 외국의 법조인, 특히 일본제국시대에 일본의 법조인이 자기의 일신의 안위를 희생하고 조선민족해방을 이해하고 경의를 표하며 치안유지법체제에 신음하는 투쟁가들을 도와준 일을 감사하는 것은 하나도 잘못된 일은 아니다. 일제가 패망한지 반백년 이상이 지난 지금에서야 그 은인을 확인하는 일이 오히려 부끄럽지 않은가?"(한상범, "일제하 반제독립투쟁사건을 변호한 일본변호사 후세 다쯔지(布施辰治)", 「민주사회를 위한 변론」통권 제54호(2003년 9·10월호), 74면)라 평가하고 있다.

4) '2·8 독립선언' 조선인 감싼 日변호사, 「한국일보」 2012년 3월 1일.

5) 박열 의사는 6·25전쟁 발발 3일 만에 강제 납북돼 1974년 북한에서 생을 마감하였고, 평양 애국열사릉에 묻혀 있다.

6) 가네코 후미코의 삶에 대한 이해는 가네코 후미코(정애영 옮김), 『무엇이 나를 이렇게 만들었는가-일본제국을 뒤흔든 아나키스트 가네코 후미코 옥중수기』, 이학사(2012); 가네코 후미코(이정숙 옮김), 『독립운동가 박열을 사랑한 가네코후미코의 불꽃수기』, 문화숲속예술샘(2017): 야마다 쇼지(정선태 옮김), 『가네코 후미코 - 식민지 조선을 사랑한 일본제국의 아나키스트』, 산처럼(2017) 참조.

격자, 이등시민, '입이 없는 사람'을 대표해야 했다.[7)]

가네코의 어린 시절은 불우했다. 아버지는 처제와 도망가 살림을 차렸고, 혼자 남은 어머니는 가네코를 늦은 밤 멀리 심부름 보낸 뒤 남자를 끌어들였다. 당시 식민지였던 조선에 살던 할머니가 가네코를 데려왔으나, 양녀라기보다는 하녀처럼 키웠다. 금강 변에 선 13세의 가네코는 소맷자락에 자갈을 넣고 자살하려다가 마음을 바꿨다. 옥중 자서전에서 가네코는 자신을 둘러싼 세상이 아름답고 고요하고 평화로운 데 감탄해 마음을 바꿨다고 돌이켰다.

1922년 도쿄에서 박열 의사를 만나 재일조선인 아나키즘(무정부주의) 항일 운동에 투신했다. 박열과의 연애도 그러했다. '사회주의 오뎅'이라는 가게에서 일하던 가네코는 우연히 읽은 '개새끼'[8)]라는 시에서 극도의 생명력을 느꼈다.[9)] 알아보니 조선 출신 날품팔이 청년 박열의 시였다. 가네코는 '개 같은 처지에 임금 같은 태도'를 가진 박열에게 배우자나 연인이 있는지, 일본인에 반감을 갖고 있는지 등을 확인한 뒤 단도직입적으로 연애를 제안했다. 가네코는 박열에게 3개 조항(동지로서 동거할 것, 내가 여성이라는 관념을 제거할 것, 한쪽이 사상적으로 타락하여 권력자와 악수하게 되는 경우 즉시 공동생활을 해소할 것)을 제시한 뒤, 곧 동거에 들어갔다. 둘은 "권력에 반역하는 허무주의와 무정부주의를 품은 자들의 모임"인 '불령사'를 조직해 황태자에 대한 폭탄 테러를 계획했다. 물론 테러 장소·일자 등 구체적 계획은 세워지지 않았고, 실제로 폭탄을 들여오지도 못했다. 대역죄로 체포됐지만 가네코는 당당했다. 판사 앞에서 "내가 한 일이나 하려고 한 일이 당신들이 멋대로 만들어낸 법률 따위의 제 몇 조에 해당하는지는 내 알 바가 아니지 않나"라고 답했다. 전향을 권유받았지만 "나는 나 자신으로 살기 위해 목숨을 건다"고 되받았다. 사형 선고 후 복역 중 '성은'에 의한 감형장을 받았을 때는 곧바로 갈기갈기 찢어버렸다. 가네코는 수감 3개월 만에 의문사(疑問死)했다. 공식 사인은 자살이었다.[10)]

국가보훈처는 2018년 11월 17일 제79회 순국선열의 날을 맞아 도산 안창호 선생의 조카 안

---

7) 성과 문화-세 여성의 완전한 독립을 위한 투쟁사, 「한겨레」 2021년 5월 14일, 책&생각 6면.

8) "나는 개새끼로소이다./하늘을 보고 짖는/달을 보고 짖는/보잘 것 없는 나는/개새끼로소이다./높은 양반의 가랑이에서/뜨거운 것이 쏟아져/내가 목욕을 할 때/나도 그의 다리에다/뜨거운 줄기를 뿜어대는/나는 개새끼로소이다."

9) 이와사키 오뎅집 점원으로 일하던 가네코 후미코는 사회주의자 히라사와 다케노스케와 아나키스트 다카오 헤이베에 등 노동사 멤버들과 교류했고, 그들의 소개로 조선인 아나키스트 원종린, 공산주의자 정우영, 김약수, 정태성 등을 만났다. 당시 사회주의 잡지를 즐겨 읽던 가네코 후미코는 1922년 2월, 정우영이 보여준 《청년조선》 교정쇄에서 박열이 지은 '개새끼'란 시를 읽고 전율을 느낀다.

10) 책과 삶-시대에 맞서 자신을 던진 세 여자, 세 삶의 데자뷔, 「경향신문」 2021년 5월 15일, 15면.

맥결 여사, 박열 의사의 일본인 아내 가네코 후미코 여사에게 건국훈장 애국장을 추서했다. 일본 국적의 가네코 후미코(1903~1926)를 독립유공자로 서훈했다. 독립운동가 박열 의사의 부인인 가네코는 식민지 조선의 처지에 공감하며 박문자(朴文子)라는 필명으로 활동했다. 남편 박열 의사와 함께 일왕 부자 폭살을 목적으로 폭탄 반입을 시도하다 붙잡혀 사형 선고를 받았다. 이후 무기징역으로 감형돼 옥살이하던 중 1926년 우쓰노미야 형무소에서 23세의 나이로 숨졌다. 그는 세상을 떠난 지 92년 만에 한국 정부로부터 독립운동가로 인정받았다.[11][12] 사후 남편 박열의 고향인 문경시 팔영리에 묻혔으나 2003년 문경 마성면에 박열의사기념공원이 조성되면서 이장됐다.

3. 조지 쇼우

일제강점기 조지 쇼우(George L. Shaw)는 영국 국적을 갖고 있었지만, 독립운동사에서 중요한 역할을 수행하였고 특히 대한민국 임시정부가 국내외 독립운동을 보다 조직적이고 효과적으로 추진하기 위해 조직한 연통제와 교통국의 중요한 창구 역할을 한 이륭양행의 대표였다.

---

11) "박열 의사의 부인 가네코 후미코 여사가 독립 유공자로 서훈된 이유-[연중기획] 3·1운동, 임시정부 100주년 <4부> 독립유공자 발굴 ③ 미미한 외국인 유공자 발굴", 「국민일보」 2019년 5월 14일, 6면.
12) 박열의사기념관은 2018년 4월 새로운 연구 성과들을 토대로 보훈처에 독립유공자 포상을 신청했다. 2017년 개봉한 영화 '박열'로 가네코 여사에 대한 대중의 관심이 커졌던 때다. 보훈처는 2008년 자체 발굴을 통해 보훈 심사를 진행하다 결국 보류했었다. 아나키스트(무정부주의자)였던 가네코 여사의 활동을 온전한 독립운동으로 볼 수 있느냐는 의문이 해소되지 않았기 때문인 것으로 전해졌다. 박열의사기념관에서 포상 신청 실무 작업을 주도한 것은 당시 학예사로 근무하던 김진웅(30)씨였다. 2016년 초부터 가네코 여사에 대한 연구를 시작한 김씨는 지난해 2월 가네코 여사를 주제로 한 논문으로 석사학위를 받았고, 마침 서훈 신청을 준비하던 기념관에 학예사로 입사했다. 김씨는 치밀하게 서훈 신청을 준비했다. 그동안 확보한 자료 원문과 번역본을 하나씩 첨부한 뒤 독립운동과 관련된 부분에 모두 밑줄을 그어 표시했다. 가네코 여사 개인 신상자료나 재판기록은 물론이고 과거 신문기사와 관련 인사들 회고록까지 모두 모았다. 준비한 서류만 A4 용지 1000장 분량이었다. 김씨는 "과거 심사가 보류됐다는 얘기를 들어서 혹시나 서훈이 안 될지도 모른다는 불안감이 들었다"며 "그동안 연구한 자료를 모두 첨부한다는 생각으로 자료를 정리했다"고 말했다.…중략…김씨는 왜 이렇게까지 일본인의 서훈에 몰두했을까. 김씨는 "외국인이어서도 아니고 여자여서도 아니다. 그가 어떤 역할을 했는지 역사적 사실에 집중해야 한다"며 "연구를 진행하면서 가네코 여사의 말과 생각에 공감하는 부분이 많았다. 독립유공자로 인정받아 마땅하다는 결론을 내렸다"고 밝혔다("박열 의사의 부인 가네코 후미코 여사가 독립 유공자로 서훈된 이유-[연중기획] 3·1운동, 임시정부 100주년 <4부> 독립유공자 발굴 ③ 미미한 외국인 유공자 발굴", 「국민일보」 2019년 5월 14일, 6면 참조).

대한민국 정부는 조지 쇼우가 1919년 5월 대한민국 임시정부에서 연통제(聯通制)를 실시하게 되자 일본영사관 경찰의 권한이 미치지 못하는 이륭양행 2층에 임시정부 안동(단둥)교통국의 연락사무소를 설치하도록 도왔으며, 이륭양행에서 경영하는 무역선을 이용하여 독립운동에 필요한 무기 운반, 군자금 전달, 독립운동가의 출입국, 국내와 임시정부와의 연락 등 중요한 창구역할을 했으며, 조지 쇼우는 1920년 7월 14일 오학수(吳學洙) 사건을 계기로 신의주에서 일본경찰에 검거되고 이 사건을 계기로 영국과 일본과의 외교문제로까지 비화되어 1920년 11월 19일 보석으로 풀려났고, 1924년 3월 7일 공소가 취소 되었다. 우리 정부는 1920년 7월 내란죄로 일본경찰에 체포되고 1924년 3월 공소가 취소됨을 확인하여 외국인임에도 불구하고 독립운동에 대한 선생의 공적을 기려 1963년 '건국훈장 독립장'을 추서했다.[13] 그러나 세월이 많이 흐른 탓에 유족을 알 수 없어 훈장을 전달하지 못했다. 그 동안 국가보훈처에서는 선생의 유족을 찾기 위해 많은 노력을 기울였고 그 결과 선생의 손녀 마조리 허칭스(Majorie Hutchings)씨와 증손녀 레이첼 사씨(Rachel Sassi)씨가 호주에 거주하고 있음을 확인하고 2012년 「국외거주 독립유공자 후손 초청행사」(2012.8.11~8.17)에 초청해 8월 16일 여의도 63빌딩에서 건국훈장 독립장을 전수하였다.

---

13) 김구 선생의《백범일지》를 보면 백범이 1919년 봄 동지 15명과 함께 상해로 망명할 때도 이륭양행의 배편을 이용한 것으로 기록되어있고 1919년 11월 전세계 한일합방의 부당성을 알리기 위해 거행된 의친왕 망명 시도의 거점도 역시 임시정부의 단동 교통국이었던 이륭양행이었다. 이륭양행의 대표였던 조지 쇼우George L. Shaw)는 사무국 사무실을 빌려주는 한편, 독립운동자를 숨겨주고 상해로 오가는 선편을 제공하고, 본인 이름으로 우편물의 왕래를 담당하였을 뿐 아니라 무기수입의 편의까지 제공하였다. 조지 쇼우(George L. Shaw)는 의열단 활동에도 적극적으로 가담한 것으로 나타나고 있다. 미국 작가 님 웨일스(Nym Wales)가 쓴《아리랑(Song of Ariran)》에 항일독립투사 김산이 조지 쇼우에 대한 다음과 같은 진술 내용도 있다. "의열단은 여덟 개의 전략적 건축물을 파괴하고 모든 대도시에 있는 일본인 관헌을 암살하기 위한 계획을 세웠다. 이 목적을 위하여 그들은 비밀리에 200여 개의 폭탄을 한국에 들여왔다. 폭탄은 단동에 있는 영국 회사 앞으로 보내는 의류품 화물상자에 넣어 이 회사 소유의 기선에 실어 상해에서 보냈다. 단동회사의 지배인은 아일랜드인 테러리스트였는데, 우리 한국인들은 그를 '샤오'라고 불렀다. 그는 일본인을 거의 영국인만큼이나 싫어했다. 그래서 커다란 위험을 무릅쓰고 한국 독립운동을 열렬히 지원해 주었다. 샤오 자신이 상해로 가서 '죽음의 화물'선적을 감독하였다. 그는 돈은 한 푼도 받지 않고 오로지 동정심에 스스로 한국을 도와주었다. 한국인 테러리스트들은 몇 년 동안 그의 배로 돌아다녔으며, 위험할 때는 단동에 있는 그의 집에 숨었다. 샤오는 일본 경찰에 체포 되었고, 또 자기 직업을 잃어버렸다. 감옥에서 풀려나자 그는 상해로 갔으며, 임시정부는 대규모 대중집회를 열어 그를 환영하였다. 샤오는 한국의 독립을 위하여 이런 희생을 한 것이 자랑스럽고 기쁘다고 말했다."(국가보훈처 보도자료, 「임시정부의 숨은 영웅 조지 쇼우 50년만의 훈장 전수」, 2012.8.10).

4. 어네스트 토마스 베델

어네스트 토마스 베델(Ernest Thomas Bethell, 한국명 배설(裵說), 1872.11.3~1909.5.1)은 영국 출신이다. 1904년 러일전쟁을 취재하기 위해 특파원으로 한국에 왔다가 같은 해 직접 「大韓每日申報」, 「코리아 데일리 뉴우스」를 창간하여 '황무지 개간권 반대'·'을사늑약의 부당함 폭로'·'고종 밀서 보도'등 항일 논설을 게재하여 일제의 한국침략을 규탄하는데 앞장섰다. 일본의 요구로 영국에서 개정된 재판에서 1907년 6개월 근신형, 1908년 3주 금고형(6개월 근신) 및 350파운드 보증금의 판결을 받았다. 대한민국 정부는 베델 선생의 공훈을 기려 1950년 건국훈장 대통령장을 추서하였다.

5. 6·25전쟁과 에밀 카폰

6·25 전쟁 당시 '전장의 그리스도'라고 불린 에밀 카폰(Emil J. Kapaun, 1916~1951) 신부는 2차 세계대전에 이어 한국전쟁 때도 군종 신부(육군 대위)로 종군해 활동을 벌이다 중국 인민해방군에 붙잡힌 뒤 마지막까지 부상병을 돌보다 포로수용소에서 선종했다.

카폰 신부는 1951년 만 35세의 젊은 나이로 사제수품 10년 만에 짧은 생애를 마쳤지만, 많은 이들의 마음속에 6·25전쟁의 위대한 영웅으로 새겨져 있다.[14]

"카폰 신부는 제1기병사단 제8연대에 소속되어 있던 와중 한국 금촌 부근 전투에서 보여준 영웅적 행동으로 동성 훈장을 받았다. 1950년 11월 2일에는 신변에 위험이 닥친 것을 알면서도 스스로 적지에 남아 마지막까지 부상병을 치료하여 죽어 가는 병사들에게 성사를 주다가 마침내 포로가 되었다. 카폰 신부는 1951년 5월 23일 적진에서 사망하였다. 그 동안 그가 포로들을 위하여 용감하게 봉사한 이야기는 마침내 전설이 되었다. 그는 사후에 십자 훈장을 받았다."[15]

카폰 신부는 1916년 4월 20일 미국 캔사스주 필센에서 태어났다. 1940년 세인트루이스의 켄리크 신학교를 졸업했다. 1944년 미 육군 군종학교에 들어갔다. 2차 대전 때 버마 전선에서 복무했다. 한국전쟁 발발 한 달이 안 된 1950년 7월 16일 제1기병사단 소속으로 한국에 참전

---

14) 「종군신분 카폰」, 카톨릭신문, 2021년 7월 4일(제3252호), 19면.
15) 아더 톤 지음, 정진석 추기경 옮김, 『종군 신부 카폰』, 카톨릭출판사(2021), 259면.

했다.

성직자로서 군인으로서 카폰 신부는 6·25 전쟁이라는 처참한 전쟁터에서 영웅성과 희생정신을 보여 주었다. 전쟁터에서 아군과 적군을 가리지 않고 부상병을 돌보았다.[16) 또한 꽁꽁 얼어 험해진 땅에 아픈 다리를 끌면서도 부상병을 업어주고, 매일 굶주리는 부상병에게 식량을 조달하였다. 의욕없이 지쳐 있는 포로들을 위로하고 위안을 주었다. 카폰 신부는 전쟁터와 포로수용소에서 포로들의 위로자요, 상담자요, 간호사였고, 지도자이며 보호자가 되어 주었다. 카폰 신부가 죽음 전후로 포로들에게 보여 준 인자함과 따뜻함은 그들로 하여금 서로 단결하고, 나아가 그들의 절망적인 마음에 삶의 의욕과 석방의 희망을 가지게 하였다.[17)

서울 돈암동에는 '카톨릭 군목 기념 교회당'이 성 골롬반회 신부들의 주선으로 미군의 기부금으로 1953년 11월 4일 노기남 주교 주례로 축성식을 가졌다. 이 교회당은 6·25 전쟁에서 희생된 미군 군목(軍牧) 허맨 D. 펠헬티 신부, 프렌시스 X. 코펜스 신부, 레오 P. 그레악 신부, 에밀 J. 카폰 신부, 로렌스 F. 브런너트 다섯 사람을 기념하는 건물이다.[18)

천주교 서울대교구 홍보위원회 허영엽 신부는 고(故)정진석 추기경이 번역한 책《종군 신부 카폰》개정판 추천사에서, 다음과 같이 말하고 있다. "이 땅에 사는 우리가 카폰 신부를 올바르게 알아야 하는 이유가 있다. 오늘날 눈부신 대한민국의 발전은 수십 년 전 이 땅에서 피를 흘린 수많은 카폰 신부와 같은 외국의 젊은이들이 있었기 때문이다. 또한 우리는 아들의 전사 통지서를 부둥 켜 안고 하염없이 눈물을 흘렸을 그 청년들의 부모들을 기억해야 한다. 그들의 고귀한 희생에 보답하는 것은 무엇보다 역사를 바르게 기억하는 것이다."라 말하고 있다.

카폰 신부는 직접 무기를 들지 않는 군종 사제로서 한·미 양국에서 최고무공훈장을 받았다. 대한민국 정부는 한국전쟁에 참전하여 '전쟁터의 목자(牧者)'로 불린 에밀 카폰 신부에게 정전 68주년이자 유엔군 참전의 날인 2021년 7월 27일 태극무공훈장을 수여했다.[19) 미국에

---

16) 북한 인민군의 공격 와중에 낙오자를 구하러 달려갔다. 총탄 속에 장병을 위한 임종 기도를 올렸다. 지프 차량에 흰 보자기를 제대보로 깔고 미사를 올렸다. 1950년 11월1일 평안북도 운산군 부근에서 카폰 신부가 소속된 제8연대 3대대 800여명이 2만여명의 중국 인민군에 공격당한 뒤 고립됐다. 지휘부의 탈출 명령에 카폰 신부는 부상병들을 도와야 한다며 거부했다. 교전 중 중국 인민군 장교도 돌봤다. 이튿날 포로로 붙잡혔다. 포로수용소에서도 병사들을 독려했다. 부상자 옷을 대신 빨아주고, 음식을 나눠줬다. 말을 듣지 않는다는 이유로 구타를 당하기도 했다('전쟁터의 목자' 에밀 카폰 신부에 태극무공훈장 수여, 「경향신문」 2021년 7월 27일, A21면).

17) 아더 톤, 종군 신부 카폰, 197-198면.

18) 아더 톤, 종군 신부 카폰, 258면.

서는 카폰 신부가 전장(戰場)과 포로수용소에서 그가 보여준 용기와 인류애 등이 사후에 알려졌고, 이를 인정받아 2013년 미국 정부로부터 최고 무공훈장인 명예훈장을 받았다.

제2절 일본 A급 전범과 훈장

2013년 10월 인재근 의원(민주당)은 대한민국 정부수립 이후 2013년 8월말 현재까지의 외국인 훈장 수훈자를 조사 분석한 결과 "일본인의 경우 'A급 전범'과 '731부대 관련자'들이 있었고, '독도는 일본의 영토다.', '한국이 불법으로 점거하고 있다.'고 주장한 사람들에게도 훈장이 수여 되었다"고 밝혔다. 이외 '야스쿠니 신사를 참배'해 온 정치인 등 훈장 수훈자의 자격이 있는지 의심되는 12명에게 훈장을 수여한 사실을 확인 했다"고 주장하고, "그동안 이뤄져 온 우리나라 훈장수훈자의 문제점이 우려할 만한 수준으로 밝혀진 만큼 정부 서훈제도의 근본적인 개선대책이 필요하다"고 지적했다.[20] 문제가 된 12명의 훈장수훈자중 11명은 수교훈장 수훈자이고, 1명은 국민훈장 동백장 수훈자(가토카츠야)이다. 정권별로 보면, 박정희 정권 7명, 전두환 정권 3명, 김영삼 정권 1명, 이명박 정권 1명을 수여한 것으로 나타났다.[21]

---

19) 문재인 대통령은 정전 68주년이자 유엔군 참전의 날인 2021년 7월 27일 청와대에서 유엔군 참전용사에게 훈장을 수여했다. 한국 대통령이 유엔군 참전용사에게 직접 훈장을 준 것은 이번이 처음이다. 미국 참전용사인 고(故) 에밀 조제프 카폰 신부는 태극무공훈장, 호주 참전용사 콜린 니컬러스 칸 장군은 국민훈장 석류장을 받았다. 칸 장군은 1952년 7월 호주왕립연대 1대대 소대장으로 참전했으며 최전방 정찰 중 총탄에 맞아 폐가 손상되는 부상을 입었다. 귀국 후에도 6·25의 참상과 한국의 발전상을 알리는 민간외교관 역할을 수행했다(文대통령, 유엔군 참전용사 두 명에게 훈장…"영원히 기억", 「서울신문」2021년 7월 28일, 26면).

20) 인재근 의원실 보도자료(2013.10.9), 「일본인 수교 훈장 수훈자중 'A급 전범'3명, '독도영유권주장', '야스쿠니 신사참배'일본 제국주의 침략 미화', 731부대 관련자 등 9명을 포함해 모두 12명이 심각한 수훈자자격 미달」.

21) 인재근 의원은 "정부의 외국인훈장 수훈자와 관련하여 안전행정부와 외교부에 현황 자료 제출을 요구한 바 있었지만 안행부의 경우 실명과 경력사항은 공개하지 않고 총인원만을 확인해 주었고, 외교부의 경우 2004년 이후 수훈자 10여명만을 보내오는 등 제대로 된 답변을 받을 수 없었다."고 주장했다. 수교훈장의 추천 및 관리기관인 외교부는 수훈자 명단 제출요구와 관련해 "5년 이상 경과한 기록물 철은 외교부 외교사료관'으로 이관하였는바, 요청하신 자료를 제공하기 어렵다."는 답변을 했다고 밝혔다. 외국인 추천 주무부서인 외교부에서 자신들이 추천한 명단조차 파악하지 못하고 있다는 어처구니없는 답변을 보내온 것이다. 그리고 모든 훈장의 수훈자들 명단을 관리하는 안전행정부는 "훈장 수훈자의 이름을 공개하는 것은 '개인정보보호법'제19조에 위배된다며 성명, 소속 등 개인 식별 요소를 제거하여 자료를 제출

국회의원 인재근이 조사한 자료에 의하면, 일본인 훈장 수훈자중 A급 전범은 '기시 노부스케 전총리(아베신조 총리의 외할아버지), 고다마 요시오, 사사카와 료이치 '등이다. 이들은 A전범 25명중 사형당한 7명, 감옥에서 숨진 3명을 제외한 15명의 전범 중 3명에 해당한다.

광복 이후에도 일본의 정치가 또는 외교관, 재계인 등에 의해 반복되어 온 한국에 관한 망언(妄言)의 대부분은 식민지 지배의 정당화에 관한 망언으로, 그것을 대별하면 첫째는 1910년 일본에 의한 한국병합은 합의에 이루어졌다는 것, 둘째로 일본은 한국에서 좋은 일도 했다는 것, 셋째는 나쁜 것은 일본만이 아니다, 한국측에도 문제 혹은 책임이 있다는 것 등 세 가지가 있다.[22]

독도관련 망언이나 일본제국주의를 미화 발언을 했던 사람으로는 사토 에이사쿠 전총리(아베신조 외할아버지인 기시노부스케의 동생), 시나 에쓰사부로(기시노부스케의 핵심참모), 다카스기 신이치, 아베 신타로 전외무대신(아베신조 부친), 다케시타 노보루 전총리 등이다. 사토 에이사쿠는 1965년 "독도는 일본의 영토라는데 의심이 없다"는 발언을 했으며, 시나 에쓰사부로는 "조선병합을 일본제국주의라고 한다면 그것은 영광스런 제국주의다"라는 발언을 서슴지 않고 했던 인물들이다. 이와 함께 대한민국 정부는 "야스쿠니 신사를 참배 해 왔던 스즈키 젠코 전총리, 나카소네 야스히로 전총리, 모리 요시로 전총리 등 은 물론 731부대 관련자인 가토 카츠야 에게도 훈장을 수여 했다.[23]

했다."는 답변을 했다고 밝혔다. 이에 국회의원 인재근은 "대한민국 정부수립 이후 훈장을 수여받은 일본인 326명을 대상으로 관보, 언론기사, 인터넷, 일본의 국회회의록 등을 통해 조사한 결과 모두 103명의 수훈자를 찾아냈으며, 그들의 경력사항, 과거 행정 및 발언을 조사 분석한 결과 훈장 수훈자의 자격에 문제가 있다고 의심되는 11명의 수교훈장 수훈자와 1명의 국민훈장 동백장의 수교훈장 수훈자를 밝힐 수 있었다 밝히고 있다(인재근 의원실 보도자료(2013.10.9), 「일본인 수교 훈장 수훈자중'A급 전범'3명, '독도영유권주장, 야스쿠니 신사참배, 일본 제국주의 침략 미화', 731부대 관련자 등 9명을 포함해 모두 12명이 심각한 수훈자자격 미달」).

22) 다카사키 소오지(高崎宗司) 최혜주 옮김, 『일본망언의 계보』, 한울(1996), 235면.
23) 인재근 의원실 보도자료 (2013.10.9), 「일본인 수교 훈장 수훈자중 'A급 진범'3명, '독도영유권주장', '야스쿠니 신사참배'일본 제국주의 침략 미화', 731부대 관련자 등 9명을 포함해 모두 12명이 심각한 수훈자자격 미달」.

[일본인 부당 훈장 수훈자 현황]

연번	이름	A급 전범	독도 망언	일본제국주의 및 침략전쟁 미화	야스쿠니 신사참배	731부대 관련자	합계
1	사토 에이사쿠	●	O	O	●	●	2
2	시나 에쓰사부로	●	O	O	●	●	2
3	다카스기 신이치	●	●	O	●	●	1
4	기시 노부스케	O	O	O	●	●	3
5	고다마 요시오	O	●	O	●	●	2
6	가토 카츠야	●	●	●	●	O	1
7	사사가와 료이치	O	●	●	●	●	1
8	나카소네 야스히로	●	O	●	O	●	2
9	아베 신타로	●	O	●	●	●	1
10	스즈키 젠코	●	O	●	O	●	2
11	다케시타 노보루	●	●	O	●	●	1
12	모리 요시로	●	O	●	O	●	2
	합계	3	7	6	3	1	

* 출처: 인재근 의원실 보도자료

[일본인 부당 훈장 수훈자 현황]

연번	이름	경력	훈장	서훈일	대통령	상세 내용
1	사토 에이사쿠 (佐藤栄作)	일본 61, 62, 63대 (1964~1972)총리 / 기시 노부스케의 친동생 / 아베 신조 총리의 외종조부	수교훈장광화장	1969.08.14.	박정희	**독도 망언** 1965년 9월 독도는 예로부터 일본영토라는데 이심이 없다(경향신문 / <여적> 독도 망언 / 2010.03.11.) **일본제국주의 및 침략전쟁 미화** 1965년 11월 19일 한일협상 등 구조어은 당시 일본과 대한제국 간에 체결됐다. 여러 오해를 받고 있으나 조어는 존재하는 한 양자간의 완전한 자유의사와 평등한 입장에서 체결됐다는 것은 이론의 여지가 없다. 따라서 이를 효력을 발생하고 있었다.(출처 : 세계일보 / 교까든 "일인의 제국주의 발상" '일 정부성청의 "망언들의 재발의 배경 / 1990.05.19.)
2	시나 에쓰사부로 (椎名悦三郎)	1964년 외무대신으로 한일 기본회담 대표 기시 노부스케의 핵심참모	수교훈장광화장	1969.08.14.	박정희	**독도 망언** 1965년 10월 15일 중의원 보의의 …정부는, 독도가 역사적 사실에 비추어 봤을 때, 영토 귀속에 관한 근대 국제법상의 견지에서 보더라도 일본의 고유 영도임을 확인합니다. **일본 제국주의 및 침략전쟁 미화** 1965년 2월 …조선병합을 일본제국주의라고 한다면 그것은 영광스러운 제국주의다.(국민일보 / 「주한 웨이든」의 망언…망인 / 1995.06.05.)
3	다카스기 신이치 (高杉晋一)	1965년 한일회담 일본 수석대표	수교훈장광화장	1969.08.14.	박정희	**일제 미화** 1965년 6월 일본은 조선을 지배했으나 조선을 보다 좋게 하려고 한 일로 20년쯤 더 조선을 갖고 있었더라면 좋았을 것이다.(국민일보 / 「주한 웨이든」의 망언…망인 / 1995.06.05.)
4	기시 노부스케 (岸信介)	일본 56, 57대 (1957~1960)총리 / 아베 신조 총리의 외할아버지	수교훈장광화장	1970.06.18.	박정희	**독도 망언** 1960년 3월 9일 참의원 예산위원회 …(독도를 한국이 불법으로 점거하고 있다고 생각합니다. **일본 제국주의 및 침략전쟁 미화** 1960년 4월 27일 중의원 일미안전보장조약특별위원회 …제2차 전쟁이 방발한 당시 이 일을 떠올리고 나는 당시 일본인이 이를 침략 전쟁이라고 생각한 사람은 없었을 겁니다. **A급 전범** 1936년 만주국 정부(滿洲國政府:제2차 세계대전 중이 일본 괴뢰정권)에서 신업계를 지배하다가 1941년 도조 히데키(東條英機) 내각의 상공대신 역임 패전과 동시에 A급 전범용의자로 1945년 체포, 1948년 석방 [네이버 지식백과 기시 노부스케 (두산백과)]

연번	이름	경력	훈장	서훈일	대통령	상세 내용
5	고다마 요시오 (児玉誉士夫)		수교훈장광화장	1970.08.28.	박정희	A급 전범으로 1946년 제포, 1948년 석방(위카베파) 미군정에 조선인 개식민지화 건설 최근 공개된 미군 기밀문서에 따르면 고다마 요시오(児玉誉士夫) 등 당시 일본 우익 인사는 매이며 사령부에 수거래 청원서를 보내 한국전쟁에 일본 청년들을 이용군으로 파견주는 대가로 한국이 '재식민지화'를 건청했던 것으로 밝혀졌다.(MBC / 다시 삼일 군리했다 / 2001.06.22.)
6	가토 키즈아 (加藤勝也)		국민훈장동백장	1973.11.02.	박정희	731부대 관계자 나고야중앙연구소 발진티푸스 백신 제조반
7	시사카와 료이지 (笹川良一)		수교훈장광화장	1976.09.25.	박정희	A급 전범으로 1945년 12월 1일 제포, 1948년 석방
8	나카소네 야스히로 (中曽根康弘)	일본 71, 72, 73대 (1982~1987)총리	수교훈장광화장	1983.01.11.	전두환	독도 망언 1984년 02월 10일 참의원 본회의 "독도에 대해서도, 이것은 우리나라의 영유권에 속한다는 인식을 갖고 있기 때문에 모든 기회를 통해서 상대방에 대하여는 이를 통보해 주의를 환기하고 있는 바로입니다. 야스쿠니 신사참배 1985년 8월 일본 총리로서 최초로 야스쿠니 신사 공식 참배(경향신문 / 신사참배 뜻 급하지 않는 고이즈미 왜... / 2001.07.28.)
9	아베 신타로 (安倍晋太郎)	1982~86년 외무대신 아베 신조 총리의 부친	수교훈장광화장	1984.07.09.	전두환	독도 망언 1984년 2월 10일 "독도는 국제법상으로나 역사적으로 봴 때 일본 영토이다", "독도를 한국이 불법 점거하고 있는 것은 유감이며 평화적 수단으로 구준히 해결을 추진하겠다" 발언(NEWS1 / [연표]日, 독도 관련 주요 도발·망언 일지 / 2012.08.19.)
10	스즈키 젠코 (鈴木善幸)	일본 70대 (1980~82) 총리	수교훈장광화대장	1985.11.26.	전두환	독도 망언 1981년 01월 30일 참의원 본회의 "독도에 대해서도, 역사적 사실에 비추어 국제법상으로 우리나라 고유의 영토임은 명백하고 있습니다. 정부는 한국 정부가 독도에 각종 시설을 구축해 불법 점거를 계속하고 있는 것을 참으로 유감이라고 생각하고 있습니다. 야스쿠니 신사참배 1980년 총리로서 야스쿠니 신사참배 공식천명 "장관들은 총리와 함께 참배한다"한 국민 / 日 각료전원 야스쿠니 참배 인했다 / 2010.08.15.) 1980, 1981, 1982년 야스쿠니 신사 참배(경향신문 / 신사참배 뜻 급하지 않는 고이즈미 왜... / 2001.07.28.)

연번	이름	경력	훈장	서훈일	대통령	상세 내용
11	다케시타 노보루 (竹下登)	일본 74대 (1987~1989)총리	수교훈장광화대장	1995.12.15	김영삼	**일본 제국주의 및 침략전쟁 미화** 1987년 12월 10일 예산위원회 "침략 전쟁에 있었느지의 문제는 후세의 역사가 이를 평가해야 하는 문제이다." **1989년 히로히토천황 공식 추도사** "돌아가신 천황께서는 …쇼와 62년간 세계 평화와 국민의 행복을 기원하고 몸소 실천하셨다. 폐하의 뜻과 달리 발발한 지난 대전으로 고통받는 국민을 염려하시며 차마 생각 볼 수 없어 일신을 돌보지 않고 전쟁을 종결하는 영단을 내려주셨다.(한겨레 / 쇼와 생각·교양"히로히토는 신권준구이자 전쟁 지도자" / 2010.10.19.)
12	모리 요시로 (森喜朗)	일본 85, 86대 (2000~2001)총리	수교훈장광화대장	2010.11.30.	이명박	**독도 망언** 2000년 9월 19일 KBS와의 인터뷰에서 "독도는 역사적 사실에 근거해서나 국제법상으로나 명확하게 우리나라(일본)의 고유 영토라는 것이 일관된 입장"이라고 주장했다(한겨레 / 박정희 정권은 왜 독도지킴이의 손을 부러뜨렸나 / 2012.08.15.) **야스쿠니 신사 참배** 2004년, 2011~2012년 야스쿠니 신사참배 (2004.4.22. 연합뉴스, 2011.8.15. 뉴시스, 2012년 12.18 연합뉴스)

제9장 훈장을 거부한 사람들

아라비아의 독립운동에 참여하여 기습대장으로 활약했던 영국의 탐험가 아라비아의 로렌스는 세계1차 대전 때 영국의 아랍작전에 유공(有功)하다 하여 최고의 바스훈장('The Most Honourable Order of the Bath)을 받게 되었다. 조지 5세가 직접 훈장을 달아주려 하자 국왕의 손을 뿌리치고 아랍사람과의 서약을 배신한 것이 되는 이 훈장을 받을 수 없다고 거절하였다. 거절했는데도 보내오자 로렌스는 그 영국의 최고훈장을 산책할 때 데리고 다니는 개의 목에 달고 다녔다 한다.[1)

훈장은 누구나 받기를 선망하는 것 중의 하나이다. 그러나 누구나 받기를 희망하는 훈장을 정부(政府)가 준다고 하는데도 거부한 사람들이 있다. 여기서는 우리나라 교육계, 문화계, 법조계 등에서 훈장을 거부한 사람들의 행적을 통하여 훈장의 참모습을 보고자 한다.

1. 이효재

한국 여성학의 선구자인 이효재(李効再, 1924.11.14~2020.10.4)가 살아온 95년의 삶은 한국 여성, 특히 한국의 가부장제적인 가족 안에 매몰되어 있는 여성들에 대한 관심과 사랑의 일대기이다. 그동안 한국사회가 후진적인 가부장제를 극복하지 못하고 사회변혁을 가로막는 보수적 구조를 유지 정당화시켜온 현실과 특히 남성이 지배해온 한국사회과학의 흐름에서 처음으로 이 보수성을 꿰뚫어보고 진정한 평등이 보장되는 민주사회로의 변혁을 위해서는 이론적 연구와 실천적 활동 모두에서 여성의 참여가 적극적으로 확대되어야 한다고 자각하고 실천한 것이 이효재의 삶인 것이다.[2)

이효재 교수는 평생 반독재 민주화 · 성평등 운동에 헌신한 민주화운동 · 여성계의 거목으로, 한국여성학의 초석을 놓았고 호주제 폐지운동을 벌이는 한편, 한국여성단체연합 고문과

---

1) 이규태, 勳章, 「조선일보」1988년 12월 2일.
2) 박금혜, "한국여성학의 선구자, 치열한 여성운동가", 역사문제연구소 엮음,『학문의 길 인생의 길』, 역사비평사(2000), 239면.

한국정신대문제대책협의회 대표를 맡아 일제의 잔혹한 여성인권 침해 사실을 세계에 고발할 수 있는 기반을 닦았다. 1997년 은퇴한 뒤 경남 진해로 귀향한 뒤에도 사회복지법인 경신재단 부설 사회복지연구소 소장과 어린이도서관인 '기적의 도서관' 운영위원장을 맡아 지역사회 풀뿌리운동에 헌신해왔다. <한겨레> 창간위원과 이사로도 활동했다.[3]

정부는 1996년 7월 3일 서울교육문화회관에서 열린 제1회 여성주간 기념 전국대회에서 김정례(金正禮) 한국여성정치연맹 총재와 이효재 한국정신대문제대책협의회대표 등 2명에게 각각 국민훈장 목련장과 석류장을 비롯하여 모두 14명에게 훈포장을 수여한다고 1996년 6월 28일 발표했었다.

여성지위향상에 기여한 공로로 국민훈장 석류장 수상자로 결정된 이효재 한국정신대문제 대책협의회 공동대표가 수상식을 하루 앞둔 1996년 7월 2일 이례적으로 "훈장을 거부하겠다" 고 전격 발표하여 여성계에 파문이 있었다. 이효재 대표는 당시 김장숙 정무 제2장관에게 보낸 편지에서 "국민훈장을 5공 세력의 대표적 여성인물에게도 함께 수여하는 등 국민훈장 선정 기준이 무원칙한데 대해 유감을 표한다"며 "현 정부의 「역사바로세우기」와 정면으로 모순되는 사람과 함께 훈장을 받을 수 없다"고 밝혔다.[4] 또한 "국가가 아니라 정권을 위해 일한 사람들 에게 보상으로 훈장을 주어서는 안된다"는 점도 강조했다.

이효재 대표가 지적한 5공세력의 대표적인 여성은 당시 김정례로 알려져 있으며 김씨는 1980년 국가보위입법회의 입법의원을 역임하고 5공시절 국회의원을 지낸 한국여성정치연맹 총재로 있는 경력소유자이다.

이효재 대표의 국민훈장 거부는 당시 김영삼 행정부의 '역사 바로세우기'의 모순된 내용에 대한 문제 제기라고 볼 측면이 있다. 전두환과 노태우를 내란과 군사반란과 부정축재 혐의로 재판하면서, 높은 자리에 앉아 그들의 정권을 유지하는 데 헌신한 여성에게는 훈장을 주는 모 순된 처사에 항의하는 의미가 있다는 뜻이다. 이효재 대표의 훈장 거부가 당시 시민들에게 신 선한 충격을 주었다면, 그 현상은 시민들이 혼란스런 현실에 큰 불만을 품고 있다는 의미로 해 석될 수 있다. 시민들이 어지러움을 느끼는 까닭은 사회의 가치체계가 뒤집혀 있기 때문이다. 세상의 이치가 어디론가 자취를 감추어 벌을 받을 사람이 영달의 길을 달리고, 상을 받아야 할 사람이 생활의 고통을 당하는 현실, 그것이 정직한 시민들을 절망하게 만든다. 이효재 대표는 바로 이러한 뒤집힌 현실에 훈장거부라는 항의의 결단을 내린 것이다.[5]

---

3) 이효재 전 교수 'YWCA 한국여성지도자상', 「한겨레신문」 2012년 4월 18일, 28면.
4) 李效再씨 훈장거부 파문, 「전남일보」 1996년 7월 5일.

1980년 군권과 권력을 장악한 신군부는 스스로 들이 군최고계급장을 어깨에 달고, 대통령이란 권좌를 차지한 다음에는 그동안 자신들에게 협조한 사람들에게 무더기로 훈장을 달아주고 그런 짓들은 매년 되풀이됐으며, 5공에서 6공으로 바뀔 때에는 자신들이 스스로 자신들에게 국가최고훈장을 달아주기도 했다. 하여간 6공이 막을 내리고 합당(合黨)에 의해 문민정부가 출현했다. '사상초유'의 국가서훈 거부사태는 문민정부 하에서 나타났다. 이 국민훈장 거부는 거부자의 개인사에 국한해서 관찰할 일이 아니라고 본다. 역사의 흐름과 맥락에서 관찰해야만 역사인식에 바탕한 올바른 해석이 가능할 것으로 본다.6)

2. 황순원

소설 '소나기'는 한국문학 사상 가장 아름다운 단편소설로 꼽히고 있다. '소나기'는 간결한 문체, 서정적인 분위기에 아련한 첫사랑의 서사를 담아낸 소설로 중학교 국어 교과서에 실리면서 '국민 소설'로 거듭났다. 작가 황순원은 "소설을 시의 경지로 승화시킨 언어미학의 장인"으로 꼽히고 있다. 순수문학에 대한 황순원의 열정 역시 가슴 아픈 한국 현대사의 산물이다. 해방 이후 의욕적으로 작품 활동을 하던 그는 공산주의자들의 급진 개혁에 반발해 월남했지만 좌익적 성향의 소설을 발표하다가 1949년 이른바 '보도연맹'에 가입해야만 했다. 작가로서 치명적인 타격을 입은 그는 이후 작품에서 역사적 배경을 제거하고 현실과 거리를 둔 채 동화와 같은 순수하고 환상적인 세계를 묘사했다. 문학작품 속에 좌우이념이 대립하지 않는, 이데올로기로부터 자유로운 공간을 구축하려 했던 것이다. 작가는 오로지 작품을 통해서 말해야 한다는 생각을 갖고 있던 그는 문학적 완성도를 높이기 위해 자신의 작품을 끊임없이 개작(改作)했다. 단편소설 중 절반 이상을 개작했고, 또한 시와 소설 이외의 글은 일절 쓰지 않았으며 심지어 언론의 인터뷰도 거절했다.7)8)

---

5) 사설 '뒤집힌 사회'에 대한 항의, 「한겨레신문」 1996년 7월 6일 3면.

6) 사설 "國民勳章 수상거부의 例", 「전남일보」 1996년 7월 5일, 3면.

7) 윤민용, [어제의 오늘] 2000년 소설가 황순원 타계, 「경향신문」 2011년 9월 14일, 19면.

8) "그는 지난 65년 간의 작품 생활에서 시와 소설을 제외한 어떤 잡문도 쓰지 않았고,《문학사상》과 했던 단 한번의 대담을 제외하고는 그 어떤 좌담회나 인터뷰에도 응한 적이 없다고 알려져 있다. 그리고 신문 연재소설마저 거절해왔다. 심지어는 문단 활동에서도 예술원 회원직만 수락했을 뿐 어떠한 세속적인 욕망에도 초연하게 지냈다. 제자들이 새로 책을 내면서 서문이나 발문을 부탁하면 그것도 정중하게 거절했다. 그도 자신의 책 속에 서문이나 발문을 넣어본 적이 없기 때문이다. 인터뷰나 서문이나 발문은 독자가 소설을 읽는 데 아무런 도움이 되지 않는다는 생각에서다."("문화훈장을 거부한 황순원 —"받고 싶지 않

정부는 1996년 10월 8일 열린 국무회의에서 황순원을 7명의 은관문화훈장 수훈자중 한 사람으로 선정해 10월 20일 문화의 날 행사 때 서훈키로 했었다. 그러나 원로 소설가 황순원은 정부가 주겠다는 은관문화훈장을 거부했다.

1996년 10월 11일 전화를 통해, "훈장을 받을만한 특별한 이유가 없다. 노벨문학상도 수상자의 뜻에 따라 거부될 수 있듯이 이 훈장도 싫으면 받지 않는 것"이라는 입장을 문화체육부에 전해 왔다고 당시 보도되었다. 황순원의 은관문화훈장 거부와 관련하여 당시 문단에서는 "워낙 학처럼 맑은 분이고 훈장이나 감투를 좋아하는 분이 아니어서 번거로운 절차를 거부했을 것"이라는 의견이 지배적이다. 그러나 일부에서는 "이왕 훈장을 줄 것이라면 문학적인 업적을 볼 때 금관문화훈장 대상이 아니냐!"며, "이번에 유일하게 금관문화훈장을 받는 시인 조병화(趙炳華)씨와의 형평도 맞지 않는다."고 이의를 제기하는 쪽도 있었다.

노벨문학상에도 수상 거부사례가 있었다. 실존주의 작가 사르트르(Jean-Paul Sartre)가 대표적인 인물이다. 1964년 노벨 문학상 수상자로 결정되었지만 이를 거절했다. "누가 감히 칸트며 데카르트 또는 괴테에게 상을 줄 권리를 갖느냐, 문학에 서열이나 등급을 매길 수는 없다"는 것이 노벨문학상 수상거부 이유였다. 물론 황순원의 훈장거부와 똑같은 이치는 아니겠지만, 인간정신의 의연함과 고매함을 한껏 증거한 사례들임에 분명하다. 작가 황순원의 지난 삶을 잘 아는 사람들은 그의 훈장거부에 대해서 고개를 끄덕였을 법도 하다. 오래전 일이지만, 그는 자신이 재직하던 경희대학교에서 박사학위를 주겠다고 했을 때도 마다한 적이 있다.9)

문단의 탁류에 휩쓸리지 않으면서 시적이고 결곡한 삶을 살아온 황순원에게 훈장 서훈은 중요한 것이 아니었을지도 모른다.10) 황순원의 제자인 고원정은 그 일에 대해서 "받기 싫어서 받지 않을 뿐이라는 말씀 그 이상도 이하도 아닐 것"이라면서 "거기에 대해 다른 속뜻을 헤아린다는 것 자체가 원로 예술가에 대해 외람된 시선"(《FEEL》, 1996년 11월)이라고 말했다.11)

으니 받지 않을 뿐"이라고 하지만……", 『문학사상』290(1996년 12월호), 156면).

9) 박재호(논설위원), 「산·내·들」황순원의 선택, 「광남일보」1996년 10월 13일, 5면.

10) 해방 이후 지금까지 친일이니 정치적 부역이니 하는 이 땅의 유명 문사들 다수에게 따라다니는 수식어를 그는 한 번도 가진 적이 없고, 도리어 일제강점기에 춘원 이광수로부터 "앞으로는 일본어로 작품을 쓰라"는 격려를 얻을 정도로 촉망받는 신예작가이면서도 작품 발표를 중단하고 한글로 쓴 소설을 깊이 갈무리해두었다가 해방 이후 폭발적인 발표량을 보인 바 있다. …중략… 어느 해 정부에서 훈장을 수여하려 하자 이를 거부한 일, 총애하는 제자의 작품을 신춘문예 최종 심사 때 맞닥뜨리자 상대 심사위원이 그 작품을 당선으로 미는데도 "아직 이르다"며 낙선시킨 일 등등 그가 지닌 순도 높은 작가주의 정신을 증명하는 일화는 그가 떠난 뒤에도 자주 들려온다(박덕규, "황순원, 순수와 절제의 극을 이룬 작가", 「한국사 시민강좌」제50집, 2012년 제1호, 일조각, 335-336면).

황순원의 성격에 비추어 '은관'이 아니라 '금관' 문화훈장을 준다고 해도 십중팔구는 정중하게 거절했을 것이라고 생각된다. 그러나 황순원 훈장거부 사건은 '금관'과 '은관'이 제자리를 찾지 못해 일어난 일로 보인다는 점에서 여전히 아쉬움을 갖게 한다.[12]

정부는 2000년 소설가 황순원 그가 사망한 뒤 금관문화훈장으로 훈격(勳格)을 높여 추서했다.

3. 변정수

변정수(卞禎洙, 1930.3.26.~2017.11.5)는 전남 장흥 출신으로 1950년 광주서중(당시 6년제, 현 광주서중-광주제일고)을 졸업하고 고려대 법대에 입학한 고인은 어려운 가정 형편으로 인해 대학을 중퇴하고 1956년 고등고시(8회) 사법과에 합격해 법관의 길을 걸었다. 1958년 서울지법 판사로 임관한 뒤 서울민사지법 부장판사, 서울고법 부장판사, 서울북부지원장을 거쳐 1979년 변호사로 개업해 대한변호사협회 인권위원을 역임했으며 1988년부터 1994년까지 헌법재판관을 지냈다.

헌법재판관 재임당시 '미스터 소수의견'으로 불리며, 헌법재판소의 각종 결정에서 기본권을 중시하고 소수자를 보호하는 다양한 소수의견을 남겼다.[13] 1988년 헌법재판소 창설과 함께 1기 재판관으로 활동한 그는 '사회보호법'과 '교수재임용 제도' 등 당시 사회적 이목을 끌었던 헌법소원 사건에서 다수의 목소리에 맞서 기본권 보호를 강조하는 소수의견을 냈다.

헌법재판관 재직 때 강자보다 약자를 위하는 '억강부약'의 자세와 국민의 기본권이 국가권력에 우선한다는 일관된 헌법관(憲法觀)으로 의미있는 소수의견을 여럿 남겼다. 그가 낸 60여건의 소수의견과 20여건의 위헌 결정은 헌법재판소의 위상 정립과 국민의 기본권 신장에 지대한 공헌을 한 것으로 평가된다.

변정수 재판관은 검사의 불기소 처분에 대한 첫 위헌 결정(1989년)으로 검찰권에 대한 헌법적 통제를 가능하게 했으며, 대통령의 국가비상대권 발동 사건(1994년)에서 주심을 맡아 '국가보위에 관한 특별조치법'에 위헌 결정을 했다. 구속 피의자와 미결수가 변호인을 만날 때 교도관이 입회해 대화 내용을 적고 사진을 찍는 관행을 없앤 '변호인 접견 방해 사건'(1992년) 주심도 변정수이다. 대법원의 규칙인 법무사법시행규칙 헌법소원 사건에서도 위헌을 선고해

---

11) "문화훈장을 거부한 황순원 —"받고 싶지 않으니 받지 않을 뿐"이라고 하지만……", 『문학사상』 290(1996년 12월호), 157면.

12) 위의 글, 158면.

13) 변정수 재판관의 소수의견에 대해서는 『위헌이면 違憲 합헌이면 合憲』, 관악사(1998) 참조.

법률의 하위 법령에 대한 헌법심사의 길을 텄다. 대법원 규칙인 법무사법시행규칙에 대한 위헌결정으로 헌법재판소와 대법원의 관계 정립뿐만 아니라 법률의 하위 법령에 대한 헌법심사를 가능하게 했다. 특히 위 대법원 규칙에 대한 위헌결정이 나오기까지 주심인 변정수 재판관이 겪었던 고초는 재판 사상 전무후무한 일로서, 그의 불굴의 소신이 아니었다면 불가능했을 것이다.[14] 한편 변정수 재판관은 소수의견의 한계도 절감해야 했다. 1988년 평민당 추천으로 재판관에 임명된 변정수는 1990년 3당 합당 이후 민감한 사안에선 대부분 8 대 1의 외로운 목소리에 그쳐야 했다. 그해 국가보안법 제7조 찬양·고무죄 위헌 사건에서 홀로 단순위헌을 주장했고, 1991년 사회보호법 사건과 1993년 교수재임용 제도 위헌소송에서도 위헌 소수의견[15]을 냈다.[16]

1994년 헌법재판관 퇴임 후에는 양심수 석방 등 사회적 약자를 위한 활동에 주력했으며, 2003년부터 2년간 '민주화운동관련자 명예회복 및 보상심의위원회' 위원장을 맡았다.

2002년 사법연수원 33기 360명을 대상으로 실시한 '존경하는 법조인' 설문조사에서는 총 19표(5.3%)를 얻어 25표(6.9%)를 얻은 심재륜 전 부산고검장에 이어 2위를 차지하기도 했다.

현실 권력의 기본권 침해의 방파제를 자임했던 그는 1994년 임기만료로 물러나는 재판관들에게 청와대가 훈장을 수여하려 하자 '훈장을 받을 일을 한 게 없다'는 이유를 들어 혼자 훈장을 거절하기도 했다.

훈장 거절과 관련하여, 변정수는 다음과 같이 말하고 있다. "청와대가 훈장을 수여하려는 것은 장관이나 대법관이 퇴임하였을 경우에 예외없이 수여해 온 관례에 따른 것이라고는 말하나 실은 헌법재판소가 권력에 순응해 주었기 때문이라고 생각되었다. 나는 국민에 대한 공적을 따지지 않고 장관급 공무원을 지냈다고 해서 무조건 훈장을 주어 온 관례 역시 잘못된 것으로서, 그러한 훈장이라면 받아서 무엇 하느냐 싶었다. 그래서 나는 차라리 훈장을 거부하는 것이 옳다고 생각하였다. 더군다나 구 대통령선거법 제36조 제1항에 대한 위헌심판사건에서 김영삼 문민정부의 민주적 정당성을 부인하는 소수의견[17]을 발표했던 내가 김영삼 대통령으로부터 훈장을 받는다는 것은 자기모순이라는 생각도 들었다. 결국 나는 훈장을 받지 않겠다는 뜻을 헌법재판소에 전달했다."[18]고 회고하고 있다. 또한 모 일간신문이 변정수 재판관이 훈장을

---

14) 이석연, "변정수 헌법재판관을 추모하며", 「경향신문」 2017년 11월 8일, 28면.
15) 변정수 재판관 소수의견집 『위헌이면 違憲 합헌이면 合憲』, 211-220면 참조.
16) '미스터 소수의견' 변정수 초대 헌법재판관 별세, 「한겨레신문」 2017년 11월 7일, 19면.
17) 변정수 재판관 소수의견집 『위헌이면 違憲 합헌이면 合憲』, 291-297면 참조.
18) 변정수, 『法曹旅情』, 관악사(1997), 446면.

거부하기 때문에 정부가 다른 재판관들 서훈도 보류하고 있으며, 이에 대해 일부 법조인들이 곱지 않게 보기도 한다[19] 적고 있는 것에, "나로서는 다만 내가 훈장을 안받겠다고 했을 뿐 다른 재판관들에게 훈장을 주지 말라고 한 일이 없을뿐더러, 다른 재판관들이 훈장을 받는 것에 대하여 까지 관여할 필요도, 관여할 생각도 없었던 터였다. 따라서 내가 훈장을 거부한다고 하여 다른 재판관에 대한 서훈까지도 보류하고 있는 헌법재판소나 정부에 문제가 있는 것이지 나를 가지고 시비할 것은 아니라는 생각이 들었다. 그리고 무릇 훈장이라는 것이 재판관 한 사람 한 사람의 공적을 따져서 주고 안주고 할 문제이지, 주면 몽땅 한꺼번에 주고 안주면 몽땅 한꺼번에 안주고 하는 무슨 '필요적 공동서훈' 관계라도 된다는 말인가 싶어 터무니없다는 생각도 들었다. 더구나 공적이 뚜렷한 자에게 수여되어야 할 훈장이나 표창이 공적과는 아무런 관계없이 심지어 자기책무를 포기하거나 태만히 한 사람, 인권옹호를 위하여 헌신해야 할 위치에 있으면서 오히려 그 반대되는 행위를 한 사람에 대해서도 지위에 따라(장관급 공무원을 지냈으면 무조건 청조근정훈장, 차관급 공무원을 지냈으면 무조건 홍조근정훈장, 대한변협회장을 지냈으면 무조건 국민훈장 무궁화장 하는 식으로) 수여되어 온 우리의 훈장제도 운영실태에 대해 비판적 견해를 가지고 있던 나로서는 옆에서 뭐라고 하든 내 뜻을 바꿀 생각은 추호도 없었다."[20][21]며 훈장거절에 대한 확고한 의지를 회고록에서 표명하고 있다.

헌법재판소 연구관으로 5년간 변정수 재판관을 보좌했던 이석연(변호사, 전 법제처장)은 "사건의 배후에 있는 인간에 대한 깊은 성찰, 소수자와 사회적 약자에 대한 배려, 공권력 남용에 맞선 투쟁정신 등이다. 더 나아가 재판은 건전한 상식과 순리에 입각한 단순 명료하고 간단명쾌한 것이어야 당사자와 국민을 설득할 수 있다는 것, 논리적이고 현학적 법리에 입각한 재판만이 정의를 실현하는 것은 아니라는 것도 역시 그의 지론이었다."[22]라며 변정수 재판관을 추모하고 있다.

---

19) "헌재서 잘한 일 없다 훈장거부, 변정수 전재판관 영원한 고집", 「세계일보」1995년 1월 30일, 23면 참조.
20) 변정수, 법조여정, 447-448면.
21) 변정수의 "훈장거절에 관하여"라는 글이 활자화되어 나가자, "헌법재판소는 1994년 9월 15일 임기만료로 퇴임한 재판관 5명 중 변정수를 제외한 4명(조규광, 한병채, 최광률, 김양균)과 재판관을 연임하였다가 1997년 1월 정년퇴임한 김진우 재판관, 그리고 1997년 8월에 임기만료로 퇴임한 황도연 재판관 등에 대한 서훈을 추천하였고 이에 따라 1997년 9월 29일 청와대에서 김영삼대통령 참석아래 이 분들에 대한 훈장수여식이 거행되었다."(변정수, 법조여정, 449면).
22) 이석연, "변정수 헌법재판관을 추모하며", 「경향신문」2017년 11월 8일, 28면.

4. 한상범

한상범(韓相範, 1936.9.26.~2018.10.15)은 송도중학교(6년제), 동국대학교 법학과 및 대학원 법학과 졸업, 한국교수불자연합회 회장, 불교인권위원회 공동대표, 한국법학교수회 회장, 정의로운 사회를 위한 시민운동 협의회 공동대표, 대통령 소속 의문사진상규명위원회 위원장[23], 민족문제연구소 소장 등을 역임하였다.

한상범을 가장 정확히 평가하고 있는 사람은 고인이 된 석우(碩愚) 차용석(車鏞碩)교수이다. 생전 차용석 교수는 한상범에 대해 "누군가가 표현했듯이 '그는 학문의 입장과 삶의 궤적이 일치하는 드문 지식인'으로서 통설과 평범한 선례에 반항하는 '반골'학자라는 말이 그를 잘 표현한다고도 하겠다. 소위 학계의 '마베릭'(maverik …… a person who takes an independent and queer stand apart from his associates)이라고 해도 좋을까. 그는 대부분의 당대의 교수와 법조인이 일제시대 이래의 권력자와 지배체제 및 그 체제아래의 법학이론과 법집행에 추종하여 선례에만 매어달려 창의성을 잃은데 대하여 강한 불만과 혐오감을 품어왔고 따라서 그들과 대립된 입장을 취해 왔기 때문이다. 그는 군사독재시대의 통치체제에 대하여 이론으로나 행동으로 반대해왔고 1964년 한일협정 반대, 1969년의 3선 개헌 반대, 1972년 유신반대 운동에 참여하는 한편, 이론면에서는 '수형자의 인권 및 세계의 인권' 등에 관하여 매년 다수의 논문을 발표하면서 실천ㆍ이론 양면에서 활발한 현실 참여를 해왔다. 학문영역에서는 근세 자유주의 헌법에 관련되는 여러 영역에 걸쳐 한국의 인권상황과 관련 지워 수많은 비판적인 책과 글을 발표하였다. …중략… 실로 민주화 및 헌법이념실현을 위하여 조금도 쉬지 않는 다산 다작의 부지런한 이론을 겸비한 실천적 지식인이라고 할 수 있다. 한상범 교수는 친일법조세력 뿐만 아니라 기성 한국 지식인을 포함한 기득권을 누려온 자들을 가리켜 '지적으로 지레 늙어 시들어버

---

23) 헌법학자로서 40년 학계를 지킨 한상범 교수가 장관급 공직에 나선 것을 다음과 같이 전하고 있다. "40년 동안 학자의 외길을 걸어오며 퇴임후 민족문제연구소 소장으로 재직하기까지, 한 교수에게 '공직에 나와달라'는 부름도 간간이 있었지만 그것만은 한사코 거절해왔다. "미시적 과거사를 연구하는 학자가 종합적 통찰력을 요하는 정치 공무를 수행하기에는 부적합하다"는 것이 거절의 이유였다. 하지만 사실 그러한 이유보다는 반골교수라 불리 우며 군사독재 정권에 맞서 항거해온 만큼, "독재 정권 또는 그 잔존 정권 하에서 공직에 나가고 싶지 않았기 때문이었다"고 한다. 그런 한 교수가 지난(2012년-필자) 4월 의문사진상규명위원회의 위원장직에 대한 요청을 받았을 때에는, "과거 청산과 민주사회 발전이라는 대전제를 수행하겠다"며 이를 수락했다. 과거 독재 정권의 폭압으로 희생되고도 의문사 처리된 사건의 진상을 밝혀내는 일이야말로 한 교수가 소명의식을 갖고 임할 수 있는 적격의 일이었을 듯하다."("감춰진 것은 드러나고 비밀은 알려지게 마련이다", 『LOWLAW』2002년 11월호, 19면).

린 보수반동의 무리'라고 규탄하였다. 따라서 본인도 교수사회에서 보직 등으로 생긴 교수들 간의 알력이나 다툼을 철저히 외면해왔다. 그러다가 교수의 평소의 이념이나 뜻을 실현할 수 있는 기회라고 판단한 때에는 기꺼이 가야할 실천 무대에 발을 들여 넣기도 하였다. 한국법학 교수회 회장, 민족문제연구소 소장 그리고 의문사진상규명위원회 위원장 등의 자리를 차지한 면에서는 한교수의 이념과 평소의 소신에 적합한 곳에서 실천적 지식인의 업적을 쌓으려고 노력한 궤적을 보이기도 하였다. 이러한 자리도 그 당시의 시대적 요청에 따른 것이겠지만 많은 동시대의 보수적 입장과는 다른 '골수 반동'의 결단이라고도 볼 수 있었다. 그가 걸어온 발자 국들을 보면 일관된 지행일치의 인생관의 표현이라고 할 수 있을 것 같다."[24] 적고 있다. 석우 (碩愚)께서는 한상범을 보면 미국의 유명한 대법관 Oliver Wendell Holmes가 연상되며,[25] 또 한편으로는 한상범 교수의 사상 및 비판이 미국의 대표적인 언론 미디어 및 정치·외교 평론 가인 Noam Chomsky(미국 M.I.T교수)교수와 상통하는 점이 있다[26] 부언하고 있다. 또한 동

---

24) 차용석, "한상범 교수의 교수생활의 편린을 더듬어 보면서", 『소중한 인연, 행복한 동행』, 보명Books (2013), 214-215면.

25) "한교수의 교수로서 또는 실천적 지식인으로서의 그의 궤적을 비유로서의 적합성은 있을지 모르겠으나 몇몇 면에서의 유사성을 찾아보건대 미국의 유명한 대법관 Oliver Wendell Holmes를 연상케 한다. Holmes 판사는 Harvard 법과대학 교수로서 41세 때 메사추셋츠 주 최고법원판사로 전임한 1882년에서 1932년 퇴임 시까지 50년 동안 판결에서 다수의견에 반대한 자 곧 위대한 반대론자(great dissenter)로서 세상의 관심을 모았다. 법률가로서 같은 전문법조인 세계에서 뿐만 아니라 널리 일반 국민들로부터도 존경을 받은 아주 드문 인물이었다. 그는 학자나 법률가로서 매력을 품겼고 더욱이 그의 거대함에 있어서 그 유례를 찾기 어렵다고 평가되고 있다. …중략… 기성의 지식체계와 선례 그리고 보수적인 전통에 대한 추종이 아니고 법적판단을 요하는 문제에 대하여 끊임없는 회의와 반론을 내면화하면서 고독한 고뇌를 겪은 것으로 여겨진다. 이러한 몇 가지 면에서 외로운 골수 반동이라고 자평하는 한상범 교수의 학문 생활의 궤적을 연상해 본다. 필자는 전공분야를 달리하기 때문에 한상범 교수의 심오한 헌법이론은 접할 수는 없지마는 그의 소위 골수 반동적 입장에서 내려지는 반보수적이고 반전통적인 이론이나 사상이 언젠가는 지배의견이 되고 통설적 위치를 차지하기를 기대해본다."(차용석, "한상범 교수의 교수생활의 편린을 더듬어 보면서", 215-217면).

26) "교수의 사상과 생활태도에서 추측은 되지마는 어디에서인가 언급한 적이 있는 것 같은 미국의 당대의 대표적인 언론 메디아 및 정치·외교의 평론가인 Noam Chomsky(미국 M.I.T교수)를 칭송한데 대하여 몇 마디만 언급하려한다. 동서고금을 통하여 같은 시대적 배경아래에서는 장소 여하를 떠나서 유사한 사상과 사고는 맥을 같이하면서 유사한 인물들에 의하여 공유되는 현상은 하나의 진리 인듯하다. 현재의 미국은 민주주의의 초대국(super power)로서 미국민주주의를 세계에 강제하는 제국주의로 변모되고 있다고 보는 자도 있다. 1960년대부터 네오 콘(신 보수주의)으로서 미국정치에서 아는 사람은 아는 존재이었지만 그 이름을 세계로 알리기 위하여 그들이 꾸며낸 이름은 '선제공격전략'(preemtive attack strategy)이었다. 이것이 부시 정권의 외교·안보 전략의 기초가 되었다. 그 쟁쟁한 기수가 '람스펠드, 체

아대학교 명예교수이며 학술원(學術院) 회원인 김효전(金孝全)은 "한마디로 그는(한상범) 인권과 민주주의 그리고 일제 잔재의 청산을 강조한 계몽사상가라고 부를 수 있을 것이다." "여러 가지 복잡한 문제점에도 불구하고 일제잔재의 청산을 외친 그의 용기와 예리한 분석은 원론적인 것으로 그친 아쉬움도 있지만 더 구체적이고 상세한 것은 후학들의 과제임을 일깨워준 점에서 커다란 공헌으로 평가되어야 할 것이다"[27]라 쓰고 있다.

헌법상 표현의 자유 분야로서 연구한 언론법과 관련하여 "한상범은 1960-1970년대 언론법 연구를 왕성하게 전개한 대표적 학자이다."[28]라 후학이 평가하고 있다. 또 "국내에서 공인(公人)에 대한 구체적인 논의는 1986년《언론중재》에 기고된 한상범의 "보도와 공인유명인"에서 시작되었다. 한상범은 공인 등의 범주를 정치인, 공무원, 공인, 기업인과 사회단체 지도자들, 유명인 등 5가지로 분류하여 그러한 인물들은 특히 공익과 관련된 이슈에 대해서는 보도를 감수해야 하지만 일반 대중의 흥미를 위해 인격권이 함부로 제한되어서는 아니 된다고 지적하였다"[29]라고 평가하여 언론법 분야에서도 학문적으로 선구적 역할을 하였음을 확인하고 있다. 또한, 판사 출신으로 법학전문대학원 교수로 재직하고 있는 남형두는 한상범 선생이 평생에 걸쳐 한국 법학의 올바른 자리매김을 위해 분투한 것을 두고서, "학문세계에 있는 사람들이 지켜야 할 의무로서 학문적 부정직 행위에 대해 눈감치 않고 적극적으로 문제제기를 하고 비판하는 문화가 정착되어야 한다. 이것이 우리의 전통과 어긋나는 점이 있더라도 오히려 그러한

니, 울포빗츠' 등의 네오콘(neo-con)이었다. 이들을 배경으로 하여 부시 대통령은 날조된 정보를 바탕으로 이라크에 대한 선제공격을 감행하였다. 이에 대하여 가장 강력한 비판을 제기한 자가 촘스키 교수 이었다. 그는 부시 대통령은 날조된 언론을 동원하여 이라크 침공을 정당화하였다고 비판하였다. 날조된 선전 전략과 기묘한 검열방법을 동원하여 언론을 통해서 국민의 눈을 어둡게 하여 국민의 여론을 조작해서 다수의 지지를 배경으로 이라크를 침공하였다는 것이다. 이러한 비판의 선봉에 선자가 촘스키이었다. 아주 노골적으로 공공연하게 미국의 네오콘과 부시 정권을 비판한 평론가가 바로 촘스키이었다. Harvard를 비롯한 명문대학은 교육을 통하여 그러한 제국주의적 미국민주주의를 호도하고 미국 엘리트를 훈치시켜서 미국의 신 보수주의의 횡포를 호도하는 역할을 한다는 비판을 가한 자가 바로 촘스키이다. 그 주장의 진실 여하를 떠나서 어쩌면 부분적으로 한상범 교수의 사상 및 비판과 상통하는 점이 있지 않을까하는 생각이 들어 몇 마디 부언하였다."(차용석, "한상범 교수의 교수생활의 편린을 더듬어 보면서", 217-218면).

27) 김효전, "헌법학 30년의 연구자들- 1940~70년대의 학설을 중심으로-", 헌법 : 한국 헌법학 30년 / 문홍주·김철수·김효전, 한국의 학술연구: 인문·사회과학편. 제4집(2003. 12) - 법학, 대한민국학술원(2003), 132면 및 135면.

28) 이승선, "한국 공인연구 30년-누가, 언제 공인에 대해 무엇을 연구했는가?", 언론과 법 16(1), 2017, 40-41면.

29) 박아란·김민정·최지선, "공인 보도와 언론의 자유", 연구총서 2017-12, 한국언론진흥재단(2017), 9면.

전통은 폐단으로 시정해야 마땅한 것이지 그로써 표절을 논감아 주는 온정주의, "제 식구 감싸기"로 흘러서는 곤란하다. 그런 점에서 …중략… 일제 식민지시대 법학이 해방 후에 어떻게 우리나라 법학계에 영향을 끼쳤는가를 표절의 병리 측면에서 철저히 파헤친, 원로 교수들을 "지식인 사회의 파수꾼"이라 불러도 좋을 것이다."[30]라 평가하고 있다.

한상범은 대학에서 40여년을 법학교수로 봉직하고 명예롭게 퇴임했다. 시민단체와 법률 유관단체의 장을 지냈다. 자연스럽게 훈장을 받을 기회가 여러 번 있었지만 훈장을 완곡하게 거절 아니 거부한 사람 중의 한 사람이다. 대학 퇴직 당시 장기 근속한 교원들에게 수여하는 훈장을 거절했다.[31] 이유인즉 사람의 공과(功過)에 관계없이 재직연한에 따라 아무에게나 주는 훈장을 받아 무슨 의미가 있느냐며 거부한 것이다. 이런 면에서 변정수 헌법재판관과 동일하게 개인에 대한 평가 없이 주는 훈장 수여에 비판적 입장을 견지하고 있었다. 또한 한국법학교수회 회장으로 활동하면서 1998년 제1회「한국법학자대회」를 기획 개최하기도 했으며, 이를 통하여 한국 법률문화의 지평을 새롭게 넓혀 '법의 날' 등 유관기관에서 추천하여 훈장을 받을 수 있었지만 사양하고 다른 이에게 순서를 돌리기도 했다. 또한 대통령 소속「의문사진상규명위원회」장관급의 위원장을 역임하였기에 임기를 마치고 물러날 때 관례적으로 훈장을 받을 수도 있었지만 그 또한 거부했다.

한상범은 개인의 공적이나 평가 없이 관례적으로 주는 정부의 훈장은 거부했지만, 한글학회의 '외솔상'(제22회, 2000년)수상이나 2005년 4월 혁명회의 '4월 혁명상' 수상에 대해서는 마음 깊이 기뻐하며 매우 자랑스러워했다.

누구나 받고 싶어 하며, 평생 한번 받을까 말까한 훈장을 거부한 사람은 손으로 꼽을 정도로 적다. 누구나 가지 않는 길을 가는 사람의 모습이 더욱 아름답듯, 누구나 받고자 하는 훈장을 기꺼이 거부한 한상범의 행적이 또 다른 울림으로 다가 온다.[32]

5. 김용택

김용택(1945.1-)은 1945년 1월 경북 영덕군 병곡면에서 태어나 1969년 경북 칠곡에서 교직에 첫발을 내딛었고, 1989년 전교조 결성에 참여하면서 10년을 근무했던 마산여자상업고

---

30) 한국저작권위원회,『표절문제 해결방안에 관한 연구 Ⅲ』, 2009, 170면.
31) "정부가 장기 근속 교원에게 수여하는 훈장을 정중하게 사양한 한교수. 형식적인 훈장은 낭비라며 끝까지 실천적 지식인의 모습을 보여 준 그는 …후략…",「동대신문」제1335호(2002년 2월 15일, 7면).
32) 한상범 교수 문집 간행위원회, 소중한 인연 행복한 동행, 358면.

등학교에서 해직되었다. 해직기간 중 전교조 위원장 권한대행과 경남지부장 등을 지냈다. 1994년 울산 방어진 중학교에 복직되었다. 교직에 있으면서 마창진 참여자치시민연대 공동대표(1999-2003), 경남도민일보 창간준비위원장(1999), 사단법인 미래를 준비하는 노동사회교육원 이사장(1999), 3 · 15기념사업회 정책위원으로 활동하고 있다.

2006년 정년퇴임을 앞둔 마산 합포고등학교 김용택 교사가 밝힌 훈장거부의 변은 우리사회에 울림을 주고 있다. 일생을 교육에 헌신한 교사로서 훈장을 받고 싶은 것은 인지상정일 것이다. 하지만 그는 학교가 입시장으로 전락하고 참교육은 실종된 교육현실을 남기고 떠나면서 훈장을 받을수는 없다고 말했다.

"무너져버린 우리의 교단, 우리의 교육현실을 볼때 평생 교단에 몸을 담아온 입장에서 과연 훈장이나 포상을 받을수 있는지 되묻지 않을수 없다. 참교사가 되기 위해 노력했지만 교육현장을 되살리기에는 역부족이었다. 훈장을 보면서 미안하고 부끄러워하기보다 포기하는 것이 백번 낫다고 생각했다".[33]

김용택은 "교육을 바로 세우는 길이란 학교가 교육하는 곳으로 만드는 '공교육의 정상화'다"[34]라는 신념으로 평생을 교육현장에 있으면서 생활한 사람이다.

매년 정부는 초 · 중등 퇴직교원에 대해 근무연수에 따라 훈장을 주는데, 김용택 교사는 33년 근무 연수에 따라 옥조근정훈장을 받을 예정이었다. 그러나 2006년 11월 자신의 홈페이지에 "부끄러워서 받지 못하겠습니다."는 글을 올려 훈장을 거부한 배경을 설명하기도 했다. 이같은 훈장 거부 소식이 알려진 뒤 '학교를 사랑하는 학부모 모임'에서 '올해의 스승상' 수상자로 선정했으나 이 또한 거부했다.

6. 이부영

이부영 선생은 34년 동안 초등학교 교사로 재직하다가 2015년 2월 29일자로 '명예퇴직'[35]을 해서 당시 행정자치부(현 행정안전부) '2016 정부포상 지침'에 따라 2016년 8월 정부포상 대상자였다. 훈장 포상대상자인 이부영 교사는 훈장을 받고 싶지 않았고, 그래서 재직 초등학교 교감선생님께 훈장신청서를 작성하지 말도록 부탁했으며, 교감선생님은 이부영 교사의 부

---

33) [사설] '교육현실 부끄러워 차마 훈장받을 수 없다', 「경향신문」 2006년 11월 11일, 19면.
34) 김용택, 『이땅에 교사로 산다는 것은』, 불휘(2006), 8면.
35) 이부영은 명예퇴직을 '자발적 졸업'이라고 표현한다.

탁에 따라 신청서를 작성하지 않았고 당연히 교육청에 보내지 않았다. 그 뒤 교육청에서 연락이 왔고, 포상대상자 신청을 하지 않으면 '포기각서'를 내라고 했다 한다. 교육청이 요구한 훈장 '포기각서'도 쓰지 않겠다 마음먹었다가 거듭된 교육청의 요구에 교감선생님만 중간에 힘들어질까봐 '포기각서'36)를 써 주기로 했다고 한다.

이부영 선생은 교육공무원으로 '장기간' 근무했다는 이유로 모든 교육공무원에게 훈장을 주는 것에 반대하고, 34년 교사로 재직하면서 아이들에게 죄를 많이 지었으며, 퇴직교원 정부포상 신청과정에 문제가 많다는 점 등을 들어 정부가 주는 훈장을 거부했다.

이부영 교사가 훈장을 안받겠다고 생각한 것은, " '참교육 이야기'로 유명한 김용택 선생님이 훈장을 거부했다는 얘기를 들어 알고 있었는데, 2015년 2월에 우리헌법국민운동에서 김용택 선생님을 만나서 자세한 이야기를 들을 수 있었습니다. "훈장이란 정말 받을 사람이 받아야 하는데 개근상처럼 받잖아요. 별 의미도 없다는 생각도 들었고 실제로 하루가 다르게 교육이 무너지고 있는데 훈장 받을 자격이 없다고 생각했다"는 김용택 선생님의 말씀에 깊이 공감이 가서 나도 훈장을 준다면 받지 않아야겠다는 마음을 굳히게 되었습니다."37) 라 한 인터뷰에서 밝히고 있다.

7. 노형근

2005년 8월말 초등학교 평교사로 정년퇴임한 노형근(전 안산성포초등학교 교사)선생은 교육인적자원부가 수여하는 녹조근정훈장을 받을 자격이 됐지만 거부한 사실이 뒤늦게 밝혀졌다. "죄인이 무슨 포상이랍니까?" 그가 훈장을 거부한 이유다.

노형근 선생이 든 자신의 죄는 교직생활 전반이라 할 수 있는 6-70년대 촌지를 받은 죄, 박정희 5·16쿠데타 후 실시된 1963년, 1967년 대통령 선거 당시 박정희 유세장에 동원되어 참석했으며, 유신헌법이나 3선개헌 당시에도 "단축수업을 한 뒤 직접 가정학습을 나가서 학부모들에게 3선개헌을 해야 한다고 홍보하고 독려했다. 그렇게 다닌 것을 매일 학교에 보고까지 했다. 심지어 1971년 대통령 선거 때는 학부모들의 정치성향 조사까지 하라고 했다. 그게 당시 선생이 할 일이었다. 나도 했다. 그러니 죄를 지었다는 것이다."38) 노형근 선생도 2005년 6월

---

36) 이부영 교사의 <퇴직교원 정부포상 포기 사유서>의 자세한 내용은 이부영, "훈장 포기한 퇴직 교사, 대한민국 훈장의 의미-훈장 안받겠다 했더니 '포기각서' 쓰라는 서울시교육청", 「오마이뉴스」2016.6.6 (http://www.ohmynews.com/NWS_Web/View/at_pg.aspx?CNTN_CD=A0002214135&CMPT_CD=P0001) 참조.
37) 정부 포상 '옥조훈장'을 거부합니다, 「교육희망」, 2016년 6월 8일.
38) 노형근은 뇌리에서 아직도 떠나지 않는 죄는 촌지를 받은 것도, 박정희 정권의 선거운동을 해준 것도 아

정부의 녹조근정훈장을 거부하며, 경기도 교육청 교육감에게 훈장포기서를 제출해야 했다.

8. 이문옥

감사원 내부 비리를 고발해 사회적 파문을 일으킨 이문옥 감사관도 1999년 정년퇴직 때 33년 이상 재직한 공무원에게 주어지는 녹조근정훈장을 거부했다.

이문옥 감사관은 1959년 공무원 시험에 합격해 세무공무원으로 재직하고, 1972년부터 감사원에서 근무하였다.

이문옥 감사관은 감사원(監査院) 감사관으로 재직중이던 1990년 5월 재벌들의 비업무용 부동산 보유현황에 대한 감사가 재벌들의 로비에 의해 중단됐다는 사실을 내부고발(whistleblowing)로 폭로하여 구속 수감 되었다가 보석으로 석방되었다. 석방직후 공무원직에서 파면되었다가 대법원의 파면처분 취소 판결에 따라 1996년 11월 감사원 감사교육원 교수로 복직했으며, 1999년 7월부터 공로연수에 들어갔다가 1999년 12월 정년퇴임하였다.

1999년 12월 30일 감사원에서 열린 퇴임 행사에 참석하여 36년간의 공직생활을 마감한 이문옥 감사관은 동료 직원들이 마련한 기념패 등은 기꺼이 받았으나 정작 정부가 장기근속 공무원에게 주는 '녹조근정훈장'은 받지 않았다. 훈장거부 사유에 대해, "나는 부정부패를 없애려고 애썼던 사람이며, 부정부패를 방지하기 위해 반드시 필요한 부패방지법 제정이 유예되는 상황에서 훈장을 받을 수 없다"고 훈장을 거부했다 전해진다.[39] 5차례에 걸쳐 입법 청원을 하는 등 많은 단체들의 노력에도 불구하고 부정부패방지법 제정이 유예되는 상황에서 훈장을 받을 수 없다는 것이었다. 감사원 직원이 퇴임하면서 정부 훈장을 거부한 것은 이문옥 감사관이 처음으로 알려져 있다.

니다. 노형근 교사는 고향 광주(光州)가 1980년 5월 피로 물들 당시 서울에서 마냥 지켜만 봐야 했던 자신을 용서하지 못하고 있다. 스스로 '군부 학살행위 방조죄'라는 죄명을 만들어 자신을 다그쳤다. 또 그는 자신이 훈장을 받을 수 없는 죄인으로 드는 이유 중 하나가 저항권 포기죄(抵抗權 抛棄罪)이다. 지난 40년간 교육계가 정권 담당자와 언론으로부터 동네북마냥 얻어맞고 노리개처럼 희롱당해도 저항 한번 못했다는 것이다.("촌지 받은 죄인이 어떻게 훈장 받나? 광주땐 보고만 있었으니 학살방조죄", 「오마이뉴스」 2005년 11월 9일 참조).

39) 당시 감사원 인사과의 책상 속에는 주인이 찾아가지 않은 녹조근정훈장 하나가 잠들어 있었다 전해지고 있다. 1999년 12월 31일자로 퇴임한 이문옥 전 감사관이 "부정부패 방지를 위해 반드시 필요한 부패방지법 제정이 유예되는 상황에서 훈장을 받을 수 없다"며 수상을 거부한 훈장이다. 감사원 관계자는 "어쩔 도리가 없어 이문옥 감사관이 찾아갈 때까지 보관할 생각"이라고 말했다는데, 여전히 보관중인지, 아니면 그 훈장이 폐기처분 되었는지 자못 궁금하다.

9. 황건 · 서정복

4·19혁명 당시 대학생 신분으로 혁명의 전면에 나섰던 두 사람이 정부가 유공자로 선정해주는 건국포장을 거부했다. 황건과 서정복은 1960년 4월 19일 각각 서울대 법대와 문리대에 다니면서 당시 서울대생들이 발표한 '4·19 선언문' 작성에 참여하는 등 4월혁명의 전면에서 활동한 사람들이다.

'사월혁명회'는 2010년 4월 18일 이 단체 회원 황건씨(전 사월혁명회 상임의장)와 서정복씨(전 사월혁명회 공동의장)가 4·19혁명 50주년을 맞아 국가보훈처가 선정한 4·19혁명 유공자(건국포장) 272명에 포함됐지만 수상을 거부하기로 했다고 밝혔다. 4·19혁명 이후 5·16 쿠데타로 집권한 박정희 대통령 시절에 만들어진 상인 데다 유공자 선정 과정에도 문제가 있다는 생각에서다.

서정복은 "박정희 정권은 4월혁명으로 이뤄진 민주화를 부정한 정권이기 때문에 이때 만들어진 상이라는 것 자체가 문제이고, 대상자에 유신을 지지한 사람 등 4·19 정신을 정면으로 부정한 인사들도 포함돼 있다"며 "친일파와 독립운동가에게 같이 상을 주는 셈인데 전부 재심사해 4월혁명 정신을 부정한 수상자를 골라내면 상을 받겠다"고 했다며, 한 신문은 기사화하고 있다. 황건과 서정복은 10일 전쯤 보훈처로부터 건국포장 신청 제의를 받고 거부의사를 밝혔지만 2010년 4월 15일 '유공자로 선정됐다'는 통보가 왔으며, 다음날 내용증명을 보내 이를 거부했다고 설명했다. 2010년 4월 19일 서울 수유동 4·19 국립묘지에서 열리는 기념행사에서 건국포장을 받는 272명 유공자 명단에는 아직 이들의 이름이 올라 있다.[40)]

---

40) "군사정권이 제정한 건국포장 거부 - '사월혁명회' 소속회원 황건 · 서정복씨 "유신 지지자와 어떻게 상 같이 받겠나", 「경향신문」 2010년 4월 19일.

부록

1. 독립유공자 서훈 취소 처분의 취소

대법원 2015. 4. 23. 선고 2012두26920 판결

[공2015상,753]

【판결요지】

[1] 구 상훈법(2011. 8. 4. 법률 제10985호로 개정되기 전의 것) 제8조는 서훈취소의 요건을 구체적으로 명시하고 있고 절차에 관하여 상세하게 규정하고 있다. 그리고 서훈취소는 서훈수여의 경우와는 달리 이미 발생된 서훈대상자 등의 권리 등에 영향을 미치는 행위로서 관련 당사자에게 미치는 불이익의 내용과 정도 등을 고려하면 사법심사의 필요성이 크다. 따라서 기본권의 보장 및 법치주의의 이념에 비추어 보면, 비록 서훈취소가 대통령이 국가원수로서 행하는 행위라고 하더라도 법원이 사법심사를 자제하여야 할 고도의 정치성을 띤 행위라고 볼 수는 없다.

[2] 대한민국 훈장 및 포장은 서훈의 원칙을 정한 구 상훈법(2011. 8. 4. 법률 제10985호로 개정되기 전의 것, 이하 같다) 제2조에 따라 대한민국 국민이나 우방국 국민으로서 대한민국에 뚜렷한 공적을 세운 사람에게 수여하는 것으로서, 서훈은 단순히 서훈대상자 본인에 대한 수혜적 행위로서의 성격만을 가지는 것이 아니라 국가에 뚜렷한 공적을 세운 사람에게 명예를 부여함으로써 국민 일반에 대하여 국가와 민족에 대한 자긍심을 높이고 국가적 가치를 통합·제시하는 행위의 성격도 가지고 있다. 그리고 서훈의 수여 사유인 '대한민국에 대한 뚜렷한 공적'에 관한 판단은 서훈추천권자가 제출한 공적조서에 기재된 개개의 사실뿐만 아니라 일정한 공적기간 동안 서훈대상자의 행적을 전체적으로 평가하여 이루어진다. 한편 구 상훈법 제8조 제1항 제1호는 '서훈공적이 거짓임이 판명된 경우'에는 그 서훈을 취소하도록 정하고 있는데, 이러한 서훈취소 제도는 수여된 서훈을 그대로 유지한다면 서훈의 영예성을 수호할 수 없는 사유가 발생한 경우에 서훈제도의 본질과 기능을 보호하기 위하여 마련된 것으로 보인다.

이와 같은 서훈의 원칙 및 취소에 관한 규정들과 아울러 그 취지와 입법 목적 등을 종합하여 보면, 구 상훈법 제8조 제1항 제1호에서 정한 서훈취소사유인 '서훈공적이 거짓임이 판명된 경우'에는 서훈 수여 당시 조사된 공적사실 자체가 진실에 반하는 경우뿐만 아니라, 서훈 수여 당시 드러나지 않은 사실이 새로 밝혀졌고 만일 그 사실이 서훈 심사

당시 밝혀졌더라면 당초 조사된 공적사실과 새로 밝혀진 사실을 전체적으로 평가하였을 때 서훈대상자의 행적을 서훈에 관한 공적으로 인정할 수 없음이 객관적으로 뚜렷한 경우도 포함된다.

【참조조문】

[1] 헌법 제80조, 제101조, 구 상훈법(2011. 8. 4. 법률 제10985호로 개정되기 전의 것) 제8조, 법원조직법 제7조 [2] 구 상훈법(2011. 8. 4. 법률 제10985호로 개정되기 전의 것) 제2조, 제3조, 제8조 제1항 제1호

【참조판례】

[1] 대법원 2010. 12. 16. 선고 2010도5986 전원합의체 판결(공2011상, 259)

【전 문】

【원고, 상고인】 원고

【피고, 피상고인】 국가보훈처장 외 1인 (소송대리인 법무법인(유한) 화우 담당변호사 손태호 외 1인)

【원심판결】 서울고법 2012. 11. 6. 선고 2012누12503 판결

【주 문】

상고를 모두 기각한다. 상고비용은 원고가 부담한다.

【이 유】

상고이유를 판단한다.

1. 피고 국가보훈처장에 대한 청구에 관하여

가. 행정청의 어떤 행위가 항고소송의 대상이 될 수 있는지의 문제는 추상적·일반적으로 결정할 수 없고, 구체적인 경우에 행정처분은 행정청이 공권력의 주체로서 행하는 구체적 사실에 관한 법집행으로서 국민의 권리의무에 직접적으로 영향을 미치는 행위라는 점을 염두에 두고, 관련 법령의 내용과 취지, 그 행위의 주체·내용·형식·절차, 그 행위와 상대방 등 이해관계인이 입는 불이익과의 실질적 견련성, 그리고 법치행정의 원리와 당해 행위에 관련한 행정청 및 이해관계인의 태도 등을 참작하여 개별적으로 결정하여야 한다(대법원 1992. 1. 17. 선고 91누1714 판결, 대법원 2010. 11. 18. 선고 2008두167 전원합의체 판결 등 참조).

그런데 헌법은 제80조에서 "대통령은 법률이 정하는 바에 의하여 훈장 기타의 영전을 수여한다.", 제82조에서 "대통령의 국법상 행위는 문서로써 하며, 이 문서에는 국무총리와 관계 국무위원이 부서한다."고 규정하고 있고, 구 상훈법(2011. 8. 4. 법률 제10985호로 개정되기 전의 것, 이하 같다)은 제7조에서 "서훈대상자는 국무회의의 심의를 거쳐 대통령이 결정한다.", 제8조 제2항에서 "서훈을 취소하고 훈장 등을 환수하거나 훈장 패용을 금지하고자 할 경우에는 국무회의의 심의를 거쳐야 한다."고 규정하고 있다.

한편 망인에 대한 서훈취소는 유족에 대한 것이 아니므로 유족에 대한 통지에 의해서만 성립하여 효력이 발생한다고 볼 수 없고, 그 결정이 처분권자의 의사에 따라 상당한 방법으로 대외적으로 표시됨으로써 행정행위로서 성립하여 효력이 발생한다.

나. 원심은 판시와 같은 이유로, (1) 피고 대통령은 2011. 4. 5. 국무회의의 의결을 거쳐 2011. 4. 6. 원고의 조부인 망 소외인(이명 소외인, 이하 '망인'이라 한다)에 대한 서훈취소 서류에 결재하고, 국무총리 및 행정안전부장관이 부서하는 방식으로 망인에 대한 서훈취소를 결정하였으므로, 피고 대통령의 망인에 대한 이 사건 서훈취소결정은 헌법과 법률이 정한 절차와 방식에 따른 행위로 적법하고, 이로써 망인이 서훈대상자의 지위에서 제외되는 효과가 확정적으로 발생하였다고 전제한 다음, (2) 피고 국가보훈처장의 원고에 대한 이 사건 서훈취소통보는 상대방 또는 기타 관계자들의 법률상 지위에 직접적인 법률적 변동을 일으키지 아니하는 행위로 항고소송의 대상이 될 수 없는 사실상의 통지에 해당하므로 그 취소를 구하는 이 부분 소는 부적법하다고 판단하였다.

다. 원심판결 이유를 적법하게 채택된 증거들에 비추어 살펴보면, 원심의 위와 같은 판단은 앞서 본 관련 규정 및 법리에 부합되고, 거기에 상고이유 주장과 같이 항고소송의 대상적격, 원고적격 내지 법률상 이익, 피고적격 등에 관한 법리를 오해하여 판결에 영향을 미친 위법이 있다고 할 수 없다.

그리고 이 사건 서훈취소통보가 항고소송의 대상이 될 수 없는 사실상의 통지에 해당한다는 원심의 판단이 정당한 이상, 원심이 이 사건 서훈취소통보가 처분에 해당함을 전제로 하여 가정적으로, 피고 국가보훈처장이 이 사건 서훈취소통보에 관한 권한을 적법하게 위임받아 이 사건 서훈취소통보를 하였고 서훈취소 심사과정에 절차적 위법이 있다고 할 수 없다고 판시한 부분의 당부는 판결 결과에 영향이 없으므로, 원심판결에 행정권한의 위임 등에 관한 법리오해의 위법이 있다는 취지의 상고이유는 나아가 판단할 필요 없이 받아들이지 아니한다.

2. 피고 대통령에 대한 청구에 관하여

가. 원고의 이 사건 취소 청구 대상에 대하여 본다.

(1) 원심은 판시와 같은 이유로, 이 사건 서훈취소통보는 상대방 또는 기타 관계자들의 법률상 지위에 직접적인 법률적 변동을 일으키지 아니하는 행위로 항고소송의 대상이 될 수 없는 사실상의 통지에 해당하므로 그 취소를 구하는 이 부분 소는 부적법하고, 설령 이 사건 서훈취소통보를 처분으로 본다고 하더라도 이 사건 서훈취소통보는 피고 국가보훈처장의 권한 내의 행위로서 피고 국가보훈처장의 명의로 통보되었으므로, 피고 대통령이 처분 등을 행한 행정청이라 할 수 없어 이 부분 소는 피고적격이 없는 자를 상대로 한 것이어서 부적법하다고 판단하였다.

(2) 그런데 원심판결 이유와 기록에 의하면 다음과 같은 사실을 알 수 있다.

(가) 피고 국가보훈처장은 1990년경 독립유공자 서훈공적심사위원회의 심사를 거쳐 총무처장관에게 망인에 대한 독립유공자 서훈추천을 하였다.

(나) 총무처장관이 구 상훈법 제7조에 따라 국무회의에 위 서훈추천을 의안으로 제출하자 대통령은 국무회의의 심의를 거친 뒤 망인을 서훈대상자로 최종 결정하였으며, 당시 상훈에 관한 사무를 관장하던 총무처장관은 피고 국가보훈처장에게 위 서훈결정 사실을 통보할 것을 위임하여, 피고 국가보훈처장이 1990. 12. 26.경 원고에게 망인이 독립유공자로서 서훈결정(건국훈장 애국장)되었다는 사실을 통보하였다.

(다) 그 후 피고 국가보훈처장은 독립유공자 서훈취소 제1, 2심사위원회를 구성하여

심사를 거친 뒤 2010. 11. 19. 망인의 친일 행적이 확인되었음을 이유로 그 서훈 취소에 관한 의안 제출을 행정안전부장관에게 요청하였다.

(라) 행정안전부장관에 의하여 2010. 12. 21. 국무회의에 망인에 대한 서훈취소가 안 건으로 상정되었으나, 신중한 검토가 필요하다는 국무총리의 의견에 따라 의결 이 보류되었고, 다시 3개월간 국무총리실의 검토를 거친 뒤 이 사건 서훈취소 안 건은 2011. 4. 5. 국무회의에서 의결되었다.

(마) 피고 대통령은 2011. 4. 6. 망인에 대한 서훈취소 전자문서에 결재함으로써 서 훈취소를 결정하였고, 국무총리 및 행정안전부장관이 부서하였다.

(바) 이에 상훈 사무를 관장하는 행정안전부장관은 피고 국가보훈처장에게 "독립유 공자 서훈취소요청 건이 국무회의 의결 및 대통령 재가로 서훈취소 대상자가 붙 임과 같이 확정되었음을 알려드리오니, 상훈법 제8조 제1항에 따라 훈장과 이 와 관련하여 수여한 물건을 모두 환수 조치하여 주시기 바랍니다."라는 취지의 서훈취소결정 통보를 하였다.

(사) 이에 따라 피고 국가보훈처장은 2011. 4. 19. 원고에게 "2011년 4월 5일 국무회 의의 서훈취소 의결을 거쳐 4월 6일 망인의 독립유공자 서훈이 취소 결정되었음 을 알려드립니다. 아울러 기존에 전수된 건국훈장 애국장 및 훈장증의 반환을 요청하오며, 우리 처 직원이 귀댁을 방문할 예정이오니 방문 가능한 일시를 알 려주시면 감사하겠습니다."라는 등의 내용을 통보하였다.

(아) 한편 원고는 이 사건 소를 제기하면서 피고 국가보훈처장을 주위적 피고로 하여 '피고 국가보훈처장이 2011. 4. 19.자로 통지한 망인에 대한 독립유공자 서훈취 소 처분의 취소'를 구하고, 피고 대통령을 예비적 피고로 하여 '피고 대통령이 2011. 4. 19. 원고에게 한 망인에 대한 독립유공자 서훈취소 처분의 취소'를 구 하였다.

(자) 이 사건 소장의 청구원인에는 "주위적 피고 국가보훈처장은 2011. 4. 19. 망인 에 대한 독립유공자 서훈취소 처분을 통보한 행정청이며, 예비적 피고 대통령은 상훈법상 서훈에 관한 결정권한을 가지는 기관입니다(국가보훈처장이 이 사건 서훈취소의 권한을 가진 처분 주체인지 아니면 대통령의 결정을 통보한 것에 불 과한 것인지에 관하여 법률상 의문의 소지가 있으므로 위와 같이 주위적, 예비 적 피고로 구분하여 소를 제기합니다)."라고 기재되어 있다.

(3) 위와 같은 사실관계에 비추어 보면, 비록 피고 대통령에 대한 청구취지가 '2011. 4. 19.자 서훈취소 처분의 취소'로 기재되어 있기는 하나, 2011. 4. 19.에는 피고 국가보훈처장이 원고에게 이 사건 서훈취소통보를 하였을 뿐이어서 원고가 피고 대통령에 대하여 이 사건 서훈취소통보의 취소를 구한 것이라고 보기 어렵다. 오히려 원고는 피고 국가보훈처장을 주위적 피고로 하여 이 사건 서훈취소통보의 취소를 구하고, 주위적 피고에 대한 청구가 인용되지 아니할 경우를 대비하여 서훈취소의 결정권자인 피고 대통령을 예비적 피고로 하여 이 사건 서훈취소결정의 취소를 구한 것이라고 봄이 타당하다.

나. 이 사건 서훈취소결정이 통치행위에 해당하는지에 대하여 본다.

구 상훈법 제8조는 서훈취소의 요건을 구체적으로 명시하고 있고 그 절차에 관하여 상세하게 규정하고 있다. 그리고 서훈취소는 서훈수여의 경우와는 달리 이미 발생된 서훈대상자 등의 권리 등에 영향을 미치는 행위로서 관련 당사자에게 미치는 불이익의 내용과 그 정도 등을 고려하면 사법심사의 필요성이 크다. 따라서 기본권의 보장 및 법치주의의 이념에 비추어 보면, 비록 서훈취소가 대통령이 국가원수로서 행하는 행위라고 하더라도 법원이 사법심사를 자제하여야 할 고도의 정치성을 띤 행위라고 볼 수는 없다(대법원 2010. 12. 16. 선고 2010도5986 전원합의체 판결 등 참조).

그럼에도 이와 달리 원심은, 원고가 피고 대통령에 대하여 이 사건 서훈취소결정의 취소를 구하는 것이라고 선해하더라도, 이 사건 서훈취소결정은 통치행위에 해당하므로 이를 다투는 이 부분 소는 부적법하다고 판단하고 말았으니, 이러한 원심의 판단에는 통치행위에 관한 법리를 오해한 위법이 있다.

다. 망인에 대한 서훈취소사유의 존부에 관하여 본다.

대한민국 훈장 및 포장은 서훈의 원칙을 정한 구 상훈법 제2조에 따라 대한민국 국민이나 우방국 국민으로서 대한민국에 뚜렷한 공적을 세운 사람에게 수여하는 것으로서, 서훈은 단순히 서훈대상자 본인에 대한 수혜적 행위로서의 성격만을 가지는 것이 아니라 국가에 뚜렷한 공적을 세운 사람에게 명예를 부여함으로써 국민 일반에 대하여 국가와 민족에 대한 자긍심을 높이고 국가적 가치를 통합·제시하는 행위의 성격도 가지고 있다(대법원 2014. 9. 26. 선고 2013두2518 판결 참조). 그리고 서훈의 수여 사유인 '대한민국에 대한 뚜렷한 공적'에 관한 판단은 서훈추천권자가 제출한 공적조서에 기재된 개개의 사실뿐만 아니라 일정한 공적기간 동안 서훈대상자의 행적을 전체적으로 평가하여 이루어진다. 한편 구 상훈법 제8조 제1항 제1호는 '서훈공적이 거짓임이 판명된 경우'에는 그 서훈을 취소하도록 정하고 있는데, 이러한 서훈취소 제도는 수여된 서훈을 그대로 유지한다면 서훈의 영예성을 수호할 수 없는 사유가 발생한 경우에 서훈제도의 본질과 기능을 보호하기 위하여 마련된 것으로 보인다.

이와 같은 서훈의 원칙 및 취소에 관한 규정들과 아울러 그 취지와 입법 목적 등을 종합하여 보면, 구 상훈법 제8조 제1항 제1호에서 정한 서훈취소사유인 '서훈공적이 거짓임이 판명된 경우'에는 서훈 수여 당시 조사된 공적사실 자체가 진실에 반하는 경우뿐만 아니라, 서훈 수여 당시 드러나지 않은 사실이 새로 밝혀졌고 만일 그 사실이 서훈 심사 당시 밝혀졌더라면 당초 조사된 공적사실과 새로 밝혀진 사실을 전체적으로 평가하였을 때 서훈대상자의 행적을 그 서훈에 관한 공적으로 인정할 수 없음이 객관적으로 뚜렷한 경우도 포함된다고 보아야 한다.

원심은 판시와 같은 이유로, (1) 망인이 친일단체에 자발적이고 주도적으로 가담함으로써 친일행적을 하였다고 인정한 다음, 망인에 대한 서훈 당시 공적으로 인정되었던 사실이 있었다고 하여도 위와 같은 친일행적을 포함하여 전체적으로 보면 서훈대상으로 평가될 만한 서훈공적이 없어, 구 상훈법 제8조 제1항 제1호의 서훈공적이 거짓으로 밝혀진 경우에 해당하므로 망인에 대한 서훈취소사유가 존재하고, (2) 반민족행위 처벌법에 따른 특별조사위원회나 일제강점하 반민족행위 진상규명에 관한 특별법에 따른 친일반민족행위진상규명위원회에 의하여 친일반민족행위자로 선언되지 않았다고 하더라도, 관련 증거에 의하여 서훈취소사유가 밝혀지면 구 상훈법에 따른 서훈취소사유가 존재한다고 보아야 하므로, 이와 다른 원고의 주장은 이유 없다고 판단하였다.

이 부분 상고이유 중 망인이 친일행위를 하였다고 볼 수 없어 서훈취소사유가 존재하지 아니함에도 이와 달리 본 원심의 판단이 위법하다는 취지의 주장은, 결국 사실심 법원의 자유심증에 속하는 증거의 취사 선택이나 가치판단을 탓하는 것에 불과하여 적법한 상고이유가 되지 못한다. 나아가 원심의 사실인정과 판단을 적법하게 채택된 증거들에 비추어 살펴보아도, 위와 같은 원심의 판단은 앞서 본 법리에 기초한 것으로서, 거기에 구 상훈법 제8조 제1항 제1호에서 정한 서훈취소사유에 관한 법리를 오해하거나 논리와 경험의 법칙에 반하여 자유심증주의의 한계를 벗어나는 등의 위법이 없다.

라. 따라서 원심으로서는 원고의 피고 대통령에 대한 이 사건 서훈취소결정의 취소 청구에 대하여 이를 기각하여야 함에도, 원고가 피고 대통령에 대하여 이 사건 서훈취소통보의 취소를 구한 것이라는 잘못된 전제 아래 이 사건 서훈취소통보가 항고소송의 대상이 되지 않는다거나, 이 사건 서훈취소결정이 통치행위에 해당한다는 이유로 이를 각하한 것은 잘못이다. 그렇지만 원고만이 상고한 이 사건에서 불이익변경금지의 원칙상 원고에게 더 불리한 청구기각의 판결을 선고할 수는 없으므로, 이 부분에 대한 원고의 상고를 기각할 수밖에 없다.

3. 결론

그러므로 상고를 모두 기각하고, 상고비용은 패소자가 부담하기로 하여, 관여 대법관의 일치된 의견으로 주문과 같이 판결한다.

대법관 김소영(재판장) 이인복 김용덕(주심) 고영한

2. 독립유공자 서훈 취소결정 무효확인등

대법원 2014.9.26. 선고 2013두2518 판결

[공2014하,2134]

【판결요지】

[1] 헌법 제11조 제3항과 구 상훈법(2011. 8. 4. 법률 제10985호로 개정되기 전의 것, 이하 같다) 제2조, 제33조, 제34조, 제39조의 규정 취지에 의하면, 서훈은 서훈대상자의 특별한 공적에 의하여 수여되는 고도의 일신전속적 성격을 가지는 것이다. 나아가 서훈은 단순히 서훈대상자 본인에 대한 수혜적 행위로서의 성격만을 가지는 것이 아니라, 국가에 뚜렷한 공적을 세운 사람에게 영예를 부여함으로써 국민 일반에 대하여 국가와 민족에 대한 자긍심을 높이고 국가적 가치를 통합·제시하는 행위의 성격도 있다. 서훈의 이러한 특수성으로 말미암아 상훈법은 일반적인 행정행위와 달리 사망한 사람에 대하여도 그의 공적을 영예의 대상으로 삼아 서훈을 수여할 수 있도록 규정하고 있다. 그러나 그러한 경우에도 서훈은 어디까지나 서훈대상자 본인의 공적과 영예를 기리기 위한 것이므로 비록 유족이라고 하더라도 제3자는 서훈수여 처분의 상대방이 될 수 없고, 구 상훈법 제33조, 제34조 등에 따라 망인을 대신하여 단지 사실행위로서 훈장 등을 교부받거나 보관할 수 있는 지위에 있을 뿐이다. 이러한 서훈의 일신전속적 성격은 서훈취소의 경우에도 마찬가지이므로, 망인에게 수여된 서훈의 취소에서도 유족은 그 처분의 상대방이 되는 것이 아니다.

이와 같이 망인에 대한 서훈취소는 유족에 대한 것이 아니므로 유족에 대한 통지에 의해서만 성립하여 효력이 발생한다고 볼 수 없고, 그 결정이 처분권자의 의사에 따라 상당한 방법으로 대외적으로 표시됨으로써 행정행위로서 성립하여 효력이 발생한다고 봄이 타당하다.

[2] 국무회의에서 건국훈장 독립장이 수여된 망인에 대한 서훈취소를 의결하고 대통령이 결재함으로써 서훈취소가 결정된 후 국가보훈처장이 망인의 유족 갑에게 '독립유공자 서훈취소결정 통보'를 하자 갑이 국가보훈처장을 상대로 서훈취소결정의 무효 확인 등의 소를 제기한 사안에서, 갑이 서훈취소 처분을 행한 행정청(대통령)이 아니라 국가보훈

처장을 상대로 제기한 위 소는 피고를 잘못 지정한 경우에 해당하므로, 법원으로서는 석명권을 행사하여 정당한 피고로 경정하게 하여 소송을 진행해야 함에도 국가보훈처장이 서훈취소 처분을 한 것을 전제로 처분의 적법 여부를 판단한 원심판결에 법리오해 등의 잘못이 있다고 한 사례.

【참조조문】
[1] 헌법 제11조 제3항, 구 상훈법(2011. 8. 4. 법률 제10985호로 개정되기 전의 것) 제2조, 제33조, 제34조, 제39조 [2] 헌법 제80조, 제89조, 구 상훈법(2011. 8. 4. 법률 제10985호로 개정되기 전의 것) 제8조, 행정소송법 제14조

【전 문】
【원고, 피상고인】 원고 1 외 1인 (소송대리인 법무법인 화평 담당변호사 김오섭)
【피고, 상고인】 국가보훈처장 (소송대리인 법무법인(유한) 화우 담당변호사 손태호 외 1인)
【원심판결】 서울고법 2012. 12. 27. 선고 2012누5369 판결

【주 문】
원심판결을 파기하고, 사건을 서울고등법원에 환송한다.

【이 유】
상고이유를 판단한다.

1. 헌법 제11조 제3항은 훈장 등의 영전은 이를 받은 자에게만 효력이 있다고 규정하고 있다. 그리고 서훈에 관한 사항을 정한 구 상훈법(2011. 8. 4. 법률 제10985호로 개정되기 전의 것, 이하 같다)에 따르면, 대한민국훈장 및 포장은 대한민국에 뚜렷한 공적을 세운 자에게 수여하고(제2조), 훈장을 받을 자가 사망하였거나 사고로 인하여 직접 수령할 수 없는 경우에는 그 유족 또는 대리자가 본인에 갈음하여 이를 받을 수 있으며(제33조), 훈장은 본인에 한하여 종신 이를 패용하고, 사후에는 그 유족이 보존하되, 이를 패용하지 못하며(제34조), 유족을 포함하여 훈장을 받지 아니한 자가 훈장을 패용한 때에는 6월 이하의 징역 또는 500만 원 이하의 벌금에 처하도록 되어 있다(제39조).

이와 같은 헌법과 상훈법의 규정 취지에 의하면, 서훈은 서훈대상자의 특별한 공적에 의

하여 수여되는 고도의 일신전속적 성격을 가지는 것이다. 나아가 서훈은 단순히 서훈대상자 본인에 대한 수혜적 행위로서의 성격만을 가지는 것이 아니라, 국가에 뚜렷한 공적을 세운 사람에게 영예를 부여함으로써 국민 일반에 대하여 국가와 민족에 대한 자긍심을 높이고 국가적 가치를 통합·제시하는 행위의 성격도 있다. 서훈의 이러한 특수성으로 말미암아 상훈법은 일반적인 행정행위와 달리 사망한 사람에 대하여도 그의 공적을 영예의 대상으로 삼아 서훈을 수여할 수 있도록 규정하고 있다. 그러나 그러한 경우에도 서훈은 어디까지나 서훈대상자 본인의 공적과 영예를 기리기 위한 것이므로 비록 유족이라고 하더라도 제3자는 서훈수여 처분의 상대방이 될 수 없고, 구 상훈법 제33조, 제34조 등에 따라 망인을 대신하여 단지 사실행위로서 훈장 등을 교부받거나 보관할 수 있는 지위에 있을 뿐이다. 이러한 서훈의 일신전속적 성격은 서훈취소의 경우에도 마찬가지라고 할 것이므로, 망인에게 수여된 서훈의 취소에서도 유족은 그 처분의 상대방이 되는 것이 아니다.

이와 같이 망인에 대한 서훈취소는 유족에 대한 것이 아니므로 유족에 대한 통지에 의해서만 성립하여 효력이 발생한다고 볼 수 없고, 그 결정이 처분권자의 의사에 따라 상당한 방법으로 대외적으로 표시됨으로써 행정행위로서 성립하여 효력이 발생한다고 봄이 타당하다.

2. 가. 원심판결의 이유 및 적법하게 채택된 증거에 의하면, 피고는 1962년 건국훈장 독립장이 수여된 망인에 대하여 일제의 식민지정책을 미화·장려하는 글을 게재하는 등의 친일행적이 확인되었다는 이유로 당시 행정안전부장관에게 망인에 대한 서훈취소에 관한 의안을 국무회의에 제출할 것을 요청하였고, 이에 따라 당시 행정안전부장관이 망인에 대한 서훈취소에 관한 의안을 국무회의에 제출하여 2011. 4. 5. 국무회의에서 망인에 대한 서훈취소가 의결되었으며, 대통령이 2011. 4. 6. 그 서훈취소 문서에 결재함으로써 망인에 대한 서훈취소가 결정된 사실, 그 후 피고는 2011. 4. 19. 위 서훈취소에 따라 훈장 등을 환수조치하여 달라는 당시 행정안전부장관의 요청을 받고 망인의 유족인 원고 1에게 '독립유공자 서훈취소결정 통보'(이하 '이 사건 통보'라고 한다)를 한 사실, 이 사건 통보서에는 "망인의 공적에 중대한 흠결이 있는 것이 확인되어 상훈업무를 주관하는 행정안전부에 상훈취소를 요청하였습니다. 이에 2011. 4. 5. 국무회의의 의결을 거쳐 2011. 4. 6. 망인의 서훈이 취소 결정되었음을 알려드립니다."라는 내용과 함께 기존에 전수된 건국훈장 독립장 및 훈장증의 반환을 요구하는

취지가 기재되어 있는 사실 등을 알 수 있다.

나. 앞서 본 법리에 비추어 이 사건 통보의 취지와 법적 의미에 관하여 본다.

(1) 우선 망인에 대한 서훈취소를 그 유족을 상대방으로 하는 행정행위로 볼 수 없는 이상 이 사건 통보가 유족인 원고 등에 대한 서훈취소 처분이라고 볼 수 없다.

(2) 이 사건 통보서는 기재 자체에서 이미 망인에 대한 서훈의 취소가 피고가 주관하는 사무가 아님이 드러나 있을 뿐 아니라, 그 내용도 피고가 처분주체로서 위 통보에 의해 망인에 대한 서훈취소 처분을 행한다는 것이라기보다는 국무회의 심의를 거쳐 특정한 일시에 서훈취소가 결정되었음을 사후적으로 알리는 것이라고 보인다. 또한 헌법상 영전의 수여는 대통령에게 부여된 권한이고 국무회의 심의를 거치도록 규정되어 있으며(제80조, 제89조), 국무회의는 대통령이 그의 권한에 속하는 중요 사항을 심의하는 헌법상의 합의제 보좌기관이다(제88조 제1항, 제3항). 게다가 원고 1이 보관하고 있는 망인에 대한 훈장증 등에는 그 수여자가 대통령으로 기재되어 있다.

이러한 제반 사정을 종합하여 보면, 이 사건 통보서에 이 사건 서훈취소의 처분주체 또는 처분명의인이 대통령으로 명시되어 있지 아니하였더라도 그 기재의 전반적인 취지, 헌법상 서훈의 수여 및 취소 권한에 관한 일반적 인식 등에 기초하여 이 사건 통보는 대통령이 국무회의를 거쳐 망인에 대한 이 사건 서훈을 취소하였음을 대외적으로 표시한 것이라고 볼 수 있다. 그 표시 방법은 2011. 8. 4. 개정된 상훈법 제8조의2에 따라 관보에 게재하는 방법이 시행되기 전에 이루어진 것으로서 처분권자의 의사에 따른 상당한 방법에 해당하는 것으로 보인다. 이로써 대통령이 행한 이 사건 서훈취소 처분은 객관적으로 성립하여 효력이 발생하게 되었다고 할 것이다.

(3) 한편, 피고가 행한 이 사건 통보행위 자체는 유족으로서 상훈법에 따라 훈장 등을 보관하고 있는 원고들에 대하여 그 반환 요구의 전제로서 대통령의 서훈취소결정이 있었음을 알리는 것에 불과하므로, 이로써 피고가 그 명의로 서훈취소의 처분을 하였다고 볼 것은 아니다.

(4) 나아가 이 사건 서훈취소 처분의 통지가 처분권한자인 대통령이 아니라 그 보좌기관인 피고에 의하여 이루어졌다고 하더라도, 그 처분이 대통령의 인식과 의사에 기초하여 이루어졌고, 앞서 보았듯이 그 통지로 이 사건 서훈취소 처분의 주체(대통령)와 내용을 알 수 있으므로, 이 사건 서훈취소 처분의 외부적 표시의 방법으로서 위 통지의 주체나 형식에 어떤 하자가 있다고 보기도 어렵다.

다. 원고들은 이 사건 소로써 피고를 상대로 서훈취소의 통지행위 자체의 취소를 구하는 것이 아니라 그 통지의 내용인 망인에 대한 서훈취소결정 자체의 취소를 구하고 있으므로, 결국 그 처분을 행한 행정청(대통령)이 아니라 그 처분이 있음을 알린 기관에 불과한 피고를 상대로 제기한 이 사건 소는 피고를 잘못 지정한 경우에 해당한다. 이처럼 원고가 피고를 잘못 지정한 때에는 법원은 원고의 신청에 의하여 결정으로서 피고의 경정을 허가할 수 있는 것이므로(행정소송법 제14조), 원고가 피고를 잘못 지정한 것으로 보이는 경우 법원으로서는 마땅히 석명권을 행사하여 원고로 하여금 정당한 피고로 경정하게 하여 소송을 진행하게 하여야 한다(대법원 2006. 11. 9. 선고 2006다23503 판결 등 참조).

라. 그럼에도 원심은 이 사건 통지의 의미나 법적 성격을 잘못 이해하여 피고가 이 사건 서훈취소 처분을 한 것으로 파악한 뒤, 이를 전제로 그 처분의 적법 여부를 판단하였으니, 이러한 원심의 판단에는 서훈취소 처분의 법적 성격 및 관련 행정행위의 해석에 관한 법리와 피고적격에 관한 법리 등을 오해하여 필요한 심리를 다하지 아니한 잘못이 있다고 할 것이다.

3. 그러므로 나머지 상고이유에 대한 판단을 생략한 채, 원심판결을 파기하고 사건을 다시 심리·판단하도록 원심법원에 환송하기로 하여, 관여 대법관의 일치된 의견으로 주문과 같이 판결한다.

대법관 김용덕(재판장) 고영한 김소영(주심)

3. 건국공로포상 부작위 위법확인등

대법원 1989. 1. 24. 선고 88누3116 판결

[공1989.3.1.(843),315]

【판결요지】

가. 행정소송은 행정청의 위법한 처분 그밖에 공권력의 행사·불행사 등으로 인한 국민의 권리 또는 이익의 침해를 구제하고 공법상의 권리관계 또는 법적용에 관한 다툼을 적정하게 해결함을 목적으로 하고 있으므로 행정청의 공권력의 행사로서 구체적인 권리의무에 관한 분쟁이 아닌 단순한 사실행위는 행정소송의 대상이 되지 아니한다.

나. 상훈대상자를 결정할 권한이 없는 국가보훈처장이 기포상자에게 훈격재심사계획이 없다고 한 회신은 단순한 사실행위에 불과하다.

다. 국가보훈처장 발행 서적의 독립투쟁에 관한 내용을 시정하여 관보에 그 뜻을 표명하여야 할 의무 및 독립운동단체 소속의 독립운동자들에게 법률 소정의 보상급여의무의 확인을 구하는 청구는 작위의무 확인소송으로서 항고소송의 대상이 되지 아니한다.

【참조조문】

가. 행정소송법 제1조 가.나.행정소송법 제2조 다. 행정소송법 제4조

【전 문】

【원고, 상고인】 원고
【피고, 피상고인】 국가보훈처장
【원심판결】 서울고등법원 1988.2.8. 선고 86구614 판결

【주 문】

상고를 기각한다.

상고비용은 원고의 부담으로 한다.

【이 유】

상고이유(각 상고이유보충서는 상고기간 경과후의 것이므로 상고이유를 보충하는 범위내에서)를 본다.

행정소송은 행정청의 위법한 처분 그밖에 공권력의 행사·불행사 등으로 인한 국민의 권리 또는 법적용에 관한 다툼을 적정하게 해결함을 목적으로 함으로 행정청의 공권력의 행사로서 구체적인 권리의무에 관한 분쟁이 아닌 단순한 사실행위는 행정소송의 대상이 되지 아니한다 할 것이다.

이 사건에 있어서 원고가 주장하는 바는 첫째로, 원고가 피고에 대하여 원고의 양형인 소외 1, 소외 2 등 애국지사들에 대한 건국훈장, 표창 등 서훈결정처분을 취소하고 다시 격상하여 재처분할 의무의 이행을 구하는 행정심판청구를 한데 대하여, 피고는 정부포상관계는 행정심판의 대상이 되지 아니하고 기포상자에 훈격재심사계획이 없다는 회신을 하였으므로 이와 같은 거부처분의 취소를 구하고 둘째로, 피고는 그 발행의 독립운동사 제5권, 제7권, 제10권 등에 독립투쟁 등에 관한 사실들을 잘못 게재하고 있으므로 이를 시정하여 관보 등에 그 뜻을 표명한 후 재발간할 의무와 대한국민회 등 독립운동단체소속의 독립운동자들에게 건국공로포상 및 국가유공자예우등에 관한 법률 소정의 보상급여의무가 있다는 확인을 구한다는 취지이나, 상훈대상자를 결정할 권한이 없는(상훈법 제 7조 참조) 피고의 기포상자에게 훈격재심사계획이 없다는 회신은 단순한 사실행위에 불과하고, 피고발행 서적의 독립투쟁에 관한 내용을 시정하여 관보에 그 뜻을 표명하여야 할 의무 및 독립운동단체 소속의 독립운동자들에게 법률 소정의 보상급여의무의 확인을 구하는 청구는 작위의무 확인소송으로서 항고소송의 대상이 되지 아니하므로 모두 행정소송의 대상이 되지 아니한다 할 것이다.

위와 같은 취지의 원심판단은 정당하고 거기에 소론과 같은 심리미진, 채증법칙, 변론주의에 위배한 위법이 없으며 소론이 내세우는 판례들은 이 사건과는 사안을 달리하는 것으로서 적절한 것이 되지 못한다.

반대의 입장에서 원심판결을 공격하는 논지는 채용할 수 없는 것이다. 그러므로 상고를 기각하고 상고비용은 패소자의 부담으로 하기로 하여 관여 법관의 일치된 의견으로 주문과 같이 판결한다.

대법관 김덕주(재판장) 배만운 안우만

(2005. 6. 30. 2004헌마859 전원재판부)

헌재 2005. 6. 30. 2004헌마859, 판례집 17-1, 1016 [전원재판부]

【판시사항】

1. 국가에게 독립유공자와 그 유족에 대한 예우를 해 줄 헌법상 의무가 있는지 여부(적극)
2. 국가보훈처장이 독립유공자(순국선열 및 애국지사)로 인정받기 위한 전제로서 요구되는 서훈추천을 거부한 것에 대하여 행정부작위 헌법소원이 가능한지 여부(소극)
3. 대통령의 영전 미수여 행위에 대해 행정부작위 헌법소원으로 다툴 수 있는지 여부(소극)

【결정요지】

1. 헌법은 국가유공자 인정에 관하여 명문 규정을 두고 있지 않으나 전문(前文)에서 "3.1운 동으로 건립된 대한민국임시정부의 법통을 계승"한다고 선언하고 있다. 이는 대한민국이 일제에 항거한 독립운동가의 공헌과 희생을 바탕으로 이룩된 것임을 선언한 것이고, 그렇다면 국가는 일제로부터 조국의 자주독립을 위하여 공헌한 독립유공자와 그 유족에 대하여는 응분의 예우를 하여야 할 헌법적 의무를 지닌다.

2. 독립유공자의 구체적 인정절차는 입법자가 헌법의 취지에 반하지 않는 한 입법재량으로 정할 수 있다. 독립유공자 인정의 전 단계로서 상훈법에 따른 서훈추천은 해당 후보자에 대한 공적심사를 거쳐서 이루어지며, 그러한 공적심사의 통과 여부는 해당 후보자가 독립유공자로서 인정될만한 사정이 있는지에 달려 있다. 이에 관한 판단에 있어서 국가는 나름대로의 재량을 지닌다. 따라서 국가보훈처장이 서훈추천 신청자에 대한 서훈추천을 하여 주어야 할 헌법적 작위의무가 있다고 할 수는 없으므로, 서훈추천을 거부한 것에 대하여 행정권력의 부작위에 대한 헌법소원으로서 다툴 수 없다.

3. 영전수여에 앞서 법률상 요구되는 서훈추천이 거부됨에 따라 대통령이 영전수여신청자에 대하여 영전을 수여하지 않은 것은 그 전제가 되는 법적 절차의 미개시에 따른 것일 뿐 대통령이 공권력의 행사를 하여야 함에도 하지 않고 방치하고 있는 것이라 할 수 없다. 그

러므로 대통령의 영전 미수여를 다투는 심판청구 역시 행정부작위를 다투는 헌법소원으로서 부적법하다.

【참조조문】

헌법 전문(前文), 제80조

독립유공자예우에관한법률 제4조 (적용대상자) 다음 각 호의 1의 독립유공자와 그 유족 또는 가족은 이 법에 의한 예우를 받는다.

1. 순국선열 : 일제의 국권침탈 전후로부터 1945년 8월 14일까지 국내외에서 일제의 국권침탈을 반대하거나 독립운동을 하기 위하여 항거하다가 그 항거로 인하여 순국한 자로서 그 공로로 건국훈장·건국포장 또는 대통령표창을 받은 자

2. 애국지사 : 일제의 국권침탈 전후로부터 1945년 8월 14일까지 국내외에서 일제의 국권침탈을 반대하거나 독립운동을 하기 위하여 항거한 사실이 있는 자로서 그 공로로 건국훈장·건국포장 또는 대통령표창을 받은 자

상훈법 제5조 (서훈의 추천)①서훈의 추천은 중앙행정기관의 장(대통령직속기관 및 국무총리직속기관의 장을 포함한다), 국회사무총장, 법원행정처장, 헌법재판소사무처장 및 중앙선거관리위원회사무총장이 행한다. ②제1항에 규정된 추천권자의 소관에 속하지 아니하는 서훈의 추천은 행정자치부장관이 행한다. ③ 서훈의 추천을 하고자 할 때에는 대통령령이 정하는 바에 따라 공적심사를 거쳐야 한다.

상훈법 제7조 (서훈의 확정) 서훈대상자는 국무회의의 심의를 거쳐 대통령이 결정한다.

【참조판례】

2. 헌재 1991. 9. 16. 89헌마163, 판례집 3, 505, 513
헌재 1995. 5. 25. 90헌마196, 판례집 7-1, 669, 677

【당 사 자】

청 구 인	윤○삼 외 3인
대리인	법무법인 한결
담당변호사	백승헌 외 1인
피청구인	1. 국가보훈처장
	2. 대통령

【주 문】
이 사건 심판청구를 모두 각하한다.

【이 유】
1. 사건의 개요 및 심판의 대상

가. 사건의 개요

(1) 청구인들은 독립유공자의 유족이라면서 피청구인 국가보훈처장에게 아래와 같이 주장하며 대통령에게 서훈을 추천하여 줄 것을 신청하였다.

청구인 윤○삼은 망 윤○옥의 아들인바, 망 윤○옥이 1930년경 전남운동협의회 농민반에서 활동하는 등 독립운동을 하다가 일본 경찰에 검거되어 1년의 징역을 살았다. 청구인 박○재는 망 박○세의 아들인바, 망 박○세가 전남운동협의회의 후속단체인 재건위원회를 결성하는 등의 항일 활동을 하다가 일본 경찰에 체포되어 2년 6월의 징역을 살았다. 청구인 김○심은 망 정○생의 친조카이자 양자인 망 정○재의 부인인바, 망 정○생이 망 박○세와 함께 위 재건위원회를 결성하고 항일운동을 하다가 체포되어 징역 3년을 선고받아 복역하였다. 청구인 최○보는 망 최○산의 아들인바, 망 최○산이 1926. 항일운동 단체인 '살자회'를 조직하는 등 항일운동을 하다가 2회에 걸쳐 징역 3년과 징역 1년 6월을 선고받아 복역하였다.

(2) 피청구인 국가보훈처장은 2004. 8. 9. 망 윤○옥에 대하여는 '사망시기 등 활동 이후 행적 불분명'을 이유로, 망 박○세에 대하여는 '광복 이후 남로당활동 등의 행적'을 이유로, 망 정○생에 대하여는 '광복 이후 행적 불분명'을 이유로, 망 최○산에 대하여는 '광복 이후 6.25 당시 부역 등의 행적'을 이유로 포상대상에 포함되지 아니한다는 회신("2004년도 독립유공자 공적심사 결과안내")을 하였다.

(3) 청구인들은 주위적으로 피청구인 국가보훈처장이 청구인들의 위 망부 등에 대하여 서훈추천을 하지 않은 부작위가 위헌임을, 예비적으로 피청구인 대통령이 이들에 대하여 영전을 수여하지 않은 부작위가 위헌이라고 주장하면서 2004. 11. 6. 이 사건 헌법소원심판을 청구하였다.

나. 심판의 대상

이 사건 심판의 대상은 주위적으로 피청구인 국가보훈처장이 청구인들의 망부 혹은 친족에 대하여 서훈추천을 하지 않은 부작위가 청구인들의 기본권을 침해하는지, 예비적으로 피청구인 대통령이 이들에 대하여 영전을 수여하지 않고 있는 부작위가 청구인들의 기본권을 침해하는지 여부이며, 관련 조항의 내용은 다음과 같다.

독립유공자예우에관한법률 제4조(적용대상자) 다음 각 호의 1의 독립유공자와 그 유족 또는 가족은 이 법에 의한 예우를 받는다.

1. 순국선열 : 일제의 국권침탈 전후로부터 1945년 8월 14일까지 국내외에서 일제의 국권침탈을 반대하거나 독립운동을 하기 위하여 항거하다가 그 항거로 인하여 순국한 자로서 그 공로로 건국훈장·건국포장 또는 대통령표창을 받은 자

2. 애국지사 : 일제의 국권침탈 전후로부터 1945년 8월 14일까지 국내외에서 일제의 국권침탈을 반대하거나 독립운동을 하기 위하여 항거한 사실이 있는 자로서 그 공로로 건국훈장·건국포장 또는 대통령표창을 받은 자

상훈법 제5조(서훈의 추천) ① 서훈의 추천은 중앙행정기관의 장(대통령직속기관 및 국무총리직속기관의 장을 포함한다), 국회사무총장, 법원행정처장, 헌법재판소사무처장 및 중앙선거관리위원회사무총장이 행한다. ②제1항에 규정된 추천권자의 소관에 속하지 아니하는 서훈의 추천은 행정자치부장관이 행한다. ③서훈의 추천을 하고자 할 때에는 대통령령이 정하는 바에 따라 공적심사를 거쳐야 한다.

제7조(서훈의 확정) 서훈대상자는 국무회의의 심의를 거쳐 대통령이 결정한다.

2. 청구인들의 주장 및 관계기관의 의견

가. 청구인들의 주장

청구인들의 망부 등은 독립운동을 하였으므로 마땅히 건국훈장, 건국포장 등이 수여되어야 함에도 국가보훈처는 망인들의 독립운동에 대한 정당한 평가 대신, 전혀 근거도 없이 사망시기 등 행적불분명, 광복이후 남로당 행적 등 독립운동과 무관한 사유를 가지고 서훈추천을 하지 않았다. 또 대통령도 망인들에 대한 영전 수여를 하지 않았다. 그리하여 청구인들은 국가유공자 유족 등록요건을 갖추지 못하여 법률상의 예우를 누리지 못하는바 이는 다른 국가유공자 유족들과의 관계에서 평등권 침해이며, 망인의 명예가 제대로 보호되지 못하여 청구인들의 명예까지 훼손된 것으로서 인간으로서의 존엄과 가치, 행복추구권 등을 침해받은 것이다.

나. 국가보훈처장의 의견

　(1) 국가보훈처는 독립유공자로 포상을 받은 사람에 대한 유족등록의 의무가 있으나 포상을 받지 않은 사람들에 대하여서는 그러한 의무가 부여되지 않으므로, 특정인에 대하여 국가보훈처장이 서훈추천을 하지 않았고 대통령이 영전수여를 하지 않은 것은 기본권의 침해가 없는 단순한 부작위일 뿐이므로 행정부작위를 다투는 헌법소원의 대상이 될 수 없다. 훈장 등의 서훈은 통치권적 차원에서 고도의 상징성을 지닌 자유재량행위로서 그 본질상 공적이 있다고 하여 반드시 국가가 포상을 하여야 할 법률적 의무가 없으며, 국가에 대하여 포상을 청구할 법률적 권리도 없는 것이다(서울행정법원 2000. 8. 30. 선고 99구28223 판결). 따라서 청구인들이 장래 반사적으로 누릴 수 있는 지위를 예정하여 그것이 인정되지 않는 것을 기본권 침해라고 주장하는 것은 헌법소원의 요건을 갖춘 것이라 볼 수 없다.

　(2) 독립유공자의 공적을 발굴해 포상하기 위해서는 그 활동을 객관적으로 입증할 수 있는 활동 당시의 판결문, 수형기록, 신문기사 등의 자료가 바탕이 되어야 한다. 청구인들의 경우 사실 자료에 의한 입증 문제와 독립운동 활동 이후의 행적불분명이나 신원상의 사유로 인해 포상대상에 불포함되어 서훈추천을 받지 못한 것이므로, 이로 인하여 평등권이나 행복추구권 등이 침해되었다고 할 수 없다.

3. 판 단

가. 행정권력의 부작위에 대한 헌법소원은 공권력의 주체에게 헌법에서 유래하는 작위의무, 즉 헌법의 명문규정으로부터 혹은 헌법해석상 도출되는 작위의무가 특별히 인정되어 이에 의거하여 기본권의 주체가 행정행위를 청구할 수 있음에도 공권력의 주체가 그 의무를 해태하는 경우에 허용된다(헌재 1991. 9. 16. 89헌마163, 판례집 3, 505, 513; 1995. 5. 25. 90헌마196, 판례집 7-1, 669, 677).

헌법은 국가유공자 인정에 관하여 명문 규정을 두고 있지 않다. 그러나 헌법은 전문(前文)에서 "3.1운동으로 건립된 대한민국임시정부의 법통을 계승"한다고 선언하고 있다. 이는 대한민국이 일제에 항거한 독립운동가의 공헌과 희생을 바탕으로 이룩된 것임을 선언한 것이고, 그렇다면 국가는 일제로부터 조국의 자주독립을 위하여 공헌한 독립유공자와 그 유족에 대하여는 응분의 예우를 하여야 할 헌법적 의무를 지닌다고 보아야 할 것이다. 다만 그러한 의무는 국가가 독립유공자의 인정절차를 합리적으로 마련하고 독립유공자에 대한 기본적 예우를 해주어야 한다는 것을 뜻할 뿐이며, 당사자가 주장하는 특정인을 반드시 독립유공자로 인정하여야 하는 것을 뜻할 수는 없다.

나. 독립유공자예우에관한법률은 위와 같은 헌법적 취지에서 독립유공자(순국선열 및 애국지사)와 그 유족 또는 가족에 대한 예우를 정하고 있다. 그런데 동법은 순국선열이나 애국지사로 인정받기 위해서는 독립운동을 한 공로로 "건국훈장 · 건국포장 또는 대통령표창을 받은 자"일 것을 요구한다(제4조). 한편 상훈법은 훈장이나 포장(褒章)의 수여는 공적심사를 거친 후 국가보훈처장 등의 서훈 추천에 따라 국무회의의 심의를 거쳐 대통령이 결정하도록 하고 있다(상훈법 제5조 제1항, 제7조). 또 대통령표창을 받기 위해서도 중앙행정기관의 장 등의 추천이 필요하다(정부표창규정 제14조).
청구인들은 그들의 망부 혹은 친족이 국가유공자로 등록되어 유족으로서 독립유공자예우에관한법률상의 혜택을 받고자 국가보훈처장에게 서훈추천을 신청하였으나, 공적심사 결과 위에서 언급된 사유로 서훈추천 대상자에 불포함 된다는 취지의 회신을 받았다.

다. 국가는 독립유공자를 제대로 가려내어 마땅히 그들과 유족 또는 가족들에게 그 공헌도에 상응하는 예우를 하여야 할 의무가 있으나, 독립유공자의 구체적 인정절차는 입법자가 헌법의 취지에 반하지 않는 한 입법재량을 가지는 영역에 해당된다고 볼 것이다. 독립유공자 인정의 전 단계로서 상훈법에 따른 서훈추천은 해당 후보자에 대한 공적심사를 거쳐서 이루어지며, 그러한 공적심사의 통과 여부는 해당 후보자가 독립유공자로서 인정될만한 사정이 있는지에 달려 있다. 이에 관한 판단에 있어서 국가는 나름대로의 재량을 지니는 것이다. 그러므로 당사자가 독립유공자 등록을 위한 서훈추천 신청을 했다고 해서 자동적으로 서훈추천이 이루어질 수는 없다.
그렇다면 결국 이 사건에서 국가보훈처장이 청구인들의 망부 혹은 친족에 대한 서훈추천을 하여 주어야 할 헌법적 작위의무가 있다고 할 수는 없으므로, 서훈추천을 거부한 것에 대하여 행정권력의 부작위에 대한 헌법소원으로서 다툴 수 없는 것이다.

라. 헌법 제80조는 "대통령은 법률이 정하는 바에 의하여 훈장 기타의 영전을 수여한다."고 규정하고 있다. 이 규정과 상훈법의 내용을 종합하면, 영전의 수여는 기본적으로 대통령의 재량에 달려 있는 사항이며, 달리 헌법은 국민에게 영전을 수여할 것을 요구할 권리를 부여하고 있지 않다. 그렇다면 이 사건에 있어서 대통령에게 특정인에 대한 영전수여를 하여야 할 헌법상 작위의무가 있다고 볼 수 없다.

한편 이 사건에서 대통령이 청구인들의 망부 혹은 친족에 대한 영전을 수여하지 않고 있는 것은 영전 수여에 앞서 법률상 요구되는 서훈추천이 거부된 것에 기인한 것이며, 이는 그 전제가 되는 법적 절차의 미개시에 따른 것일 뿐 대통령이 공권력의 행사를 하여야 함에도 하지 않고 방치하고 있는 것이라 할 수도 없다.

그렇다면 청구인들이 대통령의 영전 미수여를 다투는 예비적 심판청구 역시 행정부작위를 다투는 헌법소원으로서 부적법한 것이다.

4. 결론

이상과 같은 이유로 청구인들의 심판청구는 부적법하므로 이를 모두 각하하기로 하여 관여 재판관 전원의 일치된 의견으로 주문과 같이 결정한다.

재판관 윤영철(재판장)

권 성

김효종

김경일(주심)

송인준

주선회

전효숙

이상경 (퇴임으로 서명날인 불능)

이공현

5. 서훈심사기준불공개에 대한 헌법소원

헌재 1997. 4. 24. 92헌마47
판례집 9-1, 449 [전원재판부]

【판시사항】
기본권의 침해가 종료되어 權利保護의 利益이 없다고 인정한 사례

【결정요지】
이 사건 헌법소원심판청구의 요지는 청구인이 이 사건 심판청구시까지 여러 차례에 걸쳐 國家報勳處 功績審査委員會의 서훈심사기준을 공개할 것을 요구하였음에도 피청구인인 국가보훈처장이 이를 거부함으로써 청구인의 "알 권리"를 침해하였다는 것인바, 이 사건 심판청구후에 피청구인이 口頭說明과 民願回信을 통하여 공적심사위원회가 내부적 심사기준으로 삼고 있는 獨立有功者에 대한 공적심사의 구체적 기준을 청구인에게 모두 알려준 이상 청구인이 주장하는 기본권의 침해가 종료됨으로써 청구인이 이 사건 헌법소원을 통하여 달성하고자 하는 주관적 목적은 이미 달성되었으므로 그 침해의 원인이 된 공권력의 행사(청구인 주장의 拒否處分)를 취소할 實益이 없어졌다고 할 것이다.

청 구 인   박 ○ 황
대리인 변호사   이 석 태 외 3인
피청구인   국가보훈처장

【참조판례】
1992. 1. 28. 선고, 91헌마111 결정
1992. 4. 14. 선고, 90헌마82 결정
1997. 3. 27. 선고, 92헌마273 결정

【주 문】
이 사건 심판청구를 각하한다.

【이　유】

1. 사건의 개요와 심판의 대상

가. 사건의 개요

청구인은 독립유공자로서 1977년 "대통령표창"을 수여받았다가 1990. 1. 13. 법률 제4222호로 개정된 상훈법 부칙 제2항에 따른 재심사 끝에 "건국훈장 애족장"을 서훈받게 되었다. 청구인은 이에 대하여 재심사를 요구함과 아울러 청구인에게 적용되었을 서훈공적 (敍勳功績) 심사의 기준을 공표하여 줄 것을 1991. 1. 17.부터 여러차례에 걸쳐 피청구인에게 요구하였고, 피청구인은 그때마다 민원회신을 통해 그 기준은 내부기준에 불과함을 이유로 이에 응할 수 없음을 밝혀왔다. 청구인은 피청구인의 이와 같은 서훈심사기준의 공개거부로 말미암아 자신의 "알 권리"가 침해되었다고 주장하면서 1992. 3. 9. 이 사건 헌법소원심판을 청구하였다.

나. 심판의 대상

그러므로 이 사건 심판의 대상은, 청구인이 1991. 1. 17.이래 이 사건 심판청구시까지 여러차례에 걸쳐 국가보훈처 공적심사위원회의 서훈심사기준을 공개할 것을 요구하였는데도 피청구인이 이를 거부한 사실이 있었는지, 있었다고 한다면 그것이 청구인의 "알 권리"를 침해하였는지의 여부이다.

2. 당사자의 주장과 관계기관의 의견

가. 청구인의 주장

(1) 독립유공자에 대한 서훈수여는 민족적 자주성을 살리는 중요한 계기로서, 민족의식과 역사의식을 가진 모든 국민의 관심사항이므로 그 수여내용은 온 국민이 납득할 수 있어야 한다. 그러함에도 불구하고 지금까지의 서훈은 국가보훈처가 그 공적심사 기준을 공개하지 아니함으로 인하여 형평의 원칙에 어긋나는 경우가 많았고, 공적을 조작·과장하여 실제 공적보다 높은 등급의 서훈을 받는 경우도 많았으며 심지어 친일파들에게도 건국훈장이 수여되는 등 국민의 강한 불신을 받아 왔다.

(2) 한편, 청구인은 독립유공자로서 1990. 1. 13. 개정된 상훈법 부칙에 따른 재심사 끝에 "건국훈장 애족장"을 서훈받게 되었으나, 이는 청구인이 한 독립운동에 대한 서훈으로서는 미흡한 것이므로 이의 시정을 위하여 서훈심사기준의 공개를 요구하였으나 피청구인은 이를 거부하고 있다. 피청구인의 이러한 거부행위는 위 서훈수여의 의미에 반할 뿐만 아니라 헌법 전문, 제10조, 제21조 등을 근거로 한 청구인의 "알 권

리"를 침해한 것이다.

나. 피청구인의 답변

(1) 피청구인은 청구인의 민원제출에 대하여 빠짐없이 민원회신을 통하여 공적심사위원회의 심사절차와 과정 및 청구인의 서훈에 대한 심사내용에 관하여 통보한 바 있으므로 청구인의 알 권리를 침해하지 않았다.

(2) 독립유공자에 대한 공적심사는 상훈법 제5조 제3항과 동법시행령 제2조의 규정에 의거, "서훈공적심사위원회"를 두고 동 위원회의 심의·의결에 따라 서훈대상자의 추천여부를 결정하게 된다. 독립운동의 공적심사는 그 심사대상이 광범위하고 개별적 사안마다 고려하여야 할 특수한 사항이 다양하여 획일적·산술적 기준으로 평가하기가 곤란한 특성이 있으므로, 상훈법 제2조, 제3조에서 정한 포괄적 원칙·기준을 바탕으로 심사위원들의 경험적·전문적 식견에 의한 집단적 심의를 거쳐 공적내용과 서훈의 등급이 결정된다.

따라서 공적심사시 각 심사위원의 판단에 참고자료가 될 뿐인 내부지침은 공개·공표될 성질의 것이 아니다.

다. 법무부장관의 의견

(1) 청구인이 이 사건 서훈심사기준에 대한 공개를 요구하는 민원을 한 것을 1991. 1. 17., 같은 해 6. 10., 같은 해 7. 16., 같은 해 8. 3., 이상 4회이고 이에 대하여는 피청구인이 각 민원수령 즉시 공개할 수 없다는 취지의 통보를 하였으며, 그 후의 민원은 청구인의 공적을 재심사하여 달라는 취지의 민원에 불과하다. 따라서 청구인으로서는 적어도 위 제4회 민원의 회신이 통보된 1991. 8. 13. 무렵에는 피청구인이 서훈심사기준을 공개하지 않을 것을 명백히 알게 되었다 할 것이므로 헌법소원은 그로부터 60일 이내에 청구하였어야 한다. 그런데도 이 사건 헌법소원은 1992. 3. 9.에야 청구되어 소원청구기간인 60일을 경과한 것이 명백하므로 각하되어야 한다.

(2) 독립유공자의 공적내용은 그 특성상 획일적이고 산술적인 기준에 의하여 평가하기가 곤란하다. 따라서 전문가로 구성된 공직심사위원회에서 자유로운 심의와 검증을 거쳐 재량적으로 결정하는 것이 바람직하며, 심사위원들의 주관적이거나 자의적 결정을 막기위하여 내부적인 심사기준을 마련해 놓고 있을 수 있으나, 그러한 기준은 심사위원들을 기속하지 아니하는 내부적 지침에 불과하며 사안에 따라서는 그 기준

대로 결정되지 않을 경우도 있으므로 외부적으로 공표될 성질의 것이 되지 못한다. 그러한 내부적인 지침이 공개될 경우 심사위원들의 판단은 그 기준에 맞추어 경직될 수밖에 없으며, 심사의 결과가 그 기준과 다소 다르게 된 경우라든가 그 기준이 포괄적이어서 다소 모호할 경우에는 대외적으로 많은 불신을 초래할 우려가 있고 불필요한 민원을 야기할 소지가 있으며 심사위원회와 심사결정의 권위가 손상될 수 있다.

이와 같이 심사위원회의 심사기준은 일반적으로 공개되어서는 곤란한 면이 있고 그러한 기준에 대한 정보접근은 그 성질상 제한될 수밖에 없다 할 것이므로, 피청구인이 심사기준의 공개를 거부하였다 하더라도 이로 인하여 청구인의 "알 권리"가 침해되었다고 볼 수는 없으며, 따라서 이 사건 심판청구는 이유없으므로 기각되어야 한다.

3. 판 단

가. 헌법소원은 국민의 기본권침해를 구제하기 위한 제도이므로 그 제도의 목적상 권리보호의 이익이 있는 경우에만 이를 제기할 수 있다. 또 이러한 권리보호의 이익은 헌법소원의 제기당시뿐만 아니라 헌법재판소의 결정당시에도 존재하여야 한다. 그러므로 헌법소원의 제기당시에는 권리보호의 이익이 있었다고 하더라도 그 심판계속중에 사실관계 또는 법률관계등의 변동으로 말미암아 청구인이 주장하는 기본권의 침해가 종료됨으로써 그 침해의 원인이 된 공권력의 행사등을 취소할 실익이 없게 된 경우에는 원칙적으로 권리보호의 이익이 없다고 하는 것이 우리 재판소의 확립된 판례이다 (1992. 1. 28. 선고, 91헌마111 결정 ; 1992. 4. 14. 선고, 90헌마82 결정 ; 1997. 3. 27. 선고, 92헌마273 결정 등 참조).

나. 이 사건에 관하여 보건대, 심판기록과 피청구인이 제출한 자료들에 의하면 다음과 같은 사실이 인정된다.

(1) 청구인은 만 19세때인 1942. 9.경 청구외 최동길등과 함께 비밀결사인 "정난회 (征難會) "를 조직하여 매월 1회 정기모임을 갖고 독립운동에 관한 서적을 입수, 독서를 통한 항일민족의식의 함양에 힘을 쏟아 오다가 1944. 6.경 체포되어 평양지방재판소에서 치안유지법위반으로 징역 단기 3년 장기 5년의 형을 선고받고 1년여의 옥고 (獄苦) 를 치른 사실 (8. 15. 해방으로 출소하였음) 등이 공적으로 인정되어 1977년 우리 정부에서 독립유공자로서 "대통령표창"을 받았다.

(2) 청구인은, 1990. 1. 13. 법률 제4222호로 개정된 상훈법 부칙 제2항 ("이 법 시행전

에 …… 독립유공으로 수여한 대통령표창은 이를 재심사하여 제11조의 개정규정에 의한 건국훈장 4등급, 5등급 또는 건국포장으로 할 수 있다"라는 규정) 에 따른 재심사 끝에 "건국훈장 애족장" (건국훈장 5등급) 을 서훈받게 되자, 이는 그가 한 독립운동에 대한 서훈으로서는 미흡한 것이라 하여 그 재심사를 요구함과 아울러 1991. 1. 17. 이래 여러차례에 걸쳐 피청구인에게 서훈공적심사의 기준을 공표해 줄 것을 민원의 형식으로 요구하였다.

(3) 피청구인은, 그때마다 "민원회신"을 통하여 그 기준은 내부적 심사기준에 불과할 뿐만 아니라 그 성질상 공표하기 어렵다는 회신을 보내오다가 청구인의 동일내용의 민원이 끊이지 아니하자, 이 사건 심판청구전인 1991. 6. 25.자 "민원회신"에서, 건국훈장은 대한민국의 건국에 공로가 뚜렷하거나 기여한 공적이 뚜렷한 자에게 수여하는 훈장이나 대한민국의 건국에 기여한 공로는 단순한 산술적인 물량등으로만 계량화할 수 없는 사항이기 때문에 그 서훈을 결정함에 있어서는 관계법령이 정하는 바에 따라 독립운동관계를 전문적으로 연구한 사학교수와 직접 독립운동에 참여한 애국지사 및 관계공무원등으로 공적심사위원회를 구성하여 동 심사위원회에서 국권회복을 위한 독립운동을 하다가 순국하였거나 옥고를 치르는 등 그 공로가 현저한 분들에 대하여 그 독립운동의 내용과 역사적 의의, 활동 당시의 신분 및 직위, 공로도 · 희생도 · 기여도 등을 종합평가하여 그 종합평가된 공적도에 따라 서훈의 내용을 심사, 결정하게 된다고 회신하였다.

(4) 청구인이 이 사건 심판청구후인 1992. 4. 30. 다시 피청구인에게 위와 같은 내용의 민원을 제출하자, 피청구인은 같은 해 5. 13. 15 : 00부터 18 : 00까지 3시간에 걸쳐 그 사무실에서 청구인에게 독립유공자에 대한 공적심사의 기준 및 절차등과 청구인에 대한 공적심사의 과정을 상세히 설명하였고, 이에 더하여 같은 해 5. 15.자 "민원회신"으로 아래와 같은 내용을 청구인에게 회신하였다. 즉, 첫째, 독립유공자에 대한 서훈은 상훈법 제3조 (서훈기준), 제5조 (서훈의 추천), 제11조 (건국훈장의 수여대상자 및 등급) 등과 상훈법시행령이 정하는 기준과 절차에 따라서 하되 이를 위하여 3심제의 공적심사위원회를 운영하고 있다는 것, 둘째, 위 공적심사위원회가 독립운동의 공적을 심사함에 있어서는 대체로 ① 독립운동 (활동) 을 한 기간, ② 독립운동으로 인하여 옥고를 치른 기간, ③ 그 공적이 독립운동에 미친 효과와 기여도, ④ 그 공적이 대한민국의 건국에 미친 효과와 기여도, 희생도 등을 종합적으로 심의검토하여 서훈대상여부 및 서훈의 등급을 결정하게 되며, 그 경우 독립운동과 옥고의

기간은 대략 "애족장" (5등급) 의 경우는 2년 이상의 독립운동의 공적이 있거나 그로 인하여 1년 이상 옥고를 치른 분, "애국장" (4등급) 의 경우는 5년 이상 독립운동을 하였거나 그로 인하여 4년 이상 옥고를 치른 분, "독립장" (3등급) 이상은 8년 이상 독립운동을 하였거나 8년 이상 옥고를 치른 분으로 한다는 것, 셋째, 그러나 독립운동은 그 내용과 방법에 따라서 그것이 독립운동이나 대한민국 건국에 미친 효과와 기여도가 다르기 때문에 단순히 독립운동의 기간과 옥고의 기간만으로 서훈의 등급을 결정할 수는 없는 것이고 (즉, 독립운동에 미친 효과와 기여도를 산술적인 수치로만 계량화할 수는 없는 것임) , 따라서 이와 같이 산술적으로 계량화할 수 없는 공적 기준사항에 대하여는 양심과 전문적 식견을 가진 심사위원들의 심리와 판단에 의하게 된다는 것, 등이다.

다. 상훈법(제정 1967.1.16. 법률 제1885호, 최종개정 1990.1.13. 법률 제4222호)을 보면, 대한민국훈장 및 포장은 대한민국국민이나 우방국민으로서 대한민국에 뚜렷한 공적을 세운 자에게 수여한다고 서훈의 원칙을 천명하고 (제2조) 서훈의 기준은 "서훈대상자의 공적내용, 그 공적이 국가사회에 미친 효과의 정도 및 지위 기타 사항을 참작하여 결정한다"고 규정하였으며 (제3조) 훈장은 "무궁화대훈장"에서 "체육훈장"까지의 11종으로 나누고 (제9조) 포장은 훈장의 다음가는 훈격으로서 "건국포장"에서 "체육포장"까지의 11종으로 나누되 (제19조) 그중 "건국훈장"은 대한민국의 건국에 공로가 뚜렷하거나 국기를 공고히 함에 기여한 공적이 뚜렷한 자에게 수여하는 것으로 이를 5등급으로 나누며 (제11조) 그 등급별 명칭은 대한민국장, 대통령장, 독립장, 애국장, 애족장으로 한다고 규정하고 있을 뿐 (상훈법시행령 제11조, 별표1) , 상훈법과 동법시행령의 규정들을 살펴보아도 이 법 제3조 소정의 서훈기준 중 서훈대상자의 "공적이 국가사회에 미친 효과의 정도 및 지위" 및 "기타 사항"이 구체적으로 무엇을 말하는지에 관하여는 아무런 규정이 없다.

살피건대, 이러한 상훈법 및 동법시행령의 규정내용은 그것이 입법의 불비라기 보다는 서훈심사기준의 성격이 포괄적·종합적·비획일적임을 말하는 것으로 특히 독립유공자에 대한 공적심사는 그 심사대상이 광범위할 뿐만 아니라 개별적 사안마다 고려해야 할 특수한 사항이 다양하여 획일적·산술적 기준으로만 평가하기가 곤란한 특성이 있음을 말해 주는 것이다. 이러한 서훈심사기준의 특성에서 볼 때, 위와 같은 청구인의 질의내용에 대하여 피청구인이 구체적인 공적심사기준을 알려 줄 의무가 있다고 가정하더라도, 위에서 본 1991. 6. 25.자 (이 사건 심판청구전임) "민원회신"은 그 기준의 개요를 알려준 것이라 볼 수 있고, 더구나 이 사건 심판청구후에 있은 1992. 4. 30.자 청구인에 대한 구두설명이나 같은 해 5. 15.자 "민원회신"은 피청구인의 공적심사위원회가 내부적 심사기준으로 삼고 있는 독립유공자에 대한 공적심사의 구체적 기준을 모두 알려준 것이라 볼 수 있다.

라. 그렇다면 청구인이 주장하는 기본권의 침해가 종료됨으로써 그가 이 사건 헌법소원을 통하여 달성하고자 하는 주관적 목적은 이미 달성되었다 할 것이므로 그 침해의 원인이 된 공권력의 행사 (청구인주장의 거부처분) 를 취소할 실익이 없어졌다고 할 것으로서, 청구인의 이 사건 심판청구는 권리보호의 이익이 없는 경우에 해당하므로, 헌법소원의 적법요건에 관한 그 나머지 쟁점이나 본안의 판단에 나아갈 것도 없이, 이를 각하하기로 하여 재판관 전원의 일치된 의견으로 주문과 같이 결정한다.

1997. 4. 24.

재판장　재판관 김 용 준
　　　　재판관 김 문 희
주 심　재판관 황 도 연
　　　　재판관 이 재 화
　　　　재판관 조 승 형
　　　　재판관 정 경 식
　　　　재판관 고 중 석
　　　　재판관 신 창 언
　　　　재판관 이 영 모

2008헌마367

[판례집 21권 2집 398~407]

【판시사항】

퇴직공무원이 재직 중 200만 원 이상의 벌금형을 받은 경우 포상추천을 제한하는 2007년 정부포상업무지침 중 2. 공무원포상 나. 퇴직공무원포상 6) 추천제한 다)의 ※ 부분(이하 '이 사건 지침'이라 한다)이 헌법소원의 대상인 공권력의 행사에 해당하는지 여부(소극)

【결정요지】

이 사건 지침은 행정안전부가 훈장수여대상자의 추천을 위한 업무처리지침으로서 마련한 내부기준에 불과할 뿐, 법령보충적 행정규칙으로 보거나 평등 및 신뢰보호원칙을 매개로 하여 대외적 구속력을 인정할 만한 사정이 엿보이지 않는다. 또한 정부포상업무지침이 정한 자격요건에 해당한다는 이유로 국민에게 훈장을 요구할 수 있는 권리가 인정되지도 않는다. 따라서 이 사건 지침은 국민의 권리·의무에 직접 영향을 미치지 않으므로 헌법소원의 대상이 되는 공권력의 행사에 해당되지 않는다.

재판관 목영준의 반대의견

이 사건 지침에 해당하는 자는 대통령으로부터 서훈 여부를 심사받을 기회가 차단되므로 이 사건 지침은 기본권침해가능성이 있고, 추천대상자 간의 평등 및 그들의 신뢰보호를 고려할 때 중앙행정기관의 장은 이 사건 지침에 따를 수밖에 없어 이 사건 지침은 대외적 구속력이 있으므로 이 사건 지침의 공권력행사성이 인정된다.

【심판대상조문】

2007년 정부포상업무지침 1. 생략

2. 공무원포상

　가. 생략

　나. 퇴직공무원포상

1) ~ 5) 생략

6) 추천제한
　가) ~ 나) 생략
　다) 재직 중 형사처분(벌금형 포함)을 받은 자
　　※다만, 벌금형의 경우, 1회 벌금액이 200만 원 이상이거나 3회 이상의 벌금형 처분을 받은 자
　라) 생략
7) 생략
3. ~ 6. 생략

【참조조문】
헌법 제10조, 제80조

상훈법 제2조 (서훈의 원칙) 대한민국훈장 및 포장(이하 "훈장"이라 한다. 다만, 제9조 내지 제27조에 있어서는 예외로 한다)은 대한민국국민이나 우방국민으로서 대한민국에 뚜렷한 공적을 세운 자에게 수여한다.

상훈법 제3조 (서훈기준) 서훈기준은 서훈대상자의 공적내용, 그 공적이 국가사회에 미친 효과의 정도 및 지위 기타 사항을 참작하여 결정한다.

상훈법 제5조 (서훈의 추천) ① 서훈의 추천은 중앙행정기관의 장(대통령직속기관 및 국무총리직속기관의 장을 포함한다), 국회사무총장, 법원행정처장, 헌법재판소사무처장 및 중앙선거관리위원회사무총장이 행한다. ② 제1항에 규정된 추천권자의 소관에 속하지 아니하는 서훈의 추천은 행정안전부장관이 행한다. ③ 서훈의 추천을 하고자 할 때에는 대통령령이 정하는 바에 따라 공적심사를 거쳐야 한다.

상훈법 제7조 (서훈의 확정) 서훈대상자는 국무회의의 심의를 거쳐 대통령이 결정한다.

상훈법 제14조 (근정훈장) 근정훈장은 공무원(군인·군무원을 제외한다. 이하 같다) 및 사립학교의 교원으로서 그 직무에 정려하여 공적이 뚜렷한 자에게 수여하며, 이를 5등급으로 한다.

정부조직법 제29조 (행정안전부) ① 행정안전부장관은 국무회의의 서무, 법령 및 조약의 공포, 정부조직과 정원, 공무원의 인사·윤리·복무·연금, 상훈, 정부혁신, 행정능률, 전자정부

및 정보보호, 정부청사의 관리, 지방자치제도, 지방자치단체의 사무지원·재정·세제, 낙후지역 등 지원, 지방자치단체 간 분쟁조정, 선거, 국민투표, 안전관리정책 및 비상대비·민방위·재난관리 제도에 관한 사무를 관장한다.

②~⑦ 생략

상훈법 시행령 제2조 (공적심사위원회 및 서훈의 추천) ① 서훈대상자의 추천을 심사하게 하기 위하여 법 제5조의 규정에 의한 추천권자의 소속하에 서훈공적심사위원회를 둔다. ② 제1항의 공적심사위원회는 당해 기관의 장이 위촉하는 위원장 1인 및 5인이상 10인이내의 위원으로 구성한다.

③~④ 생략

⑤ 서훈 추천권자 및 행정안전부장관은 서훈대상자의 공적심사를 위하여 필요한 경우에는 관계 법령에서 정하는 바에 따라 서훈대상자의 범죄경력, 그 밖에 필요한 정보의 제공을 해당 정보를 보유하는 기관의 장에게 요청할 수 있다.

【참조판례】

헌재 2000. 6. 29. 2000헌마325, 판례집 12-1, 963, 970

헌재 2005. 6. 30. 2004헌마859, 판례집 17-1, 1016, 1021

헌재 2006. 3. 30. 2003헌마806, 판례집 18-1상, 381, 394

【당 사 자】

청 구 인 이○문

　　　대리인 변호사 임경

【주 문】

이 사건 심판청구를 각하한다.

【이 유】

1. 사건의 개요와 심판의 대상

가. 사건의 개요

청구인은 1971. 1. 1. 지방공무원으로 임용되어 36년 6개월을 재직하다가 2007. 6. 30.자로 정년퇴임하였다. 그런데 2007년 정부포상업무지침의 개정으로 퇴직공무원이 재직 중 200만 원 이상의 벌금형을 받은 경우 포상 추천 제한 사유가 되었는바, 청구인은 이로 인하여 자신이 녹조근정훈장을 수여받지 못하였다고 주장하며, 2008. 4. 30. 위와 같은 추천제한을 규정한 2007년 정부포상업무지침 2. 나. 6) 다)항의 위헌확인을 구하는 이 사건 헌법소원심판을 청구하였다.

나. 심판의 대상

이 사건 심판의 대상은 2007년 정부포상업무지침(이하 '이 사건 정부포상업무지침'이라 한다.) 중 2. 공무원포상 나. 퇴직공무원포상 6) 추천제한 다)의 ※ 부분이 청구인의 기본권을 침해하는지 여부이며, 그 내용 및 관련조항은 다음과 같다.

6) 추천제한

가) 재직중 징계 또는 불문(경고)처분을 받은 자

나) 징계의결 요구중인 자 또는 형사사건으로 기소 중인 자

다) 재직중 형사처분(벌금형포함)을 받은 자

※ 다만, 벌금형의 경우, 1회 벌금액이 200만 원 이상 이거나 3회 이상의 벌금형 처분을 받은 자 (이하 '이 사건 조항'이라 한다.)

[관련규정]

상훈법 제2조(서훈의 원칙) 대한민국훈장 및 포장(이하 "훈장"이라 한다. 다만, 제9조 내지 제27조에 있어서는 예외로 한다)은 대한민국 국민이나 우방국민으로서 대한민국에 뚜렷한 공적을 세운 자에게 수여한다.

제3조(서훈기준) 서훈기준은 서훈대상자의 공적내용, 그 공적이 국가사회에 미친 효과의 정도 및 지위 기타 사항을 참작하여 결정한다.

제5조(서훈의 추천) ① 서훈의 추천은 중앙행정기관의 장(대통령직속기관 및 국무총리직속기관의 장을 포함한다), 국회사무총장, 법원행정처장, 헌법재판소사무처장 및 중앙선거관리위원회사무총장이 행한다. ② 제1항에 규정된 추천권자의 소관에 속하지 아니하는 서훈의 추천은 행정안전부장관이 행한다. ③ 서훈의 추천을 하고자 할 때에는 대통령령이 정하는 바에

따라 공적심사를 거쳐야 한다.

제7조(서훈의 확정) 서훈대상자는 국무회의의 심의를 거쳐 대통령이 결정한다.

제14조(근정훈장) 근정훈장은 공무원(군인·군무원을 제외한다. 이하 같다) 및 사립학교의 교원으로서 그 직무에 정려하여 공적이 뚜렷한 자에게 수여하며, 이를 5등급으로 한다.

상훈법 시행령 제2조(공적심사위원회 및 서훈의 추천) ① 서훈대상자의 추천을 심사하게 하기 위하여 법 제5조의 규정에 의한 추천권자의 소속하에 서훈공적심사위원회를 둔다. ② 제1항의 공적심사위원회는 당해 기관의 장이 위촉하는 위원장 1인 및 5인 이상 10인 이내의 위원으로 구성한다.

③~④ 생략

⑤ 서훈 추천권자 및 행정안전부장관은 서훈대상자의 공적심사를 위하여 필요한 경우에는 관계 법령에서 정하는 바에 따라 서훈대상자의 범죄경력, 그 밖에 필요한 정보의 제공을 해당 정보를 보유하는 기관의 장에게 요청할 수 있다.

2. 청구인의 주장요지 및 이해관계기관의 의견

[별지] 기재와 같다.

3. 판 단

(1) 이 사건 정부포상업무지침의 의의

헌법 제80조는 "대통령은 법률이 정하는 바에 의하여 훈장 기타의 영전을 수여한다."고 규정하고 있고, 이에 따라 상훈법 및 같은 법 시행령은 훈장, 포장의 종류와 서훈의 기준, 절차 등에 관하여 규정하고 있다.

서훈은 대한민국국민이나 우방국민으로서 대한민국에 뚜렷한 공적을 세운 자에게 수여하는바(상훈법 제2조), 각 중앙행정기관의 장 등 서훈 추천권자가 각 부처 공적심사위원회의 심사를 거쳐 행정안전부에 서훈을 추천하면(상훈법 제5조), 국무회의의 심의를 거쳐 대통령이 서훈대상자를 결정하게 된다(상훈법 제7조).

한편, 상훈법 및 같은 법 시행령은 서훈추천에 있어 공적심사위원회의 공적심사를 거치도록 요구할 뿐, 구체적인 추천의 기준에 대해서는 전적으로 추천권자에게 위임하고 있다. 그런데 여러 중앙행정기관에서 서훈을 추천함에 있어 각기 다른 기준을 적용할 경우 상훈 업무에 혼란을 가져오고 국가 영전 수여의 영예성이 손상될 우려가 있어, 상훈에 관한 사무를 관장하는 행정안전부(정부조직법 제29조 제1항)가 행정부 전체에 통일적으로 적용되는 지침을 마련하여 행정안전부 상훈포털사이트에 게시하고, 각 부에 통보하는바, 이것이 바로 정부포상업무지침이다. 행정안전부는 매년 제도·운영상의 개선방안을 반영하여 정부포상업무지침 개정안을 마련하며, 각 중앙행정기관의 장 및 각급기관의 장이 행하는 표창은 정부포상업무지침에 준하여 각 기관의 실정과 표창의 취지에 맞게 따로 정하여 운영할 수 있다.

(2) 이 사건 정부포상업무지침의 공권력 행사성 여부

이 사건 정부포상업무지침은 상훈법 및 같은 법 시행령에 의한 훈장 및 포장 등 개인이나 단체에 대하여 행하는 정부포상의 운용준칙을 정한 것으로서(이 사건 정보포상업무지침의 I. 목적), 행정안전부가 훈장수여대상자의 추천이라는 업무처리 지침으로서 마련한 내부기준이다.

그런데 정부포상업무지침은 통보의 형식으로 각 부처에 전달되어 행정조직 내부에서만 효력이 있을 뿐이며, 공포나 고시를 통하여 일반 국민에게 발표되지 않는다. 또한, 이 사건 정부포상업무지침은 상훈법 등 상위법령의 직접적인 위임 없이 제정된 것으로서 법령의 규정에 의하여 행정관청에 법령의 구체적 내용을 보충할 권한을 부여한 경우라고 할 수 없으므로, 예외적으로 대외적인 구속력이 인정되는 경우로 보기도 어렵다.

한편, 행정안전부가 매년 제도·운영상의 개선방안을 반영한 새로운 정부포상업무지침을 게시하고 통보한다는 점 및 각 부에 통보할 때에도 정부포상업무지침을 '참고'하여 포상의 영예성 제고 및 운영의 적정을 기할 것을 주문할 뿐, 서훈추천권자로 하여금 이를 준수할 명시적인 의무를 부과하는 것으로 보기 어렵다는 점에서, 서훈추천권자가 평등 및 신뢰의 원칙상 행정관행을 반복할 수밖에 없는 사정이 있다고 보기 어렵다.

더구나 이 사건 정부포상업무지침은 다음에서 보는 바와 같이 청구인(서훈을 받고자 하는 국민)의 기본권 기타 법률상 지위를 변동시키거나 청구인의 법적 지위에 영향을 주는 것으로 볼 수 없다.

헌법 제80조 및 상훈법령에 따른 서훈은 대통령의 권한으로서, 이 사건 정부포상업무지침의 적용을 받는 각부 장관은 서훈에 관한 추천의 권한만을 가질 뿐이다(상훈법 제5조). 나아가 영전의 수여는 기본적으로 대통령이 국가원수의 지위에서 행하는 고도의 정치성을 지닌 국가작용이며, 서훈 여부는 대통령이 그 재량에 의하여 국무회의의 심의를 거쳐 독자적으로 결정하는 것이다. 따라서 관련 법령에서 정한 자격기준이나 정부포상업무지침이 정한 자격요건에 해당한다는 이유로 개인 혹은 단체에게 훈장을 요구할 수 있는 법규상 또는 조리상 권리가 있는 것으로 볼 수 없다. 달리 헌법은 국민에게 영전을 수여할 것을 요구할 권리를 부여하고 있지 않다(헌재 2005. 6. 30. 2004헌마859, 판례집 17-1, 1016, 1021 참조).

따라서 이 사건 정부포상업무지침은 행정기관 내부의 업무처리지침 내지 사무처리준칙에 해당할 뿐, 국민이나 법원을 구속하는 법규적 효력을 가진 것이 아니다(헌재 2000. 6. 29. 2000헌마325, 판례집 12-1, 963, 970 ; 헌재 2006. 3. 30. 2003헌마806, 판례집 18-1상 참조).

그렇다면, 이 사건 정부포상업무지침은 국민의 권리·의무에 직접 영향을 미치는 것이 아니므로 헌법소원의 대상이 되는 '공권력의 행사'에 해당하지 아니한다고 할 것이다.

4. 결 론

그렇다면, 이 사건 심판청구는 부적법하므로 각하하기로 하여 주문과 같이 결정한다. 이 결정에 대하여는 재판관 목영준의 아래 5.와 같은 반대의견이 있는 외에는 나머지 재판관 전원의 의견이 일치되었다.

5. 재판관 목영준의 반대의견

나는, 다수의견과 달리, 이 사건 정부포상업무지침 중 이 사건 조항 부분이 청구인의 권리·의무에 직접 영향을 미치는 공권력의 행사이고, 따라서 그 위헌확인을 구하는 이 사건 헌법소원심판청구는 적법하다고 판단하므로 다음과 같이 반대의견을 밝힌다.

가. 다수의견의 논거

다수의견은, 이 사건 지침의 공권력행사성, 즉 공권력의 행사에 의한 기본권침해가능성이 없다는 논거로서, ① 이 사건 지침은 정부포상의 운용준칙으로 행정안전부가 훈장수여대상자의 추천을 위한 업무처리지침으로서 마련한 내부기준이고, ② 서훈추천권자로 하여금 이를 준수할 명시적 의무를 부과하지 않아 서훈추천권자가 평등 및 신뢰의 원칙상 행정관행을 반복하여야 하는 사정이 있다고 보기 어려우며, ③ 서훈 여부는 대통령이 그 재량에 의하여 국무회의의 심의를 거쳐 독자적으로 결정하는 것이어서 국민이 이 사건 지침의 자격요건에 해당한다는 이유로 훈장을 요구할 수 있는 법규상 또는 조리상 권리가 없다는 점 등을 열거하고 있다.

나. 서훈의 추천과 기본권침해가능성

서훈대상자는 국무회의의 심의를 거쳐 대통령이 결정하므로(상훈법 제7조) 서훈 여부는 대통령의 재량행위지만, 상훈법은 서훈의 추천권자로서 중앙행정기관의 장, 국회사무총장, 법원

행정처장, 헌법재판소사무처장 및 중앙선거관리위원회사무총장(위 소관에 속하지 아니하는 경우 행정안전부장관) 등을 제한적으로 열거하고 있으므로(제5조), 결국 상훈법은 서훈의 추천없이는 서훈을 확정할 수 없도록 규정하고 있다. 그런데 서훈을 받고자 하는 국민이 이 사건 조항, 즉 서훈추천제한사유인 '재직 중 1회 벌금액이 200만 원 이상이거나 3회 이상의 벌금형 처분을 받은 자'에 해당되면 서훈추천권자로부터 서훈추천 자체를 받을 수 없어 서훈권자인 대통령으로부터 서훈 여부를 심사받을 기회조차 원천적으로 차단되게 된다. 따라서 이 사건 지침 중 이 사건 조항 부분은 서훈을 받고자 하는 국민의 법률상 지위에 관하여 직접적인 법률 효과를 발생시키는 것이라고 할 것이다.

다. 이 사건 지침의 공권력행사성

이 사건 지침과 같은 행정규칙은 법규명령이 아니지만 그것이 재량권 행사의 준칙으로서 그 정한 바에 따라 되풀이 시행되어 행정관행을 이루게 되어 평등의 원칙이나 신뢰보호의 원칙에 따라 행정기관이 그 상대방에 대한 관계에서 그 규칙에 따라야 할 자기구속을 당하게 되는 경우에는 대외적인 구속력을 갖게 되어 헌법소원의 대상이 된다(헌재 1990. 9. 3. 90헌마13, 판례집 2, 298, 303 ; 헌재 2007. 8. 30. 2004헌마670, 판례집 19-2, 297, 307-308).

그런데 상훈법 및 상훈법 시행령은 서훈추천에 있어서 공적심사위원회의 공적심사를 거치도록 요구할 뿐 구체적인 추천기준을 정하고 있지 않으므로, 행정부에 속한 중앙행정기관의 장(또는 행정안전부장관)은 상훈에 관한 사무를 관장하는 행정안전부가 행정부 전체에 통일적으로 적용되도록 마련한 이 사건 지침에 따라 서훈추천을 할 수밖에 없다(다수의견은, 이 사건 지침이 서훈추천에 있어서 '참고'사항에 불과하다고 하나, 이 사건 지침은 서훈추천에 관한 행정부의 내부규율이므로 중앙행정기관의 장은 특별한 사정이 없는 한 이를 준수하여야 할 뿐 아니라, 추천대상자 간의 평등 및 그들의 신뢰보호를 고려할 때 중앙행정기관의 장이 위 지침에 반하는 서훈추천을 할 것을 기대하기 어렵다).

결국, 중앙행정기관의 장은 평등의 원칙이나 신뢰보호의 원칙에 따라 서훈추천에 있어서 이 사건 지침을 따를 수밖에 없는바, 결과적으로 이 사건 지침은 대외적 구속력을 가지게 되어, 위 지침 중 이 사건 조항 부분은 국민의 법률관계 내지 법적 지위를 불리하게 변화시키는 것이라고 할 것이다.

한편, 이 사건 지침의 공권력행사성을 부인하는 경우, 서훈을 원하는 국민은 중앙행정기관의 장의 추천거부처분에 대하여 행정소송을 제기하는 수밖에 없는바, 다수의견과 같이 국민에게 훈장을 요구할 수 있는 법규상 또는 조리상 권리가 없다고 보는 이상, 위 추천거부처분이 행정소송의 대상이 된다고 보기도 어려우므로, 결국 이에 대한 권리구제의 방법이 없게 된다.

라. 소결

그렇다면, 이 사건 지침 중 이 사건 조항 부분은 국민의 법률상 지위에 영향을 미치는 공권력의 행사로서 기본권침해가능성이 있다고 할 것이므로, 이 사건 헌법소원심판청구는 적법하다고 할 것이다.

재판관 이강국(재판장) 이공현 조대현 김희옥 김종대 민형기 이동흡 목영준 송두환

가. 청구인의 주장

이 사건 지침에 의하면, 공무원이 재직 중의 유공(有功)행위로 포상을 받는 경우, 형사처벌을 이유로 한 추천 제한 사유는 포상추천일 전 2년 이내의 벌금형의 처분을 받은 자로서, 1회 벌금액이 200만 원 이상이거나 2회 이상의 벌금형 처분을 받은 자이다. 이에 비하여, 퇴직공무원의 경우에는 포상추천일 전 2년 이내와 같은 기간의 제한 없이 1회 벌금액이 200만 원 이상이거나 3회 이상 벌금형 처분을 받은 자는 포상을 받을 수 없다(이 사건 조항). 따라서 퇴직공무원을 재직 공무원에 비하여 그 포상 대상을 제한함으로써 차별하고 있으며, 이러한 차별은 퇴직 공무원 및 사립학교 교원을 대상으로 실시하는 포상제도의 취지에 비추어 불합리하다.

또한, 헌법 제75조에 의하면, 대통령은 법률에서 구체적으로 범위를 정하여 위임받은 사항과 법률을 집행하기 위하여 필요한 사항에 관하여 대통령령을 발할 수 있다고 규정하고 있는데, 피청구인이 그러한 상위법의 구체적 위임도 받지 않은 채 추천제한 사유를 정함은 위헌이다.

나. 행정안전부장관의 의견

(1) 적법성에 관한 의견

헌법소원을 제기하려면 기본권의 존재 및 그 기본권에 대한 침해가 있어야 하는데, 국민에 대한 영전의 수여는 헌법이 인정하는 대통령의 고유권한으로, 대통령이 헌법 및 관련법령에 따라 영전 수여 대상자를 선정하여 상훈을 수여하는 것에 불과하므로, 일반국민에게 상훈을 받을 수 있는 권리가 기본권으로서 인정되지 않는다.

또한, 이 사건 정부포상업무지침을 헌법소원의 대상이 되는 공권력 행사로 본다면, 이 사건 헌법소원심판의 청구기간은 위 지침 시행일인 2007. 2. 1.부터 기산되어야 하므로, 그로부터 1년이 경과한 2008. 4. 30. 청구된 이 사건 심판청구는 청구기간을 도과하여 부적법하다.

(2) 본안에 관한 의견

이 사건 정부포상업무지침은 재직공무원 포상과 퇴직공무원 포상에 대하여 각기 별도의 추천제한사유를 두고 있는바, 추천제한사유를 둔 이유는 모든 면에서 타에 모범이 되는 국민에 대하여만 상훈을 수여하고, 사회통념상 상훈을 수여하기에 부적격한 자를 선별해 넘으로써 포상의 영예성을 확보하기 위함이다.

재직공무원에 대한 포상에서의 추천제한사유 중 형사처벌을 받은 경우와, 퇴직공무원의 추천제한사유 중 같은 사유는 '포상추천일 전 2년 이내'라는 제한의 유무라는 점에서 차이가 있으며, 이 점에서 퇴직공무원에 대한 추천제한이 더 크다고 볼 수 있다. 그러나 재직공무원 포상과 퇴직공무원 포상은 포상대상자, 포상요건이 전혀 다른 별개의 제도이므로, 서훈추천의 대상자, 공적요건, 추천제한사유도 모두 다르게 정해져 있다. 특히 재직공무원 포상은 주로 우수·모범공무원을 대상으로 하며, 특히 특정사업을 추진하거나 각종 감사, 정책평가 등에 있어서 뚜렷한 공적이 인정되는 공무원 등에 대하여 그 유공(有功)행위에 대한 표창으로 주어지는 것임에 반하여, 퇴직공무원에 대한 포상은 유공(有功)행위 없이 재직기간에 따라 일률적으로 상훈을 수여하게 되므로, 재직공무원의 경우와 비교하여 보다 엄격한 추천제한사유를 부과할 필요성이 인정되는바, 양자를 달리 취급하였다고 하여 불합리한 차별취급이라고 볼 수 없다.

헌재 2011. 12. 27. 2011헌마793

헌 법 재 판 소

제3지정재판부

결 정

【사 건】 2011헌마793 훈장 미수여 위헌확인

【청 구 인】 조○구

주 문

이 사건 심판청구를 각하한다.

이 유

1. 사건의 개요

청구인은 1967년경 베트남 전쟁에 파견되어 공적을 세웠음에도 불구하고 대한민국이 청구인에게 훈장을 수여하지 않고 있는 것이 위헌이라는 취지로 주장하며, 2011. 12. 8. 이 사건 헌법소원심판을 청구하였다.

2. 판단

행정권력의 부작위에 대한 헌법소원은 공권력의 주체에게 헌법에서 유래하는 작위의무, 즉 헌법의 명문규정으로부터 혹은 헌법해석상 도출되는 작위의무가 특별히 인정되어 이에 의거하여 기본권의 주체가 행정행위를 청구할 수 있음에도 공권력의 주체가 그 의무를 해태하는 경우에 허용된다(헌재 1991. 9. 16. 89헌마163, 판례집 3, 505, 513).

살피건대, 헌법 제80조는 "대통령은 법률이 정하는 바에 의하여 훈장 기타의 영전을 수여한다"고 규정하고 있고, 상훈법은 대한민국 국민으로서 대한민국에 공로가 뚜렷한 사람에 대한 훈장 등의 수여는 공적심사를 거친 후 행정안전부장관 등의 서훈 추천에 따라 국무회의의 심의를 거쳐 대통령이 결정하도록 규정하고 있다(제5조, 제7조 등).

이에 비추어 보면, 국가는 대한민국에 공로가 뚜렷한 사람을 제대로 가려내어 마땅히 그들에게 그 공헌에 상응하는 서훈을 하여야 할 의무가 있다고 할 것이나, 한편, 서훈 대상자의 구체적 선정절차는 헌법의 취지에 반하지 않는 범위 내에서 입법재량 영역에 속한다고 할 것이고, 해당 후보자의 공적심사 통과 여부 또는 해당 후보자가 대한민국에 공로가 뚜렷한 사람인지 등에 관한 판단에 있어서 국가는 일정한 재량이 있다고 할 것이며, 달리 헌법은 국민에게 서훈을 요구할 권리를 부여하고 있지 않다. 그렇다면 이 사건에 있어서 국가에게 특정인에 대한 훈장 등을 수여하여야 할 헌법상 작위의무가 있다고 볼 수 없다.

따라서 이 사건 심판청구는 헌법의 명문상으로나 해석상으로 피청구인의 작위의무가 인정되지 않는 공권력의 불행사에 대한 심판청구이므로 부적법하다고 할 것이다.

3. 결론

그렇다면 헌법재판소법 제72조 제3항 제4호에 의하여 이 사건 심판청구를 각하하기로 하여 관여 재판관 전원의 일치된 의견으로 주문과 같이 결정한다.

2011. 12. 27.

재판장 재판관 민형기
재판관 송두환
재판관 박한철

헌재 2011. 4. 19. 2011헌마186

헌 법 재 판 소

제2지정재판부

결 정

【사 건】 2011헌마186 상훈법 제5조 위헌확인

【청 구 인】 김○용

주 문

이 사건 심판청구를 각하한다.

이 유

1. 사건의 개요

청구인은 2006. 1.경 국가정보원 수사관들의 요청으로 필리핀에 거주하고 있는 북한 공작원 정○학을 국내로 유인해달라는 부탁을 받고, 필리핀 현지에서 수개월 간의 노력 끝에 2006. 7. 27. 정○학을 국내로 유인하였고 이로 인하여 2006. 7. 31. 국가정보원 수사관이 정○학을 체포할 수 있게 되었음에도, 국가정보원장이 정○학의 체포에 가장 공로가 큰 청구인을 배제하고 국가정보원 수사관들에게만 서훈의 추천을 함으로써 2007. 12.경 위 수사관들에게 훈장 등이 수여되었다고 주장하며, 추천권자의 서훈 추천을 받도록 규정하고 있는 상훈법 제5조로 인하여 추천권자의 추천이 없는 청구인은 훈장을 받을 수 없게 되었으므로 위 조항이 청구인의 평등권 등 기본권을 침해하였다고 주장하면서 2011. 4. 6. 상훈법 제5조의 위헌확인을 구하는 이 사건 헌법소원심판을 청구하였다.

2. 판단

가. 헌법소원심판 청구가 부적법하다고 하여 헌법재판소가 각하 결정을 하였을 경우에는, 그 각하 결정에서 판시한 요건의 흠결을 보정할 수 있는 때에 한하여 그 요건의 흠결을 보정하여 다시 심판청구를 하는 것은 모르되, 그러한 요건의 흠결을 보완하지 아니한 채로 동일한 내용의 심판청구를 되풀이하는 것은 허용될 수 없다(헌재 1995. 2. 23. 94헌마105, 판례집 7-1, 282, 286; 헌재 2011. 2. 22. 2011헌마51 참조).

그런데 청구인은 이미 상훈법 제5조의 위헌확인을 구하는 헌법소원심판을 청구하였다가 2011. 3. 29. 청구기간 도과를 이유로 각하된 바 있고(2011헌마130), 이러한 요건의 흠결은 보정할 수 있는 것이 아니므로, 이 사건 심판청구는 이미 심판을 거친 동일한 사건에 대하여 다시 심판청구를 한 것으로 헌법재판소법 제39조의 일사부재리의 원칙에 위배되어 허용되지 아니한다.

나. 설사 이 사건 심판청구를 헌법재판소의 2011헌마130 각하 결정에 대한 재심청구로 선해하여 보더라도, 청구인이 훈장과 관련하여 기본권 침해 사실을 안 날이라고 주장하는 2010. 3. 30.로부터 90일이 경과한 2011. 3. 14. 제기한 헌법소원심판청구(2011헌마130)는 마찬가지로 청구기간을 도과하여 부적법하므로, 이에 관한 주장은 민사소송법 제451조 제1항 제9호의 '판결에 영향을 미칠 중요한 사항에 관하여 판단을 누락한 때'에 해당하지 아니하고, 달리 민사소송법 제451조 제1항 각 호의 재심사유가 있다고 보기 어려우므로 이 사건 심판청구는 부적법하다.

3. 결론

그렇다면 이 사건 심판청구는 부적법하므로, 헌법재판소법 제72조 제3항 제4호에 따라 이를 각하하기로 하여 관여 재판관 전원의 일치된 의견으로 주문과 같이 결정한다.

2011. 4. 19.

재판장 재판관 김종대
재판관 이동흡
재판관 이정미

9. 상훈법 제1조 등 위헌확인

헌재 2010. 12. 28. 2010헌마748

헌 법 재 판 소

제2지정재판부

결   정

【사   건】   2010헌마748 상훈법 제1조 등 위헌확인

【청 구 인】   김○수

주   문

이 사건 심판청구를 각하한다.

이   유

1. 사건의 개요

청구인은 제헌국회의원인 부친이 6·25 전쟁 당시 강제로 납북되었음에도, 체북행적 등에 대한 입증이 곤란하다는 이유로 다른 제헌국회의원들과는 달리 서훈의 추천을 받지 못하자, 이와 관련된 ① 상훈법(1967. 1. 16. 법률 제1885호로 개정된 것) 제1조 및 제3조, 상훈법 (2001. 1. 8. 법률 제6342호로 개정된 것) 제5조 제1항, 상훈법 시행령(1970. 6. 13. 대통령령 제5035호로 개정된 것) 제2조 제1항, 상훈법 시행령(2005. 11. 4. 대통령령 제19116호로 개정된 것) 제2조 제2항(이하 이들 조항을 합하여 '상훈법 조항들'이라 한다), ② '6·25전쟁 납북피해 진상규명 및 납북피해자 명예회복에 관한 법률'(2010. 3. 26. 법률 제10190호로 제정된 것) 제8조 제2항 및 ③ '공공기록물관리에 관한 법률'(2006. 10. 4. 법률 제8025호로 개정된 것) 제35조

제3항이 청구인의 평등권 등을 침해한다며, 2010. 12. 9. 그 위헌확인을 구하는 이 사건 헌법소원심판을 청구하였다.

2. 판단

① 상훈법 조항들은 입법 목적, 서훈 수여 여부를 결정함에 있어 고려하여야 할 기준, 서훈의 추천권자, 서훈대상자의 추천을 심사하기 위한 서훈공적심사위원회의 설치 및 구성에 대하여 객관적인 사항을 정하고 있는 것에 불과하여 청구인의 법적 지위에 아무런 영향을 미치지 아니하고, ② '6·25전쟁 납북피해 진상규명 및 납북피해자 명예회복에 관한 법률' 제8조 제2항은 납북자와 납북자가족이 이를 이유로 어떠한 불이익이나 부당한 처우를 받지 아니함을 규정한 것으로, 납북자의 유족인 청구인의 기본권을 보호하기 위한 것일 뿐, 이로 인하여 청구인에게 어떠한 법적 불이익을 야기하는 바가 없으며, ③ 정보의 비공개로 인한 기본권침해는 공공기관의 정보비공개 결정에 의하여 발생하는 것으로서, 생산연도 종료 후 30년이 경과하면 비공개기록물을 공개하여야 한다고 규정한 '공공기록물 관리에 관한 법률' 제35조 제3항에 의하여 발생하는 것은 아니라 할 것이므로, 이들 조항에 의한 기본권침해의 가능성은 인정되지 아니한다.

3. 결론

그렇다면 이 사건 심판청구는 부적법하므로 이를 각하하기로 하여, 관여 재판관 전원의 일치된 의견으로 주문과 같이 결정한다.

2010. 12. 28.

재판장 재판관 이공현
재판관 민형기
재판관 목영준

헌재 2011. 3. 29. 2011헌마130

헌 법 재 판 소

제3지정재판부

결   정

사   건   2011헌마130 상훈법 제2조 등 위헌확인

청 구 인   김○용

주   문

이 사건 심판청구를 각하한다.

이   유

1. 사건의 개요

청구인은, 2006. 1.경 국가정보원 수사관들의 요청으로 필리핀에 거주하고 있는 북한 공작원 정○학을 국내로 유인해달라는 부탁을 받고, 필리핀 현지에서 수개월 간의 노력 끝에 2006. 7. 27. 정○학을 국내로 유인하였고 이로 인하여 2006. 7. 31. 국가정보원 수사관이 정○학을 체포할 수 있게 되었음에도, 국가정보원장이 위 정○학의 체포에 가장 공로가 큰 청구인을 배제하고 국가정보원 수사관들만 서훈의 추천을 함으로써 2007. 12. 20. 위 수사관들에게 훈장 등이 수여되었다고 주장하며, 추천권자의 서훈 추천을 받도록 규정하고 있는 상훈법 제5조로 인하여 추천권자의 추천이 없는 청구인은 훈장을 받을 수 없게 되었으므로 위 조항이 청구인의 평등권 등 기본권을 침해하였다면서 2011. 3. 14. 이 사건 헌법소원심판을 청구하였다.

2. 판단

법령에 대한 헌법소원의 청구기간은 그 법률의 시행과 동시에 기본권의 침해를 받게 되는 경우에는 그 법률이 시행된 사실을 안 날로부터 90일 이내에, 법률이 시행된 날로부터 1년 이내에 헌법소원을 청구하여야 하고, 법률이 시행된 뒤에 비로소 그 법률에 해당되는 사유가 발생하여 기본권의 침해를 받게 되는 경우에는 그 사유가 발생하였음을 안 날로부터 90일 이내에, 그 사유가 발생한 날로부터 1년 이내에 헌법소원을 청구하여야 한다(헌법재판소법 제69조 제1항; 헌재 1998. 7. 16. 95헌바19 등 참조).

상훈법 제5조는 2008. 2. 29. 법률 제8852호로 개정되어 같은 날 시행되었고, 청구인은 2008. 7. 17. 위 사건과 관련하여 훈장을 수여받지 못한 부당함을 호소하는 내용의 서면을 청와대에 보냈다고 하는바, 그렇다면 청구인은 늦어도 청와대에 서면을 보낸 2008. 7. 17.경에는 기본권침해 사유가 발생하였음을 알았다고 할 것이고, 그로부터 90일이 경과한 2011. 3. 14. 청구된 이 사건 헌법소원은 청구기간을 도과하여 부적법하다.

3. 결론

이 사건 심판청구는 더 나아가 살펴볼 필요 없이 부적법하므로 헌법재판소법 제72조 제3항 제2호에 따라 이를 각하하기로 하여 관여 재판관 전원의 일치된 의견으로 주문과 같이 결정한다.

2011. 3. 29.

재판장 재판관 송두환
재판관 조대현
재판관 민형기

11. 상훈법 제4조 등 위헌확인

헌재 2006. 4. 11. 2006헌마367

헌 법 재 판 소

제1지정재판부

결   정

사   건   2006헌마367 상훈법 제4조 등 위헌확인

청구인 허○근

주   문

이 사건 심판청구를 각하한다.

이   유

1. 사건의 개요 및 심판의 대상

가. 사건의 개요

(1) 망 허○용에 대하여 3·1운동에 참가한 공로로 건국포장이 2006. 3. 1. 수여되자, 허○용의 유족인 청구인은 국가보훈처에 위 건국포장을 건국훈장(애족장)으로 변경하여 줄 것을 요청하였으나, 국가보훈처는 허○용에 대한 훈격은 수형기간과 실옥고기간 등을 고려하여 공적심사위원회에서 결정한 것이라는 민원회신을 하였다.

(2) 또한 청구인이 수원보훈지방청에 독립유공자의 유족으로 등록함에 있어 등록을 원하지 않는 경우에도 등록을 강제하였다.

(3) 이에 청구인은 허○용에 대한 건국포장의 결정이 이전의 독립유공자에 대한 포상과 평등하지 아니하여 그 변경을 구하고자 하나, 상훈법 제4조의 규정으로 말미암아 허

○용의 공적에 상응하는 훈격을 받을 수 없게 되므로 위 규정은 헌법 제11조, 제26조에 위반되고, 등록신청을 강제하는 독립유공자예우에관한법률 제6조 및 같은 법 시행령 제3조, 제4조는 헌법 제10조, 제37조에 위반된다고 주장하면서, 2006. 3. 20. 이 사건 헌법소원심판을 청구하였다.

나. 심판의 대상

이 사건 심판대상은 상훈법 제4조와 독립유공자예우에관한법률 제6조 및 같은 법 시행령 제3조, 제4조의 위헌여부이고, 그 내용은 다음과 같다.

상훈법 제4조(중서금지) 동일한 공적에 대하여는 훈장을 거듭 수여하지 아니한다.

독립유공자예우에관한법률 제6조 (등록 및 결정) ① 독립유공자와 그 유족 또는 가족으로서 이 법의 적용대상자가 되고자 하는 자는 대통령령이 정하는 바에 따라 국가보훈처장에게 등록을 신청하여야 한다. ② 국가보훈처장은 제1항의 규정에 의한 등록신청을 받은 때에는 대통령령이 정하는 바에 따라 독립유공자의 요건과 그 유족 또는 가족으로서의 요건을 확인한 후 국가유공자등예우및지원에관한법률 제82조의 규정에 의한 보훈심사위원회의 심의·의결을 거쳐 이 법의 적용대상자로 결정한다. 다만, 독립유공자 등의 요건이 객관적인 사실에 의하여 확인된 경우로서 대통령령이 정하는 경우에는 보훈심사위원회의 심의·의결을 거치지 아니할 수 있다. ③ 독립유공자와 그 유족 또는 가족은 제1항의 규정에 의하여 등록신청을 한 후 또는 제2항의 규정에 의하여 이 법의 적용대상자로 결정된 후에 독립유공자가 사망하거나 그 유족 또는 가족의 범위에 변동이 있는 때에는 이를 국가보훈처장에게 신고하여야 한다.

같은 법 시행령

제3조 (등록신청) ① 법 제6조 제1항의 규정에 의하여 독립유공자와 그 유족 또는 가족으로서 법의 적용대상자가 되고자 하는 경우에는 다음 각호의 순위에 의한 선순위자가 등록신청서에 총리령이 정하는 서류를 첨부하여 주소지를 관할하는 지방보훈청장 또는 보훈지청장에게 신청을 하여야 한다.

1. 독립유공자 또는 연금을 받을 유족으로서 법 제12조 제2항 내지 제5항의 규정에 의한 선순위자

2. 제1호에 해당되지 아니하는 유족은 법 제12조 제3항에 규정된 순위에 의한 선순위자로

하되, 동순위의 유족인 경우에는 나이가 많은 자

② 관할청장 또는 지청장은 제1항의 규정에 의한 등록신청을 받은 때에는 이를 보훈심사위원회의 심의에 회부하여야 한다. 다만, 호적등본 등 관련 증빙자료에 의하여 독립유공자와 그 유족 또는 가족으로서의 요건이 확인되는 경우에는 그러하지 아니하다.

제4조(요건심사 및 결정) ① 보훈심사위원회는 제3조 제2항 본문의 규정에 의한 심의회부가 있는 때에는 독립유공자와 그 유족 또는 가족 해당 여부에 대하여 심의·의결하고 그 결과를 지체없이 관할청장 또는 지청장에게 통보하여야 한다. ② 관할청장 또는 지청장은 제1항의 규정에 의한 통보를 받은 때와 제3조 제2항 단서의 규정에 의하여 독립유공자와 그 유족 또는 가족으로서의 요건이 확인되는 때에는 법의 적용대상 여부를 결정한 후 그 사유를 명시하여 신청인에게 통보하여야 한다.

2. 판단
직권으로 이 사건 심판청구의 적법여부에 관하여 살펴본다.

가. 상훈법 제4조에 대하여
(1) 법령으로 인한 기본권침해를 이유로 헌법소원을 청구하려면 당해법령 그 자체에 의하여 자유의 제한, 의무의 부과, 권리 또는 법적 지위의 박탈이 생긴 경우여야 한다(헌재 1992. 11. 12. 91헌마192, 판례집 4, 822, 823; 헌재 1995. 7. 21. 94헌마191, 판례집 7-2, 201-202).
따라서 어떤 법령조항이 헌법소원을 청구하고자 하는 자의 법적 지위에 아무런 영향을 미치지 아니하는 경우라면 애당초 기본권침해의 가능성이나 위험성이 없으므로 그 법령조항을 대상으로 헌법소원을 청구하는 것은 허용되지 아니한다 할 것이다.
(2) 훈장수여에 관하여, 헌법 제80조는 "대통령은 법률이 정하는 바에 의하여 훈장 기타의 영전을 수여한다"고 규정하고 있고, 이에 따라 상훈법 및 그 시행령은 훈장 및 포장의 종류와 서훈의 기준, 절차 등에 관하여 규정하고 있는바, 위 규정에 의하면 서훈은 대통령의 권한으로서, 서훈여부는 대통령이 그 재량에 의하여 독자적으로 결정하는 것이므로, 훈장을 수여하여 줄 것을 요구할 수 있는 법규상 또는 조리상 권리는 없다(헌재 2005. 6. 30. 2004헌마859, 판례집 17-1, 1021-1022).
(3) 그렇다면 훈장수여를 요구할 수 있는 권리가 없는 청구인이 상훈법 제4조로 인하여

새로이 권리의 침해를 받게 된다고 볼 수 없을 뿐만 아니라 위 조항이 위헌으로 결정되어 그 효력이 상실된다 하더라도 청구인에게 훈장수여를 요구할 수 있는 권리가 생기는 것도 아니므로, 위 조항은 청구인의 법적 지위에 아무런 법적 변화를 가져오지 아니한다. 따라서 위 조항을 대상으로 기본권침해를 주장하며 헌법소원을 청구할 수 없다 할 것이므로, 이 부분 심판청구는 부적법하다.

나. 독립유공자예우에관한법률 제6조 및 같은 법 시행령 제3조, 제4조에 대하여

(1) 독립유공자예우에관한법률은 조국의 자주독립을 위하여 공헌한 독립유공자와 그 유족에 대하여 국가가 응분의 예우를 함으로써 독립유공자와 그 유족의 생활안정과 복지향상을 도모하기 위하여(제1조) 공헌과 희생에 대한 보훈과 함께 독립유공자와 그 유족의 생활보호를 위한 수급권을 독립유공자 등에게 부여하고 있고, 위 수급권은 다른 국가보상적 내지 국가보훈적 수급권이나 사회보장수급권과 마찬가지로 구체적인 법률에 의하여 비로소 부여되는 권리이다(헌재 1995. 7. 21. 93헌가14, 판례집 7-2, 16, 21).

(2) 위 법 제4조는 위 수급권을 갖게 되는 대상자를 위 법의 적용대상자로 규정하고, 이 사건 법령조항은 위 적용대상자를 확정하기 위한 절차로서, 독립유공자 등이 등록신청을 하면 보훈심사위원회가 그 요건을 갖추었는가를 심사, 의결한 후 결정하도록 규정하고 있다.

(3) 그렇다면 이 사건 법령조항은 수급권을 취득하기 위한 요건으로 그 절차를 이행할 것을 규정한 것으로 등록신청을 하도록 하지 아니하면 독립유공자 등에 해당하는 사람이 있더라도 이를 파악하는데 어려움이 있어 등록신청을 하도록 한 것이므로 어떠한 자유를 제한하거나 의무를 부과하고자 마련된 규정이라 볼 수 없고, 또한 독립유공자 등이 '위 법의 적용대상자가 되고자 하는 경우'에만 그 등록신청이 요구될 뿐이고 원하지 않는 경우에도 이를 강제하는 것은 아니므로 의무의 부과라고 보기도 어려워, 이 사건 법령조항에 의하여 행복추구권에 포함된 청구인의 일반적 행동자유권이 제한된다고 할 수 없다.

(4) 따라서 위 법령조항을 대상으로 기본권침해를 주장하는 이 부분 심판청구 역시 부적법하다.

3. 결론

그렇다면, 이 사건 헌법소원 심판청구는 부적법하고 그 흠결을 보정할 수 없는 경우에 해당하므로, 이를 각하하기로 하여 주문과 같이 결정한다.

2006. 4. 11.

재판장재판관 윤 영 철 _____

재판관 김 경 일 _____

재판관 전 효 숙 _____

헌재 1998.9.30. 97헌마263 전원재판부

[판례집 10-2, 558~562]

【판시사항】

이른바 12·12사건 등에 관련하여 유죄판결을 받은 전직대통령 전두환, 노태우 등에 대하여 상훈법에 따른 훈장치탈을 하지 않는 것이 청구인의 기본권을 침해하는 것이 되어 헌법재판소법 제68조 제1항에 의한 헌법소원심판 청구사유에 해당하는지 여부(소극)

【결정요지】

청구외인들에게 수여한 모든 훈장을 치탈하지 아니하고 있는 것만으로는 청구인들의 행복추구권 등 헌법상 보장된 기본권이 침해받을 여지가 없다고 할 것이므로 청구인들로서는 헌법재판소법 제68조 제1항에 의한 헌법소원심판을 청구할 수 없다.

【참조조문】

상훈법 제8조(치탈)① 서훈된 자가 다음 각호의 1에 해당할 때에는 그 서훈을 취소하며, 훈장과 이에 관련하여 수여한 물건과 금전은 이를 치탈하고, 외국훈장은 그 패용을 금지한다.

1. 서훈공적이 허위임이 판명된 때

2.국가안전에 관한 죄를 범한 자로서 형을 받았거나 적대지역으로 도피한 때

3.사형·무기 또는 3년 이상의 징역이나 금고의 형을 받은 자로서 대통령령으로 정하는 죄를 범한 자

② 전항의 규정에 의하여 훈장을 치탈하거나, 패용을 금지하고자 할 때에는 국무회의의 심의를 거쳐야 한다.

헌법재판소법 제68조 제1항

【당 사 자】

청 구 인   1. 법무법인 정일종합법률사무소

대표변호사 이흥록 외 1인
구성원변호사 한정화 외 3인
2. 강철선(변호사)

피청구인 대통령

【주 문】
이 사건 심판청구를 각하한다.

【이 유】
1. 청구인들의 주장
청구외 전○환, 노○우, 황○시, 정○용, 허○평, 이○봉, 허○수, 이○성, 최○창, 주○복, 차○헌, 장○동, 신○희, 박○규 등 14명은 이른바 12·12반란과 5·18내란 및 뇌물수수죄 등의 죄로 기소되어 모두 징역 3년 이상의 형을 선고받고 그 판결이 확정되었다.

그러므로 위 청구외인들은 훈장치탈사유를 규정한 상훈법 제8조 제1항 제2호 소정의 '국가안전에 관한 죄를 범하여 형을 받은 자' 및 같은 조항 제3호 소정의 '사형·무기 또는 3년 이상의 징역이나 금고의 형을 받은자로서 대통령령으로 정하는 죄를 범한 자'에 해당하므로 훈장치탈권자인 피청구인은 위 청구외인들에게 수여한 일체의 훈장을 치탈하여야 할 것임에도 불구하고 위 청구외인들에 대한 판결이 확정된지 4개월 이상이 지나도록 훈장치탈의무를 불이행하고 있다.

법은 만민에게 평등하고, 모든 국민은 행복을 추구할 권리가 있으며, 국민의 행복추구권은 법의 평등하고 공정한 집행에 의하지 않고서는 보장될 수 없는바, 청구인들은 피청구인이 위 청구외인들에게 특혜를 베푸는 차별적 대우에 대하여 몹시 불쾌한 감정을 느끼고 있으므로 이는 곧 청구인들의 행복추구권을 침해하는 것이다.

2. 관계기관의 의견
가. 총무처 장관의 의견
(1) 적법요건에 관하여
(가) 헌법소원은 공권력의 행사 또는 불행사로 인하여 기본권을 침해받은 자만이 제기할 수 있는데, 청구인들은 청구외인들에 대한 훈장치탈에 관하여 법적인 이해

관계인이 아니라고 할 것이므로 자기관련성이 없다.

(나) 행정권력의 부작위에 대한 헌법소원의 경우에 있어서는, 공권력의 주체에게 헌법에서 유래하는 작위의무가 특별히 구체적으로 규정되어 이에 의거하여 기본권의 주체가 행정행위 내지 공권력의 행사를 청구할 수 있음에도 공권력의 주체가 그 의무를 해태하는 경우에 허용된다 할 것인데, 피청구인에게 청구인들 주장과 같은 작위의무가 헌법에서 직접 파생된다고 할 수 없으므로 이 사건 헌법소원심판청구는 부적법하다.

(2) 본안에 관하여

(가) 정부는 국민의 권익을 제한하거나 박탈하는 처분에 관한 법해석을 가급적 엄격히 한다는 원칙에 따라 그 동안 허위공적의 경우에는 일관되게 치탈하여 왔으나 그밖의 치탈요건에 대해서는 엄격하게 이를 적용하여 3년 이상 형의 선고 등 기타 치탈사유로는 훈장을 치탈한 선례가 없다.

(나) 타인의 훈장에 대한 치탈여부가 청구인들의 행복추구권 내용에 포함된다고 보기 어려우며, 정부가 훈장치탈과 관련하여 청구인들의 생명권, 신체를 훼손당하지 않을 권리, 평화적 생존권 등을 침해한 사실이 없고 청구인들에 대하여 어떠한 의무나 제재를 부과한 바 없으므로 행복추구권이 침해되었다는 청구인들의 주장은 부당하다.

나. 국방부장관의 의견

헌법소원의 청구는 공권력의 행사 또는 불행사로 인하여 기본권의 침해를 받은 자만이 이를 제기할 수 있는데, 청구인들은 대통령의 상훈치탈의무 불이행으로 인하여 직접적으로 자기의 기본권을 침해당하였다고 할 수 없으므로 이 사건 헌법소원은 청구적격이 없는 자들에 의하여 제기된 것으로서 부적법하다.

다. 법무부장관의 의견

총무처 장관의 의견과 대체로 같다.

3. 판 단

헌법재판소법 제68조 제1항의 규정에 의하면, 헌법소원은 공권력의 행사 또는 불행사로 인하여 헌법상 보장된 기본권을 침해받은 자만이 청구할 수 있는 제도인바, 이사건의 경우 피청구인이 위 청구외인들에게 수여한 모든 훈장을 치탈하지 아니하고 있는 것만으로는 청구인들이 주장하는 바와 같이 행복추구권 등 헌법상 보장된 청구인들의 기본권이 침해받을 여지가 없다고 할 것이므로 청구인들로서는 헌법소원심판을 청구할 수 없는 것이다(헌재 1996. 11. 28. 96헌마207, 공보 19, 106).

4. 결 론
그렇다면 이 사건 심판청구는 부적법하므로 이를 각하하기로 하여, 관여재판관의 일치된 의견으로 주문과 같이 결정한다.

재판관 김용준(재판장) 김문희 이재화 조승형 정경식 고중석 신창언 이영모 한 대현(주심)

헌재 2018. 1. 23. 2018헌마3

헌 법 재 판 소

제1지정재판부

결   정

사   건   2018헌마3 훈장 수여 위헌확인

청 구 인   진○현

결 정 일   2018. 1. 23.

주   문

이 사건 심판청구를 각하한다.

이   유

1. 사건개요

문재인 대통령은 2017. 12. 27. 박한철 전 헌법재판소장과 이정미 전 헌법재판관에게 각각 국민훈장 무궁화장과 청조근정훈장을 수여하였다. 청구인은 위 훈장 수여 행위가 청구인의 인간으로서의 존엄 등을 침해한다고 주장하면서 2018. 1. 2. 이 사건 헌법소원심판을 청구하였다.

2. 판단

헌법재판소법 제68조 제1항의 규정에 의하면, 헌법소원심판은 공권력의 행사 또는 불행사로 인하여 헌법상 보장된 기본권을 침해받은 자만이 청구할 수 있다. 그런데 대통령이 박한철 전 헌법재판소장과 이정미 전 헌법재판관에게 훈장을 수여한 행위만으로는 위 훈장 수여 행위의 당사자나 관련자가 아닌 청구인의 법적 지위에 어떠한 영향을 준다고 할 수 없으므로 청구인의 기본권이 침해될 여지가 없다.

3. 결론

그렇다면 이 사건 심판청구는 부적법하므로 헌법재판소법 제72조 제3항 제4호에 따라 이를 각하하기로 하여 관여 재판관 전원의 일치된 의견으로 주문과 같이 결정한다.

재판장 재판관 이진성
재판관 안창호
재판관 조용호

헌재 2010. 12. 14. 2010헌마699

헌 법 재 판 소

제3지정재판부

결   정

사   건   2010헌마699 훈장추서 위헌확인

청 구 인   이○익

주   문

이 사건 심판청구를 각하한다.

이   유

청구인은 대한민국 정부가 망 황장엽에게 국민훈장 무궁화장을 추서한 것을 다투면서 이 사건 헌법소원심판을 청구하였다.

헌법재판소법 제68조 제1항의 규정에 의하면, 헌법소원심판은 공권력의 행사 또는 불행사로 인하여 헌법상 보장된 기본권을 침해받은 자만이 청구할 수 있는 제도인바, 이 사건의 경우 대한민국 정부가 망 황장엽에게 국민훈장 무궁화장을 추서한 것만으로는 위 훈장의 추서에 아무런 당사자나 관련자가 아닌 청구인의 기본권이 침해될 여지가 없는 것이다(헌재 1998. 9. 30. 97헌마263, 판례집 10-2, 558, 561 참조).

그렇다면, 청구인의 이 사건 심판청구는 기본권 침해가능성 또는 자기관련성이 없어 부적법하다 할 것이므로 헌법재판소법 제72조 제3항 제4호에 의하여 각하하기로 하여, 관여 재판관 전원의 일치된 의견으로 주문과 같이 결정한다.

2010.   12.   14.

재판장 재판관 조대현
재판관 김종대
재판관 이동흡

독립유공자예우에 관한 법률 제4조 제2호 위헌소원

헌재 2010. 6. 24. 2009헌바111
판례집 22-1하, 529 [전원재판부]

【판시사항】

1. 애국지사로 등록되어 예우를 받기 위해서는 독립운동을 한 사실 외에 그 공로로 건국훈장·건국포장 또는 대통령 표창을 받을 것을 요건으로 규정하고 있는 독립유공자법(2008. 3. 28. 법률 제9083호로 개정된 것) 제4조 제2호 후단 부분(이하 '이 사건 심판대상조항'이라 한다)이 독립유공자와 그 유족의 사회보장수급권을 침해하는지 여부(소극)

2. 이 사건 심판대상조항이 전몰군경 등 상훈 수여를 등록 요건으로 하지 않는 국가유공자와 비교하여 독립유공자를 합리적 이유 없이 차별함으로써 독립유공자와 그 유족의 평등권을 침해하는지 여부(소극)

【결정요지】

1. 독립운동은 오래된 과거의 사실로서 객관적인 사실확인에 어려움이 있고 그 객관적 행위 사실에 대한 가치판단이 불가피한 점 등에 비추어 보면, 독립운동에 참가했던 사람 중 사실인정과 가치판단을 거쳐 공로에 따라 상훈을 받은 사람에 대해서만 애국지사로 등록하게 하는 것에 합리성이 있다 할 것이다. 따라서 이 사건 심판대상조항이 독립유공자 선정에 있어서 입법형성권의 범위를 벗어나 최소한의 합리적 내용마저 보장하지 아니하였다거나 현저히 자의적으로 행함으로써 독립유공자와 그 유족의 사회보장수급권을 침해하였다고 볼 수 없다.

2. 전몰군경 등 국가유공자는 직무수행 중 사망 또는 상이라는 객관적 희생에 대한 평가가 중요판단 기준인 반면, 애국지사는 독립운동이라는 공헌에 대한 평가가 중요판단 기준인 점 등을 고려해 보면, 전몰군경 등 국가유공자의 경우와 달리 독립유공자로 등록되기 위해서는 상훈 수여를 요건으로 한 것이 합리성을 결여한 자의적 차별이라고 볼 수 없어 이 사건 심판대상조항이 독립유공자와 그 유족의 평등권을 침해하였다고 볼 수 없다.

【심판대상조문】

독립유공자예우에 관한 법률(2008. 3. 28. 법률 제9083호로 개정된 것) 제4조 (적용 대상자)

다음 각 호의 어느 하나에 해당하는 독립유공자, 그 유족 또는 가족은 이 법에 따른 예우를 받는다.

1. 생략
2. 애국지사: 일제의 국권침탈 전후로부터 1945년 8월 14일까지 국내외에서 일제의 국권침탈을 반대하거나 독립운동을 위하여 일제에 항거한 사실이 있는 자로서, 그 공로로 건국훈장·건국포장 또는 대통령 표창을 받은 자

【참조조문】
헌법 제11조 제1항, 제34조 제1항, 제2항
국가유공자 등 예우 및 지원에 관한 법률(2008. 3. 28. 법률 제9079호로 개정된 것) 제4조 (적용 대상 국가유공자) ① 다음 각 호의 어느 하나에 해당하는 국가유공자와 그 유족 등(다른 법률에서 이 법에 규정된 예우 등을 받도록 규정된 자를 포함한다)은 이 법에 따른 예우를 받는다.

1. 순국선열: 「독립유공자예우에 관한 법률」 제4조 제1호에 따른 순국선열
2. 애국지사: 「독립유공자예우에 관한 법률」 제4조 제2호에 따른 애국지사
3. 전몰군경(전몰군경): 다음 각 목의 어느 하나에 해당하는 자
가. 군인이나 경찰공무원으로서 전투 또는 이에 준하는 직무수행 중 사망한 자[군무원(군무원)으로서 1959년 12월 31일 이전에 전투 또는 이에 준하는 직무수행 중 사망한 자를 포함한다]
나. 군인이나 경찰공무원으로서 전투 또는 이에 준하는 직무수행 중 상이(상이)를 입고 전역(퇴역·면역 또는 상근예비역 소집해제를 포함한다. 이하 같다) 또는 퇴직(면직을 포함한다. 이하 같다)한 후 제6조 제1항에 따른 등록신청 이전에 그 상이로 인하여 사망하였다고 의학적으로 인정된 자(군무원으로서 1959년 12월 31일 이전에 전투 또는 이에 준하는 직무수행 중 상이를 입고 퇴직한 후 제6조 제1항에 따른 등록신청 이전에 그 상이로 인하여 사망하였다고 의학적으로 인정된 자를 포함한다)

4. 전상군경(전상군경): 군인이나 경찰공무원으로서 전투 또는 이에 준하는 직무수행 중 상이를 입고 전역(전역)하거나 퇴직한 자(군무원으로서 1959년 12월 31일 이전에 전투 또는 이에 준하는 직무수행 중 상이를 입고 퇴직한 자를 포함한다)로서 그 상이정도가 국가보훈처장

이 실시하는 신체검사에서 제6조의4에 따른 상이등급에 해당하는 신체의 장애를 입은 것으로 판정된 자

5. 순직군경(순직군경): 다음 각 목의 어느 하나에 해당하는 자

가. 군인이나 경찰공무원으로서 교육훈련 또는 직무수행 중 사망한 자(공무상의 질병으로 사망한 자를 포함한다)

나. 군인이나 경찰공무원으로서 교육훈련 또는 직무수행 중 상이(공무상의 질병을 포함한다. 이하 이 목에서 같다)를 입고 전역하거나 퇴직한 후 제6조 제1항에 따른 등록신청 이전에 그 상이로 인하여 사망하였다고 의학적으로 인정된 자

6. 공상군경(공상군경): 군인이나 경찰공무원으로서 교육훈련 또는 직무수행 중 상이(공무상의 질병을 포함한다)를 입고 전역하거나 퇴직한 자로서 그 상이정도가 국가보훈처장이 실시하는 신체검사에서 제6조의4에 따른 상이등급에 해당하는 신체의 장애를 입은 것으로 판정된 자

7. 무공수훈자(무공수훈자): 무공훈장을 받은 자

8. 보국수훈자(보국수훈자): 보국훈장을 받은 자

9. 6·25참전 재일학도의용군인(재일학도의용군인)(이하 "재일학도의용군인"이라 한다): 대한민국 국민으로서 일본에 거주하던 자로서 1950년 6월 25일부터 1953년 7월 27일까지의 사이에 국군이나 유엔군에 지원 입대하여 6·25전쟁에 참전하고 제대한 자(파면된 자나 형을 선고받고 제대된 자는 제외한다)

9의2. 6·25전쟁 참전유공자 :「참전유공자예우에 관한 법률」제2조 제2호 가목 및 다목부터 마목까지의 규정 중 어느 하나에 해당하는 사람으로서 같은 법 제5조에 따라 등록된 자. 다만, 라목에 해당하는 사람은 6·25전쟁에 참전한 자에 한한다.

10. 4·19혁명사망자: 1960년 4월 19일을 전후한 혁명에 참가하여 사망한 자

11. 4·19혁명부상자: 1960년 4월 19일을 전후한 혁명에 참가하여 상이를 입은 자로서 그 상이정도가 국가보훈처장이 실시하는 신체검사에서 제6조의4에 따른 상이등급에 해당하는 신체의 장애를 입은 것으로 판정된 자

12. 4·19혁명공로자: 1960년 4월 19일을 전후한 혁명에 참가한 자 중 제10호와 제11호에 해당하지 아니하는 자로서 건국포장(건국포장)을 받은 자

13. 순직공무원: 다음 각 목의 어느 하나에 해당하는 자
   가. 「국가공무원법」 제2조 및 「지방공무원법」 제2조에 규정된 공무원(군인과 경찰공무원은 제외한다)과 국가나 지방자치단체에서 일상적으로 공무에 종사하는 대통령령으로 정하는 직원으로서 공무로 인하여 사망한 자(공무상의 질병으로 인하여 사망한 자를 포함한다)
   나. 「국가공무원법」 제2조 및 「지방공무원법」 제2조에 규정된 공무원(군인과 경찰공무원은 제외한다)과 국가나 지방자치단체에서 일상적으로 공무에 종사하는 대통령령으로 정하는 직원으로서 공무로 인하여 상이(공무상의 질병을 포함한다. 이하 이 목에서 같다)를 입고 퇴직한 후 제6조 제1항에 따른 등록신청 이전에 그 상이로 인하여 사망하였다고 의학적으로 인정된 자

14. 공상공무원: 「국가공무원법」 제2조 및 「지방공무원법」 제2조에 규정된 공무원(군인과 경찰공무원은 제외한다)과 국가나 지방자치단체에서 일상적으로 공무에 종사하는 대통령령으로 정하는 직원으로서 공무로 인하여 상이(공무상의 질병을 포함한다)를 입고 그 상이정도가 국가보훈처장이 실시하는 신체검사에서 제6조의4에 따른 상이등급에 해당하는 신체의 장애를 입은 것으로 판정된 자

15. 국가사회발전 특별공로순직자(이하 "특별공로순직자"라 한다): 국가사회발전에 현저한 공이 있는 자 중 그 공로와 관련되어 순직한 자로서 국무회의에서 이 법의 적용 대상자로 의결된 자

16. 국가사회발전 특별공로상이자(이하 "특별공로상이자"라 한다): 국가사회발전에 현저한 공이 있는 자 중 그 공로와 관련되어 상이를 입은 자로서 그 상이정도가 국가보훈처장이 실

시하는 신체검사에서 제6조의4에 따른 상이등급에 해당하는 신체의 장애를 입은 것으로 판정되어 국무회의에서 이 법의 적용 대상자로 의결된 자

17. 국가사회발전 특별공로자(이하 "특별공로자"라 한다): 국가사회발전에 현저한 공이 있는 자 중 제15호와 제16호에 해당하지 아니하는 자로서 국무회의에서 이 법의 적용 대상자로 의결된 자

② 제1항을 적용함에 있어서 다음 각 호의 사항에 관한 구체적인 기준과 범위는 대통령령으로 정한다.

1. 제1항 제3호 가목: 전투 또는 이에 준하는 직무수행 중 사망한 자

2. 제1항 제3호 나목 및 제4호: 전투 또는 이에 준하는 직무수행 중 상이를 입은 자 또는 상이를 입고 그 상이로 인하여 사망하였다고 의학적으로 인정된 자

3. 제1항 제5호 가목: 교육훈련 또는 직무수행 중 사망한 자(공무상의 질병으로 사망한 자를 포함한다)

4. 제1항 제5호 나목 및 제6호: 교육훈련 또는 직무수행 중 상이(공무상의 질병을 포함한다. 이하 이 호에서 같다)를 입은 자 또는 상이를 입고 그 상이로 인하여 사망하였다고 의학적으로 인정된 자

5. 제1항 제13호 가목: 공무로 인하여 사망한 자(공무상의 질병으로 인하여 사망한 자를 포함한다)

6. 제1항 제13호 나목 및 제14호: 공무로 인하여 상이(공무상의 질병을 포함한다. 이하 이 호에서 같다)를 입은 자 또는 상이를 입고 그 상이로 인하여 사망하였다고 의학적으로 인정된 자

③ 삭제

④ 제1항에도 불구하고 제1항 제1호 및 제2호에 따른 순국선열·애국지사의 예우에 필요한 사항은 따로 법률로 정한다.

⑤ 제1항에도 불구하고 제1항 제9호의2에 따른 6·25전쟁 참전유공자의 예우에 관하여는 「참전유공자예우에 관한 법률」로 정하는 바에 따른다.

⑥ 제1항 제3호부터 제6호까지, 제13호 또는 제14호에 따른 국가유공자의 요건에 해당되는 자가 다음 각 호의 어느 하나에 해당되는 원인으로 사망하거나 상이를 입으면 제1항 및 제6조에 따라 등록되는 국가유공자, 그 유족 또는 가족에서 제외한다.

1. 불가피한 사유 없이 본인의 고의 또는 중대한 과실(과실)로 인한 것이거나 불가피한 사유 없이 관련 법령 또는 소속 상관의 명령을 현저히 위반하여 발생한 경우

2. 공무를 이탈한 상태에서의 사고나 재해로 인한 경우

3. 장난·싸움 등 직무수행으로 볼 수 없는 사적(사적)인 행위가 원인이 된 경우

4. 자해행위로 인한 경우

상훈법(2008. 2. 29. 법률 제8852호로 개정된 것) 제3조 (서훈기준) 서훈기준은 서훈대상자의 공적내용, 그 공적이 국가사회에 미친 효과의 정도 및 지위 기타 사항을 참작하여 결정한다.

상훈법(2008. 2. 29. 법률 제8852호로 개정된 것) 제7조 (서훈의 확정) 서훈대상자는 국무회의의 심의를 거쳐 대통령이 결정한다.

독립유공자 서훈공적심사위원회 운영규정(2006. 1. 31. 국가보훈처훈령 제786호로 개정된 것) 제2조 (설치) ① 독립운동의 공로가 있는 자를 건국훈장·건국포장 또는 대통령표창의 수여대상자로 추천함에 있어 공적심사의 공정성과 적정성을 기하기 위하여 국가보훈처장(이하 "처장"이라 한다) 소속 하에 독립유공자서훈 공적심사위원회(이하 "공적심사위원회"라 한다)를 둔다. ② 공적심사위원회는 제1공적심사위원회, 제2공적심사위원회를 두되, 제1공적심사위원회에는 전문적이고 심층적인 공적심사를 위하여 독립운동분야와 계열 등을 감안하여 2개 이상의 분과위원회로 운영한다. ③ 특별한 사안에 대한 심의를 위해 필요시 합동공적심사위원회를 운영한다.

독립유공자 서훈공적심사위원회 운영규정(2006. 1. 31. 국가보훈처훈령 제786호로 개정된 것) 제3조 (구성) ① 제1공적심사위원회의 각 분과위원회(이하 "각 분과위원회"라 한다.) 위원은 위원장을 포함한 13인 이내로 구성하고, 제2공적심사위원회 위원은 위원장을 포함한 21인 이내의 위원으로 구성하며, 합동공적심사위원회 위원은 30인 이내로 하되, 제2공적심사위원과 각 분과위원회 위원장이 지정하는 각 분과위원회 위원으로 구성한다. ② 각 분과위원회 위원장과 제2공적심사위원회 위원장은 그해에 위촉된 민간위원 중에서 호선하며, 합동공적심사위원회 위원장은 제2공적심사위원회 위원장이 겸임한다. ③ 각 분과위원회 위원과 제2공적심사위원회 위원은 독립운동 관련 분야를 다년간 연구했거나 대학과 연구기관 등에서 한국 근·현대사를 연구한 사람과 정치·사회·언론분야 등의 전문가 중에서 관련단체, 학회 등

의 추천을 받아 처장이 매년 위촉한다. ④ 보훈선양국장·광복회장 및 각 분과위원회 위원장은 제2공적심사위원회 위원이 되며, 공훈심사과장은 각 분과위원회의 위원이 된다.

【참조판례】

1. 헌재 1995. 7. 21. 93헌가14, 판례집 7-2, 1, 17
  헌재 1997. 4. 24. 92헌마47, 판례집 9-1, 456-457
  헌재 1997. 6. 26. 94헌마52, 판례집9-1, 658
  헌재 2001. 6. 1. 98헌마216, 판례집 12-1, 637-638
  헌재 2001. 9. 27. 2000헌마342, 판례집 13-2, 422, 433
  헌재 2005. 6. 30. 2004헌마859, 판례집 17-1, 1016, 1020

2. 헌재 2003. 1. 30. 2001헌마64, 판례집 15-1, 48-49
  헌재 2004. 10. 28. 2004헌마328, 판례집 16-2하, 195, 210
  헌재 2006. 6. 29. 2006헌마87, 판례집 18-1하, 510, 524
  헌재 2008. 12. 26. 2007헌마444, 판례집 20-2하, 831

【당 사 자】

청 구 인   추○길

        대리인 변호사 추봉준

당해사건서울행정법원 2008구단12767 독립유공자유족등록 및 포상신청거부처분취소

【주　문】

'독립유공자예우에 관한 법률'(2008. 3. 28. 법률 제9083호로 개정된 것) 제4조 제2호 후단 부분은 헌법에 위반되지 아니한다.

【이 유】

1. 사건의 개요 및 심판의 대상

가. 사건의 개요

(1) 청구인은, 청구인의 부친인 망 추 ○ 경이 일제강점기에 야학교를 설립하고 교사로 근무하면서 민족의식을 고취하였고, 청년회 등에 소속되어 활동하였다는 이유로 복역하는 등 일제 치하에서 항일 · 독립운동을 한 공적이 있다면서 망 추 ○ 경을 독립유공자로 등록하여 줄 것을 국가보훈처에 신청하였다.

(2) 국가보훈처장은 위 신청에 따라 망인을 2008년도 광복절 계기 독립유공자공적심사에 부의한 결과 독립유공자서훈공적심사위원회는 망인의 위와 같은 활동 이후 면사무소 재직 논란 등 그 행적이 불분명하다는 이유로 포상추천을 할 수 없다고 심의 · 의결하였고, 국가보훈처는 그 결과를 2008. 8. 5. 청구인에게 '독립유공자 공적심사 결과 안내'로 통지하였다.

(3) 그러자 청구인은, 망인의 위 면사무소 재직경력은 청구인이 독립유공자 등록에 도움이 될 것으로 오해하고 허위로 기재한 것이어서 이것이 사실이라는 전제 하에 이루어진 국가보훈처장의 위 처분은 취소되어야 한다며 2008. 9. 3. 서울행정법원에 독립유공자유족등록 및 포상신청거부처분취소소송을 제기하였다.

(4) 또한 청구인은, 위 소송 계속 중 위 처분의 근거규정인 '독립유공자예우에 관한 법률' 제4조 제2호가 독립운동을 한 사실 외에 건국훈장 등의 수여를 독립유공자등록 요건으로 정하고 있어 헌법에 위반된다며 위헌법률심판제청신청(2008아3431)을 하였으나 2009. 5. 15. 기각되자, 2009. 6. 4. 헌법재판소법 제68조 제2항에 따라 이 사건 헌법소원 심판을 청구하였다.

나. 심판의 대상

(1) 심판대상의 확정

먼저, 청구인은 '독립유공자예우에 관한 법률' 제4조 제2호 전체에 대하여 헌법소원 심판을 청구 하고 있으나 청구인은 위 제2호 중 상훈수여를 독립유공자 요건으로 규정하고 있는 후단 부분만을 문제 삼고 있을 뿐 전단 부분에 대하여는 위헌 주장을 전혀 하고 있지 아니하므로 심판의 대상에서 제외함이 상당하다.

그렇다면 이 사건 심판의 대상은 「'독립유공자예우에 관한 법률'(2008. 3. 28. 법률 제 9083호로 개정된 것) 제4조 제2호 후단 부분」(이하 '이 사건 심판대상조항'이라 한다)이 헌법에 위반되는지 여부에 한정된다고 할 것이고 그 구체적인 내용은 다음과 같다.

(2) 심판대상조항

독립유공자예우에 관한 법률(2008. 3. 28. 법률 제9083호로 개정된 것) 제4조(적용대상자) 다음 각 호의 어느 하나에 해당하는 독립유공자, 그 유족 또는 가족은 이 법에 따른 예우를 받는다.

2. 애국지사 : 일제의 국권침탈 전후로부터 1945년 8월 14일까지 국내외에서 일제의 국권침탈을 반대하거나 독립운동을 위하여 일제에 항거한 사실이 있는 자로서, 그 공로로 건국훈장·건국포장 또는 대통령 표창을 받은 자

(3) 관련조항

별지 기재와 같다.

2. 청구인의 주장, 법원의 위헌제청신청 기각이유 및 관계기관의 의견

가. 청구인의 주장요지

(1) 이 사건 심판대상조항은 일제의 국권침탈에 반대하거나 독립운동을 하기 위해 항거한 사실이 있더라도 그 공로로 건국훈장·건국포장 또는 대통령 표창(이하 '건국훈장 등'이라고 한다)을 받지 못한 자는 '독립유공자예우에 관한 법률'(2008. 3. 28. 법률 제9083호로 개정된 것, 이하 '독립유공자법'이라고 한다)상 애국지사가 될 수 없도록 규정하고 있는데, 훈장의 수여에 관한 권리는 상훈법에 의하여 대통령의 자유재량행위에 맡겨져 있으므로, 결국 실제로는 애국지사라고 하여도 훈장 등을 수여받지 못하면 독립유공자로 등록될 수 없게 된다. 따라서 훈장 수여 여부를 독립유공자의 요건으로 하는 것은 청구인의 사회보장권을 침해하는 것이다.

(2) 또한 독립유공자법과 입법목적 및 기본이념이 유사한 '국가유공자 등 예우 및 지원에 관한 법률'(이하 '국가유공자법'이라고 한다)은 전몰군경, 전상군경, 순직군경, 공상군경, 6·25참전재일학도의용군, 4·19혁명사망자, 순직공무원 등(이하 '전몰군

경 등'이라고 한다)이 국가유공자로 등록되기 위해서 건국훈장 등을 수여받을 것을 요건으로 하고 있지 않는바, 이 사건 심판대상조항은 전몰군경 등에 비하여 독립유공자를 차 별하는 것으로서 평등권을 규정한 헌법 제11조에 반한다.

나. 법원의 위헌제청신청 기각요지

(1) 국가유공자법 제4조는 그 대상자와 행위태양이 구체적으로 정해져 있음에 반해 독립유공자법 제4조 제2호는 건국훈장 등 부분을 제외하면 그 대상자와 행위태양을 특정하기 어렵게 규정되어 있다. 이처럼 건국 훈장 등을 받은 사람만을 독립유공자로 인정하는 것은, 국가유공자는 그 대상자 및 행위태양을 미리 구체적으로 지정하는 것이 가능하고 그 대상자도 상대적으로 많으며 사실관계 확인 이나 평가가 상대적으로 용이한데 반해, 독립 유공 자는 그 대상자와 행위태양이 다양하고 사실관계 확인이나 행위에 대한 평가가 그리 쉽지 않을 뿐만 아니라 그 대상자 수도 많지 않은 점을 고려한 것으로 보인다.

(2) 국가가 독립유공자에게 일정한 예우 및 지원을 규정하면서 그 요건에 대통령의 자유 재량에 의해 결정되는 건국훈장 등 수여를 요건으로 부가하였다 하더라도 위와 같은 합리적 이유가 있는 이상, 이 사건 심판대상조항이 헌법 제37조를 위반하였다거나 헌법 제11조가 규정한 평등권에 반하는 것이라 볼 수 없다.

다. 국가보훈처장의 의견요지

(1) 일제 치하에서 독립운동을 한 사람 중에는 자의든 타의든 일제에 협력한 사람이 적지 않은데 이러한 경우까지 존경과 예우의 대상으로 삼을 수는 없으므로 독립유공자 서훈공적심사위원회는 공적과 행적에 하자가 없는 경우만 건국훈장 등의 추천을 하고 있다. 또한 국가유공자법상의 전몰군경 등의 경우에도 같은 법 제10조(품위유지의무), 제78조(보상의 정지) 내지 제79조(이 법 적용 대상으로부터의 배제)의 조항을 통해 특정사유가 발생한 경우 예우 대상에서 제외하고 있는 등 유공행위 이후의 행적을 유공자 선정에 반영하고 있다.

(2) 국가유공자법 제4조(적용대상 국가유공자)에 의하면, 군경 중에서도 특정한 행위태양을 가진 자에 한정하고 있고, 부상자의 경우에도 일정 이상의 상이등급을 받은 자에 한정하고 있으며 무공수훈자와 보국수훈자의 경우에는 무공훈장을 받은 자와 보국훈장을 받은 자로 규정하여 군인 중 특별한 공훈을 세워 훈장을 받은 자에 한정하

고 있다. 따라서 독립유공자의 경우에만 훈장을 요건으로 하여 불합리한 차별을 하고 있다고 볼 수 없다.

(3) 한편 군경 및 공무원들을 심사대상으로 하는 보훈심사위원회는 상이 여부 및 그 정도 판단을 위해 의사, 법률가 등의 위원으로 구성되는데 비해, 독립유공자서훈 공적심사위원회는 과거의 역사적 사실에 대한 판단을 필요로 하므로 역사학자 등의 위원으로 구성되어 양 위원회의 성격 자체가 다르다. 따라서 독립유공자법에서 그 대상자를 서훈자에 한정함으로써 청구인의 사회보장을 받을 헌법상 기본권이 침해되었다는 주장은 이유 없다.

3. 판 단

가. 이 사건 규정의 개요

(1) 독립유공자법의 연혁

우리나라의 보훈제도는 1950. 4. 14. 군사원호법과 1951. 4. 12. 경찰원호법이 제정되면서 전몰군경의 유족과 상이군경에게 생활부조 등을 통하여 원호하는 법제가 탄생하였다. 그 후 1961. 11. 1. 군사원호법과 경찰원호법을 통합하여 군사 원호보상법이 제정되어 전담기구로서 군사원호청을 설치하고 일제시대 조국광복을 위해 공헌한 순국선열과 애국지사, 민주주의를 위해 항거한 4·19혁명 희생자에 대해서도 '국가유공자 및 월남귀순자 특별원호법'(1962. 4. 16. 법률 제1053호)을 제정 하여 국가보훈제도의 기틀을 다져나갔다.

1984. 8. 2. 제정·공포된 '국가유공자예우 등에 관한 법률'은 보훈의 개념을 원호에서 보훈과 예우로 전환하고 호칭도 원호대상자에서 국가유공자로 바꾸면서 각종 시책을 추진하였다. 한편 독립유공자에 대한 예우는 종전에 국가유공자법에서 다른 국가유공자와 함께 규율되다가 독립유공자들의 꾸준한 요구에 힘입어 '독립유공자예우에 관한 법률'(1994. 12. 31. 법률 제4856호)로 분리·입법되기에 이르렀다.

(2) 입법목적 및 구체적 내용

(가) 입법취지

우리 헌법은 전문에서 "우리 대한민국은 3·1운동으로 건립된 대한민국임시정부의 법통과……을 계승하고 ,…… 국민생활의 균등한 향상을 기하고……우리들과 우리들의 자손의 안전과 자유와 행복을 영원히 확보할 것을 다짐한다.”고 선언하였고, 제34조 제1항에서 “모든 국민은 인간다운 생활을 할 권리를 가진다.”고 규정하고 있으며, 같은 조 제2항에서는 “국가는 사회보장, 사회복지의 증진에 노력할 의무를 진다.”고 규정함으로써 독립유공자를 비롯한 국가유공자 등에 대한 국가의 우선적 보호이념을 명시하고 있다(헌재 2001. 6. 1. 98헌마216 판례집 12-1, 637-638 ; 헌재 1995. 7. 21. 93헌가14 판례집 7-2, 1, 17 참조).

이에 따라 일제로부터 조국의 자주독립을 위하여 공헌한 독립유공자와 그 유족에게 국가가 그에 합당한 예우를 함으로써 독립유공자와 그 유족의 생활 안정과 복지 향상을 도모하고 나아가 국민의 애국정신을 함양하여 민족정기를 선양함을 목적으로 독립유공자법이 제정되었는바(제1조), 위 법은 독립유공자의 희생과 공헌이 자손들에게 숭고한 애국 정신의 귀감으로서 항구적으로 존중되고, 그 희생과 공헌의 정도에 상응하여 독립 유공자와 그 유족의 영예로운 생활이 유지 · 보장되도록 실질적으로 보상하는 것을 예우의 기본 이념으로 하고 있으므로(제2조), 그 ‘보상원칙’으로서 독립유공자와 그 유족 또는 가족에 대하여 독립유공자의 공헌과 희생의 정도에 따라 보상하되 그 생활정도를 고려하여 보상의 정도를 달리할 수 있도록 규정하고 있다(제7조).

결국 이 법에 의한 보상은 1차적으로 독립유공자 및 그 유족에 대한 국가보은적 성격을 띠고 있고 2차적으로는 사회보장적 성격을 띤 것이라 볼 수 있다(헌재 1997. 6. 26. 94헌마52, 판례집 9-1, 658).

(나) 독립유공자의 대상요건

독립유공자법은 순국선열 또는 애국지사에 해당하는 독립유공자, 그 유족 또는 가족에 대하여는 독립유공자법에 따른 예우를 받도록 하고 있다. 먼저 순국선열은 일제의 국권침탈 전후로부터 1945년 8월 14일까지 국내외에서 일제의 국권침탈을 반대하거나 독립운동을 위하여 일제에 항거하다가 그 반대나 항거로 인하여 순국한 자로서, 그 공로로 건국훈장 등을 받은 자(제4조 제1호), 애국지사는 일제의 국권침탈 전후로부터 1945년 8월 14일까지 국내외에서 일제의 국권침탈을 반대하거나 독립운동을 위하여 일제에 항거한 사실이 있는 자로서, 그 공로로 건국훈장 등을 받은 자(제4조 제2호)이다.

(다) 서훈 확정 절차

1) 일반적 절차

훈장수여에 관하여 헌법 제80조는 "대통령은 법률이 정하는 바에 의하여 훈장 기타의 영전을 수여한다."고 규정하고 있고, 이에 따라 상훈법 및 그 시행령은 훈장 및 포장의 종류와 서훈의 기준, 절차 등에 관하여 규정하고 있는바, 위 규정에 의하 면 서훈은 대통령의 권한으로서 서훈 여부는 대통령이 그 재량에 의하여 독자적으로 결정하는 것이므로, 훈장을 수여하여 줄 것을 요구할 수 있는 법규상 또는 조리상 권리는 없다(헌재 2005. 6. 30. 2004헌마859, 판례집 17-1, 1021-1022).

따라서 각 중앙행정기관의 장 등 서훈 추천권자가 각 부처 공적심사위원회의 심사를 거쳐 행정안전부에 서훈을 추천하면(상훈법 제5조) 국무회의의 심의를 거쳐 대통령이 서훈대상자를 결정하게 된다(제7조).

2) 독립유공자 포상절차

독립유공자 포상방법에는 정부가 공적을 발굴 조사하여 포상을 실시하는 발굴포상과 독립운동가 본인이나 그 후손 등이 정부에 공적사실을 제출하면 그 사실 여부를 검증한 후 독립유공자로 포상하는 신청포상 방법이 있다. 소정의 구비서류 가 접수되면 국가보훈처에서 위촉한 위원으로 구성된 독립유공자서훈공적심사 위원회의 심사에 부의하여 포상 여부와 훈격을 심의하게 된다.

독립유공자서훈공적심사위원회는 생존애국지사, 독립운동사 관련 전공교수 등 50명 내외로 구성되며 제1공적심사위원회와 제2공적심사위원회로 구분되어 있다. 제1공적심사위원회는 전문적이고 심층적인 공적심사를 위하여 독립운동 분야와 계열 등을 감안하여 2개 이상의 분과위원회로 운영된다. 한편 특별한 사안에 대한 심의를 위해 합동공적심사위원회를 운영한다. 각 분과위원회는 13인 이내로 구성되고 합동공적심사위원회 위원은 30인 이내로 한다. 각 분과위원회 위원과 제2공적심사위원회 위원은 독립운동 관련 분야를 다년간 연구했거나 대학, 연구기관 등에서 한국 근·현대사를 연구한 사람 및 정치, 사회, 언론분야 등의 전문가 중에서 관련단체, 학회 등의 추천을 받아 매년 위촉된다. 각 분과위원회에서 서훈키로 의결한 사안과 서훈 여부 결정이 어려운 사안은 제2공적심사위원회에서 다시 심사하게 된다. 합동공적심사위원회에서는 각 분과위원회와 제2공적심사위원회의 의결 훈격이 상이한 경우 등과 같이 제2공적심사위원회에서 전체적인 의견을 모아 별도의 논의가 필요하다고 판단하여 상정하는 사안을 심사하게 된다.

독립유공자서훈공적심사위원회에서는 심사대상의 공적사항과 독립운동에 미친 기여도 및 희생도, 독립운동 당시의 지위, 사망시까지의 행적 등 다양한 요소를 신청인이 제출한 자료와 국가보훈처에서 발굴해낸 관련 자료 등에 근거하여 개개인에 대한 검증을 거쳐 포상여부와 훈격을 심사한다. 이렇게 심사를 거쳐 훈격이 부여된 자는 정부 포상을 위해 상훈법 제5조, 그 시행령 제12조 및 정부 표창규정 제14조에 따라 행정안전부에 추천을 하여 국무회의 심의와 대통령의 재가로 서훈이 확정되어 포상이 이루어진다.

(3) 이 사건 심판대상조항의 의미

이 사건 심판대상조항은 독립유공자법 적용대상자 중 하나인 애국지사의 요건으로 '일제의 국권침탈 전후로부터 1945년 8월 14일까지 국내외에서 일제의 국권침탈을 반대하거나 독립운동을 위하여 일제에 항거한 사실'이 있는 자로서, '그 공로로 건국훈장 등'을 받을 것을 요구하고 있다.

위 법 제정 당시에는 적용대상자의 상훈과 관련하여 건국훈장을 받은 자에 한정하여 규정하였으나, 2000. 12. 30. 제3차 개정 당시 건국훈장은 물론 건국포장, 대통령 표창을 받은 자까지 그 상훈의 범위를 확대한 후 국어순화작업의 일환으로 자구의 수정만 거쳐 현재에 이르고 있다.

따라서 이 사건 심판대상조항에 의하면, 설사 독립운동을 한 사실이 있다고 할지라도 그 공로로 건국훈장 등을 받지 못한 경우에는 독립유공자 법의 적용대상자로 등록되지 못하게 되므로 그에 따른 예우를 받을 수 없게 된다.

한편 상훈법을 보면, 대한민국훈장 및 포장은 대한민국국민이나 우방국민으로서 대한민국에 뚜렷한 공을 세운 자에게 수여한다고 서훈의 원칙을 천명하고(제2조) 서훈의 기준은 서훈대상자의 공적내용, 그 공적이 국가사회에 미친 효과의 정도 및 지위 기타 사항을 참작하여 결정한다고 규정하고 있을 뿐(제3조) 상훈법과 그 시행령의 규정들을 살펴보아도 '공적이 국가사회에 미친 효과의 정도 및 지위' 및 '기타사항'이 구체적으로 무엇을 말하는지에 관하여는 아무런 규정이 없다.

이것은 입법의 불비라기보다는 서훈심사기준의 성격이 포괄적, 종합적, 비획일적임을 말하는 것으로 특히 독립유공자에 대한 공적심사는 그 심사대상이 광범위할 뿐만 아니라 개별적 사안마다 고려해야 할 특수한 사항이 다양하여 획일적·산술적 기준으로만 평가하기가 곤란한 특성이 있음을 말해 주는 것이다(헌재 1997. 4. 24. 92헌마47 판례집 9-1, 456-457 참조).

나. 독립유공자 및 그 유족의 예우에 대한 국가의 입법형성의 범위 및 한계

(1) 청구인의 주장

청구인은, 독립유공자에 대한 예우는 헌법이 보장하고 있음에도 불구하고 이 사건 심판대상조항이 자유재량행위인 훈장 등의 수여를 독립유공자 등록의 요건으로 규정함으로써 독립 운동을 한 청구인의 망부가 상훈을 수여받지 못하게 되었고, 그 결과 독립유공자로 등록되지 못하여 독립유공자로서 예우받을 사회적 기본권을 침해받았으며, 나아가 그 유족인 청구 인도 독립유공자법에 따른 예우를 받을 사회적 기본권이 침해되었다고 주장한 다.

(2) 심사기준

국가를 위해 희생한 유공자에 대한 보상의 원칙은 일반적으로 '공헌'과 '희생'의 두 가지에 의해 설정된다. 보훈의 대상인 국가유공자에는 독립유공자뿐만 아니라 전몰군경 등 다양한 유형이 포함되어 있으므로, 국가유공자들에 대한 보훈도 공헌도와 희생도에 따라 차별화 될 수밖에 없다 . 이러한 공헌도와 희생도에 따른 보훈의 원칙은 국가보훈기본법의 목적과 기본이념 에도 잘 나타나 있다(제1조, 제2조).

공헌도의 측면에서 독립유공자를 보면, '국권의 회복'이라는 공헌은 어느 유형의 국가유공에 못지 않게 높이 평가되어야 한다. 국권의 수호와 회복을 위한 희생이 없었다면 오늘의 대한민국이 존재하지 않았을 것이기 때문 이다. 또한 그 희생이 갖는 역사적 의의, 사회적 영향 및 후세대에 대한 교육적 효과 등에 있어서도 독립유공은 높은 가치를 갖는다.

다음으로 희생도 측면에서 보면, 다른 국가유공자들 대부분이 군인 혹은 공직의 신분을 가진 자로서 국가적 책무를 수행하기 위해 희생된 의무적 희생이라고 한다면, 독립유공자는 신분적 의무도 없이 국권수호를 위해 공헌한 자발적 희생이므로, 그 희생도에 있어서도 다른 국가유공자들에 비해 결코 뒤지지 않는다 할 것이다. 희생이 이루어질 당시의 상황적 배경이 1910년 소위 한일합방 이전부터로서 국권상실로 인하여 국가에 의한 보호를 받지 못하는 시기였던 점을 고려해 보면, 독립유공자에 대한 보훈은 다른 국가유공자와 비교하여 적어도 같은 수준으로 보장해 줄 필요가 있다.

이처럼 국가는 일제로부터 조국의 자주독립을 위하여 공헌한 독립유공자와 그 유족에 대하여 응분의 예우를 해 주어야 할 헌법적 의무를 지닌다고 보아야 할 것이나, 다만 그러한 의무는 국가가 독립유공자의 인정절차를 합리적으로 마련하고 독립유공자에 대한 기본적 예우를 해주어야 한다는 것을 뜻할 뿐이며, 당사자가 주장하는 특정인을 반드시 독립유공자로 인정하여야 한다는 것을 뜻할 수는 없다(헌재 2005. 6. 30. 2004헌마859, 판례집 17-1, 1016, 1020 참조). 즉, 독립유공자의 구체적 인정절차는 입법자가 헌법의 취지에 반하지 않는 한 입법재량을 가지는 영역에 해당된다고 할 것이다.

그러나 헌법이 국가에게 위와 같은 의무를 부여하고 있는 이상 만일 국가가 이를 제대로 이행하지 않는다면 위 헌법규정 들에 의하여 도출되는 독립유공자 및 그 유족의 사회보장수급권은 소권(訴權)으로 서 작용한다고 볼 것이다. 즉, 위 사회보장수급권은 사회적 기본권의 하나로서 헌법 규정만으로는 이를 실현 할 수 없고 법률에 의한 형성을 필요로 하므로 입법자가 국가의 재정능력, 국민 전체의 소득 및 생활수준, 기타 여러 가지 사회적 · 경제적 여건 등을 종합하여 합리적인 수준에서 그 내용을 결정할 수 있지만, 그 결정이 현저히 자의적이거나, 사회적 기본권의 최소한도 의 내용마저 보장하지 않으면 헌법에 위반되는 것이다(헌재 2001. 9. 27. 2000헌마342, 판례집 13-2, 422, 433 참조).

결국 국가가 독립유공자와 그 유족에 대한 예우에 있어서 최소 한의 합리적인 내용도 이행하지 않거나 현저히 자의적으로 의무를 이행한다면, 그러한 국가의 작위 또는 부작위는 헌법이 보장한 사회보장수급권을 침해하는 것이라고 볼 것이다.

(3) 판단

독립유공자법은 위와 같은 헌법적 취지에서 독립유공자와 그 유족 또는 가족에 대한 예우를 정하고 있는바, 같은 법은 순국선열이나 애국 지사로 인정받기 위해서는 독립운동을 한 공로로 '건국훈장 등을 받은 자'일 것을 요구한다(제4조). 한편 상훈법은 훈장이나 포장의 수여는 공적심사를 거친 후 국가보훈처장 등의 서훈 추천에 따라 국무회의의 심 의 를 거쳐 대통령이 결정하도록 하고(제5조 제1항, 제7조), 대통령 표창을 받기 위해서도 중앙행정기관의 장 등의 추천이 필요하다(정부표창규정 제14조).

앞에서 보았듯이 국가는 독립유공자를 제대로 가려내어 마땅히 그 공헌도에 상응하는 예우를 하여야 할 의무가 있으나, 독립유공자의 구체적 인정절차 는 입법자가 헌법의 취지에 반하지 않는 한 입법재량을 가지는 영역에 해당된다. 그런데 앞의 '독립유공자 포상절차' 항목에서 설시한 바와 같이 그 구체적 인정절차는 독립유공자 선정에 있어서 나름대로 합리적 절차를 마련하고 있다. 또한 일제의 국권침탈 전후로부터 1945년 8월 14일까지 국내외에서 국권침탈을 반대하거나 독립운동을 위하여 일제에 항거한 사실은 오래된 과거의 사실로서 그 객관적인 사실확인도 어려울 뿐더러 일제의 국권침탈이 오랜 기간 전면적으로 이루어졌으므로 위 기간 동안의 객관적 행위사실을 어떻게 평가할 것인가의 가치판단의 문제가 불가피하게 남게 된다. 그러므로 독립운동에 참가했던 사람들 중 사실인정과 가치판단을 거쳐 공로에 따라 상훈을 받은 자에 대해서만 순국선열 또는 애국지사로 등록하게 하는 것은 나름대로 합리성이 있다 할 것이다.

그렇다면 이 사건 심판대상조항이 독립유공자의 등록요건으로 건국훈장 등을 수여받을 것을 요구하고 있는 것이 독립유공자 선정에 있어서 입법형성권의 범위를 벗어나 최소한의 합리적 내용마저 보장하지 아니하였다거나 현저히 자의적으로 행함으로써 독립유공자와 그 유족의 사회보장수급권을 침해하였다고 볼 수 없다.

다. 평등권 침해 여부

(1) 청구인의 주장

청구인은, 이 사건 법률과 입법목적 및 기본이념이 유사한 국가유공자법이 전몰군경 등 의 국가유공자 등록요건으로 건국훈장 등을 요구하고 있지 않은데 반하여, 이 사건 심판대상조항은 독립유공자 등록요건으로 건국훈장 등을 수여 받을 것을 요구하여 독립유공자를 전몰군경 등 국가유공자에 비하여 차별함으로써, 청구인의 평등권을 침해하고 있다고 주장한다.

(2) 심사기준

사회보장법 분야에서 분쟁의 대상이 급부의 여부 혹은 그 정도일 때 해당 헌법 규범의 실현은 국가재정 등 주변 여건에 의존할 수밖에 없다. 그러므로 구체적으로 국가가 독립유공자로서 예우할 보훈의 대상, 범위 및 내용 등을 어떻게 할 것인가는 국가의 경제수준, 재정능력, 전체적인 사회보장의 수준, 국민감정 등을 종합적으로 고려하여 구체적으로 결정해야 하는 입법정책의 문제로서 헌법상의 사회 보장·사회복지 증진의 이념과 국가유공자에 대한 우선적 보호 이념에 명백히 어긋 나는 것이 아닌 한 입법자의 광범위한 입법형성의 자유에 속하는 입법정책의 문제라 할 수 있다.

또한 헌법상 평등의 원칙은 국가가 언제 어디에서 어떤 계층을 대상으로 하여 기본권에 관한 사항이나 제도의 개선을 시작할 것인지를 선택하는 것을 방해하지 않는다. 국가는 합리적인 기준에 따라 능력이 허용하는 범위 내에서 법적 가치의 상향적 구현을 위한 제도의 단계적인 개선을 추진할 수 있는 길을 선택할 수 있어야 한다. 그것이 허용되지 않는다면 모든 사항과 계층을 대상으로 하여 동시에 제도의 개선을 추진하는 예외적인 경우를 제외하고는 어떠한 제도의 개선도 허용되지 않을 것이기 때문이다(헌재 2006. 6. 29. 2006헌마87 판례집 18-1하, 510, 524 참조).

한편 평등권 위반여부의 심사에 있어서 엄격심사에 의할 것인지, 완화된 심사에 의할 것인지는 입법자 내지 입법의 위임을 받은 행정부에게 인정되는 형성의 자유 정도에 따라 달라진다 할 것인데(헌재 2008. 12. 26. 2007헌마444, 판례집 20-2하 831 ; 헌재 2004. 10. 28. 2002헌마328, 판례집 16-2하, 195, 210 참조), 이 사건 심판대상조항으로 인한 차별대상은 헌법에서 특별히 평등을 요구하는 경우에 해당한다고 볼 수 없고, 독립유공자 선정의 구체적 방법에 대하여는 입법자의 광범위한 입법형성의 자유가 부여된다는 점을 고려하면, 이에 대한 평등심사는 완화된 심사기준인 자의금지원칙을 적용함이 상당하다.

자의금지원칙에 관한 심사요건은 첫째, 본질적으로 동일한 것을 다르게 취급하고 있는지에 관한 차별취급의 존재 여부, 둘째, 이러한 차별취급이 존재한다면 이를 자의적인 것으로 볼 수 있는지 여부라고 할 수 있다. 첫째 요건과 관련하여 두 개의 비교집단이 본질적으로 동일한가의 판단은 일반적으로 관련 헌법규정과 당해 법 규정의 의미와 목적에 달려 있고, 둘째 요건과 관련하여 차별취급의 자의성은 합리적인 이유가 결여된 것을 의미하므로, 차별대우를 정당화하는 객관적 이고 합리적인 이유가 존재한다면 차별대우는 자의적인 것이 아니게 된다(헌재 2003. 1. 30. 2001헌마 64, 판례집 15-1, 48-49 참조).

(3) 구체적 검토

(가) 차별의 발생

독립유공자와 전몰군경 등은 국가에 대한 공헌과 희생을 근거로 예우의 대상이 된다는 점에서 본질적으로 유사한 집단이라고 할 것인바, 전몰군경 등은 사망이나 신체장애 등을 등록요건으로 하고 있을 뿐 상훈을 요건으로 하고 있지 아니한 반면, 독립유공자법상 애국지사는 일제의 국권침탈을 반대하거나 독립운동을 하기 위하여 항거한 사실이 있는 자로서 그 공로로 상훈을 받을 것을 등록요건으로 하고 있으므로, 대상 선정 방법에 있어 차별이 발생한다.

(나) 차별취급의 합리성

'전몰군경 등' 중 전몰군경은 군인이나 경찰공무원으로서 전투 또는 이에 준하는 직무수행 중 사망한 자 및 전투 또는 이에 준하는 직무수행 중 상이를 입고 전역 또는 퇴직한 후 그 상이로 인하여 사망하였다고 의학적으로 인정된 자, 전상군경은 전투 또는 직무수행 중 상이를 입고 전역하거나 퇴직한 자로서 그 상이정도가 일정 상이 등급에 해당하는 신체의 장애를 입은 것으로 판정된 자, 순직군경은 교육훈련 또는 직무수행 중 사망하였거나 상이를 입고 전역하거나 퇴직한 후 그 상이로 인하여 사망하였다고 의학적으로 인정된 자, 공상군경은 그 상이정도가 일정 등급에 해당하는 신체장애를 입은 것으로 판정된 자, 순직공무원은 공무로 인하여 사망 또는 상이를 입고 퇴직한 후 그 상이로 인하여 사망하였다고 의학적으로 인정된 자이다.

이처럼 전몰군경 등은 독립유공자와 구체적 유공 내용에 있어서 차이가 존재한다. 애국지사는 일제의 국권침탈을 반대하거나 독립운동을 위하여 일제에 항거한 사실이라는 '공헌'에 그 예우의 핵심이 있는 반면, 전몰군경 등은 직무수행 중 사망 또는 상이라는 '희생'에 그 예우의 핵심이 있다. 따라서 사망 또는 상이라는 보다 객관적인 희생을 평가함에 있어서는 직무로 인한 사망 또는 상이 사실, 상이정도의 객관적 평가 등이 중요한 판단 기준이 된다.

또한 전몰군경 등의 경우에는 독립유공자보다 사망·상이로 인한 본인 또는 유가족의 생활의 어려움이 현재적·직접적으로 발생하므로 국가가 별도의 상훈절차 없이 객관적 사망 또는 상이정도에 따라 예우하는 것에 합리적 이유가 있다.

나아가 전몰군경 등에 관하여는 대상자 및 행위태양을 미리 구체적으로 지정하는 것이 가능하고 사실관계 확인이나 평가가 상대적으로 용이한데 반하여, 독립유공자는 대상자와 행위 태양이 다양하고 사실관계 확인이나 평가가 그리 쉽지 아니하므로 독립유공자로 인정하기 전에 상훈 수여를 위한 일정한 심사와 평가를 거치도록 하는 것도 합리적이라고 할 것이다.

한편 국가유공자 중 무공수훈자와 보국수훈자의 경우에는 '무공훈장을 받은 자' 및 '보국훈장을 받은 자'로 규정하여(국가유공자법 제4조 제1항 제7호, 제8호) 군인 중 특별한 공훈을 세워 상훈을 받은 자에 한정하고 있으므로, 독립유공자의 경우에만 상훈을 요건으로 유공자등록을 허용하는 것은 아니다.

위와 같은 점을 종합해 보면, 독립유공자의 등록요건으로 건국훈장 등을 수여받을 것을 요구함으로써 독립유공자를 전몰군경 등 국가유공자와 차별하는 것에는 합리적인 이유가 있다고 할 것이다.

(4) 소결

결국 이 사건 심판대상조항이 독립유공자를 전몰군경 등 국가유공자에 비하여 자의적으로 차별함으로써 청구인의 평등권을 침해하였다고 볼 수 없다.

4. 결 론

그렇다면 이 사건 심판대상조항은 헌법에 위반되지 아니하므로 관여 재판관 전원의 일치된 의견으로 주문과 같이 결정한다.

재판관 이강국(재판장) 조대현 김희옥 김종대 민형기 이동흡 목영준 송두환

[별지] 관련조항

독립유공자예우에 관한 법률(2008. 3. 28. 법률 제9083호로 개정된 것) 제4조(적용 대상자) 다음 각 호의 어느 하나에 해당하는 독립유공자, 그 유족 또는 가족은 이 법에 따른 예우를 받는다.

1. 순국선열: 일제의 국권침탈(國權侵奪) 전후로부터 1945년 8월 14일까지 국내외에서 일제의 국권침탈을 반대하거나 독립운동을 위하여 일제에 항거하다가 그 반대나 항거로 인하여 순국한 자로서, 그 공로로 건국훈장(建國勳章)·건국포장(建國褒章) 또는 대통령 표창을 받은 자

제6조(등록 및 결정) ① 독립유공자, 그 유족 또는 가족으로서 이 법의 적용 대상자가 되려는 자는 대통령령으로 정하는 바에 따라 국가보훈처장에게 등록을 신청하여야 한다. ② 국가보훈처장은 제1항에 따른 등록신청을 받은 때에는 대통령령으로 정하는 바에 따라 독립유공자의 요건과 그 유족 또는 가족으로서의 요건을 확인한 후 「국가유공자 등 예우 및 지원에 관한 법률」 제82조에 따른 보훈심사위원회(이하 "보훈심사위원회"라 한다)의 심의·의결을 거쳐 이 법의 적용 대상자로 결정한다. 다만, 독립유공자 등의 요건이 객관적인 사실에 의하여 확인된 경우로서 대통 령령으로 정하는 경우에는 보훈심사위원회의 심의·의결을 거치지 아니할 수 있다.

국가유공자등 예우 및 지원에 관한 법률(2008. 3. 28. 법률 제9079호로 개정된 것) 제4조(적용 대상 국가유공자) ① 다음 각 호의 어느 하나에 해당하는 국가유공자와 그 유족 등(다른 법률에서 이 법에 규정된 예우 등을 받도록 규정된 자를 포함한다)은 이 법에 따른 예우를 받는다.

1. 순국선열: 「독립유공자예우에 관한 법률」 제4조 제1호에 따른 순국선열
2. 애국지사: 「독립유공자예우에 관한 법률」 제4조 제2호에 따른 애국지사
3. 전몰군경(戰歿軍警): 다음 각 목의 어느 하나에 해당하는 자
가. 군인이나 경찰공무원으로서 전투 또는 이에 준하는 직무수행 중 사망한 자[군무원(軍務員)으로서 1959년 12월 31일 이전에 전투 또는 이에 준하는 직무수행 중 사망한 자를 포함한다]

나. 군인이나 경찰공무원으로서 전투 또는 이에 준하는 직무수행 중 상이(傷痍)를 입고 전역(퇴역 · 면역 또는 상근예비역 소집해제를 포함한다. 이하 같다) 또는 퇴직(면직을 포함한다. 이하 같다)한 후 제6조 제1항에 따른 등록신청 이전에 그 상이로 인하여 사망하였다고 의학적으로 인정된 자(군무원으로서 1959년 12월 31일 이전에 전투 또는 이에 준하는 직무수행 중 상이를 입고 퇴직한 후 제6조 제1항에 따른 등록신청 이전에 그 상이로 인하여 사망하였다고 의학적으로 인정된 자를 포함한다)

4. 전상군경(戰傷軍警): 군인이나 경찰공무원으로서 전투 또는 이에 준하는 직무수행 중 상이를 입고 전역(轉役)하거나 퇴직한 자(군무원으로서 1959년 12월 31일 이전에 전투 또는 이에 준하는 직무수행 중 상이를 입고 퇴직한 자를 포함한다)로서 그 상이정도가 국가보훈처장이 실시하는 신체검사에서 제6조의4에 따른 상이등급에 해당하는 신체의 장애를 입은 것으로 판정된 자

5. 순직군경(殉職軍警): 다음 각 목의 어느 하나에 해당하는 자

가. 군인이나 경찰공무원으로서 교육훈련 또는 직무수행 중 사망한 자(공무상의 질병으로 사망한 자를 포함한다)

나. 군인이나 경찰공무원으로서 교육훈련 또는 직무수행 중 상이(공무상의 질병을 포함한다. 이하 이 목에서 같다)를 입고 전역하거나 퇴직한 후 제6조 제1항에 따른 등록신청 이전에 그 상이로 인하여 사망하였다고 의학적으로 인정된 자

6. 공상군경(公傷軍警): 군인이나 경찰공무원으로서 교육훈련 또는 직무수행 중 상이(공무상의 질병을 포함한다)를 입고 전역하거나 퇴직한 자로서 그 상이정도가 국가보훈처장이 실시하는 신체검사에서 제6조의4에 따른 상이등급에 해당하는 신체의 장애를 입은 것으로 판정된 자

7.무공수훈자(武功受勳者): 무공훈장을 받은 자

8.보국수훈자(保國受勳者): 보국훈장을 받은 자

9. 6·25참전 재일학도의용군인(在日學徒義勇軍人)(이하 "재일학도의용군인"이라 한다): 대한민국 국민으로서 일본에 거주하던 자로서 1950년 6월 25일부터 1953년 7월 27일까지의 사이에 국군이나 유엔군에 지원 입대하여 6·25전쟁에 참전하고 제대한 자(파면된 자나 형을 선고받고 제대된 자는 제외한다)

9의2. 6·25전쟁 참전유공자: 「참전유공자예우에 관한 법률」 제2조 제2호 가목 및 다목부터

마목까지의 규정 중 어느 하나에 해당하는 사람으로서 같은 법 제5조에 따라 등록된 자. 다만, 라목에 해당하는 사람은 6·25전쟁에 참전한 자에 한한다.

10. 4·19혁명사망자: 1960년 4월 19일을 전후한 혁명에 참가하여 사망한 자

11. 4·19혁명부상자: 1960년 4월 19일을 전후한 혁명에 참가하여 상이를 입은 자로서 그 상이정도가 국가보훈처장이 실시하는 신체검사에서 제6조의4에 따른 상이등급에 해당하는 신체의 장애를 입은 것으로 판정된 자

12. 4·19혁명공로자: 1960년 4월 19일을 전후한 혁명에 참가한 자 중 제10호와 제11호에 해당하지 아니하는 자로서 건국포장(建國褒章)을 받은 자

13. 순직공무원: 다음 각 목의 어느 하나에 해당하는 자

가. 「국가공무원법」 제2조 및 「지방공무원법」 제2조에 규정된 공무원(군인과 경찰공무원은 제외한다)과 국가나 지방자치단체에서 일상적으로 공무에 종사하는 대통령령으로 정하는 직원으로서 공무로 인하여 사망한 자(공무상의 질병으로 인하여 사망한 자를 포함한다)

나. 「국가공무원법」 제2조 및 「지방공무원법」 제2조에 규정된 공무원(군인과 경찰공무원은 제외한다)과 국가나 지방자치단체에서 일상적으로 공무에 종사하는 대통령령으로 정하는 직원 으로서 공무로 인하여 상이(공무상의 질병을 포함한다. 이하 이 목에서 같다)를 입고 퇴직한 후 제6조 제1항에 따른 등록 신청 이전에 그 상이로 인하여 사망하였다고 의학적으로 인정된 자

14. 공상공무원: 「국가공무원법」 제2조 및 「지방공무원법」 제2조에 규정된 공무원(군인과 경찰공무원은 제외한다)과 국가나 지방자치단체에서 일상적으로 공무에 종사하는 대통령령으로 정하는 직원으로서 공무로 인하여 상이 (공무상의 질병을 포함한다)를 입고 퇴직한 자로서 그 상이정도가 국가보훈처장이 실시하는 신체검사에서 제6조의4에 따른 상이등급에 해당하는 신체의 장애를 입은 것으로 판정된 자

15. 국가사회발전 특별공로순직자(이하 "특별공로순직자"라 한다): 국가사회발전에 현저한 공이 있는 자 중 그 공로와 관련되어 순직한 자로서 국무회의에서 이 법의 적용 대상자로 의결된 자

16. 국가사회발전 특별공로상이자(이하 "특별공로상이자"라 한다): 국가사회발전에 현저한 공이 있는 자 중 그 공로와 관련되어 상이를 입은 자로서 그 상이정도가 국가보훈처장이 실시하는 신체검사에서 제6조의4에 따른 상이등급에 해당하는 신체의 장애를 입은 것으로 판정되어 국무회의에서 이 법의 적용 대상자로 의결된 자

17. 국가사회발전 특별공로자(이하 "특별공로자"라 한다): 국가사회발전에 현저한 공이 있는 자 중 제15호와 제16호에 해당하지 아니하는 자로서 국무회의에서 이 법의 적용 대상자로 의결된 자

② 제1항을 적용함에 있어서 다음 각 호의 사항에 관한 구체적인 기준과 범위는 대통령령으로 정한다.

1. 제1항 제3호 가목: 전투 또는 이에 준하는 직무수행 중 사망한 자

2. 제1항 제3호 나목 및 제4호: 전투 또는 이에 준하는 직무수행 중 상이를 입은 자 또는 상이를 입고 그 상이로 인하여 사망하였다고 의학적으로 인정된 자

3. 제1항 제5호 가목: 교육훈련 또는 직무수행 중 사망한 자(공무상의 질병으로 사망한 자를 포함한다)

4. 제1항 제5호 나목 및 제6호: 교육훈련 또는 직무수행 중 상이(공무상의 질병을 포함한다. 이하 이 호에서 같다)를 입은 자 또는 상이를 입고 그 상이로 인하여 사망하였다고 의학적으로 인정된 자

5. 제1항 제13호 가목: 공무로 인하여 사망한 자(공무상의 질병으로 인하여 사망한 자를 포함한다)

6. 제1항 제13호 나목 및 제14호: 공무로 인하여 상이(공무상의 질병을 포함한다. 이하 이 호에서 같다)를 입은 자 또는 상이를 입고 그 상이로 인하여 사망하였다고 의학적으로 인정된 자

③ 삭제 <2002.1.26>

④ 제1항에도 불구하고 제1항 제1호 및 제2호에 따른 순국선열·애국지사의 예우에 필요한 사항은 따로 법률로 정한다.

⑤ 제1항에도 불구하고 제1항 제9호의2에 따른 6·25전쟁 참전유공자의 예우에 관하여는 「참전유공자예우에 관한 법률」로 정하는 바에 따른다.

상훈법(2008. 2. 29. 법률 제8852호로 개정된 것) 제2조(서훈의 원칙) 대한민국훈장 및 포장(이하 "훈장"이라 한다. 다만, 제9조 내지 제27조에 있어서는 예외로 한다)은 대한민국국민이나 우방국민으로서 대한민국에 뚜렷한 공적을 세운 자에게 수여한다.

제3조(서훈기준) 서훈기준은 서훈대상자의 공적내용, 그 공적이 국가사회에 미친 효과의 정도 및 지위 기타 사항을 참작하여 결정한다.

제5조(서훈의 추천) ① 서훈의 추천은 중앙행정기관의 장(대통령직속기관 및 국무총리직속기관의 장을 포함한다), 국회사무총장, 법원행정처장, 헌법재판소사무처장 및 중앙선거관리위원회사무총장이 행한다. ② 제1항에 규정된 추천권자의 소관에 속하지 아니하는 서훈의 추천은 행정안전부장관이 행한다. ③ 서훈의 추천을 하고자 할 때에는 대통령령이 정하는 바에 따라 공적심사를 거쳐야 한다.

제7조(서훈의 확정) 서훈대상자는 국무회의의 심의를 거쳐 대통령이 결정한다.

독립유공자서훈 공적심사위원회 운영규정(2006. 1. 31. 국가보훈처훈령 제786호로 개정된 것) **제2조(설치)** ① 독립운동의 공로가 있는 자를 건국훈장·건국포장 또는 대통령표창의 수여대상자로 추천함에 있어 공적심사의 공정성과 적정성을 기하기 위하여 국가보훈처장(이하 "처장"이라 한다) 소속 하에 독립유공자서훈 공적심사위원회(이하 "공적심사위원회"라 한다)를 둔다. ② 공적심사위원회는 제1공적심사위원회, 제2공적심사위원회를 두되, 제1공적심사위원회에는 전문적이고 심층적인 공적심사를 위하여 독립운동분야와 계열 등을 감안하여 2개 이상의 분과위원회로 운영한다. ③ 특별한 사안에 대한 심의를 위해 필요시 합동공적심사위원회를 운영한다.

제3조(구성) ① 제1공적심사위원회의 각 분과위원회(이하 "각 분과위원회"라 한다.)위원은 위원장을 포함한 13인 이내로 구성하고, 제2공적심사위원회 위원은 위원장을 포함한 21인 이내의 위원으로 구성하며, 합동공적심사위원회 위원은 30인 이내로 하되, 제2공적심사위원과 각 분과위원회 위원장이 지정하는 각 분과위원회 위원으로 구성한다. ② 생략 ③ 각 분과위원회 위원과 제2공적심사위원회 위원은 독립운동 관련 분야를 다년간 연구했거나 대학과 연구기관 등에서 한국 근·현대사를 연구한 사람과 정치·사회·언론분야 등의 전문가 중에서 관련단체, 학회 등의 추천을 받아 처장이 매년 위촉한다.

헌재 2006. 7. 11. 2006헌마747

헌 법 재 판 소

제3지정재판부

결 정

사 건   2006헌마747   독립유공자 훈격 재심사 불실시 위헌확인

청 구 인   허 ○ 근 외 2인

피 청 구 인   1. 대통령

2. 국가보훈처장

주 문

이 사건 심판청구를 각하한다.

이 유

1. 사건의 개요

청구인들의 조부인 망 허○용은 일제시대 3.1 만세운동과 관련하여 징역 8월을 선고받았으나 실옥고 기간은 1년 1월 15일이었다. 청구인들은 위와 같은 사실에 기초하여 2005. 7. 11. 국가보훈처 수원지청에 위 허○용에 대한 독립유공자 포상을 신청하였는바, 국가보훈처는 2006. 2. 22.자 공문으로 2006. 3. 1.을 기하여 위 허○용에게 "건국포장"을 포상하기로 결정하였다는 통보를 하였다.

청구인들은 2006. 3. 2. 위 허○용의 실옥고 기간인 1년 1월 15일에 해당하는 포상은 위 건국포장의 상위단계인 "건국훈장 애족장"인데도 건국포장을 포상하기로 결정한 것은 부당하므로 그 훈격을 건국훈장 애족장으로 변경해 달라는 요청을 하였는바,

국가보훈처장은 2006. 3. 7.자 공문으로 독립유공자에 대한 훈격은 독립운동사에의 기여도와 희생도, 행적 등에 대해 독립유공자공적심사위원회의 심도 있는 논의를 거쳐 결정하는 것으로, 위 허○용의 훈격도 수형기간과 실옥고기간 등에 대해 위 심사위원회에서 논의하여 결정한 것이라는 내용의 '민원회신'을 하였다.

청구인은 다시 2006. 4. 10. 위 허○용의 훈격이 다른 사례와 비교하여 낮으니 공적을 재심사하여 달라는 내용의 '훈격재심사 및 변경요청'을 하였는바, 국가보훈처는 2006. 4. 17.자 공문으로 현재 독립유공자 포상업무는 자료의 미비 등으로 아직 포상되지 못한 분이 많은 관계로 신규포상에 주력하고 있고 이미 포상받은 분의 훈격재심사는 원칙적으로 실시하지 않고 있으며, 위 허○용은 금년도 독립유공자공적심사위원회가 심사기준에 입각하고 동인의 기여도와 희생도를 종합적으로 평가하여 건국포장을 포상한 것이므로 훈격에 대한 재심사를 할 수 없다는 내용의 '민원회신'을 하였다.

이에 청구인들은 2006. 6. 27. 국가보훈처장이 위와 같은 청구인들의 2006. 4. 10.자 훈격재심사 및 변경요청에 대하여 이를 거부하고 있는 부작위로 말미암아 청구인들의 헌법상 보장된 청원권이 침해되었다고 주장하며 이 사건 헌법소원심판을 청구하였다.

2. 판단

가. 행정권력의 부작위가 헌법소원의 대상이 되기 위한 요건

이 사건은 청구인들의 위 허○용에 대한 훈격재심사 청원에 대하여 피청구인들이 이를 거부 내지 방치한 행정권력의 부작위에 대한 헌법소원이다.

헌법재판소법 제68조 제1항에 의하면 공권력의 행사뿐만 아니라 불행사도 헌법소원의 대상이 될 수 있지만, 행정권력의 부작위에 대한 헌법소원은 공권력의 주체에게 헌법에서 유래하는 작위의무가 특별히 구체적으로 규정되어 이에 의거하여 기본권의 주체가 행정행위 내지 공권력의 행사를 청구할 수 있음에도 공권력의 주체가 그 의무를 해태하는 경우에 한하여 허용된다고 하는 것이 우리 재판소의 확립된 판례이다(헌재 1991. 9. 16. 89헌마163, 판례집 3, 505, 513; 헌재 2000. 3. 30. 98헌마206, 판례집 12-1, 393, 401 등 참조).

나. 작위의무의 존재 여부

헌법 제26조 제1항은 "모든 국민은 법률이 정하는 바에 의하여 국가기관에 문서로 청원할 권리를 가진다."라고 규정하고 있고, 제2항은 "국가는 청원에 대하여 심사할 의무를 진다."라고 규정하고 있다. 한편, 청원법 제9조의 규정에 의하면 청원을 수리한 기관은 성실하고 공정하게 청원을 심사·처리하여야 하고(제1항), 청원을 관장하는 기관이 청원을 접수한 때에는 특별한 사유가 없는 한 90일 이내에 그 처리결과를 청원인에게 통지하여야 한다(제2항).

헌법 제26조와 청원법의 규정에 의할 때, 헌법상 보장된 청원권은 공권력과의 관계에서 일어나는 여러 가지 이해관계, 의견, 희망 등에 관하여 적법한 청원을 한 모든 국민에게, 국가기관이 청원을 수리·심사하여 그 결과를 통지할 것을 요구할 수 있는 권리를 말한다(헌재 2004. 5. 27. 2003헌마851, 판례집 16-1, 699, 703).

그렇다면 피청구인 국가보훈처장은 청구인들의 위 2006. 4. 10.자 청원에 대하여 이를 수리·심사하여 그 결과를 통지하여야 할 헌법에서 유래하는 작위의무를 지고 있고, 이에 상응하여 청구인들에게는 청원에 대하여 위와 같은 적정한 처리를 할 것을 요구할 수 있는 권리가 있다고 할 것이다.

다. 공권력의 불행사의 존재 여부

앞에서 본 바와 같이 청원서를 접수한 국가기관은 이를 적정히 처리하여야 할 의무를 부담하나, 그 의무이행은 청원법이 정하는 절차와 범위 내에서 청원사항을 성실·공정·신속히 심사하고 청원인에게 그 청원을 어떻게 처리하였거나 처리하려 하는지를 알 수 있을 정도로 결과통지함으로써 충분하다고 할 것이다. 적법한 청원에 대하여 국가기관이 수리·심사하여 그 결과를 청원인에게 통지하였다면 이로써 당해 국가기관은 헌법 및 청원법상의 의무이행을 필한 것이라 할 것이고, 비록 그 처리내용이 청원인이 기대한 바에 미치지 않는다고 하더라도 헌법소원의 대상이 되는 공권력의 불행사가 있다고 볼수 없다(헌재 1994. 2. 24. 93헌마213등, 판례집 6-1, 183, 190).

이 사건 기록에 의하면, 청구인들은 2006. 4. 10. 피청구인 국가보훈처장에게 위 허○용에 대한 훈격재심사를 요구하는 청원을 하였고, 피청구인 국가보훈처장은 같은 달 17. 청구인들에게 "현재 독립유공자 포상업무는 자료의 미비 등으로 아직 포상되지 못한 분이 많은 관계로 신규포상에 주력하고 있으며 이미 포상받은 분의 훈격재심사를 원칙적으로 실시하지 않고 있습니다. 또한 허○용 선생은 금년도 독립유공자공적심사위원회가 심사기준에 입각하고 허○용 선생의 기여도와 희생도를 종합적으로 평가하여 건국포장을 드린 것이므로 훈격에 대한 재심사를 할 수 없음을 알려 드립니다."라는 내용의 민원회신을 한 사실을 인정할 수 있다.

그렇다면 피청구인 국가보훈처장은 청구인들의 청원에 대하여 이를 수리·심사한 후 그 결과를 청구인들에게 통지함으로써 청원에 대한 헌법 및 청원법상의 의무를 다하였다 할 것이고, 비록 동 피청구인의 위와 같은 처리내용이 청구인들의 기대에 미치지 못한다고 하더라도 청구인들의 청원을 방치한 것이라고는 볼 수 없으므로, 헌법소원의 대상이 되는 공권력의 불행사가 있다고 볼 수 없다.

결국 청구인들의 이 부분 심판청구는 피청구인 국가보훈처장에게 작위의무가 인정되기는 하나 그 의무를 다한 것으로 인정되어 헌법소원의 대상이 되는 공권력의 불행사가 존재하지 아니하는 경우에 해당되어 부적법하다고 할 것이다.

라. 피청구인 대통령에 대한 청구부분

청구인들은 심판청구서에서 대통령도 피청구인으로 기재하고 있으나 동 피청구인에 대한 주장은 일체 하지 않고 있다.

살피건대, 헌법 제80조는 "대통령은 법률이 정하는 바에 의하여 훈장 기타의 영전을 수여한다."고 규정하고 있다. 독립유공자 포상은 이 규정과 상훈법 및 동법시행령에서 정한 절차를 거쳐 대통령의 재가를 득하여 실시하고 있는바 이들 규정의 내용을 종합하면, 독립유공자에 대한 포상은 기본적으로 대통령의 재량에 달려 있는 사항이며 달리 헌법은 국민에게 독립유공자 포상 내지 그 훈격의 변경을 요구할 권리를 부여하고 있지 않다. 그렇다면 이 사건에 있어서 피청구인 대통령에게 특정인에 대한 독립유공자 포상 내지는 훈격변경을 하여야 할 헌법상 작위의무가 있다고 볼 수 없다. 한편, 이 사건에서 피청구인 대통령이 위 허○용에 대한 훈격변경을 하지 않고 있는 것은 훈격변경에 앞서 법률상 요구되는 절차가 거부된 것에 기인한 것이며, 이는 그 전제가 되는 법적 절차의 미개시에 따른 것일 뿐 대통령이 공권력의 행사를 하여야 함에도 하지 않고 방치하고 있는 것이라 할 수도 없다(헌재 2005. 6. 30. 2004헌마859, 판례집 17-1, 1016, 1021-1022 참조).

그렇다면 청구인들이 대통령의 훈격재심사 불실시를 다투는 것으로 선해하여 본다고 하더라도 이 부분 심판청구 역시 행정부작위를 다투는 헌법소원으로서 부적법한 것이다.

3. 결 론

이 사건 심판청구는 부적법하므로 헌법재판소법 제72조 제3항 제4호의 규정에 따라 이를 각하하기로 하여 주문과 같이 결정한다.

2006. 7. 11.

재판장　재판관　김 효 종_____

재판관　주 선 회_____

재판관　이 공 현_____

헌재 2010. 3. 9. 2010헌마56

헌 법 재 판 소

제3지정재판부

결   정

사   건   2010헌마56 상훈법 제2조 위헌확인 등

청 구 인   [별지] 목록과 같음

주   문

이 사건 심판청구를 각하한다.

이   유

청구인들은 1967. 8. 22.부터 1968. 9. 12.까지 베트남 전쟁에 참가하여 그 즈음 베트남정부로부터 무공훈장을 수여받았는바, 상훈법 제2조와 제3조가 외국으로부터 무공훈장 등의 영전을 수여받은 해외무공수훈자를 서훈대상자로 규정하지 않고 있는 것과 '국가유공자 등 예우 및 지원에 관한 법률' 제4조가 위와 같은 해외무공수훈자를 국가유공자로 규정하지 않고 있는 것이 청구인들의 평등권 등을 침해하여 헌법에 위반된다고 주장하며 2010. 1. 27. 이 사건 헌법소원심판을 청구하였다.

그러나, 헌법재판소법 제68조 제1항에 의한 헌법소원은 그 사유가 있음을 안 날부터 90일 이내에, 그 사유가 있은 날부터 1년 이내에 청구하여야 하는바(헌법재판소법 제69조 제1항), 상훈법은 1963. 12. 14. 법률 제1519호로 제정되어 1964. 3. 1. 시행되었으므로 상훈법에 의한

청구인들에 대한 기본권 침해는 청구인들이 베트남정부로부터 무공훈장을 수여받은 1968년 즈음에 발생하였다 할 것이고, 그때는 헌법재판소가 창설되기 전이었으므로 헌법재판소가 구성된 1988. 9. 19.을 청구기간의 기산점으로 삼아야 할 것인바(헌재 1995. 3. 23. 91헌마143, 판례집 7-1. 398, 414), 그때로부터 1년이 훨씬 경과한 2010. 1. 27. 청구된 상훈법에 대한 이 사건 심판청구는 청구기간이 도과되어 부적법하다.

또한, '국가유공자 등 예우 및 지원에 관한 법률'은 1984. 8. 2. 법률 제3742호로 제정되어 1985. 1. 1. 시행되었는바, '국가유공자 등 예우 및 지원에 관한 법률'에 의한 청구인들의 기본권 침해는 동 법률이 시행되면서부터 발생하였다고 할 것이므로 이 부분 심판청구 역시 청구기간이 도과되어 부적법하다(헌재 2000. 4. 27. 99헌마76, 판례집 12-1, 556, 565-566 참조).

청구인들은 예비적으로 해외무공수훈자를 국가유공자로 예우 및 지원하는 법령을 제정하지 않은 부작위가 헌법에 위반된다고 주장하나, 헌법규정상 청구인들이 주장하는 것과 같은 입법을 해야 할 명시적인 입법의무가 존재한다고 볼 수 없고 헌법해석상 그러한 구체적 입법의무가 도출된다고 볼 수도 없으므로 이에 대한 심판청구는 헌법소원의 대상이 될 수 없는 입법부작위를 심판대상으로 삼고 있는 것으로서 부적법하다(헌재 2003. 6. 26. 2002헌마624, 판례집 15-1, 810, 820-821 참조).

그렇다면, 이 사건 심판청구는 헌법재판소법 제72조 제3항 제2호 및 같은 항 제4호에 의하여 각하하기로 하여, 관여 재판관 전원의 일치된 의견으로 주문과 같이 결정한다.

2010.   3.   9.

재판장 재판관 조대현
재판관 김종대
재판관 이동흡

18. 서훈심사기준 불공개에 대한 헌법소원

敍勳審査基準 不公開에 대한 憲法訴願

헌재 1997.4.24. 92헌마47 전원재판부

판례집 9-1, 449

【판시사항】

기본권의 침해가 종료되어 權利保護의 利益이 없다고 인정한 사례

【결정요지】

이 사건 헌법소원심판청구의 요지는 청구인이 이 사건 심판청구시까지 여러 차례에 걸쳐 國家報勳處 功績審査委員會의 서훈심사기준을 공개할 것을 요구하였음에도 피청구인인 국가보훈처장이 이를 거부함으로써 청구인의 "알 권리"를 침해하였다는 것인바, 이 사건 심판청구후에 피청구인이 口頭說明과 民願回信을 통하여 공적심사위원회가 내부적 심사기준으로 삼고 있는 獨立有功者에 대한 공적심사의 구체적 기준을 청구인에게 모두 알려준 이상 청구인이 주장하는 기본권의 침해가 종료됨으로써 청구인이 이 사건 헌법소원을 통하여 달성하고자 하는 주관적 목적은 이미 달성되었으므로 그 침해의 원인이 된 공권력의 행사(청구인 주장의 拒否處分)를 취소할 實益이 없어졌다고 할 것이다.

청구인   박 ○ 황

대리인   변호사 이 석 태 외 3인

피청구인   국가보훈처장

【참조판례】

1992. 1. 28. 선고, 91헌마111 결정
1992. 4. 14. 선고, 90헌마82 결정
1997. 3. 27. 선고, 92헌마273 결정

【주　문】
이 사건 심판청구를 각하한다.

【이　유】

1. 사건의 개요와 심판의 대상

가. 사건의 개요

　　청구인은 독립유공자로서 1977년 "대통령표창"을 수여받았다가 1990. 1. 13. 법률
제4222호로 개정된 상훈법 부칙 제2항에 따른 재심사 끝에 "건국훈장 애족장"을 서훈
받게 되었다. 청구인은 이에 대하여 재심사를 요구함과 아울러 청구인에게 적용되었을
서훈공적 (敍勳功績) 심사의 기준을 공표하여 줄 것을 1991. 1. 17.부터 여러차례에 걸쳐
피청구인에게 요구하였고, 피청구인은 그때마다 민원회신을 통해 그 기준은 내부기준
에 불과함을 이유로 이에 응할 수 없음을 밝혀왔다. 청구인은 피청구인의 이와 같은 서
훈심사기준의 공개거부로 말미암아 자신의 "알 권리"가 침해되었다고 주장하면서
1992. 3. 9. 이 사건 헌법소원심판을 청구하였다.

나. 심판의 대상

　　그러므로 이 사건 심판의 대상은, 청구인이 1991. 1. 17.이래 이 사건 심판청구시까지
여러차례에 걸쳐 국가보훈처 공적심사위원회의 서훈심사기준을 공개할 것을 요구하였
는데도 피청구인이 이를 거부한 사실이 있었는지, 있었다고 한다면 그것이 청구인의
"알 권리"를 침해하였는지의 여부이다.

2. 당사자의 주장과 관계기관의 의견

가. 청구인의 주장

(1) 독립유공자에 대한 서훈수여는 민족적 자주성을 살리는 중요한 계기로서, 민족의식과 역사의식을 가진 모든 국민의 관심사항이므로 그 수여내용은 온 국민이 납득할 수 있어야 한다. 그러함에도 불구하고 지금까지의 서훈은 국가보훈처가 그 공적심사기준을 공개하지 아니함으로 인하여 형평의 원칙에 어긋나는 경우가 많았고, 공적을 조작·과장하여 실제 공적보다 높은 등급의 서훈을 받는 경우도 많았으며 심지어 친일파들에게도 건국훈장이 수여되는 등 국민의 강한 불신을 받아 왔다.

(2) 한편, 청구인은 독립유공자로서 1990. 1. 13. 개정된 상훈법 부칙에 따른 재심사 끝에 "건국훈장 애족장"을 서훈받게 되었으나, 이는 청구인이 한 독립운동에 대한 서훈으로서는 미흡한 것이므로 이의 시정을 위하여 서훈심사기준의 공개를 요구하였으나 피청구인은 이를 거부하고 있다. 피청구인의 이러한 거부행위는 위 서훈수여의 의미에 반할 뿐만 아니라 헌법 전문, 제10조, 제21조 등을 근거로 한 청구인의 "알 권리"를 침해한 것이다.

나. 피청구인의 답변

(1) 피청구인은 청구인의 민원제출에 대하여 빠짐없이 민원회신을 통하여 공적심사위원회의 심사절차와 과정 및 청구인의 서훈에 대한 심사내용에 관하여 통보한 바 있으므로 청구인의 알 권리를 침해하지 않았다.

(2) 독립유공자에 대한 공적심사는 상훈법 제5조 제3항과 동법시행령 제2조의 규정에 의거, "서훈공적심사위원회"를 두고 동 위원회의 심의·의결에 따라 서훈대상자의 추천여부를 결정하게 된다. 독립운동의 공적심사는 그 심사대상이 광범위하고 개별적 사안마다 고려하여야 할 특수한 사항이 다양하여 획일적·산술적 기준으로 평가하기가 곤란한 특성이 있으므로, 상훈법 제2조, 제3조에서 정한 포괄적 원칙·기준을 바탕으로 심사위원들의 경험적·전문적 식견에 의한 집단적 심의를 거쳐 공적내용과 서훈의 등급이 결정된다.

따라서 공적심사시 각 심사위원의 판단에 참고자료가 될 뿐인 내부지침은 공개·공표될 성질의 것이 아니다.

다. 법무부장관의 의견

(1) 청구인이 이 사건 서훈심사기준에 대한 공개를 요구하는 민원을 한 것을 1991. 1. 17., 같은 해 6. 10., 같은 해 7. 16., 같은 해 8. 3., 이상 4회이고 이에 대하여는 피청구인이 각 민원수령 즉시 공개할 수 없다는 취지의 통보를 하였으며, 그 후의 민원은 청구인의 공적을 재심사하여 달라는 취지의 민원에 불과하다. 따라서 청구인으로서는 적어도 위 제4회 민원의 회신이 통보된 1991. 8. 13. 무렵에는 피청구인이 서훈심사기준을 공개하지 않을 것을 명백히 알게 되었다 할 것이므로 헌법소원은 그로부터 60일 이내에 청구하였어야 한다. 그런데도 이 사건 헌법소원은 1992. 3. 9.에야 청구되어 소원청구기간인 60일을 경과한 것이 명백하므로 각하되어야 한다.

(2) 독립유공자의 공적내용은 그 특성상 획일적이고 산술적인 기준에 의하여 평가하기가 곤란하다. 따라서 전문가로 구성된 공직심사위원회에서 자유로운 심의와 검증을 거쳐 재량적으로 결정하는 것이 바람직하며, 심사위원들의 주관적이거나 자의적 결정을 막기 위하여 내부적인 심사기준을 마련해 놓고 있을 수 있으나, 그러한 기준은 심사위원들을 기속하지 아니하는 내부적 지침에 불과하며 사안에 따라서는 그 기준대로 결정되지 않을 경우도 있으므로 외부적으로 공표될 성질의 것이 되지 못한다. 그러한 내부적인 지침이 공개될 경우 심사위원들의 판단은 그 기준에 맞추어 경직될 수밖에 없으며, 심사의 결과가 그 기준과 다소 다르게 된 경우라든가 그 기준이 포괄적이어서 다소 모호할 경우에는 대외적으로 많은 불신을 초래할 우려가 있고 불필요한 민원을 야기할 소지가 있으며 심사위원회와 심사결정의 권위가 손상될 수 있다.

이와 같이 심사위원회의 심사기준은 일반적으로 공개되어서는 곤란한 면이 있고 그러한 기준에 대한 정보접근은 그 성질상 제한될 수밖에 없다 할 것이므로, 피청구인이 심사기준의 공개를 거부하였다 하더라도 이로 인하여 청구인의 "알 권리"가 침해되었다고 볼 수는 없으며, 따라서 이 사건 심판청구는 이유없으므로 기각되어야 한다.

3. 판 단

가. 헌법소원은 국민의 기본권침해를 구제하기 위한 제도이므로 그 제도의 목적상 권리보호의 이익이 있는 경우에만 이를 제기할 수 있다. 또 이러한 권리보호의 이익은 헌법소원

의 제기당시뿐만 아니라 헌법재판소의 결정당시에도 존재하여야 한다. 그러므로 헌법소원의 제기당시에는 권리보호의 이익이 있었다고 하더라도 그 심판계속중에 사실관계 또는 법률관계등의 변동으로 말미암아 청구인이 주장하는 기본권의 침해가 종료됨으로써 그 침해의 원인이 된 공권력의 행사등을 취소할 실익이 없게 된 경우에는 원칙적으로 권리보호의 이익이 없다고 하는 것이 우리 재판소의 확립된 판례이다 (1992. 1. 28. 선고, 91헌마111 결정 ; 1992. 4. 14. 선고, 90헌마82 결정 ; 1997. 3. 27. 선고, 92헌마273 결정 등 참조) .

나. 이 사건에 관하여 보건대, 심판기록과 피청구인이 제출한 자료들에 의하면 다음과 같은 사실이 인정된다.

(1) 청구인은 만 19세때인 1942. 9.경 청구외 최동길등과 함께 비밀결사인 "정난회 (征難會) "를 조직하여 매월 1회 정기모임을 갖고 독립운동에 관한 서적을 입수, 독서를 통한 항일민족의식의 함양에 힘을 쏟아 오다가 1944. 6.경 체포되어 평양지방재판소에서 치안유지법위반으로 징역 단기 3년 장기 5년의 형을 선고받고 1년여의 옥고 (獄苦) 를 치른 사실 (8. 15. 해방으로 출소하였음) 등이 공적으로 인정되어 1977년 우리 정부에서 독립유공자로서 "대통령표창"을 받았다.

(2) 청구인은, 1990. 1. 13. 법률 제4222호로 개정된 상훈법 부칙 제2항 ("이 법 시행전에 …… 독립유공으로 수여한 대통령표창은 이를 재심사하여 제11조의 개정규정에 의한 건국훈종 4등급, 5등급 또는 건국포장으로 할 수 있다"라는 규정) 에 따른 재심사 끝에 "건국훈장 애족장" (건국훈장 5등급) 을 서훈받게 되자, 이는 그가 한 독립운동에 대한 서훈으로서는 미흡한 것이라 하여 그 재심사를 요구함과 아울러 1991. 1. 17. 이래 여러차례에 걸쳐 피청구인에게 서훈공적심사의 기준을 공표해 줄 것을 민원의 형식으로 요구하였다.

(3) 피청구인은, 그때마다 "민원회신"을 통하여 그 기준은 내부적 심사기준에 불과할 뿐만 아니라 그 성질상 공표하기 어렵다는 회신을 보내오다가 청구인의 동일내용의 민원이 끊이지 아니하자, 이 사건 심판청구전인 1991. 6. 25.자 "민원회신"에서, 건국훈장은 대한민국의 건국에 공로가 뚜렷하거나 기여한 공적이 뚜렷한 자에게 수여하는 훈장이나 대한민국의 건국에 기여한 공로는 단순한 산술적인 물량등으로만 계량화할 수 없는 사항이기 때문에 그 서훈을 결정함에 있어서는 관계법령이 정하는 바에 따라 독립운동관계를 전문적으로 연구한 사학교수와 직접 독립운동에 참여한 애

국지사 및 관계공무원등으로 공적심사위원회를 구성하여 동 심사위원회에서 국권회복을 위한 독립운동을 하다가 순국하였거나 옥고를 치르는 등 그 공로가 현저한 분들에 대하여 그 독립운동의 내용과 역사적 의의, 활동 당시의 신분 및 직위, 공로도·희생도·기여도 등을 종합평가하여 그 종합평가된 공적도에 따라 서훈의 내용을 심사, 결정하게 된다고 회신하였다.

(4) 청구인이 이 사건 심판청구후인 1992. 4. 30. 다시 피청구인에게 위와 같은 내용의 민원을 제출하자, 피청구인은 같은 해 5. 13. 15 : 00부터 18 : 00까지 3시간에 걸쳐 그 사무실에서 청구인에게 독립유공자에 대한 공적심사의 기준 및 절차등과 청구인에 대한 공적심사의 과정을 상세히 설명하였고, 이에 더하여 같은 해 5. 15.자 "민원회신"으로 아래와 같은 내용을 청구인에게 회신하였다. 즉, 첫째, 독립유공자에 대한 서훈은 상훈법 제3조 (서훈기준), 제5조 (서훈의 추천), 제11조 (건국훈장의 수여대상자 및 등급) 등과 상훈법시행령이 정하는 기준과 절차에 따라서 하되 이를 위하여 3심제의 공적심사위원회를 운영하고 있다는 것, 둘째, 위 공적심사위원회가 독립운동의 공적을 심사함에 있어서는 대체로 ① 독립운동 (활동) 을 한 기간, ② 독립운동으로 인하여 옥고를 치른 기간, ③ 그 공적이 독립운동에 미친 효과와 기여도, ④ 그 공적이 대한민국의 건국에 미친 효과와 기여도, 희생도 등을 종합적으로 심의검토하여 서훈대상여부 및 서훈의 등급을 결정하게 되며, 그 경우 독립운동과 옥고의 기간은 대략 "애족장" (5등급) 의 경우는 2년 이상의 독립운동의 공적이 있거나 그로 인하여 1년 이상 옥고를 치른 분, "애국장" (4등급) 의 경우는 5년 이상 독립운동을 하였거나 그로 인하여 4년 이상 옥고를 치른 분, "독립장" (3등급) 이상은 8년 이상 독립운동을 하였거나 8년 이상 옥고를 치른 분으로 한다는 것, 셋째, 그러나 독립운동은 그 내용과 방법에 따라서 그것이 독립운동이나 대한민국 건국에 미친 효과와 기여도가 다르기 때문에 단순히 독립운동의 기간과 옥고의 기간만으로 서훈의 등급을 결정할 수는 없는 것이고 (즉, 독립운동에 미친 효과와 기여도를 산술적인 수치로만 계량화할 수는 없는 것임) , 따라서 이와 같이 산술적으로 계량화할 수 없는 공적 기준사항에 대하여는 양심과 전문적 식견을 가진 심사위원들의 심리와 판단에 의하게 된다는 것, 등이다.

다. 상훈법 (제정 1967. 1. 16. 법률 제1885호, 최종개정 1990. 1. 13. 법률 제4222호) 을 보면, 대한민국훈장 및 포장은 대한민국국민이나 우방국민으로서 대한민국에 뚜렷한 공적을 세운 자에게 수여한다고 서훈의 원칙을 천명하고 (제2조) 서훈의 기준은 "서훈대상자의 공적내용, 그 공적이 국가사회에 미친 효과의 정도 및 지위 기타 사항을 참작하여 결정한다"고 규정하였으며 (제3조) 훈장은 "무궁화대훈장"에서 "체육훈장"까지의 11종으로 나누고 (제9조) 포장은 훈장의 다음가는 훈격으로서 "건국포장"에서 "체육포장"까지의 11종으로 나누되 (제19조) 그중 "건국훈장"은 대한민국의 건국에 공로가 뚜렷하거나 국기를 공고히 함에 기여한 공적이 뚜렷한 자에게 수여하는 것으로 이를 5등급으로 나누며 (제11조) 그 등급별 명칭은 대한민국장, 대통령장, 독립장, 애국장, 애족장으로 한다고 규정하고 있을 뿐 (상훈법시행령 제11조, 별표1) , 상훈법과 동법시행령의 규정들을 살펴보아도 이 법 제3조 소정의 서훈기준 중 서훈대상자의 "공적이 국가사회에 미친 효과의 정도 및 지위" 및 "기타 사항"이 구체적으로 무엇을 말하는지에 관하여는 아무런 규정이 없다.

살피건대, 이러한 상훈법 및 동법시행령의 규정내용은 그것이 입법의 불비라기 보다는 서훈심사기준의 성격이 포괄적·종합적·비획일적임을 말하는 것으로 특히 독립유공자에 대한 공적심사는 그 심사대상이 광범위할 뿐만 아니라 개별적 사안마다 고려해야 할 특수한 사항이 다양하여 획일적·산술적 기준으로만 평가하기가 곤란한 특성이 있음을 말해 주는 것이다. 이러한 서훈심사기준의 특성에서 볼 때, 위와 같은 청구인의 질의내용에 대하여 피청구인이 구체적인 공적심사기준을 알려 줄 의무가 있다고 가정하더라도, 위에서 본 1991. 6. 25.자 (이 사건 심판청구전임) "민원회신"은 그 기준의 개요를 알려준 것이라 볼 수 있고, 더구나 이 사건 심판청구후에 있은 1992. 4. 30.자 청구인에 대한 구두설명이나 같은 해 5. 15.자 "민원회신"은 피청구인의 공적심사위원회가 내부적 심사기준으로 삼고 있는 독립유공자에 대한 공적심사의 구체적 기준을 모두 알려준 것이라 볼 수 있다.

라. 그렇다면 청구인이 주장하는 기본권의 침해가 종료됨으로써 그가 이 사건 헌법소원을 통하여 달성하고자 하는 주관적 목적은 이미 달성되었다 할 것이므로 그 침해의 원인이 된 공권력의 행사 (청구인주장의 거부처분) 를 취소할 실익이 없어졌다고 할 것으로서, 청구인의 이 사건 심판청구는 권리보호의 이익이 없는 경우에 해당하므로, 헌법소원의 적법요건에 관한 그 나머지 쟁점이나 본안의 판단에 나아갈 것도 없이, 이를 각하하기로 하여 재판관 전원의 일치된 의견으로 주문과 같이 결정한다.

1997. 4. 24.

재판장 재판관 김 용 준
　　　재판관 김 문 희
주 심 　재판관 황 도 연
　　　재판관 이 재 화
　　　재판관 조 승 형
　　　재판관 정 경 식
　　　재판관 고 중 석
　　　재판관 신 창 언
　　　재판관 이 영 모

- 강만길,『20세기 우리 역사』, 창작과 비평사(1999)

- 가네코 후미코(정애영 옮김),『무엇이 나를 이렇게 만들었는가-일본 제국을 뒤흔든 아나키스트 가네코 후미코 옥중수기』, 이학사(2012)

- 가네코 후미코(이정숙 옮김),『독립운동가 박열을 사랑한 가네코후미코의 불꽃수기』, 문화숲속예술샘(2017)

- 김경민,『시적정의와 인권』, 경북대학교출판부(2017)

- 국가보위비상대책위원회,『국보위백서』, (1980)

- 국회사무처,『국회법 해설』,(2008)

- 김삼웅,『위대한 아웃사이더』, 사람과 사람(2002)

- 고문 등 정치폭력 피해자를 돕는 모임,『고문 인권의 무덤』, 한겨레신문사(2004)

- 金大坤,『10·26과 金載圭』, 이삭(1985)

- 김동춘,『전쟁정치-한국정치의 매커니즘과 국가폭력』, 도서출판 길(2013)

- 김병진,『보안사-어느 조작 간첩의 보안사 근무기』, 이매진(2013)

- 김성수,『조작된 간첩들』, 드림빅(2021)

- 김용택,『이땅에 교사로 산다는 것은』, 불후(2006)

- 김정욱,『나는 반대한다- 4대강 토건공사에 대한 진실 보고서』, 느린걸음(2010)

- 김정인 외,『간첩시대』, 책과함께(2020)

- 경향신문사,『餘滴』, 경향신문(2012)

- 김철수 외,『주석헌법』, 법원사(1992)

- 남궁승태 · 이철호,『헌법강의』, 21세기사(2014)

- 녹색연합 · 대전충남녹색연합,『그곳에, 강이 살고 있었네』, 녹색연합(2012)

- 다카사키 소오지(최혜주 옮김),『일본망언의 계보』, 한울(1996)

- Daniel P. Mannix,『拷問의 世界』(원제 The History of Torture), 대진출판사(1975)

- 민주사회를 위한 변호사모임,『헌법 위의 악법』, 삼인(2021)

- 박남춘,『대통령의 인사』, 책보세(2013)

- 박원순,『국가보안법연구(2)』, 역사비평사(1992)

- 박은정·한인섭,『5·18,법적 책임과 역사적 책임』, 이화여자대학교 출판부(1995)
- 변정수,『위헌이면 違憲 합헌이면 合憲』, 관악사(1998)
- 변정수,『法曹旅情』, 관악사(1997)
- 서울대학교 사회학과 형제복지원연구팀 엮음,『절멸과 갱생 사이』, 서울대학교출판문화원(2021)
- 아더 톤(정진석 추기경 옮김),『종군 신부 카폰』, 카톨릭출판사(2021)
- 야마다 쇼지(정선태 옮김),『가네코 후미코 - 식민지 조선을 사랑한 일본제국의 아나키스트』, 산처럼(2017)
- 은유,『폭력과 존엄 사이』, 오월의 봄(2016)
- 역사문제연구소 엮음,『학문의 길 인생의 길』, 역사비평사(2000)
- 이상돈,『시대를 걷다』, 에디터(2021)
- 이승우,『헌법학』, 두남(2009)
- 이원준·김준철,『김오랑-역사의 하늘에 뜬 별』, 책보세(2012)
- 이철호,『전직대통령 예우와 법』, 21세기사(2021)
- 정종섭,『헌법학원론』, 박영사(2006)
- 전광석,『한국헌법론』, 법문사(2004)
- 최병성,『강은 살아 있다-4대강 사업의 진실과 거짓』, 황소걸음(2010)
- 최재천,『끝나지 않은 5·18』, 향연(2004)
- 친일반민족행위자재산조사위원회 편,『친일재산에서 역사를 배우다』, 리북(2010)
- 한국저작권위원회,『표절문제 해결방안에 관한 연구 Ⅲ』, 2009
- 한상범 교수 문집 간행위원회,『소중한 인연, 행복한 동행』, 보명BOOKS(2013)
- 한상범·이철호,『전두환 체제의 나팔수들』, 패스앤패스(2004)
- 한상범·이철호外,『12.12, 5·18재판과 저항권』, 법률행정연구원(1997)
- 한상범·이철호,『경찰과 인권』, 패스앤패스(2003)
- 한상범·이철호,『법은 어떻게 독재의 도구가 되었나』, 삼인(2012)
- 환경운동연합 엮음,『재앙의 물길, 한반도 대운하』, 환경재단 도요새(2008)
- 허 영,『한국헌법론』, 박영사(2013)
- 홍성우·한인섭,『인권변론 한 시대: 홍성우 변호사의 증언』, 경인문화사(2011)
- 홍성태 엮음,『개발공사와 토건국가』, 한울아카데미(2005)
- 홍성태,『생명의 강을 위하여-생태사회학자 홍성태 교수의 4대강 지키기 제안』, 현실문화

(2010)

- 布施柑治,『ある弁護士の生涯』, 岩波書店(2003)
- 布施柑治(후세간지),『나는 양심을 믿는다』, 현암사(2011)
- 大石進(오오이시 스스무) 외,『후세 다츠지』, 지식여행(2010)
- 서복경, 인사청문제도의 연혁, 국회보(2013.3)
- 이상우, "12·12사태",『現代韓國을 뒤흔든 60大事件』,「신동아」1988년 1월호 별책부록
- 이철호, 일제잔재 청산에는 시효 없다, 동대신문, 1997년 8월 25일
- 이철호, "憲法上 赦免權과 전·노赦免 논의에 대한 菅見",「亞·太公法研究」4('97.12)
- 이철호, "국가폭력과 인권침해 - 제5공화국 전두환 정권기를 중심으로 -",「공법논총」제6호(2010)
- 한상범, "한국의 입헌주의와 유교통치문화",『現代公法의 諸問題』(서주실 박사 화갑기념논문집), 1992,
- 한상범, "日帝殘滓의 淸算을 위한 法理上의 諸問題-친일파·민족반역자에 대한 처리에 있어서 재산몰수 등에서 제기되는 법률상의 문제에 대하여", 남송한봉희교수화갑기념논문집『現代民法의 課題와 展望』, 밀알(1994)
- 한상범, "일제하 반제독립투쟁사건을 변호한 일본변호사 후세다쯔지(布施辰治)",「민주사회를 위한 변론」통권 제54호(2003년 9·10월호)
- 한성훈, 권력의 중심에 선 정보기관: 국군기무사령부와 국가정보원,「내일을 여는 역사」제53호(2013년 겨울호)

저자소개

이철호
남부대학교 경찰행정학과 교수
(헌법, 인권법, 경찰행정법)

동국대학교 법과대학을 졸업하고, 동 대학원에서 법학박사학위를 취득했다. 모교인 동국대학교를 비롯하여 덕성여자대학교, 평택대학교 등 여러 대학에서 헌법, 비교헌법론, 법학개론, 경찰행정법 등을 강의했다.
현재는 광주광역시(光州廣域市)에 소재하고 있는 남부대학교 경찰행정학과에서 헌법 · 경찰과 인권 · 경찰특별법규 등을 가르치고 있다.
이철호는 역사에 토대를 둔 학문을 하고자 하며, "과거 청산에는 시효나 기한이 있을 수 없다"라는 신념으로 군사독재 정권의 왜곡된 법리 문제를 논구(論究)하고자 애쓰고 있다. 학교 안에서는 학과장, 입학홍보실장, 생활관장, 경찰법률연구소 소장으로, 학교 밖에서는 중앙선거관리위원회 자문교수, 개인정보분쟁조정위원회 전문위원, 광주지방경찰청 징계위원(전), 경찰청 치안정책 평가위원, 경찰청 과학수사센터 자문교수(전), 광주광역시 지방세 심의위원(전), 전남경찰청 징계위원(현), 광주 광산경찰서 집회 · 시위자문위원회 위원장(현), 대검찰청 수사심의위원(현), 광주경찰청 수사심의위원(현), 광주지방교정청 행정심판위원 및 징계위원(현) 등으로 활동하고 있다.
그 동안 발표한 논문으로는 CCTV와 인권, 성범죄의 재범 방지 제도와 경찰의 성범죄 전력자 관리, 전 · 의경의 손해배상청구권 제한의 문제점과 해결방안, 국회 날치기 통과사와 국회폭력방지방안, 한국의 기업인 범죄와 법집행의 문제, 선거관리위원회의 위상과 과제, 헌법상 종교의 자유와 종교문제의 검토, 헌법상 인간의 존엄과 성전환의 문제, 친일인사 서훈 취소 소송에 관한 관견(管見), The Story of the "Order of Merit Party" and the Cancellation of Awards Issued to Chun Doo-Hwan's New Military 등 다수 논문이 있고, <헌법강의>, <헌법입문>, <경찰행정법>, <경찰과 인권>, <법학입문>, <법은 어떻게 독재의 도구가 되었나>, <전직대통령 예우와 법>, <동국의 법학자> 등의 저서가 있다.

훈장의 법사회학

1판 1쇄 인쇄 2021년 12월 20일
1판 1쇄 발행 2021년 12월 30일
저   자 이철호
발 행 인 이범만
발 행 처 **21세기사** (제406-00015호)
　　　　경기도 파주시 산남로 72-16 (10882)
　　　　Tel. 031-942-7861   Fax. 031-942-7864
　　　　E-mail : 21cbook@naver.com
　　　　Home-page : www.21cbook.co.kr
　　　　ISBN 979-11-6833-005-4

정가 20,000원